主编　钟起煌

顾问　周銮书

副主编　邵　鸿　彭适凡（常务）　方志远

江西通史

江西人民出版社
Jiangxi People's Publishing House
全国百佳出版社

《江西通史》编辑委员会

主　任　钟起煌

副主任　钟健华　傅伯言

委员（以姓氏笔画为序）

方志远　孙家骅　邵　鸿　林学勤　彭适凡

编委会办公室

主　任　孙家骅

副主任　游道勤

工作人员（以姓氏笔画为序）

王琴红　王紫林　曾　敏

常务编辑

林学勤　徐建国　游道勤

江西通史

先秦卷

彭适凡 著

商代立鹿大铜甗
(新干大洋洲出土)

商代乳钉纹虎耳大铜方鼎
（新干大洋洲出土）

商代兽面纹大铜铙
（新干大洋洲出土）

商代虎耳扁虎足铜圆鼎
（新干大洋洲出土）

商代方腹铜卣
（新干大洋洲出土）

商代伏鸟双尾虎（新干大洋洲出土）

商代神人兽面玉饰
（新干大洋洲出土）

商代双面神人铜头像
（新干大洋洲出土）

西周雁监铜甗
（余干黄金埠出土）

商代侧身羽人玉佩饰
(新干大洋洲出土)

总 序

钟起煌

世界上的很多事情都是由机缘而起因执著而成,包括我们这部《江西通史》。

说由机缘而起,是因为这件事情的发生几乎纯属偶然。2002年夏天,我和彭适凡、孙家骅同志谈到江西悠久的历史、谈到江西辉煌的文化,因而产生了组织专家编撰《江西通史》的设想,彭、孙二位当即认为此举当行而且可行。

说因执著而成,是因为一旦有这个想法,而且认为这是一件研究江西历史、弘扬江西文化的重要工程,就决心去做。为此,我征询了周銮书同志的意见,并邀请邵鸿和方志远同志共商此事,得到他们的热烈响应。2002年10月18日,在江西省文物局和江西师大历史文化与旅游学院共同举办的全省文博教育成果展示与经验交流会上,我向大会通报了编撰《江西通史》的意见,引起全体代表的热烈反响,大家用长时间的热烈掌声表示支持,认为这是贯彻"三个代表"重要思想、全面挖掘和整理江西传统文化、推进江西经济文化建设的一大盛事。有了这个共识,12月13日,准备工作进入实质性阶段。在我的主持下,召开了有关专家和编辑人员的联席会议,对编撰《江西通史》的指导思想、作者人选、工作日程、成果形式等具体问题展开了比较细致的讨论。2003年2月15日,召开了第一次编撰工作会,《江西通史》的编撰工作就此正式启动。

虽然说是机缘和偶然,但新的《江西通史》的编撰,实具备诸多因素和条件。

一、江西在中国历史上具有重要的地位。根据最新的考古发现,在江西这块土地上,人类的活动至少已有20万年历史,它是中华民族发展史和古代文明发展史的重要组成部分;唐末五代以来,随着全国经济重心的南移,江西遂为全国经济文化最为发达的省份之一,其物产之富、人才之众,举世瞩目;进入20世纪,江西又因为中央苏区的建立而成为全国苏维埃运动的中心。很难想象,在十分漫长的时段里,没有江西的中国历史将会是什么样子。

二、文献与实物资料丰富。江西既有"物华天宝、人杰地灵"之誉(唐王勃语),又素称"文章节义"之邦(宋司马光语)和"人文之薮"(清乾隆帝语),存世官修私撰文献极为丰富。近年来一系列的考古发现,既可弥补文字记载之不足,更可与文献资料相互印证,为编撰《江西通史》提供了可供参考的实证材料和科学依据。

三、前期成果丰硕、学术队伍整齐。老一辈的历史学家仍然健在,他们不但学术积累深厚,而且对研究江西历史有着强烈的责任心;中青年学者正趋成熟,他们继承了前辈学者的严谨学风,又吸收了新的研究方法和研究技术,思维敏捷,勇于创新。在他们的共同努力下,这些年来已有大批高质量的有关江西历史的学术成果问世,这些成果涉及江西历史的方方面面,为编撰《江西通史》奠定了坚实的学术基础。

四、政治环境宽松、经济形势发展。盛世修志是中国的传统。改革开放以来,政通人和,国泰民安,江西经济和全国一样,有较快速度的发展。这为编撰《江西通史》提供了自由的学术气氛和比较充裕的财力保证。近年来,江西的学术事业和出版事业取得了有目共睹的成就,连续获得中宣部"五个一"工程奖和国家图书奖、中国图书奖,给江西文化艺术界和学术界以振奋,也引起了各兄弟省市的关注。这些成就的取得,为我们组织大规模著作的编撰工作提供了经验。而周边各省如湖北、湖南、浙江以及其他省市新编通史的纷纷问世,对《江西通史》的编撰是有力的推动,也提供了有益的借鉴。

五、从我个人来说,当时也恰恰能分出一些精力和时间来抓这件事情。于是尽力协调各方面的关系,为作者们、编者们排除各种障碍,以保证这项重大工程的圆满完成。

四年来,《江西通史》的编撰工作得到了各方面的关心和支持。黄智权、吴新雄省长亲自过问此事并指示有关部门给予支持,省政协将其作为一件大的文化事业进行推动,省社联将其列为重大科研项目,江西师大、南昌大学、省社科院、省文物局、省博物馆和省考古所等有关单位也对参与编撰的专家们给予各种便利,出版部门派出了强大的编辑班子并准备了足够的启动和出版资金。特别要指出的是,各位作者在繁忙的教学和科研工作中,能够将《江西通史》的

总序

写作列入重要的工作计划并全身心地投入。我在第一次全体编撰会议上指出,《江西通史》的编撰是一项挖掘和弘扬江西历史文化传统的千秋事业,希望作者和编者将其视为自己学术生涯中的重大事业。事实证明,作者和编者们后来都是这样要求自己的。正是因为有了各方面的支持和全体编撰人员的共同努力,11卷的《江西通史》才能顺利地完成书稿并得到如期出版。

明代中期,随着区域经济文化的发展,修撰地方志成为一大文化现象。各省、各府乃至各县的省志、府志、县志大量涌现。此后遂为传统。盛世修志也不仅仅限于修前朝历史,更大量、更具有普遍意义的乃是修当地地方史。具有全局意义的江西省志也正是在这个时候产生的。自明中期以来,江西整体史著作已编撰过多部,其中著名的有:林庭㭿《江西通志》(37卷,明嘉靖四年),王宗沐《江西省大志》(8卷,嘉靖三十五年;万历二十五年陆万垓增修),于成龙、杜果《江西通志》(54卷,清康熙二十二年),白潢、查慎行《西江志》(206卷,康熙五十九年),高其倬、谢旻《江西通志》(163卷,雍正十年),刘坤一、刘绎、赵之谦《江西通志》(180卷,光绪七年),吴宗慈、辛际周、周性初《江西通志稿》(9编,民国三十八年)。上世纪末,又有许怀林的《江西史稿》(1994年,江西高校出版社)、陈文华、陈荣华主编的《江西通史》(1999年,江西人民出版社)问世。这些著作在保留江西历史遗存、挖掘江西历史文化方面作出了重要的贡献。如何在充分吸取前人成果的基础上有所发展、有所创新,是对新编《江西通史》的重大考验。

为了使新的《江西通史》更具有时代特色和历史价值,更具有划时代的意义,我们对这部著作提出了以下的要求。

一、中国历史是一个整体,我们在研究任何地方历史的时候,都不能脱离这个整体。因此,正确认识各个历史时期江西在全国政治经济格局中的地位就显得尤其重要,必须充分关注江西与中央、与周边地区的关系,不溢美、不自卑,不关起门来论江西,将《江西通史》写成一部与中华民族的整体有着血肉联系的江西历史。

二、《江西通史》是系统记述和研究江西历史的大型学术著作,由众多学者共同参与完成。一方面,各卷是作者的个人成果,是作者最新研究成果的结晶,可以也应该有自己的风格和特色,所以希望作者精益求精,使其成为各自领域的学术精品。另一方面,甚至更为重要的是,它又必须是一个整体,是一部"通史",所以全书11卷必须有统一的体例和统一的要求,在文风上一定要力求简洁、明快。各卷作者务必服从整体、服从大局，使自己的作品成为整个《江西通史》的有机组成部分。

三、《江西通史》必须是一部真实、动态、有可读性的信史。所谓真实，是指史料翔实、言必有据。此"据"是经过考证后认为合理的，否则，"尽信书则不如无书"（孟子语）。这就需要每个作者既尽可能地系统爬梳和挖掘史料，又谨慎辨析和使用史料。所谓动态，是指用发展的眼光看问题，既将问题放在特定的历史背景之下，又特别关注它的演进过程，因为即使是同一件事物，其状态和作用也是随着时间的推移和社会的变迁而变化的。这就需要每个作者以历史唯物主义和辩证唯物主义的观点和方法去阐释历史、去探讨历史演进的规律。所谓有可读性，是指应该用流畅的文字、叙述的方法写作，展示的是作者的观点和结论，而不是考辨的过程，它的体例是史书而不是论文。无图不成书。图文并茂是中国出版物的优良传统和重要特点，《江西通史》应该在尽可能的情况下，收集能够说明江西历史各阶段各方面状况的历史图片，以加强其历史感和可信度，同时也使其更具有可读性。

四、以人为本，以民为本，以基层社会为本。所谓以人为本，指的是要写成人的历史，以人的活动为描述对象，即使是制度、习俗，也应尽可能地有人的活动。所谓以民为本，指的是尽可能地站在大众的立场上来叙述历史、看待历史，更多地叙述大众的活动。所谓以基层为本，是因为地方史本身就是基层乃至底层的历史，要尽可能地揭示基层组织和底层社会的活动状况。在此基础上，充分重视统治者和社会精英对社会的主导作用，重视自然环境、人文环境，特别是包括传统价值观念和现实政治制度等在内的上层建筑对个人、对大众、对底层的影响和制约作用，写成一部上层建筑与经济基础互动、国家权力与基层社会互动、社会精英与人民大众互动的历史。

11卷本《江西通史》即将付梓，我们希望它的出版能够成为江西历史研究的新的里程碑、能够成为江西文化史上的一大盛事。当然，能否达到这个目标，还要由读者和历史来检验。

导 论

邵 鸿

本书按照历史时期的顺序,分11卷详尽叙述江西历史。但有一些基本的、对江西历史进程有着深刻而久远影响的因素和问题,限于全书体例,不能在每一卷中详细讨论。为使读者能够对江西历史有全局性的把握,在全书的开篇,我们试对几个重要问题予以概述。

一、自然地理与江西历史

任何历史都发生于特定的空间。本书所叙述的江西历史,是指自从有人类居住以来直至1949年,发生于现代江西省区范围内的主要历史事件,以及经济与社会的发展和变迁。

世界上不同区域社会的发展变迁过程及其特征,首先与该区域的自然地理条件有着密切联系。马克思在论述原始社会时曾指出:"不同的公社在各自的自然环境中找到不同的生产资料和生活资料。因此,它们的生产方式、生活方式和产品也就各不相同。"[①]所以,他把自然条件称为人类历史的"自然基础"[②]。中国古代文明、古代近东文明、印度文明、美洲文明和欧洲文明,相互之间之所以有着巨大差异,地理条件的显著不同无疑是最重要的因素之一。而在中国,不同

[①]《马克思恩格斯全集》第23卷,人民出版社1975年版,第390页。
[②]《马克思恩格斯选集》第1卷,人民出版社1972年版,第24页。

地域之间文化的特征和差异,在很大程度上也正是由各自地理条件的不同所导致。所以,要正确认识或解读江西历史与文化的底蕴,不能不从了解江西的自然地理开始。

现代的江西省,位于中国大陆东南长江中下游交界处的南岸,地处北纬24°29′—30°05′,东经113°35′—118°29′①,南北长约620公里,东西宽约490公里,总面积为16.69万平方公里。

江西在地理上自成单元。东边有怀玉山和武夷山脉,将江西和浙江、福建两省分隔开来;南部有大庾岭、九连山脉逶迤于赣粤之间,形成天然分界;在西方,南段有统称罗霄山脉的万洋、诸广、武功诸山,北段则有幕阜、九岭二山,把江西与湖南、湖北相隔离。在上述各条山脉之间,有着一些天然的隘口和通道,这些隘口和通道多较为险要,但江西却因此和周边地域得以保持一定的联系。较重要者如广丰的二度关,铅山的分水关、桐木关,资溪的铁牛关,黎川的杉关、德胜关,瑞金的大岭隘,以及大庾岭上的梅关等,都是著名的关隘和出境通道。在江西北部,则有鄱阳湖及湖滨平原向着中原敞开,然而又有长江横亘其北。这种地理上的相对独立性,正是历史上江西最终成为一个行省的天然条件和基础。

江西地形以山地丘陵为主,约占全省总面积的60%,其中边缘山地约占全省总面积的五分之一②,最高山峰武夷山主峰黄岗山海拔2158米。北部鄱阳湖平原,广阔肥沃,河道纵横。中南部丘陵地带海拔200~400米,其间多盆地,如吉泰、赣州、瑞金、兴国、南丰诸盆地等。此外在赣东南、西南山区,赣东北山地和赣西北山地中,河流两侧有冲积平原,形成若干谷地,如修水谷地、袁水谷地、信江谷地等。这样一种地理形势,确定了历史时期江西人居、经济以及政区划分的基本格局。

现代江西属于中亚热带湿润季风气候区,气候温和,四季分明,雨量充沛。全年平均气温在16.2℃~19.7℃之间,平均无霜期长达241~304天。年平均降水量为1341~1940毫米之间,为我国的多雨地区之一。光热资源丰富,年平均日照数为1473.3~2077.5小时。季风显著,冬季盛吹北风,夏季盛吹偏南风,春秋两季为交替期。由于风向变换,使气温和降水也发生变化,形成四季分明的气候特征。

---

① 江西省志编撰委员会:《江西省自然地理志》,方志出版社2003年版,第1页。
② 江西师范学院地理编写组:《江西地理》,江西人民出版社1975年版。

导论

历史上的江西气候与现代有所差别。大致说来,东亚大陆距今1.5万~1万年以来,随着地球上最后一次冰期消退,气候趋于变暖,确定了其后至近代气候的基本格局。其间有温暖期和寒冷期交织变化,最新的科学研究表明,长江中游地区自5000年来分别经历了全新世大暖期(公元前3000年—公元前400年),全新世降温期(公元前400年—公元550年),中世纪暖期(550年—1230年),小冰期(1230年—1890年),现代变暖期(1890年至今)[1]。在全新世大暖期,长江流域气温与湿度与今天的珠江流域相近,为江西和南方水稻种植业的产生与发展提供了良好条件。

江西全省土地总面积为25035万亩。土壤以红壤分布面积最大,达13966万亩,约占全省总面积的55.78%。红壤偏酸性,不适宜农作物种植但林木可以生长。其次为水稻土,广泛分布于山丘谷地及河湖平原地带,面积约3000万亩,约占全省总面积的11.99%、全省耕地总面积的80%以上,适宜水稻和多种农作物种植。再次为黄壤,面积约2500万亩,约占全省总面积的10%,主要分布于中山山地的中上部,海拔700米至1200米之间。土体厚度不一,自然肥力一般较高,很适宜林木生长。土壤是历史时期江西农业生产及其布局的主要约束条件之一。

江西动植物资源十分丰富。各类植物有4500多种,占全国种数比例的17%。地带性植被为亚热带常绿阔叶林。在历史上,江西之地覆盖着广袤的森林,虽然森林逐渐减少[2],但一直是中国最重要的竹木输出地之一,竹木、药材等最晚从唐代以来已经是贸易的重要商品。目前江西森林覆盖率为59.7%,仅次于福建而为全国第二。另据统计,江西现有脊椎动物845种,其中兽类102种,鸟类420种,鱼类205种,爬行类77种,两栖类41种。这为历史时期江西狩猎、畜牧、渔业的发展提供了条件。

现代江西年平均降水总量约为2670亿立方米,水资源丰富。境内河流密布,大小河流共计2400多条,总长约18400公里。其中较大的河流有160多条。由于江西群山环抱的地势,除了赣南的寻乌水、定南水流入东江,属珠江水系,赣

---

[1] 参见顾延生《长江中下游钻孔沉积物记录的5000年来气候变化与环境重建》,武汉大学博士论文(印刷本),2004年。按全新世大暖期的起始期要早于5000年前,但其延续时间学术界意见不尽相同。如依照施雅风院士的确定,是从8500年前至3000年前(见所著《中国全新世大暖期气候与环境》,海洋出版社1992年版)。

[2] 顾延生的研究表明,长江中游地区近5000年来,有6次因人类活动导致森林覆盖率快速下降的情形,即西周中期、战国中期到秦汉时期、南北朝中晚期、隋唐时期、两宋时期、清朝中期、中华人民共和国时期。其中最为严重的是秦汉、隋唐和当代。参上注文。

西萍乡的渌水注入湘江,属洞庭湖水系外,境内的绝大多数河流都向心汇入鄱阳湖。鄱阳湖水系主要由鄱阳湖和赣江、抚河、信江、饶河、修水及其支流组成,流域面积16.22万平方公里,占全省流域面积的94%。现代江西河川多年平均径流总量1385亿立方米(根据全国水资源调查评价统一规定计算),折合平均径流深828毫米,径流总量居全国第七位。按人口平均居全国第五位,按耕地平均居全国第六位,约相当全国亩均占有水量的二倍。各河系中,赣江纵贯全省,长达766公里,流域面积8.2万平方公里,为江西省最大河流,也是长江第二大支流。它的年径流量为685.5亿立方米,接近全省的一半和黄河流域的年总水量。平均每年由鄱阳湖经湖口注入长江的水量为1457亿立方米,超过黄、淮、海河三大水系入海的总水量。极为丰富的水利资源,对历史上江西经济的发展意义重大,但也导致了历史上江西多洪涝灾害发生。

关于鄱阳湖,有必要特别予以叙述。鄱阳湖是现今中国最大的淡水湖。鄱阳湖曾被误认为是古代著名的彭蠡泽,但根据谭其骧、张修桂先生的研究,先秦时期的彭蠡泽跨越长江,面积相当之大。而今天的鄱阳湖北湖当时还只是一条狭隘的水道。三国时期,彭蠡泽被长江分为南北两部分,江北部分逐渐演变为今鄂、皖境内的龙感湖和大官湖等湖泊;江南部分向南扩展,将原赣江等河流下游的广大平原逐渐淹没,故汉代设置的鄡阳、海昏两县城于5世纪前期已没入湖中。因湖水浸至鄱阳山,乃有鄱阳湖之名。此后水域略有变动,直至今日①。近年来,自然科学家综合运用沉积学、生物学、有机碳同位素记录、环境磁学等手段进行的研究,证明谭、张的观点是正确的②。所以,要了解江西古代历史上的许多史实,不能以今天的湖区概念来理解,否则就会导致错误认识。

江西为环西太平洋成矿带的组成部分。成矿条件优越,矿产资源丰富。在目前已知的150多种矿产中,已发现各类固体矿产资源140多种,矿产地700余处,其中大型矿床80余处,中型矿床100余处。在探明的89种矿产储量中,居全国前五位的有35种。铜、钨、铀钍、钽铌、稀土、金、银被誉为江西省的"七朵金花"。其中在江西历史上最具重要意义的是铜矿资源。现代江西铜储量占全国总储量的五分之一,工业储量占三分之一,德兴铜矿和贵溪冶炼厂是亚洲最大

---

① 参见谭其骧、张修桂《鄱阳湖演变的历史过程》,载《复旦大学学报》1982年第2期。
② 朱海虹、张本:《鄱阳湖——水文、生物、沉积、湿地、开发整治》,中国科技大学出版社1997年版;参见顾延生《长江中下游钻孔沉积物记录的5000年来气候变化与环境重建》,武汉大学博士论文(印刷本),2004年。

的铜矿和全国最大的铜冶炼基地。江西铜矿不仅储量大,而且金、银等伴生矿产品丰富,埋藏浅,易采易选,故瑞昌铜岭铜矿早在商代就已经得到开发,为迄今发现开采最早的中国古代铜矿。唐宋以来,江西特多铜场冶监,也与此直接相关。江西还发现有特大型银矿、特大型铅锌矿以及中型以上金矿、铅锌矿等,在历史上也早被发现和利用。清人王谟在《江西考古录》中说:"盖自唐宋以后,鼓铸之利犹莫盛于江西。"实非偶然。钨矿在江西也蕴藏特丰,世界知名,近代开发后,成为江西出口的重要商品。非金属矿产有70余种,大中型矿床20多处,其中瓷土量大质优,这是江西历史上陶瓷制造业特别发达的物质基础。此外煤炭储量较丰,江西建成(今高安)是中国也是世界上最早发现和使用煤炭的地方[1],萍乡煤矿和汉冶萍公司则在中国近代史上意义非小[2]。

良好的气候、土壤和资源条件,相对较少的自然灾害[3],使得江西自古以来就是适宜农耕的鱼米之乡。特别是,随着历史上因战乱等原因,大量北方居民连同先进的生产工具和技术进入江西,与江西良好的自然条件相结合,更为江西地区成为中国古代农业最为发达的地区之一创造了条件。丰富的矿产资源,则使江西成为中国古代最重要的手工业中心省份之一。而诸多湖泊河流,为古代江西人民提供了灌溉舟楫之利,并把丘陵、山区和盆地联系起来,再将江西与长江水系和整个外部世界紧密相连。

古人有云:"江西之为省,东接闽浙,西连荆蜀,被逾淮汴以达于京师,据岭海之会,斥交广之境。"[4]从区位上看,江西东临福建、浙江,南连广东,西接湖南,北邻湖北、安徽,是华东、华南、华中三大区域的联结点,为长江三角洲、珠江三角洲和闽东南三角地区的腹地,区位位置极为重要。江西向东和东北,翻越武夷山脉和怀玉山脉,可以连通福建、浙江,距离东海最近处只有100多公里。向南,通过大庾岭梅岭古道,经南雄、韶关下北江可直航广州即古代的番禺,与海外世界相连接。向西经渌水可经浏阳河与湘江水系沟通,进而西接云贵。向北则可由鄱阳湖进入长江,上可溯武昌、汉口直至巴蜀,连接中国广阔的

---

[1] 见《后汉书·郡国志》"建成县"条下刘昭注引宋雷次宗《豫章记》:"县有葛乡,有石炭二顷,可燃以爨。"
[2] 本段部分参考了江西省政府网站的有关介绍。
[3] 在中国灾害地理方面,江西属于一般灾害区。据《中国灾情报告》(1949—1994),江西的灾害程度较全国平均水平要轻得多,参《江西省自然地理志》第211页。
[4] 虞集:《江西行省惠政碑》,雍正《江西通志》卷四,《形胜》。

腹地，下则安庆、南京、扬州、上海片帆可航，与长江下游地区密切相连。特别是，由于古代中国在相当长时期内仅仅开放广州一口与外部世界通商，而隋代以后，京杭大运河又将南北方水运贯通，运河—长江—赣江—大庾岭—广州通道成为中国封建社会后期最重要的交通干线，江西不仅可以直航北方而达京畿，而且大量的人员、物资以及信息在这条大通道上源源不断地南北对流，对江西古代经济和文化的发展产生了巨大、深刻而积极的影响。

所以，虽然一方面江西地理自成单元，并因此使历史上江西区域经济与社会的发展具有自己的特点，但另一方面，至少从新石器时代以来，江西地区并不封闭，一直与外部有着交往联系并不断发展着这种交往和联系，并且在秦统一以后，比较早地融入了中原文化，从一个所谓的"蛮荒之地"逐步变成华夏文明的中心区域之一。

二、江西历史的分期

人类历史岁月漫长，因此对历史进行分期不仅是叙述的必须，更是认识历史的途径和体现。史学著作对论述对象的阶段划分，既体现了作者对历史变迁内涵和程度的认识，更体现了其对历史社会及其发展进程本质特征的把握。作为一部主要按朝代顺序编撰的通史著作，有必要在全书的开头扼要叙述一下江西历史的基本分期问题。

本书没有采用传统的中国历史分期，即把从古代到1949年的江西历史划分为原始社会、奴隶社会、封建社会、殖民地半殖民地社会四个阶段。中国历史分期问题，是一个相当复杂而难有定论的问题，自从上世纪20年代后期中国社会史大论战以来至今，七十多年来关于"五种社会形态"的争论实际上一直没有停止过。[①]关于中国古史分期问题争论的关键，实际上是三个问题：第一，中国有没有奴隶社会？第二，如果有，中国的封建社会何时形成？第三，用"封建"一词概括中国封建时代是否合适？全面地对中国古史分期问题进行讨论，不是本书的任务，但我们却不能不对分期问题的基本看法或选择做一简要交代。

关于中国有没有奴隶社会，学术界存在着不同意见。我们认为，在江西历史上，目前还缺乏曾经存在过奴隶人数较多、奴隶制生产关系居于支配地位的

---

① 参见林甘泉等《中国古代史分期讨论五十年》，上海人民出版社1982年版；陈高华、张彤《20世纪中国社会科学(历史学卷)》，第三章第一节，广东教育出版社2006年版。

导论

奴隶社会的有力证据。因此,我们不使用奴隶社会的概念来界定封建时代以前的历史时期。从商代中期江西出现了早期国家到封建时代到来之际这一阶段,从政治形态来概括,我们称为方国时期。

中国封建社会形成于何时,一直是有关争论的焦点,但最普通的是西周封建说、战国封建说和魏晋封建说,三者大致都能自成一家之言。鉴于江西历史的实际情况,公元前7世纪楚国开始进据江西地区,方国时代结束,这大体上可以看做是江西封建社会的开端。

国内外有不少学者对中国史学界习用的"封建"或"封建社会(时代)"一词持有异议。的确,比较西方中世纪的封建制度,本来中国西周时期的"封藩建国"即领主分封制与之最为相近,所以近代中国的译者使用"封建"一词对译Feudalism可说是别无选择。但战国特别是秦统一之后的帝国时代之中国社会,则与之很不相同[1]。本来,把周代甚至夏商周三代称为封建社会,而把秦代到1840年的中国称为专制帝国社会或宗法地主专制社会更为符合中国的实际,也更能与西欧历史相对照。但由于长期以来中国史学界和社会已经习惯于使用"封建社会"一词来界定周、秦或魏晋以来至于明清的古代中国,本书也就沿袭不变。如此,我们可以秦朝为界,把江西封建社会再分为列国占据时期和帝国时期。

或许有读者会认为上述说明缺乏论证,过于简略,但著名历史学家何兹全教授的话或可有助于理解我们的立场。作为上世纪五六十年代历史分期大讨论代表人物中硕果仅存的一位,他在年近九旬时坦承:"史学界对这个问题的争论,已有'公说公有理,婆说婆有理,各说各有理'的淡漠甚或腻烦情绪",因而他主张"我们先不要谈论分期问题……要换个角度先研究中国历史发展过程中客观存在的自然段落"[2]。无疑,这是一种睿智的选择,毕竟最为重要的不是让历史去适应某种理论框架,而是根据历史实际把历史的客观进程特征和阶段描述出来。我们正是采取这样一种态度来对待江西历史分期问题的。

我们试把自20万年以来到1949年江西地区的历史,初步划分为4期9段:

1.原始社会时期:旧石器时代—商代中期以前(约20万年前~约公元前1350年)

---

[1] 参见侯建新《"封建主义"概念辨析》,《中国社会科学》2005年第6期;冯天瑜:《"封建"考论》,武汉大学出版社2006年版。

[2] 参见孙家洲《古史分期大讨论中的人与事》,《中国政协报》2004年1月29日。

①旧石器时期:约20万年前~约1.5万年前

②新石器时期:约1.5万年前~约公元前1350年

2.方国和列国占据时期:商代中期—秦统一(约公元前1350~公元前221年)

①方国时期:商代中期—公元前7世纪

②列国占据时期:公元前7世纪—公元前221年

3.封建帝国时期:秦—清中期(公元前221—公元1860年)

①帝国前期:秦—东汉(公元前221—公元220年)

②帝国中期:三国—五代(220—975年)

③帝国后期:宋—清前期(974—1861年)

4.近代时期:清后期—民国时期(1861—1949年)

①近代前期:清后期(1861—1911年)

②近代后期:民国时期(1911—1949年)

以下依此对各段历史的特点进行概括性叙述。这种概括,实际上也可以看作是分期理由的阐释。

1. 原始社会时期:旧石器时代—商代中期以前(约20万年前~约公元前1350年)

①旧石器时期:约20万年前~约1.5万年前

20世纪80年代后期,考古工作者先后在安义、新余发现了5处旧石器地点,获得各类旧石器制品89件。其年代距今约20万年左右,属于旧石器时代中期。最晚从那个时期开始,江西地区开始有了人类生存,历史由此开端。到距今5万年—距今1.5万年,万年吊桶环下层、中层遗址、乐平涌山泉遗址和万年仙人洞下层遗址等考古发现证明,其物质文化较前有所进步,属于旧石器时代晚期和末期。

旧石器时期不仅生产力极为低下,而且变迁极为缓慢,是人类历史最漫长的一个时期。江西旧石器时期的社会生活具有旧石器时代的一般特点,原始居民居于洞穴,打制石器工具及制作骨角器工具,以狩猎采集为生,其晚期可能进入了母系氏族社会。

②新石器时期:约距今1.5万年前~约公元前1350年

万年吊桶环和仙人洞上层遗址,展现了江西地区新石器时代早期的文化面貌:磨制和钻孔技术得到应用,石器和骨角器品类更加丰富,陶器制作开始出现,生产效率提高。更重要的是,随着人工栽培稻的种植,最初的农业亦即所

导论

谓"农业革命"发生,江西先民们开始逐步摆脱天然的攫取经济,向着农业社会迈进。值得注意的是,这两个遗址不仅是迄今国内发现的年代最早的新石器早期遗址之一,而且制陶技术和水稻栽培更是已知世界最早或最早者之一。这似乎表明,在农业社会的初始阶段,包括江西在内的长江中下游地区不但不是后来者,而且是较为先进的区域。

距今1万年以来,江西地区进入了新石器晚期亦即其繁荣期。这一时期的文化遗址已遍布全省各地,其突出的代表性文化有拾年山文化、山背文化、筑卫城文化、社山头文化、郑家坳文化等。石器、骨角器和陶器制造更加先进,农业、手工业经济有了显著进步,水稻广为种植,家畜饲养普遍,建筑、纺织技术出现并不断发展,房屋和聚落成为主要居住形式,人口迅速增长。与此同时,社会剩余产品增加,对偶家庭、父氏家长制家庭逐渐成为主要的家庭形式,氏族内部发生了财产占有和社会地位的分化,社会酝酿着深刻变化。但相对于黄河流域距今五千年前已经出现了最初的酋长国家,四千年前出现了夏王朝,江西地区进入文明时代的步伐相对迟缓。

2.方国和战国占据时期:商代中期—秦统一(约公元前1350~公元前221年)

①方国时期:商代中期—公元前7世纪

根据现有的考古发掘资料,特别是著名的樟树吴城,新干大洋洲、牛头城,瑞昌铜岭等遗址的发现,公元前14世纪江西地区社会逐渐发生了重大的发展和变化。

经济方面,农业已经脱离"砍倒烧光"式的原始农业方式,进入了耜耕农业阶段。手工业已经开始了铜矿采冶和铜器铸造,标志着社会进入了青铜时代。原始瓷的烧造、制玉工艺和丝织的出现,则反映了传统制陶业、石器制作业和纺织业的飞跃。远距离交换和货币出现,商业活动开始形成并得到初步发展。这一切成就,最集中地体现在1989年新干大洋洲商代大墓出土的大量青铜器、玉器和陶瓷器上。

社会方面,已经出现了文字系统,形成了像吴城这样拥有较大的城池和大型祭祀遗址、宫室遗址、手工业区域的中心城邑聚落和早期国家或方国的中心,大规模的战争开始出现。文明已经发生,但这一文明显然与中原的商文明有较大差距因而深受后者的影响,但也仍然保留了相当强烈的地域特征。吴城可能并不是江西的唯一文明中心,因为考古证实当时江西至少出现了两个文化体,即吴城文化和万年文化。万年文化亦为青铜文化,虽发展程度不及吴城文化,但亦当有其中心城邑。

进入西周时期,江西地方文化在商代的基础上继续发展,文化遗址密集出现,代替吴城而为文明中心的,可能是新干牛头城。在周王朝的强势影响下,江西各地文化面貌渐趋一致。

总之在商代中期,江西地区开始进入文明时代。由于资料限制,我们现在还难以知道吴城——牛头城方国的名号,但可以肯定吴城遗址已属于早期国家,或者说即西方学者所谓的酋长国家。同时虽然这一方国已经受到商文明及后来西周文明的深刻影响,但应当仍具有政治上的独立性,和中原商周王朝可能只有贡纳关系或者并非直接管辖的外服封国关系。所以,我们把这一时期称为方国时期。

②列国占据时期:公元前7世纪—公元前221年

进入公元前7世纪以来,江西有两个重大变化。

第一个重大变化是,诸侯国势力逐步进占江西。西北的楚国在成王时期(公元前671—公元前625年),向南拓地达今湖南中部,赣西部分地域可能已为楚人所据。其后楚人继续东进,进占番地即今波阳为中心的大片地方。公元前504年,吴国大举攻楚,克番而有之,旋即西进至赣西北的艾邑。公元前473年越灭吴,吴地大部入越。此后楚国复向东方不断扩张,公元前306年灭越,江西大部归入楚国版图。可以肯定的是,最晚到公元前6世纪,赣地的古老方国不复存在。因江西陆续成为楚、吴、越国的属地,所以可以把这一时期称为列国占据时期。由于楚国等国的占领和若干中心城邑的建立,原先分散独立的许多土著百越部落、宗族逐渐被纳入了统治体系之中,出现了民族融合的重要契机。

第二个重大变化是,伴随着铁器的发明和普及,以及楚文化和吴越文化的输入,江西经济进一步发展。春秋晚期至战国,铁农具在赣北、赣中已较普遍,农业由此有了显著发展,新干战国大型粮库遗址的发现就是最好的证明。纺织、采矿、铜冶、陶瓷、竹木制造业和商业贸易也都有所增长,江西经济与楚国和吴越中心地区开始出现接近的趋势。

3.封建帝国时期:秦—清中期(公元前221—公元1860年)

公元前223年,秦灭楚。两年后秦灭齐,统一中国。从此,江西地区就被置于中央帝国的直接统治之下,江西地方的历史也由此被纳入中国整体历史之中。从稍后的汉代豫章郡直至明清的江西行省,二千多年里,江西一直是中央王朝或南方王朝的重要政区,其在全国和南方地区的经济和文化地位不断上升,终于成为中国经济和人文地理中最重要的区域之一。

①帝国前期:秦—东汉(公元前221—220年)

这是封建帝国时期江西经济和社会的初步成长期。

在政治上,在秦汉中央王朝直接统治下,江西被完全纳入郡县体制,而且随着郡县的不断增设,郡县网络逐渐扩张和周密。秦代江西大部隶属于九江郡,设县大约7个左右,统治还较薄弱,不少百越族系的民众还未成为国家的编户齐民。西汉初,朝廷设立豫章郡(公元前201年),下辖南昌等18县,江西正式成为基本政区。此后豫章郡属县治持续增长,到东汉末期增至26县。及至汉末吴初,由于孙权对山越的镇压搜括和增设郡县,中央政权对江西基本实现了全面、有效的控制。

在经济上,铁器进一步普及,牛耕逐步推广,水利事业开始兴修,农业得到发展。到公元2世纪初叶,江西地区开始较大规模粮食外调。各种手工业同步发展,交通畅达,商品货币经济初现繁荣。与此同时,豫章郡的户口数急剧增长,到东汉顺帝(公元140年)时,不仅位居扬州第一,而且户数为全国第二,口数为全国第三。江西经济达到了当时南方地区的较高水平。从生产关系看,土地私有制得到发展,自耕农是基本农业劳动者,但家庭奴隶、各种依附农也有一定比例,豪强地主和庄园经济开始成长。

在文化上,秦末番县令吴芮反秦起义,"率百越佐诸侯从入关",汉初受封为长沙王。两汉时期,豫章才俊何汤、程曾、唐檀、徐稚(徐孺子)等人知名于世,其地位虽不足以与中原的名公巨卿、大儒硕学相提并论,毕竟开始进入朝廷或成为全国知名的文化人物。《后汉书》称徐孺子是"南方鄙薄之地"的"角立杰出"之士,这一评价既说明徐稚在王朝中的影响,也反映了当时江西毕竟还是经济和文化上较为边缘的地区。大量北方和外地人士来到江西地区,施政办学、兴利除弊,传播先进技术和文化,对江西人文的兴起起了积极作用。

②帝国中期:三国—五代(220—974年)

这一时期,江西地区历经东吴、晋、宋、齐、梁、陈、隋、唐、吴、南唐等十个政权的统治,是江西区域经济和社会的持续发展期。

六朝时期的江西,经济发展极为迅速。雷次宗的《豫章记》首次对赣郡之地的经济繁荣有了诗一般的描绘。西晋江州的设立,充分表明江西在六朝时期的地位已经可以和扬州、荆州相比。到南朝末年,江西之地已经设立9郡60县,达到了历史上第一个高峰。尽管在门阀士族的束缚重压下,仍有一批江西人走上了六朝政治、军事、文化舞台,出现了陶侃、宋齐丘等重臣和熊昙朗、余孝顷、黄法氍、周迪等南川土豪群体,以及像陶渊明这样的大诗人。

随之而来的隋唐时期,黄河流域在经历了盛唐的繁荣之后,因安史之乱而走向衰落。而江西地区和整个长江中下游地区一起,因相对和平的环境,大量北方人口的迁入,自身的积累与发展,逐渐成为中国经济的重心所在。江西地区此后千余年的农业、手工业技术和小农经济的基本格局已经奠定。佛教、道教和书院兴起,预示着江西文化的创新和崭露头角,科举制度的施行,则为江西优秀人才在政治上的上升创造了条件。连接大运河、长江和岭南进而外部世界的赣江、大庾岭商道的畅通,更为江西地区此后的发展带来了巨大的机遇和推动。"物华天宝,人杰地灵"八字,成为江西经济、社会和文化发展的最好写照。唐末大乱,江西地区在吴特别是南唐的统治下相对安定,众多民众和士大夫进入江西,南唐甚至一度以南昌为首都,江西经济和文化地位进一步提升,为随后江西经济社会的发展繁荣奠定了基础。

③帝国后期:宋—清中期(974—1861年)

在此前千余年发展的基础上,北宋以来直至清代中期,江西进入了其经济社会的繁荣兴盛期。

974年,北宋灭南唐。承六朝隋唐以来发展的势头,宋代江西经济、文化繁荣兴盛,不仅粮食输出有"天下最"之誉,茶叶、采矿、冶金、陶瓷、纺织、制纸、造船、航运、商贸、城市等亦无不兴旺发达。各地书院林立,文风昌盛,科举得人甚众,儒、释、道、艺人才辈出,为华夏文明贡献了一大批大师级的人物,"人才之盛,遂甲于天下"[①]。经过长时期的积累和对中原文化的吸收消化之后,江西终于展现了其巨大的经济能量和文化创造力,成为古代中国最重要的经济文化中心区域之一。

经过元代短暂的动荡,明清江西的经济、社会和文化继续发展,达到了江西古代历史的顶峰。经济上人口激增,山区广泛垦殖,商品农作物大量种植,各种手工业和商业贸易繁荣活跃,市镇经济急速增长,传统经济趋于极盛。文化上人文发达,硕儒踵继,成就众多,影响巨大。江西继续保持着古代中国最重要的经济和文化中心区域之一的地位。而与此同时,人均耕地的锐减,租佃关系

---

① 洪迈:《饶州风俗》,《容斋四笔》卷五。

的高度发展,江右商帮的壮大和远被,景德镇面向世界的大规模专业生产,工矿企业中雇佣关系的发展,等等,也都显示着江西传统社会中新的社会因素不断增长,深刻的社会矛盾和社会变迁正在孕育。

4.近代时期:清后期—民国时期(1861—1949年)

①近代前期:清后期(1861—1911年)

1840年,鸦片战争爆发,次年中英《南京条约》签订,中国开始步入殖民地半殖民地社会。

近代对江西社会首先予以巨大冲击的是太平天国战争。1850年太平军起于广西,随后横扫东南半壁。1853年2月太平军进入江西,赣省难以抵御,曾国藩率领湘军出省东进,遂开俗称"湖南人出兵,江西人出钱"与太平天国争斗的局面。赣皖两省,是湘军和太平天国争夺拉锯的关键地区,人员和经济损失极其巨大。尤其是战争中出现的厘金制度,从此成为江西经济的桎梏。1864年太平军最终覆灭于江西,但江西经济社会因此受到极大破坏。

1856年第二次鸦片战争爆发,中国战败签订《天津条约》,沿长江多个口岸被迫开埠通商,江西九江亦在其列。从1861年起,英国等列强纷至沓来,设立租界,倾销商品,进而把持海关,控制航运和修筑铁路,江西传统的自然经济结构由此逐渐趋于解体。同时,赣江大庾岭商道亦因开埠以来物流改道,地位一落千丈,江西从历史上的通衢要区一变而为封闭的内陆省份,因而更加难以维系传统的经济模式和发展近代工商业。这与太平天国战争一起,锁定了近代江西经济、社会日益衰落的基本路径。在此背景下,江西经济与社会与沿海地区逐渐拉大了差距。但西方资本主义的入侵,也给江西带来了近代思想和文化,推动着江西近代化的起步。近代农业、工矿业、交通运输业以及新式学堂、近代新闻出版业和医学、科技事业开始出现。鉴于西方势力直接进入江西是1861年,故而我们把江西近代历史的开端定在这一年而不是1840年。

②近代后期:民国时期(1911—1949年)

辛亥革命推翻清朝,结束了两千多年的封建帝制,建立民国。但革命的成果为袁世凯篡夺,江西也因之长期为北洋政府所控制。十余年中,北洋军阀在赣唯事掠夺,少有建设,江西社会的近代化成绩非常有限,经济进一步衰落,社会矛盾日益激化。

1926年,国共合作发动的北伐克复江西,终结了北洋军阀的反动统治。但不久即进入第二次国内革命战争时期,南昌起义、秋收暴动等一系列武装起义爆发,毛泽东和中国共产党人在江西开创了井冈山和赣南闽西、赣东北、湘鄂赣等革命根据地,江西成为红色革命的摇篮。革命战争是江西人民和中国人民实现近代化的特殊努力,但残酷的"围剿"战争,使江西经济社会再遭重创。1935年后,国民政府及当时的省主席熊式辉虽然有所建设,经济、社会、文化等方面得到一定发展,但旋即爆发日本侵华战争,八年中江西人民的生命财产遭受极其惨重的损失。抗战结束,国民党又发动内战,江西经济社会更趋于崩溃。然而物极必反,此刻的江西即将迎来一个全新的时代——中华人民共和国时代。

三、江西古代的民族

据2000年11月第5次人口普查,江西省总人口为4139.80万人,其中汉族4128.52万人,占全省总人口的99.73%。全省共有51个少数民族,总人口为11.28万人,占全省总人口的0.27%[1]。畲族是江西的主要少数民族,共计77650人,占江西少数民族人口的68.84%,其他民族人数极少。全省现有建制畲族乡7个(贵溪市樟坪畲族乡,永丰县龙冈畲族乡,吉安市青原区东固畲族乡,铅山县太源畲族乡、篁碧畲族乡,乐安县金竹畲族乡,南康市赤土畲族乡),少数民族行政村61个(内有畲族村56个,瑶族、回族、黎族村各1个,多民族村1个),另有少数民族村民小组近400个[2]。和东部各省一样,江西属于少数民族人口很少的散杂居省份。相比之下,西邻的湖南省少数民族人口仍占7.93%,并拥有1个自治州和7个自治县[3]。虽然当代江西汉族占绝大多数,但在历史上相当长的一段时间内,赣鄱大地并不是汉族的前身——华夏民族的居住地域。今天江西的民族情形,是数千年来历史演变的结果。

最晚在商代,百越族群就在江西大地上生息,创造了江西最早的文明。而在此后的三千年多年中,江西地区纳入中原王朝并得到逐渐开发,成为古代中国经济和文化中心区域。这一过程也就是中原华夏—汉民族和江西地区土著民族的交往、斗争、消长和融合的过程。土著和少数民族在江西古代政治、经济

---

[1] 《第五次人口普查公报——江西》,江西省统计局2001年4月6日发布,见中华人民共和国国家统计局网站,www.stats.gov.cn。

[2] 江西省民族宗教事务局网站,www.jxmzj.gov.cn:8081。另据该网站介绍,除畲族外,江西人口超过1000人的少数民族有回族(9972人)、蒙古族(9010人)、苗族(5414人)、满族(5075人)等13个民族。这些民族大部分都是在近现代才迁入江西的。

[3] 游俊、李汉林:《湖南少数民族史》,民族出版社2001年版,第1—3页。

导论

和文化的发展上打上了深刻的烙印,民族的历史同样构成了江西古代历史的重要线索和内容。然而,以往江西古代民族问题研究很不充分。其一是因为研究资料的缺乏和零散,困难很多;其二是因为中国民族史特别是中古以前民族历史的研究不够充分,制约了区域民族史的探索。但近三十年来,中国民族史研究在以往的基础上有了长足进步,基因考古等科技亦提供了重要的新工具,江西区域民族史的研究也有所积累,系统探讨江西民族史的条件已有较大改善。同时,由于本书分卷较多,对民族问题的叙述较为分散、不够系统,因此我们在导论中专设一节概述之。

1. 上古江西民族

远古江西居民的族属,限于资料,今天已难明了。而对距今五六千年前的中国民族,上世纪蒙文通先生提出可分为华夏、东夷和三苗三大集团,其后徐旭生先生复加申论[1],此后学者多宗之。然此说并不全面,上古中国地域内,大的民族集团如西北之氐羌、西南诸夷、北方之草原民族,特别是东南的百越民族等并未被涵盖在内。此三者,只是五帝时期在中原一带争夺攻战之最激烈者,其反映的只是黄河中下游地区的大致情形。

三大集团中,三苗偏居南方。三苗的中心,一般认为在河南南部的南阳盆地和湖北江汉平原。因为地接中原,所以三苗成为与华夏族争夺中原的对手。商周时期,三苗的主要部分仍在长江中游地区与其他民族杂处,而被称为南蛮或荆蛮[2]。

《战国策·魏策》:"昔者三苗之居,左彭蠡之波,右洞庭之水,文山在其南,而衡山在其北。恃此险也,为政不善,而禹放之。"以往因为人们认为彭蠡是鄱阳湖的古称,故历来学者多据此认为"三苗之居"当在今洞庭湖、鄱阳湖之间的湖南和江西北部。如清代王谟《江西考古录》卷十有三苗在江西之说,其根据大抵在此。但如前述,古代的彭蠡泽并不是今天的鄱阳湖,因此这种说法就站不住脚了。正如彭适凡先生在本书先秦卷第84页中所说:

> 既然古彭蠡泽不在今之江西鄱阳湖,那么三苗的分布范围,似不应含江西的北部,而应是以湖北的江汉地区为中心,北及河南西南的南阳盆地,南达湖南洞庭湖以北地区。大量考古资料证明,湖北地区包括南阳盆

---

[1] 《古史埋微》,商务印书馆1933年版;《中国古史的传说时代》(增订本),文物出版社1985年版。
[2] 参见胡绍华《九黎、三苗、南蛮》,文史知识编辑部编《中华古代民族志》,中华书局2004年版。

地的新石器时代文化,即时代较早且偏西的大溪文化到屈家岭文化再到较晚的石家河文化,学术界较一致认为,应该就是三苗不同时期的文化遗存。

鉴于大溪、屈家岭和石家河文化在江西地区并无明显存留,三苗不是江西主体居民应可断定。

五帝时期的江西居民,当主要是古越族人。《吕氏春秋·恃君览》:"扬汉之南,百越之际,敝凯诸夫风余靡之地,缚娄、阳禺、驩兜之国,多无君。"现在确知,商周以来沿海岸线从苏南、浙江、皖南、福建、江西、广东、广西、湖南东南部以至越南北部,居民主体乃是百越民系[1]。而且学术界公认,几何印纹陶文化是百越民族的主要文化特征之一,其产生于原始社会后期,形成于相当中原的商周时期,衰落于战国至秦汉,这与古越族的形成、发展和消失的历史过程大致相符[2]。从新石器时期到商周,江西正是几何印纹陶文化的中心区域之一,由此可以判定,江西地区当时属百越所居当无问题。只是商周以前,古越人群究竟应径称为百越还是称为古先越人,学者间存有不同说法,但这显然不是原则分歧。

有学者认为百越可能与三苗有关系[3],但从商周时期的情况看,百越主要分布在长江以南东部、华南和越南北部的广大地区,而三苗的后裔——南蛮主要分布在长江中游及西南地区。同时,其语言属于不同系统,风俗习惯也有显著差异,在考古学文化上也各有代表。因此学术界一般认为,百越与三苗属于不同族系[4]。新近的染色体DNA遗传标记调查亦显示,汉、藏缅、苗瑶系民族,与侗傣语系各民族、台湾原住民和南岛语系民族一系有明显区别,而后者是百越民族的后裔[5]。

---

[1] 王钟翰主编:《中国民族史》,中国社会科学出版社1994年版,第95页。
[2] 蒋炳钊:《百年回眸——20世纪百越民族史研究概述》,蒋炳钊主编:《百越文化研究》,厦门大学出版社2005年版;彭适凡:《中国南方古代印纹陶》,文物出版社1987年版。
[3] 参见蒋炳钊《八年的回顾——百越民族史研究会学术活动综述》,《百越民族研究》,江西教育出版社1990年版。
[4] 王钟翰主编:《中国民族史》,中国社会科学出版社1994年版,第317、575页。近年有学者从两族系的后裔比较进一步证明了百越、三苗的不同。中国南方闽、粤、赣地区除了汉族外,主要两大族群:一是百越及其后裔,包括古代越人越、俚、僚、蜑,越人后裔壮、侗、布依、水、黎等族,主要属壮侗语族系统。一是苗、畲、瑶诸族,属苗瑶语族。越人与苗、畲、瑶分属两个不同系统的族群,具有各自鲜明的特征。参见吴永章:《百越与畲瑶混同说辨证》,《嘉应大学学报》2003年第3期。
[5] 参见李辉《百越遗传结构的一元二分现象》,《广西民族研究》2002年第4期。

导论

不过,著名考古学家俞伟超结合历年考古发现认为,三苗文化的南端可至江西西北的修水①。在上古地域广阔、人口稀少、人群迁徙靡常的历史条件下,似乎也不能完全排除有部分三苗系人群进入江西地区与百越杂处。商代吴城遗址城壕中出土的被砍下的人头骨,经DNA鉴定疑为苗瑶系人群。鉴于其可能属于战俘杀祭,则其与吴城居民为不同族属②。

2. 商周战国时期的江西古越族

上古江西居民主体是越人,但百越既号为"百越",正如《汉书·地理志》注引臣瓒曰:"自交趾至会稽,七八千里,百越杂处,各有种姓。""各有种姓",说明成分复杂,并非单一民族而是民族和部落的集群。考古学家李伯谦曾根据器物类型,把印纹陶分为宁镇区、太湖区、赣鄱区、湖南区、岭南区、闽台区和粤东闽南区等七个分区③,这也证明其组成复杂,有明显的地域差距。

从考古发现来看,从新石器晚期到商周时期江西地区的文化形态虽有其一致性,但可以大致分为三个系统:

早在新石器时代,赣江、鄱阳湖两岸业已形成文化差异,其东部地区是社山头文化,西部地区是樊城堆文化的分布区。至商代,赣鄱以东为万年文化,以西为吴城文化。万年文化与浙江的高祭台类型、马桥文化和闽北的黄土仑类型青铜文化连成一片,成为没有受以鬲、假腹豆、深腹盆等为代表的商文化影响的区域。吴城文化与湘江、洞庭湖以东地区具有文化共性,普遍使用有段石锛、马鞍形陶刀、马鞍形石刀做生产工具,流行印纹陶,铸造大型肖形青铜器,使用大型铙作打击乐器,等等④。万年文化和吴城文化构成了江西青铜文化的二元主体。这一现象说明,赣鄱地区的古越族,应分属于两个不同的支系。

另外,赣江上游地区不仅地理上自成单元,而且其文化特征与吴城文化和万年文化均存在着较大差别,但陶器的主流是南方印纹陶流行的器种,并且某些特征表现出与广东石峡文化相近(彭适凡,本书第119页)。这似乎表明,这里的古居民和岭南有着密切关系而为另外一支越人。

不少学者认为,江西之地的古越族,赣鄱以西当属扬越,以东则可能属于干越⑤。赣鄱以东的古越人为干越族群,此说有一定的文献依据。《文选·吴都

---

① 参见俞伟超《楚文化的渊源与三苗文化的考古学推测》,《文物》1980年第10期。
② 《吴城——1973—2002考古发掘报告》,文物出版社2005年版。一般认为,苗瑶系民族是苗蛮民族的后裔,见王文光《中国南方民族史》,民族出版社1999年版。
③ 《我国南方几何印纹陶遗存的分区分期及有关问题》,《北京大学学报》1981年第1期。
④ 彭明瀚:《吴城文化研究》,文物出版社2005年版,第250—256页。
⑤ 参见蒋炳钊《百年回眸——20世纪百越民族史研究概述》,《百越文化研究》,第20页。

赋》李善注引《汉书音义》："干,南方越名也。"《汉书·货殖传》师古注引孟康曰："于(干)越,南方越别名也。"其地一般认为分布于以今江西余干为中心的赣东北地区[①],和万年文化的分布区大致相合。《太平御览》卷一七〇引韦昭《汉书注》："干越,今余干县越之别名。"鉴于余干历来有干越的古迹或地名遗留,如干越渡、干越亭等[②],古代这一带为干越活动区似可信。著名的商代鹰潭角山遗址和春秋战国时期鹰潭崖墓,均当属于干越。

但扬越之说似尚难定论。"扬越"一词,最早见于西周。《史记·楚世家》："(周夷王时)熊渠甚得江汉间民和,乃兴兵伐庸、杨粤,至于鄂。熊渠曰:'我蛮夷也,不与中国之号谥。'乃立其长子康为句亶王,中子红为鄂王,少子执疵为越章王,皆在江上楚蛮之地。"这一记载原意很清楚,楚由西向东而伐,随之设三王治三地,句亶王治庸,鄂王治鄂,越章王治杨粤(扬越)。庸在今湖北竹山县一带,鄂在今湖北武昌(一说鄂州),杨粤(扬越)地不详,但一定是在鄂地之西的江汉平原中部的一个小国,与江西无干。

在早期古文献里,"扬越"的记载以《史记》最为集中。而《史记》中的"扬越"主要是指湘南、岭南直至今越南北部地区的"百越"。如《吴起列传》记载其"南平百越,北并陈蔡",而《蔡泽列传》作"南收扬越,北并陈蔡"。《货殖列传》："九疑、苍梧以南至儋耳者,与江南大同俗,而扬越多焉。"又《南越列传》："秦时已并天下,略定杨越。置桂林、南海、象郡,以谪徙民,与越杂处十三岁。"《太史公自序》："汉既平中国,而(赵)佗能集扬越以保南藩。"战国秦汉时期其他文献的记载,也大致如是。可见当时的"扬越",和江西地区也难说有确切关系。

六朝以来,人们逐渐习用"扬越"称呼长江中下游地区。如:

"王濬南征……兵无血刃,扬越为墟。"《晋书·武帝纪》

"晋室播迁,来宅扬越。"《宋书·朱龄石毛修之傅弘之传》史臣曰。

"晋室播迁,南据扬越。"《史通·表历篇》

"(秦王苻坚诏:)朕方委以征伐之事,北平匈奴,南荡扬越……"《资治通鉴》卷一〇三,太宗简文皇帝咸安元年。

这些文献中所提到的"扬越",均指春秋战国时期越国故地,即今苏南、杭

[①] 参见蒋炳钊《百年回眸——20世纪百越民族史研究概述》,《百越文化研究》,厦门大学出版社2005年版,第19页。秦汉时期的余干(汗)县辖地广阔,跨有今上饶、抚州两地级市所属余干、乐平、德兴、横峰、上饶、弋阳、贵溪、广丰、余江各县及万年、东乡县的一部分。

[②] 参见俞静安《"干越"考》,《陕西师范学校学报》1957年第3期。

州湾为中心的长江下游及中游部分地区。其所以称"扬越",是因为这里正是禹贡九州的扬州之地。此扬越与江西地区关系同样不大。

因此,"扬越"在古文献中不是一个单一概念,"'扬越'作为一个泛称,是具有不确定性的,要根据上下文所指来确定其准确意义"①。而无论何种含义,都尚难确凿地和江西某支古越族联系起来。即便依照《史记》湖湘南部属于扬越的范围而近于江西,且吴城文化和湘江、洞庭湖以东考古文化确有一些共性,但也仍不足以证明吴城古越人应称为"扬越"。因为《史记》中"扬越"又称"百越",并非某一越族的专指,且如此之大地域上的越人实在难以被看成是一个统一的族体,何况印纹陶的分区湘、赣明明是不同的。故赣鄱以西地区的古越人究竟何属,还有待于进一步研究。

商周以来,中原文明的影响日益增大。赣江中游的吴城、大洋洲和牛头城诸遗址的发现证明,其时当地已经形成了政治权力中心和方国实体。这一方国,当是土著越族在中原文明影响下发展起来的。到西周中、晚期,江西各地的考古文化面貌开始渐趋一致(彭适凡,本书第230—231页),这说明在外来文化的影响下,赣鄱地区土著越人族群之间也逐渐趋于融合。

约7世纪中期,楚国势力入赣,此后吴、越势力先后由东方进入江西。楚威王时(公元前339—公元前328年)"大败越,杀王无疆,尽取故吴地至浙江。"②,江西之地从此尽为楚人所有。吴、越和楚在江西确立统治,自然要建立相应的政治和军事中心,但数量很少,只有番、艾和上赣等几个地名见诸文字。因此诸国在赣的统治,必然只是一种点状的控制。对居住于江西广大地域上的土著越人来说,在逐渐从属于外来统治者统治的同时,实际上仍然有着广阔的生存和保持传统的空间。

3.秦汉三国时期土著越族的逐渐同化

秦统一中国,江西之地被纳入中原王朝直接统治之下,并成为秦王朝攻取岭南和闽越的前沿。秦在江西设番、艾、余汗、南壄、庐陵、安平、新淦等县,属九江郡③。以江西如此广大的地域,仅仅只有7县,平均每县控制之地达2万多平方公里,因而秦王朝对江西的控制也只能是点状的,在寥寥无几的县城之外的广袤地域,还是行政管辖未及的"隙地",尚有众多土著居住。所以,才会有秦末众

---

① 参见王文光《先秦时期历史文献中的越民族群体》,《云南师范大学学报》2005年第1期。
② 《史记·越王勾践世家》。
③ 参见许怀林《江西史稿》,江西高校出版社1993年版,第21页。

多越人随番君吴芮起义反秦①。当然,随着新县治的设立和秦军民的屯戍,土著必然受到越来越多的中原文化的直接影响,使部分越人逐渐模糊了族属,而与汉人混同起来。这两种现象的并存,正是秦汉时期江西地方历史的基调。

西汉初年置豫章郡,江西在历史上第一次被确立为一个较完整的行政管辖区。两百年后,至西汉平帝元始元年(公元2年),全郡辖有18县,67462户,351965口。至公元140年时,有户406496,口1668906,较前分别增长了5.02倍和3.74倍,占扬州和全国的比重也大幅度上升②。这些不仅反映了西汉以来江西地区经济的显著发展,同时也反映了国家对地方控制程度的不断加强,因为如此大量的人口增长应不仅仅是自然增殖的结果,也与很多土著成为编户齐民直接相关。东汉末由豫章分出庐陵、鄱阳二郡,辖县升至26个,既是国家对江西地方控制显著强化的表现,也必然进一步促进土著人民的编户化和汉化。

西汉时期赣地仍有大量越人居住。《汉书·两粤传》载,长沙王吴芮所辖,"其半蛮夷"。长沙国辖地包括赣西安成(今安福一带)。《汉书·严助传》:武帝时南海王反,"使将军间忌将兵击之,以其军降,处之上淦"。南海王系越王族,辖境大约在今闽西南、粤北和赣东南一带,上淦一说在今玉山县东,一说在今新淦,均与赣境相关。此外当时余干以东,尚属闽越统治范围。史称:"越人欲为变,必先田余干界中,积食粮,乃入伐材治船。边城守候诚谨,越人有入伐材者,辄收捕,焚其集聚,虽百越,奈边城何?"③今鄱阳白沙、武林和余干一带,即为汉闽分界④。直至闽越被灭,这种情况才被改变。王谟《江西考古录》卷一《新淦》:"盖秦汉之世,豫章尚为边郡,而汉制羁縻蛮越,多在此处。"其说有见。

西汉中期以后,江西越人的记载很少,但这并不意味着越人的消失。汉末东吴时期山越在江西多个地方的暴动,足见越人在江西分布之广和人数之众。两汉国家对江西的控制仍然不是绵密无漏的,山区的越族许多仍未被纳入统治体制之内。当然,江西毕竟与相邻的南越、闽越、瓯越不同,其已经处于中央王朝的直接统治之下,境内越人的势力和影响远不能与诸越相提并论。当诸越

---

① 《史纪·项羽本纪》:"鄱君吴芮率百越佐诸侯。"同书《东越列传》中记载此百越兵有闽越王无诸和东海王摇所统领的越兵,但也必然还有大量鄱阳、馀汗一带的越人。

② 许怀林:《江西通史》,江西高校出版社1993年版,第36—37页;《论汉代豫章郡的历史地位》,《江西师范大学学报》1994年第3期。

③ 《汉书·严助传》。

④ 西汉时期汉闽战争,均以这一带为军事行动的始发地,关于此点,清谭瑄已有详论,见康熙《弋阳县志》卷八,《丛书集成三编》,第八十二册。

导论

被西汉王朝逐步削平,江西土著越人更加速了同化过程。及至汉末三国时期,随着东吴对山越的大举镇压和搜括,这一过程达到了其顶点。

山越是汉末至隋唐时,对分布在苏、浙、皖、赣、闽、粤等地山区越人的通称。①《后汉书·灵帝纪》载建宁二年(169年),"丹阳山越围太守陈夤,夤击破之"。《资治通鉴》是年条下胡三省注:"山越本亦越人,依阻山险,不纳王租,故曰山越。寇扰郡县,盖至此始。"《三国志·吴书·诸葛恪传》在叙述丹阳山越时说,其地"地势险阻,与吴郡、会稽、新都、鄱阳四郡邻接,周旋数千里,山谷万重,其幽邃民人,未尝入城邑,对长吏,皆仗兵野逸,白首于林莽。逋亡宿恶,咸共逃窜。"这一记载典型地说明了多数山越居于深山,置身化外的特点,但也揭示了山越中其实也含有一些逋逃脱籍的汉人。

东汉后期以迄东吴,半个多世纪里江南发生了一系列山越暴动。史称:"山越好为叛乱,难安易动,是以孙权不遑外御,卑词魏氏。"②在江西,暴动主要集中在赣北、赣东北和赣中地区,波及鄱阳、寻阳、余干、乐安(今乐平)、上饶、西安(今武宁)、建昌(今奉新)、海昏、临川、南城、宜春等十余县。暴动的人数,动辄上万人、数万人,甚至数万家,累计人数竟达三四十万之众③。《三国志·吴书·孙皓传》注引皓宝鼎二年(267年)诏:"立(安成)郡以镇山越。"安成系分豫章、庐陵、长沙而设,下辖平都、宜春、新渝、安成、萍乡六县,则山越分布亦及于赣西。东吴政权为平定江西山越,花费了极大气力,如汉献帝建安八年,"山寇复动,(孙权)还过豫章,使吕范平鄱阳,程普讨乐安、建昌,太史慈领海昏,黄盖、韩当、周泰、吕蒙等为剧县令长,讨山越悉平之"④。对此,本书《魏晋南北朝卷》有详尽叙述,请参阅。

汉末东吴时期突然产生如此众多的山越反抗,是因为长期以来,两汉国家虽然努力增殖户口赋税和发展农业生产,但因控制力有限而并没有对广大山区越人采取强力行动,同化是以和平和渐进的方式进行,双方遂得以相安无事。而东吴统治者为了适应战争需要,"帅之赴役",断然以武力夺其资产直至驱出山外成为编户,纳税服役,从而导致了激烈的反抗和战争。

至东吴后期,江西共计有6郡58县,人口在全国的比重进一步增加,这与对

---

① 王钟翰:《中国民族史概要》,山西教育出版社2004年版,第483—484页。
② 《三国志·吴书·贺全吕周钟离传》史评。
③ 参见本书《魏晋南北朝卷》第一章第二节。
④ 《三国志·吴书·吴主传第二》。

山越的战争使大量山越成为编户直接相关。庐陵、鄱阳、安成等郡的设立,都导因于镇压需要。周兆望教授估计江西山越的总户数近10万,总人数约40万以上①,此数字约占当时江西人户的四分之一。在秦汉四百多年的基础上,东吴对山越的镇压和搜括,终于使江西地区的越人基本完成了汉化过程。故晋代以后,江西山越的记载再也未见。江西地区山越的汉化过程,较浙江、安徽等地的步伐更快,那里关于山越的记载一直延续到南朝和唐代②。

4. 六朝时期的江西少数民族

东吴以后,江西历史进程中民族因素的影响明显降低。战国秦汉时期赣地几次大的事件,如秦击南越、吴芮反秦、汉攻闽越、汉末东吴山越叛乱等无不有着浓厚的少数民族(越族)背景,此后则不然。如南朝"南川土豪"集团迅速崛起,成为梁陈间政治、军事史上的一大事件。《陈书》卷三十五《史臣后论》:"梁末之灾沴,群凶竞起,郡邑岩穴之长,村屯坞壁之豪,资剽掠以致强,恣陵侮以为大。"其中,除南昌熊昙朗外,临川周敷、新建(崇仁)黄法氍、南城周迪、南康蔡路养、新吴(奉新)余孝顷等,均属山区酋豪,余孝顷且号称"洞主"③,正所谓"岩穴之长",但在各种史料中他们已无越族或其他民族的色彩。

古老的越族虽然消失了,却又有被称为俚、僚、苗、瑶等的少数民族出现在江西特别是边缘山区。

《隋书·南蛮传》概括南朝到隋时南方少数民族的情形说:"南蛮杂类,与华人错居,曰蜒、曰獽、曰俚、曰獠、曰㐌,俱无君长,随山洞而居,古先所谓百越是也。"此说当然不全,说诸蛮都是百越后裔也不准确。大体上六朝以来,福建、岭南和湖南及以西的广大地域上,由百越后裔发展而来的俚、僚诸蛮,由苗蛮后裔发展而来的苗、瑶诸蛮,均广见于史籍。而江西自东吴以来虽已不是非汉民族主要聚居区,但在周边山区还有越族后裔存在,另一方面闽广湖南诸蛮族因地理之便,进入江西的亦不在少。

南朝时期江西境内有苗系蛮族居住。其时荆、雍二州蛮族最多,寻阳沿江

---

① 见本书《魏晋南北朝卷》第一章第二节。
② 《陈书·世祖纪》:"以功授持节都督会稽等十郡诸军事,宣毅将军,会稽太守。山越深险,皆不宾附,世祖命分讨击,悉平之,威惠大振。"唐代浙江、岭南等地仍有山越,见《旧唐书·卢均传》《新唐书·裴休传》等。
③ 《陈书·周文育传》。

导论

一带亦有居之,称"缘江蛮"或"寻阳蛮",刘宋以来,屡屡起事①。《隋书·地理志》:"九江、江夏诸郡多杂蛮左,其与夏人杂居者,则与诸华不别。"表明其与汉人已近乎同化,但山区情况则不尽然。南朝在蛮族地区特设左郡左县,以加强治理。宋、齐江州有阳唐左县,地在今黄梅县境,可与《隋书》相印证。但梁陈不再设置,说明其确已逐渐同化。

在江西南部山区,则有俚僚进入。俚僚系岭南骆越后裔,六朝时期广泛分布在岭南各地②。当时岭南俚僚多有迁徙湖南、四川者,史书中亦曾有俚僚军队屯住大庾岭的记载③,故应有部分俚僚进入江西南部。刘宋永初二年(421年)"南康揭阳蛮反,郡县讨破之"④。揭阳蛮大约即是由粤北揭阳一带迁入俚僚的一支。唐代吉州有俚僚分布,当亦六朝时期迁入者。六朝以至隋唐,岭南、湖南一带蛮族的陆续进入,对未来一千多年江西地方历史产生了重要影响。

当时赣南还有一种被称为"山都木客"的居民值得注意。"山都木客"分布在福建、江西、广东、安徽、浙江、湖南、广西和四川等省,尤以闽粤赣交界地区最为活跃。在各种史料中其颇为神怪,近似鬼魅猿猱,江西地区早期方志如《庐陵异物记》《南康记》等记载甚多。仔细分析这些记载,山都木客实为人类。其居于深山密林间,有树居也有室居,少与他人接触,身材高矮不一,能劳动,精理木器,有语言和婚丧习俗,使用乐器,善歌舞等。这说明六朝时期江西南部深山还有少量蛮野之民存在,他们当是古代越族原住民的后裔,只是文明程度很低罢了⑤。

5.隋唐以来的"洞寇"和僚、瑶、畲族

隋唐时期,随着中国经济重心的南移,江西地区的经济和社会在六朝基础上快速进步,民族融合也较前进一步发展。但江西山区仍有不少少数民族如

---

① 参见本书《魏晋南北朝卷》第三章,第四节。
② 王文光:《中国南方民族史》,民族出版社1999年版,第116—138页;《南朝岭南俚僚概论》,《百越民族研究》,江西教育出版社1990年版。
③ 《北史·裴佗传》。
④ 《宋书·武帝纪下》。
⑤ 陈国强:《福建的古民族——"木客"试探》,《厦门大学学报》1963年第2期;蒋炳钊:《古民族"山都木客"历史初探》,蒋炳钊《百年回眸——20世纪百越民族史研究概述》,均载《百越文化研究》第109—123页。

僚、瑶(猺、傜)等居住活动①。

唐代瑶人(莫徭)遍布湖南及岭南北部山区,其余绪亦入于江西。《新唐书·方镇表五》:"置洪、吉都防御团练观察处置使,兼莫徭军使,领洪、吉、虔、抚、袁五州,治洪州。"之所以兼莫徭军使,主要是因为毗邻湖、广,也是因为赣西、赣南山区有部分瑶人居住活动而有防御之责。

《资治通鉴》卷二五五僖宗中和二年(882年):"王仙芝寇掠江西,高安人钟传聚蛮僚,依山为垒,众至万人。"钟氏据江西三十余年,受封南平郡王。其所用蛮僚,可知的如彭玕"本赤石洞蛮酋"②,钟传用为吉州刺史。此前文宗太和(827—835年)中江西观察使裴谊"奏吉州破赤石、徐庄等洞贼,戮杀擒获共二百三十四人,收贼栅七所,器械三千二百三十事,水陆田四百顷,牛马等四百七十四头"③。这些记载说明唐代吉州等地有僚人居住于山区,而且人数似不少。

及至宋代,江西地区的瑶、僚民族及其势力并未明显衰减,赣西、赣南山区尤多聚居。如南安"元僚峒丁,与省民错居"④。所谓峒(洞),指山间适宜生产和居住的小盆地,"宋代溪峒一辞多指作蛮夷或其居住地,以与汉人居住的省地有所区别,因此省民十之八九应是汉人,峒民十之八九多属蛮夷"⑤。北宋人称"江西号难治,惟虔与吉为最,其所以难治者,盖民居深山大泽,习俗不同"⑥。这一评说很值得注意,其不仅说明虔、吉二州是宋代动乱较多之地,而且点明原因是"民居深山大泽,习俗不同",即异族较多的缘故。

南宋时期,江西周边之闽、广、湖南,"峒寇"成为大患,江西亦深受影响。较

---

① 必须特别说明的是,新近的研究证明,唐宋以来江西山区的"蛮夷"如"苗"、"獠"、"傜"、"畲"等,在很大程度上并不能用当代少数民族的概念去看。因为他们常常不是一种有明确自我认同的"族群",而可能是因为种种原因聚集在一起的"化外之民",成分复杂。他们和汉民的本质区别,有时不完全是血缘上的,而是是否具有国家编户的身份。许多逋逃脱籍的汉民,也因此被视为"蛮夷",而真正的蛮族被纳为编户服役纳租后,也就成为"省民"而淡化了蛮族的身份。关于这一问题,请参黄志繁《"贼""民"之间:12—18世纪赣南地域社会》一书(三联书店2006年版)。本文作为概述性文字,不能详细就此加以论说,但上述观点无疑对深化江西古代民族史的认识具有重要意义。
② 《资治通鉴》卷二六五,昭宗天祐三年(906年)。
③ 《册府元龟》卷六九四,《武功》。
④ 方大琮:《启南安余判官》,《铁庵集》卷九。转引自黄志繁《宋代南方山区的峒寇——以江西赣南为例》,《南昌大学学报》2002年第3期。
⑤ 李荣村:《溪峒溯源》,台北《国立编译馆馆刊》1979年第1期,转引自上引黄志繁文。
⑥ 段缝:《永丰县署记》,光绪《江西通志》卷六八,《建置》。

导论

大者如嘉定年间郴州黑风峒瑶李元励之变,"祸连江西吉、赣四府"①,"江西列城皆震"②,朝廷调集荆、鄂、江、池四州军队进讨,费时三年才得平定。其所以深入江西,则为江西西南部僚、瑶居民较多,声气互通之故。其时江西境内的虔州、南安、吉州、建昌诸州军,亦频有"峒寇"起事③。尤其是高宗建炎、绍兴间,"虔州、吉州之境,盗贼群起,吉州则彭友、李动天为之魁,以次首领,号为十大王。虔州则陈颙、罗闲十等各自为首,连兵数十万,置寨五百余所,表里相援,捍拒官军,分路侵寇循、梅、广、惠、英、韶、南雄、南安、建昌、汀、潮、邵武诸郡,纵横往来,凶焰方赫"④。朝廷先后派遣岳飞、赵鼎、李纲等大将重臣临之,才将大乱弭定⑤。另理宗时赣州陈三枪起事,"出没江、闽、广间,势甚炽"⑥,一时"汀、赣、吉、建昌蛮獠窃发"⑦,前后历时十年。这些起事不完全是蛮僚反叛,但有不少属于蛮僚则无问题。

宋末元兵南下,江西南部山区少数民族积极参与抗击元军。文天祥在赣州知州任上,"使陈继周发郡中豪杰,并结溪洞蛮,使方兴召吉州兵,诸豪杰皆应,有众万人"⑧。天祥妹婿彭震龙亦"结峒獠起兵,天祥兵出岭,震龙接应,复永新县"⑨。元代峒僚仍然起事不断⑩,故世祖时因"吉、赣、湖南、广东、福建,禁弓矢,贼益发"⑪,立法惩治失职官员。《元史·刑法志》:"诸湖南、北、江西、两广接境溪洞蛮獠窃发,诸监临禁治不严及故纵者,军官笞三十七,管民官二十七,并削所

---

① 叶适:《宝谟阁待制知隆兴府徐公(谊)墓志铭》,《水心集》卷二十一。
② 《宋史·王居安传》。
③ 如:"(建炎中)江西峒寇李铁面乘乱扰虔"(雍正《江西通志》卷九十四,《人物》);"绍兴间,(武功山)洞寇猖獗"(同上卷八,《山川》);"宋绍定戊子,南安洞寇作乱,民苦窜徙"(同上卷六,《城池》);"淳祐间,洞獠猖獗,(新淦县)知军雷应春以筑城请于朝"(同上卷五,《城池》);南宋末,瑞金令刘弁"筑城建学,以平洞寇功改京秩"(同上卷六十五,《名宦》)。
④ 岳珂:《金陀粹编》卷五,《行实编年》卷二。
⑤ 参李坚、宋三平《试论宋高宗初年赣闽粤交界地区的动乱》,《南昌大学学报》2005年第6期;黄志繁:《"贼""民"之间:12—18世纪赣南地域社会》第二章。
⑥ 《宋史·许应龙传》。
⑦ 《宋史·理宗纪一》。
⑧ 《宋史·文天祥传》。
⑨ 《宋史·忠义传》。
⑩ 如雍正《江西通志》卷七十六《人物》:"李廉,字行简,至元进士,仕赣州路信丰县令。元季兵乱,洞獠时出剽掠,廉立伍保相守,境以宁。"同书卷一〇〇《列女》:"至元壬午,葫芦洞寇猝至(南丰)"。卷一三七《艺文》引罗伦《谭节妇诗序》:"(元末)苗獠入(永新)城。"
⑪ 《元史·世祖本纪》。

受阶一等,记过。"足见当时上述地区民族问题的严重。

宋元时期的瑶、僚民族,已有混同趋势,各种史料中相杂难别,而这一时期又出现了畲人的记载。

一般认为,畲族出自苗蛮,和瑶族关系密切。"瑶、畲本同根于盘瓠蛮、长沙武陵蛮。以湘南为基地向东进入赣、粤、闽三省交界者为畲,逾岭进入粤北、桂北者为瑶。其后畲人扩展至闽东、浙南,瑶人则从两粤北部向西、向南发展。这就是构成了今日瑶、畲分布的总体格局"①。也有学者认为,畲族应是古代百越的后裔②。唐代畲族先民已分布在闽、粤、赣交界地区,与傜、僚等混杂难分,然尚无称畲者③。南宋刘克庄《后村先生大全集》卷九十三《漳州谕畲》载:"凡溪洞种类不一,曰蛮、曰傜、曰黎、曰蜑,在漳者曰畲","(西、南)二畲皆刀耕火耘,崖栖谷汲,如猱升鼠伏,有国者以不治治之。畲民不悦(役),畲田不税,其来久矣","余读诸畲款状,有自称盘护孙者"。此为畲族首见于史籍者。

《漳州谕畲》又云:"西畲隶漳浦,其地西通潮、梅,北通汀、赣";"汀、赣贼人畲者,教以短兵接战,故南畲之祸尤烈"。据此,当时南赣地区已有畲人。将刘氏所述和理宗时"汀、赣、吉、建昌蛮獠窃发"的记载对照来看,可知这次"蛮獠"起事其实与畲人有密切关联。

元代,闽粤赣三角区域畲民众多,号称难治。《元一统志》卷八《汀州路》:"汀之为郡……西邻赣,南接海湄,山林深密,岩谷阻窔,四境椎埋顽狠之徒,党与相聚,声势相倚,负固保险,动以千百计,号为畲民。"其时三省边界畲民暴动屡发,如福建漳州陈吊眼、建宁黄华、汀州钟明亮起事,"寇赣州、掠宁都","拥众十万,声摇数郡,江闽广交病矣"④。又如《元史·世祖纪》:"(至元二十五年)汀、赣畲贼千余人寇龙溪,皆讨平之。"刘壎《平寇碑》:"(至元二十六年)邱元起广昌,与(钟)明亮掎角,遂及南丰,势张甚。"⑤可以断言,元代江西的"蛮獠"、"洞獠"起事中,其实不少属于畲族民众。

---

① 参见吴永章《瑶族历史研究中若干重要问题新说》,《民族研究》1999年第2期。
② 参见吴宗慈《江西明清两代之民族问题》,《江西通志稿》第三十八册;蒋炳钊《畲族史稿》,厦门大学出版社1988年版;《畲族族源初探》、《关于畲族来源问题》、《闽粤赣交界地是畲族历史上的聚居区——兼论畲族族源问题》,后三文俱见《东南民族研究》一书。蒋说论证较有根据,值得注意。这个问题还应继续讨论。
③ 畲族简史编写组:《畲族简史》,福建人民出版社1980年版,第11页。
④ 纪昀:《参政陇西公平寇碑》,《四库全书》集部《水云村稿》卷二。
⑤ 雍正年《江西通志》卷三一,《武事三》。

导论

到明代,江西周边山区依然有不少少数民族活动其间,但僚、瑶等名称逐渐淡出,畲民的活跃和多事则更加引人注目。前者的淡出,和汉化或畲化有关,后者的活跃,则与闽、粤等地畲民大量迁徙入赣相关。

明代江西多个地点有畲人分布,但最集中的仍是赣南山区。嘉靖间,为平定广西瑶民起义,王守仁曾请调汀、赣畲兵前往镇压。紧接粤北的南安府,历来多畲,明代又有畲民从广东迁入,大庾、南康、上犹三县尤多。王阳明《桶岗和邢太守绚》:"处处山田尽入畲(畲),可怜黎庶半无家。"又《立崇义县治疏》:"其初畲贼,原系广东流来。先年奉巡抚都御史金泽行令,安插于此,不过斫山耕活,年深日久,生长日蕃,羽翼渐多,居民受其杀戮,田地均被其占据。又且潜引万安、龙泉等县避役逃民并百工技艺游食之人,杂处以内,分群聚堂,动以万计。"①因平原地区早已为土著占据,畲人"但求山地以施其刀耕火种之勤"②,"故峭壁之巅,平常攀越维艰者,畲客皆开辟之"③。他们的迁入和垦殖活动导致了山区的不断开发,由此也引起了官府、豪强的限制和压迫,从而引发了众多起义。故明代江西及数省交界山区动乱不断,实际上是移民运动、山区经济发展和王朝试图对之加强控制等诸多因素的产物。

因为赣南和福建、广东、湖南交界地区正是少数民族居住较多、起事频繁的所谓"盗薮",弘治年间专门设立南赣巡抚,以加强对这一区域的统治。但这仍然未能扼制南赣畲汉农民大起义的爆发。《明武宗实录》卷一六四正德十三年(1518年)七月己酉:"江西、广东、湖广之交,溪峒阻深,江西上犹等县畲贼谢志山等据横水、桶岗诸巢,广东龙川县池仲容据三缚头诸巢,与瑶贼等联络,亘千百里,时出攻剽,势甚猖獗。"《王文成公全书》卷一○《横水桶冈捷音疏》:"其大贼首谢志珊、蓝天凤各又自称盘皇子孙,收有流传宝印画像,蛊惑群贼,悉归约束。"谢志珊号征南王,下设总兵等官,九溪十八洞悉听约束。义军设营寨80余处,拥众数万,声势浩大。明王朝任命王守仁为南赣巡抚,节制赣、粤、闽、湘四省八府一州之兵,采取剿抚并举的方针,才把这次起义镇压下去。随之,明王朝在横水设崇义县,以进一步加强对南赣山区的控制。南赣农民起义是明代规模和影响较大的一次农民起义,也是江西历史上继山越暴动之后又一次有大量少数民族参加的农民起义。

① 王守仁:《王文成公全书》卷一○。
② 吴宗慈:《江西明清两代之民族问题》,《江西通志稿》第三十八册。
③ 参见胡先骕《浙江温州处州间土民畲客叙略》,《科学》第7卷第3期,1923年。

27

明代聚居于闽浙赣交界区域的畲民,部分逐渐向闽中、闽东、闽北、浙南和赣东北等地移动。正德年间,赣东北发生了畲民王浩八领导的姚源暴动。姚源位于鄱阳、余干、乐平、贵溪、安仁(今余江)五县交界,山深林密,多有畲民和逃亡农民求活其中。正德三年(1508年),王浩八起义,数月众至万人。明军调集大量军力,至正德八年(1513年)才将起义镇压下去,并设立万年县以为镇抚,防止畲汉民众再次起事。

明代山区的民众起义还有不少。如成化间,赣州"南村洞寇李福正剽掠杀人,出没汀、邵间"[①]。"崇祯壬申,虔中九连峒寇掠吉安,焚崇仁,将由新城返峒,一县尽走"[②]。这些"洞(峒)寇"是否属于畲民起事不太清楚,但至少有其参与。不过总的来说,明后期以来畲族等少数民族起事的记载逐渐减少。正如吴宗慈所说:

> 畲瑶之患,在江西经明正德王守仁痛剿后,其势大衰。入清以来,在各志书中,虽偶有记载,然皆以峒寇目之。既未断言其为畲族之遗,而亦无大宗为患者矣。
>
> 江西境内今已无畲民一名词。大约经守仁用兵后,大部分迁徙临近之区域,如粤、如闽、如湘,皆其退藏之地。[③]

清初清兵入赣之后,江西"山寇蜂起",各种"洞贼"、"土贼"充满记载,但确实难见明确为畲民者[④],可证吴氏判断大体不误。许怀林教授曾经论及,明代中后期以来,随着交通改善,经济发展,县治增设,国家对地方社会的控制、中央集权的强化和文教事业的发展,使得赣南和大三角地区的"众多畲、瑶等少数民族成员加快汉化,增添了汉民族的新鲜血液。这片山区的儒家文化积淀深厚了,人们与传统中国的社会风尚的对接也就更自然了"[⑤]。这一论述是符合实际的。也正是在这一过程中,江西的广大山区也最终被完全纳入王朝的有效控制之下。

---

① 雍正《江西通志》卷六五,《名宦》。
② 雍正《江西通志》卷一六一,《杂记》。
③ 吴宗慈:《江西明清两代之民族问题》,《江西通志稿》第三十八册。
④ 参谢国桢《清初农民起义资料辑录》一书中有关江西部分,上海人民出版社1957年版。
⑤ 《走近客家——"南迁说"质疑》,陈世松主编《移民与客家文化国际学术研讨会论文集》,广西师范大学出版社2005年版。

导论

当然,吴宗慈关于近代江西无畲民的说法不够准确。现代江西的若干山区仍有畲民聚居,主要分布在赣州(52698人)、吉安(9841人)、上饶(8176人)等地①。另外畲民也未必是大部退走境外,应有很大部分同化于汉人。但明代以后畲民"其势大衰",人数和影响显著下降则是事实。

6.关于"客家"问题

客家属于汉族内部的一个民系,按理不应在谈民族时叙及。但因为客家在一定意义上乃是江西古代民族史的一个归宿,所以最后略做叙述。

学术界公认,闽西、粤北和赣南交界这一大三角区域是客家的发源地和主要聚居区。其他地方的客家,均系明清时期由此外迁徙而至。罗香林先生在《客家源流考》一书中确定纯客住县33个,非纯客住县144个,纯客县均分布在这一区域内。据统计,江西现代纯客住县市18个:宁都、石城、安远、兴国、瑞金、会昌、赣县、于都、铜鼓、寻乌、定南、龙南、全南、信丰、南康、大余、上犹、崇义等县市;非纯客住县20个:广昌、永丰、吉安、吉水、莲花、泰和、万安、遂川、井冈山、宁冈、永新、万载、萍乡、宜丰、奉新、靖安、高安、修水、横峰、武宁等,客家总人口1250万人②。江西的纯客县,也全部在南部的赣州市范围内。赣州市现在总人口710万,其中客家人约680万,占总人口的95%,可以说是纯客地级市③。

众多的客家人,按照以往的说法,皆来自历代南迁的中原士族。此说的代表有清代的徐旭《丰湖杂记》(1808),罗香林的《客家研究导论》(1933),张卫东的《客家文化》(1991)等。这一看法的主要依据,是客家的族谱资料④。但近十多年来,越来越多的研究表明,客家民系内包含着少数民族的血统和因素。

1994年,嘉应大学的房学嘉教授在《客家源流探奥》(广东高等教育出版社)一书中提出:"客家人并不是中原移民。他既不完全是蛮,也不完全是汉,而是由古越族残存者后裔与秦统一中国以来来自中国北部及中部的中原流人,互相混化而成的人们共同体……客家共同体在形成的程序中,其主体应是生于斯长于斯的本地人。"他认为,南朝末年,南迁的中原人与闽粤赣三角地带的

---

① 江西省民族宗教事务局网站,www.jxmzj.gov.cn:8081。
② 吴福文:《客家人在世界各地的分布》,新华网江西频道www.jx.xinhuanet.com。
③ 胡希张、莫日芬:《客家风华》,广东人民出版社1997年版,第77页。
④ 关于客家源流的不同观点,参考了蒋炳钊《试论客家的形成及其与畲族的关系》《客家文化是畲、汉两族文化互动的产物》等文,见《东南民族研究》;房学嘉等《客家文化导论》第一章、第五章,花城出版社2002年版。

29

古越族人民共同构成的客家共同体初步形成;隋唐至五代,客家共同体的进一步汉化;到宋元时期,客家共同体登上历史舞台。房学嘉教授的许多具体论述虽可商榷,但他的主要论点即强调客家的本土起源却具有难以否认的重要价值。

目前,客家民系确有土著少数民族成分的说法得到了大多数学者的肯定,只是对其比重和评价略有差异而已。如有的学者认为,客家文化是南迁的汉人,以其人数和经济、文化优势同化当地居民,又吸收了原住民固有文化而形成的一种新型文化,谢重光《客家源流新探》(1995),蒋炳钊《东南文化研究》均持此说。有的学者则主张客家是多民族的混合体,如陈支平《客家源流新论》(1997)等。他们都强调了客家的形成与土著少数民族密不可分的事实,并有着比较充分的论证和证据。

综合各家的研究成果,主要居住在闽、粤、赣边境地区随后扩散到南中国较广大地域的客家民系,是部分南迁的汉族民众和原居上述边境地区的土著少数民族主要是畲、瑶族融合而成的。如蒋炳钊《试论客家的形成及其与畲族的关系》《客家文化是畲、汉两族文化互动的产物》等文从语言的互相混合、畲族修谱之风盛行、畲族服饰对客家人的影响、山歌是畲族和客家共同的文化特色、客家与畲族同风同俗等五个方面论证了两者间的关系,结论是,客家民系是汉族移民在特定的地域、特定的时间与特定的民族即畲族的密切关系中发展形成的。蒋氏的论证是有说服力的,也和现代科学的研究成果相吻合:近年根据父系遗传的Y染色体SNP的主成分分析证明,畲族在客家人群中是仅次于汉族的构成因素[1]。

这一过程的完成当是在宋明时代特别是明中期以后。明代一方面随着区域经济的发展和人口的增长,越来越多的汉族农民进入山区垦殖,另一方面,明王朝又采取一系列措施对畲民等少数民族进行限制、压迫和镇压。畲族等少数民族遂主动或被动地逐渐依附汉姓,从而导致客家地区畲族的族性迅速走向消失。以致有清一代直至民国时期,地方文献资料里面已不多见关于畲民的记载,在广大的客家地区,也罕有完整的畲族村落。这表明,汉畲民族融合最后完成,客家文化形态已完全成熟[2]。上面我们说到明代后期畲民逐渐汉化,从地域、语

---

[1] 参见李辉、潘悟云等《客家人起源的遗传学分析》,《遗传学报》第30卷,2003年第9期。
[2] 参见罗勇《江西赣南客家》,见《客家赣州》,江西人民出版社2005年版。

导论

言、习俗等诸多方面来看,这种汉化的过程在很大程度上也即是客家化的过程。

因此,客家的出现和扩展,实际上是江西乃至更大区域的民族历史长期演进的产物,也是江西南部边缘山区及周边相关地域土著少数民族最终汉化的体现①。

四、江西历史的若干特点及启示

江西历史特别是数千年的文明史,内容极其丰富,景物气象万千。那么,江西历史具有一些什么样的基本特征?这些特征对于江西的历史有怎样的深刻影响,对于今天的人们又具有怎样的启示?这是导论最后要叙述的问题。

首先,从上古到近代的江西历史,最主要的特征或最基本的趋势,或许可以用两句话来概括,即"从边缘到中心,从中心到边缘"。具体地说,江西古代历史的基本脉络,是从中国经济文化的边缘地带逐步演进为中心区域,而近代,则是从中国经济文化的中心区域退行至相对边缘的区域,这是江西历史的一条基本线索。

就上古较早时期而言,中国大陆本无中心和边缘之分。古人类的活动和文化分散在许多地点缓慢发展,虽然存在着一定程度的相互交流与影响,但在自然、技术和发展条件的限制下,在一个很长的时期内并没有形成具有较大地域的强势文化或起支配主导作用的文化,也就无所谓文化的中心与边缘。这种情况到旧石器晚期和新石器时代发生了明显变化。至距今五六千年前,在黄河中下游、辽河上游和长江下游等地区,一些古方国和文明中心逐渐出现,呈现了"满天星斗"式的文明起源图景。尤其是在黄河中下游地区,经过所谓五帝时期也即是中国的酋邦时代的过渡,最终形成了中国最早的王朝——夏王朝。夏、商、周时期,中原王朝日益壮大,不仅无可动摇地成为"天下共主",也成为强大的文化影响和传播中心。至此,在古代中国以至东亚大陆,也就形成了以中原为中心的华夏文明圈。西周以上,王朝统治区域内有内、外服的区分,而影响所

---

① 明清时期赣南等地山区开发,移民与同化是形成客家区域性认同的重要基础,但是,客家的形成当然并不仅仅是江西的事情,也不仅仅是简单的地域民族融合。客家民系的形成,在很大程度上还是晚清梅州等地人口大量外迁引起的与广府人之间族群冲突而导致的区域性认同发展的结果。此问题请参程美宝《地域文化与国家认同——晚清以来"广东文化"观的形成》,《中国社会科学季刊》(香港),1998年夏季卷,总第23期。

及则更为广远,贡纳而来者北至肃慎,南至越裳。秦统一后,帝国的政治、经济、文化中心处在黄河中游地区,其各个方向上的临边郡县环拱中原,处于相对边缘的地位。而帝国疆域以外,则又有受到中原文明影响的广大区域,其中不少在其后的历史时期中随着中央王朝的扩张陆续成为"化内"之地。无疑,大部分文化边缘区域在中原文明的改造或浸润下文化趋于同化或接近,但只有部分地区能够在这一过程中反客为主,最终取代中原成为华夏经济和文化的中心地区。而江西,正是这不多的区域之一。从"蛮荒之地"、"鄙薄之域",到"物华天宝,人杰地灵"的形胜之区,这一过程在前面叙述江西历史分期时已有概括,下面也还要谈及,本书各卷更有详尽的叙述,这里不做详论。

近代以来,江西历史地位变迁的总趋势,则是从中心退行至相对边缘。周振鹤教授在《中国历史文化区域研究》一书中曾把数千年来中国区域历史变迁的大势概括为"从北到南"和"自西徂东"八个字。"从北到南"即中国经济文化中心从黄河流域转移至江南,而所谓"自西徂东",则是指随着西方列强用战争打开中国大门,资本主义的工业文明直接与中国传统农业文明发生撞击,中国沿海地区在外力作用下,成为中国最早发生近代化进程的区域。近代工商业、西式教育、书报传媒、新型知识分子等等率先在沿海城市和东部地区发生发展起来,使之成为中国近代经济和文化的中心区域和发展引擎,而中国的中部和西部则还较长久浓厚地保持着传统的经济与社会结构。中国传统社会最为重要的南北分野,遂因此被近代的东中西部的划分所取代。

进入近代,由于历史上"一口通商"格局的彻底打破,使赣江—大庾岭商道逐渐废弃,江西从历史上的通衢要区一变而为封闭的内陆省份。因社会矛盾激化而爆发的太平天国战争,在赣地反复争战,江西生命财产损失极其惨重,"甲于天下"的厘金及捐纳等更成为江西经济与社会发展的桎梏。又由于江西长期以来处于传统文化的中心区域,士绅民众以"文章节义"相尚,排斥近代文化较甚,严重制约了江西近代化的步伐。江西面临着传统经济模式难以维系和近代工商业举步维艰的双重难境。江西近代经济和社会地位的衰落,表现在自然经济的重新强化,以及传统农业、手工业、商业经济整体的不景气,但更重要的则是近代工业的发展缓慢与弱小。江西的各主要近代工业的出现,均较东部省份要晚数年到十数年[①]。从这一意义上说,近代江西的停滞落后主要是与东部相

---

① 参见何友良《近代江西落后论》,《争鸣》1993年第3期。

导论

比较而言的,因此本质上并非传统经济的绝对衰落,而是近代化进程中的显著落伍。与此同时,江西一向引以为豪的发达的传统文化,也明显地走了下坡路,人文的总体状况从各省前茅逐渐降至中等,终未能进入文化地理学者所谓"东南沿海新月形文化带"。正如有学者所言:"概括而论,自南宋而至元、明的500年间,南方文化的密集区在江、浙、赣地区;清代260多年,江南各地文化虽然都有所发展,但江西学风衰减,文化密集区收缩到作为极核的江、浙地区;清灭以来的近百年间,在江南各省文化普遍发展的同时,南方文化的相对密集区以江、浙为源地,顺沿海岸带急速向闽、粤方向扩展,最终形成了近代的东南沿海新月形文化带。"①

其次,江西在中国古代历史上具有重要地位。相当长的历史时期内,江西一直是中国经济和文化的中心区域之一,真正可称为"物华天宝,人杰地灵"。

最晚从唐代中期以来直至清前期,江西一直是中国最重要的农业、手工业生产基地和经济最为发达的区域之一。从若干最重要的方面看,论粮食生产,如《新唐书·食货志》说,到唐代后期,"每岁县赋入倚办,止于浙西东、宣歙、淮南、江西、鄂岳、福建、湖南等八道";北宋江西"赋粟输于京师为天下最"②,南宋更有三分之一漕米取自江西;明清时江西负担的赋粮常在10%~20%,在各省中通常在前三位以内,又是长江下游各省和闽、广商品粮的主要供应地。论经济作物,江西茶课唐代时占30%,宋代时占26%~30%,明清亦为主要产地,其他如竹木、烟叶、蓝靛、甘蔗、油茶、水果等生产也均占重要地位。论手工业,江西早已是中国古代重要的铜矿和冶炼基地,商代瑞昌铜岭铜矿是中国已知最早的古铜矿;唐代铜矿开采已有较大规模;宋代铅山场为全国三大铜场,永平、永丰两监"当诸路鼓铸之半",并发明了"胆水炼铜"的独特方法;明代铸钱一度达到全国的1/3以上。其他如纺织、制瓷、造纸、造船、刻书等亦甚为发达,制瓷更是独步天下,无出其右。所以,被誉为"17世纪中国工艺百科全书"的《天工开物》和宋应星出现于江西,实非偶然。论商业,江西农业、手工业的高度发达和良好的区位、交通条件,使唐宋以来江西商业亦属前列。明代"江右商""行商之迹,几遍天下"③,与

---

① 王会昌:《中国文化地理》,华中师范大学出版社1992年版,第158页。据该书统计,明代江西学风最盛,人才占全国人才总数的20%,占南方七省的24%,然而清代江西人才只占全国的2.4%,占南方十省人才的2.9%。

② 曾巩:《洪州东门记》,《曾巩集》卷一九。

③ 龚柴:《江西考略》,《小方壶斋舆地丛钞》第一帙。

山西晋商、安徽徽商等成为国内主要商帮，以至有"作客莫如江右"和"无江西不成买卖"的评价和俗谚①。论人口，唐元和年间（806—820年），江西户数已经占到全国的12.37%，宋代户口占全国9.8%~17.89%，元代更高达20.84%（户）、24.23%（口），明清江西人口在全国的比例有所下降，但绝对数仍然为全国前列。咸丰元年（1851年），江西人口达到2451万，仍居全国各省第8位。因此，说江西是唐代中期以迄清代中期中国经济中心区域或最重要的经济支柱省份之一，应该不是夸大。《清史稿·食货志》说："天下财赋，惟江南、浙江、江西为重。"正道出了江西的这一特别重要的地位。

从唐代中期以来，江西还是中国古代文化最为发达的省份之一。早在上世纪30年代，一位叫朱君毅的学者在丁在君、梁启超、丁文江等人的研究基础上，对中国历代人物的地理分布进行了较深入的研究。他根据二十四史列传和《国朝耆献类征》《清史列传》及《中国名人录》《中国年鉴》等资料，统计了从汉代一直到1929年各省人物情况并加以排序。根据他的研究，江西在西汉时期人物排在第14位，东汉第12位，唐代第13位，北宋第9位，南宋第3位，明代第3位，清代第10位，民国15年（1926年）以前第9位，20年代后期则在9~13位之间②。也就是说，江西在汉代以来的中国历史上，人文地位虽有起伏，但始终处于中上的位置。特别是宋代以来，江西已是中国封建社会后期的文化中心地区之一。杨万里说："窃观国朝文章之士，特盛于江西。如欧阳文忠公，王文公，集贤殿学士刘公兄弟，中书舍人曾公兄弟，李公泰伯，刘公恕，黄公庭坚，其大者故经义足以名世，其余则博学多识，见于议论，溢于词章者，亦皆各自名家，求之地方，未有若是其众者。"③以最能反映古代社会人文成就的科举和仕宦来说，江西自隋唐到清代废除科举，共有进士10506人，占全国进士98689人的10.7%，其中宋代进士5145人，居全国第二；明代进士3114名，居全国第三；清代进士1919人，居全国第五。又全国总计有状元494人，江西40人，占8.09%，居全国第五位，而宋、明两代江西状元共30人，仅次于浙江居第二④。另外自唐至清，江西人任宰相者28位，副宰相者62位，"二十四史"立传者500余人⑤。这一数字，也是在前几位的。

---

① 王士性：《广志绎》卷四《江南诸省》；周希陶《重订增广》，岳麓书社1997年版，第90页。
② 《中国历代人物之地理的分布》，中华书局1931年版。
③ 《诚斋集》卷一三三。
④ 胡兆量：《中国文化地理概述》，北京大学出版社2006年版，第192页。
⑤ 周銮书：《江西历史文化的遗存和弘扬》，《江西方志》2005年第3期。

导论

与此密切相关的,是唐代以来江西教育的极为发达。唐代书院兴起于江西,宋元明三代,江西的书院数量均为全国第一,占全国的20%~30%①。数量之众,实为他省所不及,更有像白鹿洞书院这样被誉为天下四大书院之首的著名学府。而在江西民间,"家家生计只琴书,一郡清风似鲁儒"②;"小儿不问如何,粗能读书,自五六岁即以此教之五经"③;"闾阎贱品,力役之际,吟咏不辍"④之类的记载不胜枚举。如此浓厚的学风,更充分反映了江西教育的发展,而这正是古代江西人才众多的重要基础。

更重要的是,江西历史上不仅人才众多,而且为华夏奉献了一大批第一流的人物。以节义论,有徐稚、胡铨、洪皓、文天祥、江万里、谢枋得等;以政治论,有陶侃、欧阳修、王安石、周必大、文天祥、程钜夫、杨士奇、解缙、黄爵滋、陈宝箴等;以文学论,有陶渊明、晏殊、欧阳修、曾巩、王安石、黄庭坚、杨万里、汤显祖、蒋士铨等;以史学论,有欧阳修、刘恕、刘攽、乐史、徐梦莘、徐天麟、马端临、虞集、揭傒斯、陈邦瞻、陈寅恪等;以哲学论,有周敦颐、朱熹、陆九渊、李觏、吴澄、吴与弼、罗钦顺、罗汝芳、罗洪先、何心隐等;以科学论,有曾安止、张潜、宋应星、朱思本、徐九思、徐贞明、齐彦槐、江永、喻嘉言、雷发达等;以艺术论,有董源、徐熙、范宽、黄庭坚、周德清、朱权、朱载堉、魏良辅、朱耷等;以宗教论有张盛、许逊、陆修静、慧远、行思、良价、怀海、欧阳竟无等等,他们在各个领域里为中华文化的发展昌大作出了伟大贡献,留下了自己的鲜明印记,有如灿烂群星,辉映华夏。这是江西的骄傲,更是中华民族的骄傲。"江西素号人物渊薮"⑤,欧阳修所谓"区区彼江西,其产多材贤"⑥,确实不是自夸。江西无疑是中国封建社会后期的文化中心区域之一,如果中华文明史上没有江西,实在是不可想象

---

① 曹松叶《宋元明清书院概况》(《中山大学语言历史研究所周刊》第十辑):"历宋元明三代,江西的书院之数均为全国第一。宋时125所,占全国总数的31%;元时59所,占全国总数的26%;明时251,占全国总数的20%。"转引自曾大兴《中国历代文学家之地理分布》,湖北教育出版社1995年。按:曹氏的研究现在看来远非完备,如近年根据刘锡涛的研究,宋代江西书院至少在264所以上(《江西宋代人才地理研究》,《井冈山学院学报》2006年第1期)。明代江西书院见于记载的也有千余所,实际远还不止此数,如在乐安县流坑村的调查发现,仅万历年间该村就有书院、学馆26所(见周銮书《江西历史文化的遗存和弘扬》,《江西方志》2005年第3期)。
② 韦庄:《袁州作》,《全唐诗》卷六九八。
③ 叶梦得:《避暑录话》卷上,《饶州》。
④ 王象之:《舆地记胜》卷三一。
⑤ 黄榦:《复江西漕杨通老》,《勉斋集》卷八。
⑥ 《送吴生(孝宗)南归》,《居士集》卷七《古诗二十二首》。

的事情。

当然,说江西是中国古代最重要的经济、文化中心区域之一,有着三方面的限制。从时间上看,江西成为中国经济文化中心区域主要是在中国封建社会后期特别是宋明时期。此前江西尚属经济和文化上相对边缘的地区,近代以来江西在中国经济社会大格局中的地位又逐渐下降。从空间上看,在唐代以来中国经济中心南移的大背景下,南方的江浙、皖南、福建、两湖地区,经济文化均有巨大发展,尤其是江浙两省,与江西相比,如果说宋明时期尚可称旗鼓相当的话,至清代,江浙在经济、文化方面的优势便已极其显著。其既是南方经济的"极核",更是中国人文的渊薮。其中江苏又尤为人文之冠,据统计,清代江苏人才数量是黄河流域6省(直隶、山东、山西、河南、陕西、甘肃)人才总数的2倍,占全国的32.5%,为南方10省的38.8%①。从层次上看,除了南唐时期极短暂地一度成为国都外,江西从来不曾是中国的政治中心,江西作为中国封建社会后期经济和文化的中心区域之一,从未与中国的政治中心重合过。这表明,长期以来江西一直是作为中国封建专制主义中央集权国家的基础性和从属性地域而存在的。古代历史上江西一向与中央王朝关系密切,具有很强的向心力,少有割据,也较少排斥外来文化,反映的也是同一实质。

第三,虽然江西在近代经济和社会发展进程中,地位有所下降,但却成为中国共产党领导的新民主主义革命的摇篮和主要区域,从而对中国近代史产生了重大影响,这是江西又一重要的历史地位和贡献。

近代以来区位优势丧失,传统经济结构逐渐解体,社会矛盾趋于激化,这是江西的不幸。但也正因此,20世纪二三十年代的江西成为中国共产党领导的红色革命的中心区域。革命是江西人民迫切希望改变苦难深重的现实以及近代以来江西区位和经济边缘化的产物,因而是江西人民的一种选择和为实现近代化作出的一种特殊努力。

江西是中国工人运动的发源地,在毛泽东、刘少奇、李立三等老一辈无产阶级革命家直接领导下,安源工人运动成为中国共产党领导的最早也最成功的工运典范。江西是人民军队的诞生地,1927年8月1日,周恩来、贺龙、叶挺、朱德、刘伯承等发动南昌起义,打响了武装反抗国民党反动统治的第一枪。江西更是中国革命胜利的摇篮,毛泽东、朱德领导的朱毛红军和井冈山革命斗争,

---

① 王会昌:《中国文化地理》,华中师范大学出版社1992年版,第168页。

导论

使中国革命从此走上了在反动统治比较薄弱的农村地区集聚、发展壮大力量，以农村包围城市、最后夺取城市的正确道路。江西还是第一个全国性的工农民主政权——中华苏维埃临时中央政府的所在地，有"南京北京，比不上瑞京（金）"的美誉。作为土地革命的中心区域，江西不愧为"中国革命前进的伟大基地"。毛泽东等一大批老一辈革命家在这块土地上，将马克思主义与中国革命实践相结合，初步创立了指导中国革命的科学理论体系毛泽东思想，为中国革命建立了一支坚强的革命军队，培养了一大批治党、治国、治军的优秀骨干，为中国革命的胜利奠定了最重要的基础，也最终确定了中国的前进方向和历史命运。江西人民为中国革命的胜利作出了巨大牺牲。毛泽东曾赞誉："江西的农村起义比哪一省都要普遍，红军游击队比哪一省都要多。"① 江西不仅有方志敏、袁玉冰、赵醒侬、熊雄、古柏、黄道这样杰出的革命先烈，更有为之壮烈牺牲的有名有姓即达25万人之众的烈士群体，他们的英名永垂史册，并为江西的历史画卷写下了浓墨重彩的华章，为江西这块红土地增添了永远的无上荣光！

第四，作为江西的区域文化特征之一，江西在历史上形成了百花齐放，不拘一格；勇于创新，敢为人先；执著坚毅，刚正义烈的人文精神，这是一笔宝贵的历史文化遗产。但同时，江西文化的一些传统也制约着江西社会在近代的转型和进步。

所谓百花齐放，不拘一格，是指江西从古以来，不仅正统士大夫经史诗赋之学名家辈出，世所推崇，而且与科举无关的正统学问之外的各种学术方技亦多大家。即以科技为例，唐代有制瓷大家饶玉、霍仲初，为景德镇瓷器生产的崛起奠定基础；宋代曾安止著《禾谱》，为古代重要农书；宋元德兴张氏家族长于浸铜，将胆水浸铜技术大规模运用于生产；明代宋应星以毕生精力著《天工开物》，成为中国科学史的巨匠，又有龙泉郭氏父女创龙泉码，为传统木材贸易作出重大贡献；清代则有永修雷氏世代为皇家建筑设计师，"样式雷"名扬中外，婺源齐彦槐为著名天文学家，江永为著名的数学、音韵学家和经学家，新建喻嘉言为医学大家。江西历史上多术数名家，赣派风水的奠基人杨筠松、曾文辿、廖瑀以及吴景鸾、刘江东、赖布衣、廖均卿、廖从政等，均是中国风水术的大师；其他占卜、星气、符箓、祈禳等人物众多，亦为江西特色。术数虽多迷信，更非正统之学，但赣人好术数和江西多高僧大德一样，典型地反映了赣人为学的多样

---

① 《毛泽东选集》第一卷，人民出版社1991年版，第106页。

性。明代王士性说江西人"能不事子母本,徒张空拳以笼百物,虚往实归,如堪舆、星相、医卜、轮舆、梓匠之类,非有盐商、木客、筐丝、聚宝之业也"①。也充分反映了江西民众多事方技、所业甚广的特点。究其原因,一是江西学风甚盛,士大夫以博学为尚:如王安石"自诸子百家之书,及于《难经》《素问》《本草》诸小说无所不读,农夫女工无所不问"②,就是一个典型的例子;二是江西学风既盛而科举出路狭窄,知识分子不得不多转事他业,如悬壶卜筮、务工经商、潜心著书、出佛入道等,无所不为,心力所至,三教九流成名者遂多;三是江西农业、手工业和商业繁荣昌盛,为多种思想和科技、社会活动的开展和进步创造了条件。如果没有经济基础,琴书生计,从何谈起?没有农工商诸业广泛的技术要求,也不可能有较多专门之家应运而生。历来论者多认为江西长期以来科举文化最盛,这自然是符合实际的,但如果因此而忽略江西传统文化的多样性,也无疑是错误的。

所谓勇于创新,敢为人先,是指江西古来多开宗立派的人物。如陶渊明创田园诗派,影响甚为深远;欧阳修领导古文运动,一代文风为之丕变;王安石以"三不足"(天变不足畏,祖宗不足法,人言不足恤)的大无畏精神,坚定执著,变法图强;晏殊开"西江词派",黄庭坚开"江西诗派";朱熹上承二程而集理学之大成,创造出客观唯心主义的理学体系,成为中国封建社会后期影响最大的思想家;金溪陆九渊则独辟蹊径,成为主观唯心主义的"陆王心学"的创始人;汤显祖高张"性灵"之旗帜,写出"临川四梦";朱耷开创大写意画派,成为一代艺术宗师。江西宗教亦多开创大家:佛教净土宗始于晋代庐山东林寺的慧远和尚,禅宗则以吉州青原行思为其两大法系之一的领袖,其五家七宗之中,三家五宗其源在赣,传布天下。道教则有张道陵、张盛在鹰潭龙虎山开创的天师道,为传统道教的主要支派;又有推尊许逊的净明道,独树一帜,影响广远。朱熹曾云:"江西士风,好为奇论,耻与人同,每立异以求胜。"③其说虽有批评之意,但却颇切实际。所有这些都充分说明,江西自古多有勇于创新、敢为人先的人杰,江西之学实有开拓创新之传统,这是江西历史文化中一笔宝贵的遗产,值得我们继承传递,发扬光大。

所谓坚毅执著,刚正义烈,是指古代江西人忠君爱国之心表现特著。江西

---

① 《广志绎》卷四《江南诸省》。
② 《答曾子固书》,《临川先生文集》卷七三。
③ 《朱子语类》卷一二四。

导论

为"文章节义之邦",古人早已论及。所谓"文章",自是指江西多著名文人,无须多论;而"节义",则是指江西古来特多忠君爱国之士。如陈东、欧阳澈请用李纲被杀,胡铨请斩秦桧遭流放,江万里全家赴水拒降,谢枋得"脊梁铁硬对皇天"绝食抗元,文天祥以"人生自古谁无死,留取丹心照汗青"的浩然正气舍生取义、慷慨殉国,"宁都三魏""易堂九子""髻山七子"以及八大山人等隐居避世,如此等等,充满史册。周銮书先生曾言:"江西文化的精神,应是刚正义烈";"他们刚正义烈的思想作风,必然影响和反映到江西的文风、士风,以至民风。尤其在朝代交替之际,江西的义烈之士特别众多,为国捐躯者难以数计","究其原因,既是数千年小农经济所固有的坚毅、顽强的本性在文化、思想领域的表现,也是儒学、尤其是理学在江西特别兴旺发达的影响"①。其说甚是。古人诗云:"浩荡西江流未歇。"指的就是这样一种刚正义烈的文化传统在江西绵延流传,代代不绝。而以上诸人对国家和民族的无限忠诚和高尚的人格力量,也无疑是上世纪江西无数无产阶级革命志士和井冈山精神的重要来源。只要读一下方志敏的《可爱的中国》,就可以清楚地体会到这一点②。这当然是我们今天应该很好继承和发扬的优秀文化传统。

但我们也应该看到,江西历史文化传统中的某些特征和因素,对近代江西的社会转型和进步亦产生了不可忽视的消极影响。

江西古代传统教育和科举成就出类拔萃,名列前茅,因而士大夫文化特别发达。隋唐以来实施的科举制,不仅为处于社会下层的知识分子进入政权提供了道路,也为当时还处于相对边缘的江西知识分子进入中央政权机构创造了条件。江西自六朝以来能够很快融入正统的中原文化,并且反哺华夏文明,科举制度的深刻影响很值得注意。科举制度还促成了江西各地在富庶的小农经济基础上传统教育和文化的发展。"家家生计只琴书,一郡清风似鲁儒",晚唐诗人韦庄笔下江西基层社会的这种文化气象,显然与科举制的导向有着密切的内在联系。更深刻的影响还在于,科举制培养和造就了大批儒家知识分子,无论他们是否进入仕途,都成为联结国家和民间社会的纽带,一方面以儒家和王朝正统价值观念教化、管束民众,另一方面维系地方社会利益与乡土自治,从而对传统社会的稳定起到了极为重要的作用。近十余年来江西学者对明清

---

① 周銮书:《江西历史文化的遗存和弘扬》,《江西方志》2005年第3期。
② 叶剑英元帅悼念方志敏诗云:"血战东南半壁红,忍将奇迹作奇功。文山过后南朝月,又照江南一叶枫。"诗中称颂方志敏是文天祥第二,正反映了这一历史的继承。

及近代民间社会的诸多调查研究,可以充分证明这一点①。

科举助成了江西人文的成功和社会发展,但也因之成为江西人文的一个定式和制约。科举制度一方面把传统的封建政治取向和伦理道德强有力地灌输到民间,另一方面则把读书做官变成了社会最崇高的价值取向。因而,这种制度及其相应的意识形态在造就了江西传统社会文化繁荣的同时,也势将成为江西社会向新方向进步的限制因素。

比如,江西明清时期已有较为发达的商品生产和交换经济,但却并没有顺利地带来近代工商业的快速发展。其原因固然很多,但科举及其强化思想意识形态的制约无疑是一个重要因素。这一点,只要看看已经进入近代时,江西的商人们还是那样热衷于捐纳得官和增广学额,就可以明白。对这一问题,张仲礼先生在他的名著《中国士绅》中有很好的研究,可以参看。江西省已故著名历史学家姚公骞先生曾忆及,他家祖上原是一个大商贾,生意很大,铺子在长江沿岸一直到重庆。太平天国战争中,为了给湘军筹集军费,家里把大部分铺子变卖,捐银40万两,换来了的是二品顶戴和曾国藩亲临家中的荣耀。近代化的重要条件,是资本的积聚和转化,但在长盛不衰的科举文化支配下,江西商人却更愿意反其道而行之。这正是江西近代社会经济发展受限的原因之一。

再比如,在科举制度陶冶下形成的江西传统文化的又一重要特征,是人们讲求"文章节义",从而涌现出众多刚正义烈、忠君爱国的名臣。然而这种典型的封建士大夫精神,又使得江西社会近代以来对传统文化过度执著和对外来文化的抵制较为强烈。近代江西教案很多,极为激烈,就是一种典型的反映。再请看19世纪末20世纪初的国内社会舆论如何评价江西绅民:

江西物产虽富,风气未开。(《江西官报》1904年第20期)

江西守旧,人开化难于他省。(时任江西布政使的翁曾桂语。国家档案局明清档案馆编《戊戌变法档案史料》,光绪二十上年七月二十八日护理江西巡抚翁曾桂片,中华书局1958年版,第297页)

江西官绅,多半但奉行故事。(《东方杂志》1908年第6期)

江西习俗守旧,愚如土番,上无开民智之官,下无通民情之学会,一睹

---

① 这方面较早也较为重要的成果之一,当属周銮书先生主持,多人参加的对乐安县流坑村长达六年多的调查,这项调查的最终成果《千古一村——流坑历史文化的调查》,由江西人民出版社1995年出版,以后又曾增订再版两次。

导论

俗人妇孺意计中所不能有之雄图霸业,势必群然奔骇,不恤出死力以相沮挠,则忧而败……(湖南)自数年以来,文明日启,脑筋日灵,言新则群喜,语旧则众唾。(《谭嗣同文集》,中华书局1980年版,第423页)

江西人性质素来保守。(上海《民国日报》1919年5月18日)

从上引诸多时人对江西的评论可见,清末民初的一般社会舆论,均认为江西观念文化较为保守落后,而与东部甚至中部的许多省份形成对比。似乎可以为上述看法作注脚的是,和历史上易代之际多孤忠隐逸一样,江西在清朝灭亡之后也多保皇派遗老,其典型如张勋甚至发动了短命的复辟,而这位辫帅背后的鼓动者,则包括胡思敬、刘廷琛、万绳栻等一批江西士绅。"清待赣人薄,赣人报独厚"[1],这种强烈的忠君守旧情结,显然与江西古代"文章节义"的传统有着内在的联系,也正是这种抵制和执著,乃成为当代经济和文化学者所谓的"锁定(Locking)"现象的典型体现。在新的历史条件下,这一传统恰恰成为江西近代以来不能适应形势变化而迅速实现社会转型跟上时代发展潮流的原因之一。

需要指出的是,历史传统在近代以来的消极影响和制约,并不仅仅在近代发生作用,有的一直及于现代,仍在新的历史条件下延续并深刻地影响着人们的观念和行为。比如历史上发达的小农经济及其生活方式形成的知足因循、名分严格而又层级流动活跃的封建等级制度造就的官本位观念,在今日江西社会中就不难发现。而这些思想观念,正是制约当代江西建设社会主义市场经济和政治文明的重要因素。

总之,江西的历史和人文有着辉煌的过去和伟大的遗产。尽管近代以来江西经济和社会发展出现了曲折,但我们绝对不应妄自菲薄。历史充分证明,一个地域的经济文化发展与否,既与其自身的基本条件如资源、气候、环境、区位等相关,也与其所面临的历史机遇和大的环境与趋势密切相关。唐宋时期的江西因为"从北到南"的历史机遇而崛起,近代以来江西地位的下降,也正是"自西徂东"的时代大势所导致。因此,正确了解时代和国家发展的大势,乃是判定江西区域经济与社会发展的前景和走向最重要的前提。这正是历史给予我们的一个极重要的启示。

---

[1] 胡思敬:《国闻备乘》。

改革开放特别是进入新世纪以来,随着我国经济整体上长期持续高速发展、沿海发达地区生产要素成本上升和中央对区域协调发展的更加注重,中国已经出现了沿海发达地区产业升级换代和梯度转移的显著趋势。在此背景下,资源丰富、气候良好、紧靠长、珠、闽三个经济发达的三角洲的江西,面临着极其难得的发展机遇。

但我们也必须清楚地认识到,在此大好形势下,进一步解放思想,改革创新体制,改善政务和社会环境,大力发展教育,仍是当前江西经济发展和社会进步最重要的任务。在此过程中,我们一方面要以历史为激励和鞭策,继承和发扬前人的优秀传统,另一方面则不能沉浸在历史的辉煌中自我陶醉,更不能忽视批判和摒弃传统文化中的消极因素,不断更新思想观念。只有这样,才是对待历史的正确态度,也才能真正做到脚踏实地,与时俱进,开拓创新,使江西早日在中部地区崛起、重现历史的辉煌。

【目录】

引言　1

第一章
江西远古人类活动遗存　1

第一节　旧石器中期遗存的发现 …………… 2
　　一、安义旧石器 …………………………… 2
　　二、新余旧石器 …………………………… 4
　　三、安义、新余旧石器的特点与年代 …… 4
第二节　旧石器晚期遗存 …………………… 8
　　一、吊桶环遗址下层文化 ………………… 9
　　二、吊桶环遗址下层年代 ………………… 11
第三节　中石器时代遗存的发现 …………… 13
　　一、吊桶环遗址中层文化 ………………… 13
　　二、仙人洞遗址下层文化 ………………… 14

第二章
新石器时代早期农业氏族部落文化　17

第一节　种类多样的工具 …………………… 18
　　一、石器 …………………………………… 18

	二、骨、角(牙)器 ……………………	19
	三、蚌器 ………………………………	21
第二节	稻作农业起源 …………………………	22
	一、从野生稻到栽培稻 ………………	22
	二、农耕工具 …………………………	24
第三节	制陶术的发明 …………………………	26
	一、早期陶器的特征 …………………	26
	二、早期陶器制作工艺 ………………	28
	三、与国内外早期陶器的比较 ………	30
第四节	氏族部落生活 …………………………	32
	一、原始氏族生活图景 ………………	32
	二、社会组织形态 ……………………	36

第三章

新石器时代晚期农业氏族聚落文化　38

第一节	文化类型 ………………………………	40
	一、拾年山文化 ………………………	40
	二、山背文化 …………………………	43
	三、筑卫城文化 ………………………	45
	四、社山头文化 ………………………	50
	五、郑家坳文化 ………………………	53
第二节	诸文化类型居民与周邻原始部落的交往 ……………………………………	55
	一、山背文化与周邻文化的关系 ……	56
	二、筑卫城文化与周邻文化的关系 …	56
第三节	社会经济 ………………………………	59
	一、生产工具 …………………………	60
	二、稻作农业和渔猎采集经济 ………	64

【目录】

第四节	工艺技术	67
	一、制陶工艺	67
	二、建筑居址	70
第五节	葬制习俗	76
	一、有圹墓	77
	二、无圹墓	78
	三、瓮棺葬	78
第六节	新石器时代赣境居民族属	79
	一、古"三苗"的分布地域	80
	二、古先越民族	86

第四章
新石器时代末期文化与夏文化的南渐　88

第一节	新石器时代末期文化	88
	一、文化特征	89
	二、经济生活	92
第二节	夏文化的南渐	95
	一、尧、舜、禹对三苗的征服	95
	二、历史传说	97
	三、考古学物证	99

第五章
商代吴城方国文明(上)　101

第一节	吴城文化的分期与年代	102
	一、吴城遗址与城垣	102
	二、分期与年代	106
	三、分布地域	111

第二节	吴城文化特征	119
	一、丰富多彩的几何印纹陶器	120
	二、颇具特色的青铜器	127
	三、难以释读而失传了的文字	136

第六章
商代吴城方国文明（下） 141

第一节	农业与畜牧业	141
	一、农业生产工具	142
	二、农作物种类	151
	三、畜牧业的发展	155
第二节	手工业	157
	一、青铜冶铸业	157
	二、陶瓷烧造业	177
	三、琢玉业	185
第三节	商业	186
	一、社会分工扩大与城邑兴起	186
	二、商品贸易的发展	189
	三、货币	191
第四节	吴城方国居民及民族	195
	一、三苗、虎氏、戈氏	196
	二、扬越	199

第七章
商代万年文化 204

第一节	万年文化的分期与年代	205
	一、分布地域	205

　　　　二、分期与年代 ………………………… 208
第二节　万年文化与邻近考古学文化关系 …… 214
　　　　一、与吴城文化的关系 ………………… 215
　　　　二、与周边诸考古学文化关系 ………… 218

第八章
西周时期中央王朝对赣境地区的影响和统治　221

第一节　西周文化遗址及分期 ………………… 222
　　　　一、西周早期遗址 ……………………… 222
　　　　二、西周中、晚期遗址 ………………… 225
第二节　西周文化对赣地影响的加剧 ………… 228
　　　　一、青铜器上的中原烙印 ……………… 228
　　　　二、文化面貌渐趋一致 ………………… 230
第三节　西周王朝在赣境的统治据点 ………… 231
　　　　一、应 …………………………………… 231
　　　　二、艾 …………………………………… 232

第九章
东周时期"吴头楚尾"的江西(上)　234

第一节　楚人东进与"吴头楚尾"格局
　　　　的形成 ………………………………… 235
　　　　一、西楚东进历程 ……………………… 236
　　　　二、吴、越西扩及楚、吴、越势力的
　　　　　　界定 …………………………………… 239
第二节　扬越与干越民族的分布及融合 …… 244
　　　　一、扬越 ………………………………… 245
　　　　二、干越 ………………………………… 246
　　　　三、楚人与徐人 ………………………… 250

第十章

东周时期"吴头楚尾"的江西(下) 253

第一节 农业 …………………………………… 253
　　一、铁农具的使用与推广 …………… 254
　　二、粮库的出现 ……………………… 257

第二节 手工业 ………………………………… 258
　　一、青铜冶铸业 ……………………… 258
　　二、纺织业 …………………………… 263
　　三、竹、木器制造业 ………………… 272
　　四、陶器和原始青瓷烧造业 ………… 275

第三节 悬棺葬俗 ……………………………… 281
　　一、葬式名称 ………………………… 281
　　二、分布 ……………………………… 282
　　三、葬俗特点 ………………………… 285
　　四、年代 ……………………………… 287

第四节 其他习俗 ……………………………… 289
　　一、断发文身 ………………………… 289
　　二、干栏式建筑 ……………………… 290
　　三、信奉蛇图腾 ……………………… 291
　　四、音乐艺术 ………………………… 291

主要参考文献　294

引 言

江西,地处江南腹地,东、南、西三面环山,北临大江,襟江带湖,沃野千里,是一朝北敞开的巨大盆地。这块中华大地的沃土,不仅物华天宝,山河壮丽,而且历史悠久,人文荟萃,然而先秦以前的江西历史,在一些史书和志书的旧史家笔下却被描绘成"荒蛮服地"、"率以荒服",或笼统地一言以蔽之曰"禹贡扬州之域"。在成书于战国时期的《左传》编年史书中,真正能确证是属于江西境内的地点只有两个,即番(今鄱阳)和艾(今修水)。正由于古代文献记载的阙如,过去要编写江西先秦古史那是不可想象的事。

新中国成立50余年来,随着全省性的三次大规模文物普查和考古发掘工作的深入开展,全省已发现了大量的古遗址、古墓葬、古窑址和古城址等,其中仅新石器时代、商、西周、春秋、战国时期的遗址就达千余处,出土和收集的石器、陶瓷器、青铜器、玉器以及金、银器等各类文化遗物数万件。这些大量的古文化遗存和丰富的文化遗物,实际就是一部难得的"无字地书"和实物史料库,它对于探求江西地区古代历史,尤其是先秦古史有着极其重要的意义。《江西通史》先秦卷就是依据这些丰厚的考古资料,经过爬梳清理,条分缕析,并结合仅有文献记载和现在同仁们的研究成果,初步勾勒出了江西地区先秦时期历史发展的大体轮廓。

(一)

江西这块土地上,何时开始有人类活动?也就是说,江西历史从何写起?迄今发现的考古资料告知我们,最早的原始文化是安义和新余两地发现的平原型旧石器时代中期遗址,推论其时代距今约20万年。旧石器时代晚期遗址目前发现的主要有万年吊桶环遗址下层和乐平涌山岩洞遗址,其年代距今约2万年左右。在距今约2万年至1.5万年时期,赣境地区的远古先民同地球上一些地区的远古人类一样,也经历了从旧石器时代的攫取性经济向新石器时代生产性经济的过渡,这一过渡时期考古学界一般称为中石器时代,至今江西地区发现的中石器时代遗址只有万年县吊桶环遗址的中层和万年县仙人洞遗址的下层。

距今约1.5万年至5000年的万余年间,是人类发展史上至为关键的发展阶段,即随着中石器时代相继结束,迎来的是一个崭新的新石器时代。目前江西境内发现属新石器时代早期的原始人群就是万年县仙人洞母系氏族部落,它像一颗璀璨夺目的原始文化明珠镶嵌在赣鄱大地上。栖息在万年县仙人洞新石器时代的早期先民,从事生产活动的工具有木器、石器、骨、角、蚌器等,这时的磨制及穿孔技术已有更多出现,其功能多与原始农业生产有关。20世纪90年代中美农业考古队对该遗址的发掘,一项惊世发现就是在仙人洞和吊桶环的新石器时代早期即距今1.2万年前的地层中开始发现了人工栽培稻,它是一种由野生稻向人工驯化稻演化的古栽培稻种,是现今所知世界上年代最早的栽培稻遗存之一,这就有力地昭示,赣鄱地区是亚洲和世界稻作农业的一个重要发祥地。万年县仙人洞与吊桶环遗址的另一项重大考古发现就是出土了距今约1.2万年的最原始陶器,这不仅是中国也是当今世界范围内年代最早的陶器之一。

从万年县仙人洞和吊桶环新石器时代早期文化之后,目前的考古资料尚有一段空白,有待今后新的发现。到新石器时代晚期,即距今约6000年至4100年左右这段期间,江西境内的原始氏族聚落已广为增多,人丁也日趋繁衍,是赣境地区史前聚落快速发展和繁荣时期。经过考古工作者对近百处新石器时代晚期遗址的调查、发掘和研究,大体可以初步揭示和区分出多种不同类型的考古学文化,笔者也尝试性地排出了这些考古学文化类型的各自亲族关系(即谱系):如距今约6000年前的分布在赣江中、下游偏西地区的新余拾年山一期文化;距今约4800年前的赣西北山区即修河支流奉乡水两岸及其周边地区的山背文化;距今约5000年至4500年的赣东北地区的广丰社山头文化;当然分布最广也最有代表性的是分布在以赣江中、下游两岸及其一些支流为中心的樟树筑卫城文化(有的称樊城堆文化),年代跨度为距今约5500年至5000年左右;

此外,在赣江中、下游及赣西北还穿插分布着距今约5000年至4500年的靖安郑家坳文化。上述这些新石器时代晚期文化,除郑家坳文化属江北皖南的薛家岗文化在长江南岸的一个类型外,其他诸文化类型都渊源于本土本地,它们之间在文化内涵、特征等各方面,虽有这样或那样的某些共性,但总的文化面貌又各有自身的浓郁特色,是几种不同类型的土著文化。这些新石器时代晚期氏族聚落,尽管分属不同的文化类型,谱系也不尽相同,但从出土的生产工具和其他伴出的遗物以及相关的遗迹分析,它们除个别滨湖地区的原始居民主要从事渔业经济外,都普遍以农业经济为主,而且以栽培水稻为主要生产活动,当然,也兼营狩猎和捕鱼。家畜饲养业也占有一定比例。根据文献记载和古史传说,这些散居在赣境各地的新石器时代晚期原始先民,从广义的范围来说,应属于南方的苗蛮集团,但并非过去一般所认定的是"三苗之居"的范围,而应属于古越族,准确地说应属古先越民族。那时,他们沿赣江两岸及其大小支流的广大阶地、山冈或原野,聚族而居,过着母系氏族制的原始社会生活,妇女在生产、生活中仍处于主导地位,婚姻关系已从族外婚制演进到"对偶婚"和对偶家庭。正是这些新石器时代晚期的原始先民,凭借着他们勤劳的双手,披荆斩棘,极其艰难地为江西大地的最早期开发作出过重大贡献。

继江西新石器时代晚期诸考古学文化之后的近500年间,即距今约4100年至3600年,赣境地区兴盛起来的是以樟树筑卫城、樊城堆遗址中层等为代表的新石器时代末期文化。这时,随着生产力水平的不断提高,社会经济的缓慢发展,原始居民的聚落形态也发生相应变化,即逐渐从母系氏族社会向父系氏族制急剧转变,最后进入父系氏族制社会。与此同时,婚姻制度也逐渐从"对偶婚"制向"一夫一妻"制过渡。正当江西地区仍处于原始氏族制后期即新石器时代末期阶段,中原地区则最先进入阶级社会,并建立起中国历史上的第一个奴隶制国家夏王朝。随着夏王朝对江汉地区三苗族的不断征讨和最后征服,夏人的开始南迁,夏文化的不断南渐,从而大大促进了赣境地区原始氏族制的解体,也开启了华夏民族与古越民族的融合过程。

(二)

中原地区,继夏朝之后是中国历史上第二个奴隶制国家政权商王朝,年代从公元前1600年至前1046年周武王灭商,前后达550余年。商时期江西地区的历史文化面貌如何?根据大量的文物调查与发掘资料,全省范围内已发现商周遗址达600余处，属商时期遗址就近400处，主要分布在赣江中、下游和鄱阳湖周边以及赣东北和赣东地区，而以赣江中、下游和鄱阳湖西岸最为密集。经过考古学者对这些商时期的遗迹、遗物等文化因素的爬梳、分析和研究，对商时期江西地区青铜文化的时空框架和历史面貌目前只能勾画出一个轮廓，有些细部和具体问题尚有待深入发掘和研究。江西境内最先经历原始氏族制的解体而跨入青铜时代的是赣江下、中游地区，也是有商一代赣境地区经济最为先进地区，至今已发现的商时期遗址和墓葬就达300余处，大量考古发掘资料证实，最迟从商代中期起，这一地区就开始逐步建立起中原殷都以外地处南方的一个方国都邑文明，它就是以樟树吴城城址为代表的吴城文化，到晚商时期，吴城方国文明达到兴盛时期，及至商末才开始衰落。赣东北地区，至今发现的商时期遗址也近百处，它可以万年县的斋山遗址、肖家山、西山和送嫁山墓葬以及鹰潭市角山窑址为代表，从其青铜文化因素和特征分析，它与赣江中下游和其他地区不尽相同，它是一支既与吴城文化有密切联系又有其自身特色的土著青铜文化，一般称之为万年类型文化，也可称为万年文化。赣南地区，也发现有数十处带几何形印纹陶的商周遗存，但真正经过科学发掘的遗址甚少，从已发掘的赣州竹园下商代遗存来看，文化内涵表现得错综复杂，某些陶器如鬲、折肩罐、折腹罐和镂孔圈足豆等似有某些吴城文化因素，表明吴城方国的强大辐射力也扩及于此，但从整体文化因素看，其陶器组合以釜、尊为主，又有别于吴城和其他青铜文化类型，某些特征却表现出与广东曲江石峡遗址中层商文化相近，与粤东的商文化"浮滨类型"亦有一定的联系。

必须特别指出的是，在赣境发现的大量商代遗址和诸种青铜文化类型中，只有以吴城城址为代表的吴城文化内涵最为丰富，分布范围最为广阔，几乎涵盖了赣境的三分之二地区，它不仅是江西而且也是目前南方地区已发现的众多商周文化遗址中规模最大、出土文物最为丰富的遗存。吴城文化不仅有其广阔的分布空间，有它自成系统的完整发展系列，而且有其鲜明的文化特征，诸如日常生活中使用丰富多彩的几何形印纹陶器，有一批至今尚难以释读而失传了的文字与符号，还出土了一批颇具地方特色的青铜器及与中原地区不尽相同的青铜铸造工艺，等等。青铜器以新干商代大墓中出土的数量最多，其中大部分当为本地铸造，因而它较集中代表了吴城方国的青铜铸造技艺水平，而支撑吴城方国青铜铸造业的铜料来源，主要就是辖区内的赣北瑞昌铜岭矿冶遗址。该矿冶遗址既是吴城方国文明的支柱产业之一，也是中原夏商王朝不断南征掠夺的重要对象之一。与此相应的，吴城文化的农业、手工业、畜牧业、渔

引言

业以及商业、交通运输业都在原有基础上得到长足发展，尤其是农业和手工业中的铜矿采冶和青铜器铸造、几何印纹陶器和原始瓷烧造、玉器的琢制等门类更有其特色和水平，正是有着如此高的经济发展水平才足以具备建立方国文明的物质基础。吴城城址至今虽未发现有大型宫殿建筑和陵墓，但该城址面积达61.3万平方米，筑有高大的城垣，城垣周长约2860米，并辟有五个城门，仅城内至今已清理出的就有居住区、祭祀区、制陶区和铸铜区等各类不同功能区，还发现有一祭祀广场和与之配套的红土台座以及一条通向祭祀广场的鹅卵石大道，这一浩大的筑城工程、宗教祭祀神坛和城区内的多功能布局，都充分表明了一个强有力的社会集权集团的存在，也足以证明吴城城址已基本具有国家文明形态的特征，是商时期长江中游地区跨入文明门槛的一个古代方国，因而也是中国长江以南最早跨入文明门槛的地区之一。

那么，创建吴城方国文明的居民究竟是谁？尽管早在夏代就有"三苗"族人南来，商时期又继续有中原的虎、戈和带"冈"族徽等氏族的部分移民迁徙至此，但更多的还是原有的土著民族，即古越族中的一支扬越人。中原的华夏族人，南来后带来先进发达的中原文化特别是陶范铸铜技术，他们与原住民族交流融合，共同为赣江流域的早期开发，为创建吴城方国青铜文明作出了巨大贡献。

西周时期，大量考古资料证实，周王朝的政治力量早在西周初年即已扩及赣北甚至赣中地区，从新干牛头城城址的相当规模和所表现出强烈的西周文化因素看，这里很可能是西周中央王朝在赣境地区的一个方国，准确地说应是被分封的诸侯国，只是这一诸侯国的名称，尚有待新的出土物证。到西周中、晚期，随着西周文化对南方文化影响的加剧，赣境各地区的青铜文化面貌日趋一致，而且更深地打上中原文化的烙印，如果说在商代或西周早期，江西各地的文化面貌尚有不少差异的话，那么到西周中、晚期，这种差异已渐趋消失，甚至基本融合为一体了，这不仅反映在一些青铜器上，而且在日用陶器上也可看出。这种文化融合的大趋势不仅出现在赣江流域，而且已在更大范围内扩展。与此同时，西周王朝更进一步加强了对江西地区的统治，除在赣中地区封有牛城诸侯国外，据出土文物提供的物证，经学者们考证，还在赣西北，今修水地区封有"艾"侯；在赣东北，今余干县境封有"应"国。

（三）

东周时期，中国的南方地区有着三个比较大的诸侯国，即东部江浙地区的吴国、越国和西方的楚国，而赣境地区始终未曾成为某一诸侯国的中心，而只是它们相互争夺、展开角逐的重要地区，故而江西地区的政治归属长期以来一直被笼统地称之为"吴头楚尾"或"楚尾吴头"，其具体界域无人去考，也无法可考。近数十年来的大量考古资料，却为我们逐步梳理这一问题提供了重要依据。

考古资料证实，最迟到春秋中期起，楚国势力才达及赣西北境，即今之九江、南昌等地都应属楚的范围，史籍上称之为"南楚"之地。到春秋后期起，随着楚势力在湖南地区的不断南进，也自然伸扩到赣境的宜春、萍乡等赣西地区。吴国西扩至赣北地区那是春秋晚期的事。自吴王阖闾十一年（前504年）"伐楚取番"之后，吴乘楚大败退之机，尽占江南楚地，赣江下、中游地区一度全被吴所占领，但是时间并不很长，就在吴公子庆忌"出居于艾"后的第三年，即公元前473年，越国就把吴灭了，吞并了吴国全部领土，自然也包括赣江下游和中游地区，至今在赣北、赣西北地区尚留下不少越王的遗迹或传说。越国占据赣江中、下游地区的时间主要是在战国早期，后来楚国复又强盛起来，就在越国政治中心北移的情况下，楚又悄悄东进收复了春秋末年先被吴后被越夺去了的土地，其中就包括了赣江下游地区，今以地下出土物证之，鄱阳湖的迤西迤北地区最迟到楚怀王时，又重入楚的版图。

东周时期，赣南地区离政治中心较远，从吴、楚、越相互争战以及它们各自的扩张历史分析，特别是从至今已发现的一些古遗址诸特征看，春秋时期，不仅吴的国力未曾到达赣南，就是西楚和东方越国的疆域也未能扩张至此，概称为"百越之地"当更符合历史实际。及至战国初年，越灭吴后，不仅赣东北的上饶地区和赣东的抚州部分地区属越，就是赣南的一部分地区可能也已并入越的范围。到楚悼王命吴起为相"南平百越"之后，特别是楚灭越后，则赣境地区无疑应全部归楚。

春秋战国时期，是社会大变革时期，而变革的动力无疑是科学与技术生产力的发展。这一历史时期，生产力发展的重要标志就是冶铁技术的发明。江西地区的情况同样如此。其生产工具的进步和发展，也集中表现在青铜工具的更多使用特别是铁农具的开始出现。随着春秋中期铁农具的开始使用，到战国时期的被广泛使用和推广,从而加速了赣境地区农业、畜牧业和青铜冶铸、冶铁以及纺织、陶瓷(原始瓷)等各种手工业的全面发展。与此同时,作为其上层建筑的民族习俗、葬制、宗教信仰与崇拜以及文化艺术、音乐等则都强烈地表现出古越民族特征。

尽管吴、楚、越三个诸侯国进入赣境时间先后不一,随着各自力量的消长,其界域也不断互有变异,但赣境地区东南西北中的主体民族仍然是古越民族,即当时史籍中称谓的"百越"民族。因古越民族支系繁多,故称百越。东周时期江西地区的古越民族,依然延续商周以来的传统,大体赣江流域的两岸及以西为扬越;赣东北和赣东地区则为干越和于越。

整个春秋战国时期,是一个列国纷争异常激烈的年代,同时又是一个以华夏民族为核心的各民族的大融合时期。赣境地区的主体民族虽然以古越族为主,但也不断有华夏民族和楚民族等的迁入,他们带来中原华夏民族的先进文化与礼乐制度,并与古越民族交流、融合,在经济、文化上逐渐走上共同发展的道路。到战国末期,秦始皇统一中国后,赣地的古越民族大部分都融合到华夏民族的大文化圈中,绝大部分居民都成了汉民族的不可分割的组成部分。

(四)

赣水苍茫,奔腾不息。沧海桑田,斗转星移。纵观江西地区自发现20万年前的原始人类活动以来,百分之九十九的时间是在石器时代的漫长岁月中度过的,其中18.5万年为旧石器时代,1.1万~1.15万年为新石器时代,真正跨入文明时代只有四千或三千四五百年的时间。在那洪荒时代,赣地先民创造的史前聚落文化,虽不像黄河流域那样有完整系统发达的仰韶文化和龙山文化谱系,也没有如东方太湖地区的良渚文化那样灿烂辉煌,但万年仙人洞、吊桶环人有着万余年的种植水稻和烧制陶器的历史,是我国乃至东亚地区最先人工栽培水稻和最早烧制陶制品的地区之一,也是赣江两岸史前先民光彩的一笔,令人引以自豪!尤其是智慧、勇敢的赣地先民披荆斩棘,战天斗地,世代繁衍,其"筚路蓝缕"之功,我们应永世难忘。

随着中原夏、商文化的不断南渐,加速了赣境地区文明化进程,使赣境大部分地区相继进入文明时代。由赣地原有土著民族为主体又和南下的商人相结合而构建起的吴城青铜方国文明,虽青铜文化水平比之商殷文明还大为逊色,但它毕竟是长江中下游地区至今已发现的唯一的一座商时期的方国都邑遗存,是中国南方地区最早跨入文明门槛的地区之一,足见它在中国早期文明进程中的地位和作用。

总之,一部江西先秦史,就是一部江西史前文化和早期文明发展史,它几乎全是运用地下考古发掘资料编就的,这些"无字地书"是数十年来全省文博考古工作者几代人辛劳、汗水和智慧的结晶,笔者仅是爬梳、整理和归纳,或稍作升华,略抒己见,仅此而已。当然,不可否认的是,限于考古资料的局限,即既有时段上的缺环,又有地域上的空白,新中国的考古发现虽已取得巨大成就,但实际还只是浮出水面的冰山一角,更大量更丰富的考古新发现将还在后头,因此,这里编就的《江西通史·先秦卷》只能算是一部速描本,原则是能详则详,不能详则略,知之为知之,不知为不知。也许明天的一项考古大发现,就让你不能不改写、补写甚至重写。哥白尼曾说过:"人的天职是勇于探索真理。"爱因斯坦也有一句名言:"对真理的追求要比对真理的占有更为可贵。"考古的新发现无疑是层出不穷,我们对真理的探索和追求也永无止境,但愿这部《江西通史·先秦卷》能为日后江西先秦史的不断探索提供一个重要的参考,那就是笔者最大的欣慰了。

第一章
江西远古人类活动遗存

当地球的历史进入到上新世晚期更新世初期时，即距今约260万年前，既能直立行走又能制造工具的真正的人类诞生了。从人猿相揖之日起，到距今2万年前这一漫长的人类历史时期，考古学家称之为旧石器时代。由于旧石器时代占了人类历史的99.9%的时段，涵盖了地质史上的上新世晚期和整个更新世，所以又将其区分为旧石器时代早、中、晚三个时期，分别与直立人（猿人）、早期智人（古人）和晚期智人（新人）相对应。从距今2万年至1.5万年，考古学家称之为中石器时代，也即从旧石器时代晚期向新石器时代过渡的时期，地质年代上处于晚更新世与早全新世相交的时期。

江西这块土地上，何时开始有人类活动？是否也经历过旧石器时代、中石器时代再到新石器时代等历史发展阶段？多少年来，人们一直对这些问题都无言以答。新中国成立后，由于文物考古工作的开展，在赣境至今已调查发现和发掘的旧石器时代中期遗址2处，旧石器时代晚期遗址3处，中石器时代遗址2处，这为探索江西地区远古人类的活动提供了重要实物例证。

早在1962年，中国科学院古脊椎动物与古人类研究所黄万波先生等在赣东北的乐平县境涌山岩洞发现了"大熊猫——剑齿象"化石，同时出土数件石片石器[①]，从而揭开了江西旧石器考古的序幕。

[①] 参见黄万波、计宏祥《江西乐平"大熊猫——剑齿象"化石及其洞穴堆积》，《古脊椎动物与古人类》第7卷2期（1963年）。

第一节
旧石器中期遗存的发现

根据目前已发现的考古资料，江西旧石器时代遗址可以分属为洞穴和平原两种类型，一般以洞穴类型为多，平原类型遗址是在20世纪80年代后期紧接湖南发现之后发现的一种新的旧石器遗存类型，因而填补了中国旧石器时代中期平原居住遗址的空白。

一、安义旧石器

1988年12月间，安义县食品厂工人胡贤钢在城郊采集到一件疑为石器的石块，随即自费赴京来到中国科学院古脊椎动物与古人类研究所请求鉴定，经鉴定后，被确认为人工制品。

根据这一线索，中科院古脊椎与古人类所派员与江西文物考古研究所合作在安义县开展野外调查，结果在城郊潦河北岸的第二级阶地上发现了樟灵岗、凤凰山和上徐村三处旧石器地点①。三个石器地点共获石制品40件，都以河床砾石为原料，岩性以砂岩为主，次为脉石英。石制品种类有石片、石核、带人工痕迹的砾石、石块和石器等。其中石器19件，占石制品的47.5%，有刮削器、砍砸器、尖状器、手斧、石球和加工石器的工具石锤、石砧（图1-1）等。从石制品的

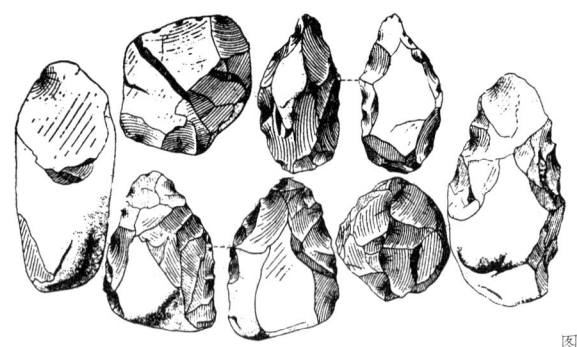

图1 安义旧石器

① 参见李超荣、徐长青《江西安义潦河发现的旧石器及其意义》，《人类学学报》第10卷第1期（1991年）。

第一章
江西远古人类活动遗存

特征看,三个石器地点的标本很相近,因此可以把它们作为同一时代的文化遗存综合研究。

石片10件,占石制品的25%,有天然台面、素台面和修理台面三种,而以天然台面最多。石片中最重者750克,最轻者5克,一般重13~157克。石片形状大部不规整,从石片的腹面看,半锥体平的居多,凸者较少,打击点平的多,凸的少。石片背面大多都保留不同程度的砾石面。

石核9件,占石制品的22.5%,素材以砾石为主,按台面分,有单台面、双台面和多台面之分。大小相差悬殊,最大者长247毫米、宽108毫米、厚68毫米,重3000克;最小者长59毫米、宽59毫米、厚50毫米,重196克。

刮削器,数量最多,主要用石片和石块加工而成。长厚型和长薄型各占一半。加工方式主要是向背面加工[①]。最重的233克,最轻的15克,一般重77~163克。表面大多数都保留不同程度的天然面,所有标本都为单刃,根据刃缘形状又可分为直刃、凸刃和凹刃三种。

砍砸器,全部用砾石制成,器型粗大。最重的2225克,最轻的465克,一般长134毫米~138毫米,宽75毫米~88毫米,厚44毫米~59毫米。刃缘加工方式有向腹面、向背面和交互三种。加工普遍粗糙,刃缘不平直。依据刃缘形态分单刃和双刃两种。器表面还多有铁锰斑点锈。

尖状器,全部用砾石和石块制作。最重的1054克,最大的长206毫米、宽92毫米、厚52毫米。加工方式有向背面、异向和错向多种,且较粗糙,刃缘不平齐,器型也不太规整。

手斧,数量不多,用石块和厚石片加工而成。大小不一,器型轮廓有似三角形和长锥形,加工方法多样。

石球,数量也不多,全都用脉石英砾石制作。球形不太规整,均保留三分之一的砾石面。采用交互打击法加工而成。

石锤,仅1件。用扁长的单端杂砂岩砾石制成,重200克,长101毫米、宽51毫米、厚32毫米。握持端保留砾石面,使用端打击点清楚。

石砧,仅1件。素材为砂岩扁平砾石。重1450克,长165毫米、宽95毫米、厚62

[①] 对石器的加工方式,学者们有不同的划分法,但一般有向背面、向腹面、交互、错向和异向加工五种。凸而窄的一面称背面,平或凹而宽的一面称腹面。错向加工指一边向背另一边向腹面加工;异向加工指一边的上(或下)端向背面而下(或上)端向腹面加工。参见李超荣《江西安义县旧石器的研究》,《江西文物》1991年第3期。

毫米。在砾石两面中央有人为的坑疤,只是一面的坑疤较深,另一面较浅。这类石砧可能有的用于砸击石片,有的用于修整石器。

二、新余旧石器

在1989年发现安义县三处平原旧石器地点后,为了扩大成果,同年年底,中国科学院古脊椎动物与古人类研究所和江西省文物考古研究所以及新余县博物馆又联合组成野外考察队在新余地区开展工作,结果又在新余市郊的袁河岸边发现龚家山、打鼓岭两处旧石器地点,采集各类石制品49件[①]。

这些石制品也以河床砾石为原料,岩性则以脉石英为主,次为石英岩。石制品种类也有石片、石核和带人为痕迹的石块等。石器种类有刮削器、砍砸器和球形石等。加工石器的素材以石片稍多,其次是石块和砾石。打片与加工方法多为锤击法。从石片、石核和石器上砾石面的保留程度来看,石核的利用率极低。

石片,几乎全部都呈天然台面。最大的一件长66毫米、宽66毫米、厚15毫米,重73克;最小的一件长21毫米、宽15毫米、厚7毫米,重3克。一般长40毫米。全部石片保留有程度不同的砾石面。

石核,多以砾石为主,有的利用砾石面打击石片,石片不很规则。石核上有三分之一以不同程度保留砾石面。最重的一件为1224克,最轻的一件为29克。

刮削器,数量最多。加工方式主要是向背面加工。依据刃缘的形态也可分为直刃、凸刃和凹刃三种。

砍砸器,仅1件,用脉石英石块加工成的小砍砸器,凸刃。长82毫米、宽71毫米、厚30毫米,重173克。由破裂面向背面加工,形成较凸的刃部。

球形石,仅1件,出自于地层中。系用脉石英砾石为素材制成。轮廓呈球形,加工痕迹少,估计是加工石球的半成品,球体保留有较多的砾石面。长110毫米、宽100毫米、厚85毫米,重1228克。

三、安义、新余旧石器的特点和年代

从安义、新余发现的旧石器看,尽管它们分别发现于两个不同的旧石器地点群,但表现出较多的共性和风格:第一,制品的原料全部为砾石,岩性基本上

---

① 参见李超荣、侯远志、王强《江西新余发现的旧石器》,《人类学学报》第13卷第4期。

第一章
江西远古人类活动遗存

是砂岩和脉石英;第二,石器的组合多样化,但都以刮削器的数量最多,石球、手斧两地点都发现较少,却颇具自身特色;第三,石器加工方式多样,有向背面、向腹面、交互、错向和异向加工五种,都以向背面加工为主,其次为异向加工等;第四,打片技术也较简单,主要是锤击法,偶见砸击法;第五,石器以大型的为多,尤其是安义旧石器,长度在100毫米以上的竟占石器总数的63%;重量在200克以上的占到石器总数的68.4%;第六,大部分石器都保留有不同程度的砾石面,说明石核的利用率极低。

当然细加比较,也不难发现两地点群的石器制作在某些局部特征上也不尽相同,如安义旧石器的素材以砾石和石块为主,次为石片,而新余旧石器的素材则多见石片;又如新余旧石器的个体相对比之安义的要小些。

通过安义、新余旧石器器类的介绍,清楚地看出刮削器在石制品中占的比例最大。刮削器是我国旧石器时代文化遗存中常见的一种石器,虽然它和砍砸器、尖状器等石器一样,都是多功能的工具,但其主要功能应是用来剥制兽皮、切剔筋肉。此外,还发现有其功能类似于刮削器的手斧和用来作为绊兽索的石球等,这些都有力地证明安义、新余旧石器大多是与狩猎生活方式有关的工具,反映出远古人类主要从事的经济活动应是狩猎业,兼及一些采集活动。

对安义、新余旧石器的时代,学术界尚存在一定分歧。最初发现者李超荣依据地貌、地层和石制品的性质特点认为地质时代属晚更新世,即旧石器时代中晚期,新余旧石器的地质时代为晚更新世晚期,即旧石器时代晚期[1]。曹柯平则从地质学、考古类型学以及考古类型学与地质学相结合等多角度考证,认为它们的年代应相当于中更新世晚期至晚更新世早期,也即旧石器中期,绝对年代为距今40万~20万年[2]。

安义、新余五个地点的石器虽多采自地表,但标本表面都保留原来的面貌,且棱角分明,从有铁锰斑锈来看,说明它们应属于地层里的遗物,而此地层就是潦河、袁河的第二级阶地的红色黏土,高出河面约15米。由长江中下游地区河流阶地发育序列看[3],第二级阶地红色黏土的地质形成时代为大姑—庐山

---

[1] 参见李超荣《江西安义县旧石器的研究》,《江西文物》1991年第3期。
[2] 参见曹柯平《江西旧石器年代考证》,《南方文物》1998年第4期;曹柯平《江西旧石器、中石器文化之探索》,载《江西历史研究论集》,江西人民出版社1999年版,第15页。
[3] 参见刘东生等《中国第四纪沉积物区域分布特征的探讨》,《第四纪地质问题》,科学出版社1964年版;江西省地质矿产局《江西省区域地质志》,地质出版社1984年版。

间冰期的末期至庐山冰期早期,也即晚更新世早期,考古学上即相当于旧石器时代中期。曹柯平推定其绝对年代的范围大体是可信的,只是考虑到这一年代的跨度太长,其上限已到旧石器时代早期,因此,为要探究安义、新余旧石器更接近历史真实年代,还有必要进一步将两地旧石器的特点、整体文化面貌与南方地区其他旧石器相比较,从中找寻出它们的异同及演进规律,并比照南方某些旧石器遗存的测年,才能较准确地推断出安义、新余旧石器的绝对年代。

近几十年来,我国南方地区旧石器文化遗存已有较多的发现,其综合研究也取得了显著进展,有的学者将中国南方的旧石器分为石片石器传统和砾石——石核石器(或称砾石石器工业)传统[1],将安义、新余旧石器与之比照,从大的文化面貌来说显然属后一传统。

早年,在广西百色地区右江两岸三、四级阶地上曾发现一批旧石器[2],是典型属于华南砾石石器工业传统。其石制品的特征是:第一,原料基本上都是砾石。岩性以砂岩为主,次为硅质岩。第二,大部分石器用厚重的砾石制成。第三,多利用砾石原来的自然面作台面直接打片,极少部分是用石片疤作打击台面。第四,石器加工普遍使用锤击法和碰砧法。加工方式以单面加工为主,也有一部分是交互加工、错向加工。在加工砾石时,多数是向背面加工;加工石片时则大部分是向破裂面加工。第五,石器多硕大厚重。第六,石器种类较单调,主要有砍砸器、尖状器、手斧、刮削器等,其中以手斧数量最多。

显然,将安义、新余旧石器与广西百色旧石器比较,它们之间有着不少共性,诸如石制品以砾石为原材料、较多采用锤击法直接加工、石器普遍硕大、多保留砾石面、石器种类中都有手斧等等,这些共性,表明安义、新余旧石器与广西百色旧石器是同属一个大的华南砾石石器工业传统,但是,认真观察又不难发现它们之间的差异明显,如广西发现的手斧数量多,而且制作精细,而江西发现很少;又如江西发现有石球,而广西百色则根本不见。特别是从广西百色右江流域旧石器的技术水平和整体文化面貌论,与北京人时代早期甚或与蓝田人相当,即距今大约70万~100万年,而江西、安义旧石器显然要比其晚得多。

---

[1] 参见今明《检阅过去开拓未来——纪念和县猿人头盖骨发现十周年》,《文物研究》第7期。
[2] 参见李炎贤、尤玉柱《广西百色发现的旧石器》,《古脊椎动物与古人类》第13卷第4期(1975年);曾祥旺:《广西百色发现的旧石器》,《史前研究》1983年第2期。

第一章
江西远古人类活动遗存

若再将安义、新余旧石器与安徽水阳江[1]，特别是和广东河源[2]发现的旧石器比较，不仅发现它们均同属于南方大的砾石石器文化传统，而且从石器的特征、种类、对砾石岩性的取向、制作加工具体方式等都表现出更多的共性：第一，石制品的原材料全部是用砾石和石块，岩性都以砂岩为主，次为石英岩等。第二，石器标本中，用砾石和石块加工的为多，次为石片。第三，石器组合中，砍砸器和尖状器占较大比例。第四，石器都较硕大厚重，长度在100毫米以上的占多数。第五，石器加工方式多样，且第二步加工都较粗糙，都未发现用间接打击法产生的石器。当然，它们之间也有少许差异，如江西、安徽旧石器中发现的石球在广东河源不见，加工石器时多用锤击法，而河源则多采用碰砧法。这种差异显然是因各地自然环境条件不同等多方面因素所致。

安徽水阳江旧石器发现于两岸的二级阶地上，广东河源旧石器则发现于东江支流的三级阶地的砖红色红土层中，从它们的河流阶地发育序列判断，在地质时代上都属于中更新世晚期，或到晚更新世早期，也即相当于旧石器时代中期，与江西安义、新余旧石器的地质时代大体相当。值得注意的是，广东河源埋藏旧石器的第三级阶地的砖红色红土曾经热释光测定，其绝对年代为距今180995年±9049年左右。为此，我们推断安义、新余旧石器的绝对年代也应为距今约20万年左右。

根据人类学家对我国已发现的人类化石的研究，人类从猿人阶段进化到早期智人阶段，大体就在距今20万年前后，也即相当于考古学上的旧石器时代中期。这一时期，陕西、四川、安徽、湖南、湖北、广西、广东等省区都先后发现了文化面貌基本相近且数量较多的旧石器；与此同时，这一时期的人类化石也多有发现，如陕西大荔人头骨化石距今为20.9万年[3]；安徽巢县人类化石距今约22万年[4]；湖北长阳人化石距今约17.5万~21.5万年[5]；广东马坝人头骨化石距今约12.9万年[6]。因此，这一时期，在江西地区发现如安义、新余那样20万年前的旧

---

[1] 参见房迎三《皖南水阳江旧石器地点群调查简报》，《文物研究》第3期。
[2] 参见曾祥旺《广东河源灯塔镇发现的旧石器》，《南方文物》1996年第3期。
[3] 参见吴新智、尤玉柱《大荔人及其文化》，《考古与文物》1980年第1期。
[4] 参见方笃生《和县、巢县人类化石研究综述》，《文物研究》第4期。
[5] 参见陈铁梅《我国旧石器考古年代学的进展与述评》表二，《考古学报》1988年第3期。
[6] 参见吴新智《马坝人在人类进化中的位置》，载《纪念马坝人化石发现三十周年文集》，文物出版社1988年版。

石器时代中期遗址那是情理中事。

据我国人类学家研究,早期智人阶段也即考古学上的旧石器时代中期,其社会组织比猿人阶段有了进一步发展,其婚姻形态也发生了重大变化,即由血缘群婚向族外婚制过渡。恩格斯称族外婚制为普那路亚(夏威夷语,意义亲密的伙伴)群婚制。这种族外婚制是禁止以往血缘群婚家族内兄弟姐妹之间的婚姻,当然这种过渡是极其缓慢的,开始只排除同胞兄弟姐妹间的婚姻,以后再排除旁系兄弟姐妹间的婚姻,变成了一个集团中的一群姐妹与另一集团的一群兄弟发生婚姻关系。这是婚姻关系史上的第二个进步。恩格斯说:"如果说家庭组织上的第一个进步在于排除了父母和子女之间相互的性交关系,那么,第二个进步就在于对于姐妹和兄弟也排除了这种关系。"[1]随着族外婚制的推行,血缘家族遭到破坏,氏族制首先是母系氏族制逐渐形成了。也就正如恩格斯所指出的:"一切兄弟和姐妹间,甚至母方最远的旁系亲属间的性交关系的禁例一经确立,上述的集团便转化为氏族了。"[2]尽管江西境内目前发现的早期智人的材料不很丰富,但可以有理由判断这一时期同样经历了从血缘家族向母系氏族制的过渡。

第二节
旧石器晚期遗存

在远古人类的发展史上,到了距今5万年至2万年间,考古学上称为旧石器时代晚期,相当于地质时代的晚更新世晚期。这时的人类已从早期智人(古人)进一步发展成为晚期智人(新人)。晚期智人在体质上属于现代人类,所以这时世界上三大人种也已基本形成。我国境内至今发现的人骨化石全都属于原始蒙古人种,而现代中国人基本上都属于蒙古人种,因此可以说处于我国旧石器晚期的晚期智人应是我们的直系祖先。目前江西发现的旧石器时代晚期遗存只有洞穴类型,主要是万年吊桶环遗址下层和乐平涌山岩洞遗址。平原类型遗址尚待发现。

---

[1] 恩格斯:《家庭、私有制和国家的起源》,《马克斯恩格斯全集》第四卷,人民出版社1966年版,第31页。
[2] 恩格斯:《家庭、私有制和国家的起源》,《马克斯恩格斯选集》第四卷,人民出版社1966年版,第37页。

第一章
江西远古人类活动遗存

一、吊桶环遗址下层文化

万年县位于江西东北部,乐安河下游,鄱阳湖东南岸。吊桶环遗址地处万年县大源镇境内。大源位于县城陈营镇东北13公里,地处东部高中丘区,四面高山环拱,中为条带状实呈葫芦形盆地,整个地形由东南向西北倾斜。盆地西南面为红壤高山,且有许多条形山坡伸展到盆地上面,吊桶环即位于西南面的一条形山坡上,海拔高度约96.2米,与其东北之仙人洞直线距离约800米。吊桶环呈一通透式岩棚,是由于岩石经长期水溶解的地质作用而形成,因其内顶弧似一木桶吊环而被俗称为吊桶环(图2)。

20世纪90年代,由北京大学考古系、江西省文物考古研究所与美国安得沃考古研究基金会马尼士博士联合组成"中美农业考古队"对吊桶环遗址进行了两次考古发掘[①](图3)。经过多次的发掘,证明吊桶环遗址堆积较厚,地层清晰,有着从旧石器时代晚期经中石器时代的过渡阶段再到新石器时代早期的典型洞穴遗存,这样完整的地层序列,不仅在华南地区,就是在全国范围内也是不多见的,它对于探索华南地区原始人类从晚更新世晚期到全新世初期的演化历程无疑有着极其重要的意义。正因为如此,国家文物主管部门组织专家评审,吊桶环和仙人洞遗址一并被评

图2 万年吊桶环遗址外景

图3 吊桶环遗址发掘现场

---

① 参见严文明、彭适凡《仙人洞与吊桶环——华南史前考古的重大突破》,《中国文物报》2000年7月5日;刘诗中:《江西仙人洞和吊桶环发掘获重要进展》,《中国文物报》1996年1月28日。

为1995年度全国十大考古发现,在2000年,世纪交替之际又被评为20世纪百项重大考古发现之一。

吊桶环的地层堆积,按英文字母序号从上往下顺排,即A—O共15层。最下面的O、N、M和L诸层,是在原生堆积之上的地层,只见有用火的痕迹,伴出的还有少量兽骨,基本不见人类文化遗物,表明这时的吊桶环还仅是原始先民临时停留地或季节性营地,其较稳定的住地有可能在大源盆地周围的另一个山冈。因此,吊桶环的真正有人类居住的地层堆积应是从K、J层开始。根据各层出土的文化遗物、自然物和孢粉、植硅石的科学分析所提供的资料,并参照^{14}C的测定年代,吊桶环遗址的文化堆积大体可分下、中、上层文化。上层文化为新石器时代早期;中层文化为中石器时代;下层文化则为旧石器时代晚期[①]。

下层文化,包括底层的K、J两个自然层和相关的烧火遗迹。出土有一批打制石器和少量骨角器以及一些兽骨等。其石制品和石器有如下特点[②]:第一,以石片石器为主,且形体普遍较小,未见大型砾石石器。第二,石器原料多是燧石、石英和水晶等硅质岩类。第三,硬锤技术普遍应用于各种原料的剥片,砸击技术也有较多的应用,但主要应用于燧石砾石及石英等个体细小的原料。第四,石器加工修理比较简单,刻意精细加工的定型石器基本不见,刃部修复的疤痕多很短小,刃口较平齐。第五,石器组合有边刮器、端刮器、凹缺刮器、钻具等,其中可归属于边刮器类者数量较多,形状多为不等边三角形,普遍具有较明显的打击点、半锥体、放射线和波浪纹等痕迹(图4)。

吊桶环下层出土有大量兽骨化石,经初步鉴定有水

图4 吊桶环下文化层出土之燧石器

---

① 参见彭适凡、周广明《仙人洞与吊桶环——旧石器时代向新石器时代过渡模式的个案研究》,《华南及东南亚地区史前考古》,文物出版社2005年版,第102—115页。

② 参见王幼平《复原仙人洞人历史的石制品》,《中国文物报》2000年7月5日。

第一章
江西远古人类活动遗存

鹿、梅花鹿、赤鹿、小麂、麝、鬣狗、野猪、牛、大熊猫、小灵猫、大灵猫、貉、熊、鼬鼠、獐、水獭、猕猴、兔、羊、龟、鸡、鸭和禽鸟等,其中以鹿科动物为最多,属于华南型大熊猫——剑齿象动物群。

除打制石器外,还出现骨角器。骨角器中有一件角斧,是利用带基部的鹿角进行加工制作的,即在下端刮削出双面刃,削磨较细,是旧石器晚期制作精美的骨角器之一,表明当时的原始先民已经掌握骨、角材料的特性,使用了一种不同于石器制造方法的特殊工艺。同时,也说明当时人们使用的工具已更多样化,其从事的狩猎经济活动也得到进一步发展。又从吊桶环的K、J地层中发现有数量很少的野生稻形态植硅石来看,反映当时的原始居民除采掘野果、根茎充饥外,野生稻也有可能是采集活动的不稳定对象。

二、吊桶环遗址下层年代

从吊桶环下层石器制作业的一些特征及其总体面貌看,与华北各地旧石器时代晚期流行的石片石器普遍变小没有太大的区别。

南方地区发现的旧石器时代晚期遗址较多,虽然由于自然生态环境的不同,加以错综复杂的文化迁移和相互交叉影响传播等关系,各地旧石器时代晚期的文化特征颇不相同,但只要我们将吊桶环下层旧石器与南方某些晚期旧石器比较,也不难发现它们之间的强烈共性和内在规律。

如长江上游的四川汉源县富林遗址[①]和广东封开县罗沙岩遗址第二层[②]以及湖北江陵县鸡公山遗址上文化层[③]等,若将吊桶环下层的石制品分别与之比较,无论是石器的类型、大小或打制技术至少在以下诸方面有其相近之处:第一,绝大部分是形体较小的石片石器,汉源富林的石器甚至更小,有的几可称为细石器。这一特征显然都与华北地区的小石器传统有联系。第二,石器所用原料都是以燧石为主,次为石英、水晶、石英岩等。第三,打片普遍以锤击法为主导,次为砸击技术,且主要用于燧石砾石及石英等个体细小的原料。第四,石器加工修理技术较简单,刻意精心加工的雕刻器不见或少见。

依据上述诸遗址发现的打制石器的特点、性质及伴出的动物化石判断,这

---

① 参见张森水《富林文化》,《古脊椎动物与古人类》第15卷第1期(1977年)。
② 参见张镇洪《广东旧石器时代考古有新突破》,《中国文物报》1992年12月20日。
③ 参见湖北省历史学会等编《南国名都江陵》,湖北教育出版社1993年版。

些遗址均应属晚更新世晚期的文化。有必要注意的是,广东封开罗沙岩第二层的年代经^{14}C测试为距今约2.24万年,湖北江陵鸡公山上层文化的年代为距今2万~1万年,因而,吊桶环下层的^{14}C测定年代为距今约2.3万年左右应该是可信的。

江西旧石器时代晚期文化除吊桶环下层外,尚有最早发现的乐平涌山岩洞和萍乡竹园山洞遗存。它们都属于洞穴类型遗址。

乐平涌山岩洞发现的石片石器经贾兰坡教授精心观察认为,石片的打击点、台面和破裂面等基本特征都很明显,尤其是台面的两侧有两次打击点,是人为加工的印记,而不是自然力作用的结果。伴出的动物化石有豪猪、黑鼠、剑齿象、犀、水牛、羊、水鹿等,都属于大熊猫——剑齿象动物群。对于这批动物群化石及打制石器的时代,目前尚有一些不同的看法,有人认为应属于中更新世①,那就是说应属旧石器时代中期,但也有学者认为,考虑到大熊猫——剑齿象动物群代表着热带或亚热带条件下的哺乳动物群落,其时代延续比较长,即不同时代的地层中都含有这一动物群,故其堆积时代不能排除属于晚更新世②。由于发现的石制品太少,我们只能暂且将其划属旧石器时代晚期遗存。

1982年,萍乡市宣风镇的农民在竹园山洞洞口挖陷阱时发现一批动物化石,尔后,中国科学院古脊椎动物与古人类研究所、江西省文物考古研究所和萍乡市博物馆曾分别于1983年、1985年、1986年和1988年四次对洞穴进行考察试掘,共获取东方剑齿象、大熊猫、鹿、犀、野猪、豪猪、竹鼠、鬣狗、獏、龟等动物化石标本近200件,还出土一件经人工打制的石器③。显然,石器的年代当和动物化石的年代相当。但同样限于标本太少,也只能暂且将其归属为旧石器时代晚期文化的一个点。

此后,在赣南的龙南、瑞金和赣北的彭泽等地的一些岩洞中,又相继发现了不少动物化石,都为我们寻找远古人类活动的踪迹提供了极有意义的线索。

---

① 参见黄万波、计宏祥《江西乐平"大熊猫—剑齿象"化石及其洞穴堆积》,《古脊椎动物与古人类》第7卷第2期(1963年)。

② 参见尤玉柱《史前考古埋藏学概论》,文物出版社1989年版。

③ 参见肖一亭、彭云秋《萍乡市竹园山洞考察纪要》,《江西历史文物》1987年第1期。

第一章
江西远古人类活动遗存

第三节
中石器时代遗存的发现

任何事物的发展都是渐进的,人类社会的发展更是如此。从晚更新世末到全新世初是人类发展史上至为关键的发展时期,在这一期间,地球上一些地区的远古人类经历了从旧石器时代的利用性经济向新石器时代生产性经济的过渡,这一过渡时期,考古学界一般称为中石器时代,也有的称为旧石器时代末期。至今江西地区发现的中石器时代遗址只有万年县吊桶环遗址的中层和仙人洞遗址的下层。

一、吊桶环遗址中层文化

吊桶环中层文化包含的地层为I、H、G、F等四个自然层和所属的遗迹。从出土的人工遗物看,其文化特征为:

第一,石制品与下层即旧石器晚期明显不同的是出现了不少大型石器(尤其在H层),开始出现小型石片石器与大型砾石石器并存的局面。

第二,小型的石片石器在原料选择、加工技术与石器组合方面与下层均无差异。大型石器则有两种情况:较早出现者,多是硬锤技术加工的产物,选用不同形状的砾石,直接加工出砍砸器等不同类型的工具(图5);稍后在继续使用打制技术的同时,一些不经过加工,利用砾石原来形状直接使用的工具数量渐多,如长柱状的砾石石锤、长尖状的砾石穿孔器等。

第三,在石器的组合中,用扁平状砾石加工的砍砸器或石刀的数量较多,长条形的砾石石锤也很多,刮削器等小型石片石器的数量则渐趋减少。

第四,这一时期除继续加工一些骨角器外,还开始对河蚌进

图5 吊桶环中文化层出土之砍砸器

行直接加工。这时的蚌器，蚌体宽大厚重，表层较光，壳体打凿出孔洞，有单孔和双孔之分，孔径较大，孔洞主要是从壳体腹部向背部方向进行单向打凿琢制而成，然后在边缘稍加修整而已。

第五，属于这一时期的G层突然出现大量双峰类型的野生稻植硅石[①]，说明在此期间曾出现过一个温暖潮湿的环境，由此引起稻属植物的大规模北侵，乃至被广泛地分布于赣境北部地区。也正是从这一时段起，野生稻的采集更成为吊桶环人经济生活方式的一部分。

二、仙人洞遗址下层文化

在赣东北的万年县大源盆地小河山脚下，有一个石灰岩溶洞，名叫"仙人洞"，它与吊桶环遗址同处于一个地理单元。"仙者，仙人之所居也。"这里的人们一代又一代地如是传说着。直到20世纪60年代的两次考古试掘，特别是90年代中美农业考古队的两次科学发掘和多学科的综合研究，才最终破译了仙人洞文化之谜，证明在遥远的中石器时代，这里确曾有人居住生活过，但其主人既不是"仙人"，也非现代人，而是一处远古人类的天然栖息之所（图6）。

仙人洞的洞前左侧约70米许，有条宽约40米的大源河，从东南流来然后沿着洞左侧的小荷山脚向西北流去。在洞前约30米许，尚有"一水孤桥"，这一无名小溪从西面的大荷山脚流经仙人洞前而汇入大源河。

仙人洞口面朝东南，洞口顶部海拔高度为35米许，洞口底部高出洞前水稻田仅2米。洞口开阔并向前伸展呈岩厦状，断面作弧形，高达16米，宽约24米。

仙人洞遗址，早在20世纪60年代就进行过两次试掘。[②]近三十年后，中美农业考古队又两次对该遗址进行精心取样和发掘[③]（图7）。通过前后多次发掘和研究，不仅理清了仙人洞遗址东区和西区的地层叠压情况，而且发现仙人洞与处于同一地理单元的吊桶环之间有着极其密切的相互往来和承袭的文化传统，完全可以相互对应和衔接起来。

---

① 参见赵志军《稻谷起源的新证据——对江西万年吊桶环遗址出土的稻属植硅石研究》，《农业考古》1998年第1期。

② 参见江西省文物管理委员会《江西万年大源仙人洞洞穴遗址试掘》，《考古学报》1963年第1期；《江西万年大源仙人洞洞穴遗址第二次发掘简报》，《文物》1976年第12期。

③ 参见严文明、彭适凡《仙人洞与吊桶环——华南史前考古的重大突破》，《中国文物报》2000年7月5日；参见刘诗中《江西仙人洞和吊桶环发掘获重要进展》，《中国文物报》1996年1月28日。

图6 万年仙人洞遗址外景

图7 仙人洞遗址发掘现场

从仙人洞下层文化出土的人工遗物分析,其文化特征为:第一,石器中已出现大型石器,也有部分小型的石片石器,即有大型石器与小型石器同时并存的情况。第二,继续加工制作骨角器和蚌器,如骨锥、角铲和小蚌壳穿孔器等,只是出土数量较少。第三,地层中也发现有属野生稻的植硅石,尚不见人工栽培稻的植硅石,说明这时仙人洞人的经济活动仍以狩猎为主,兼采根茎果实、野生稻和水生动物等。

显然,从仙人洞下层的文化面貌特别是石制品的特征看,明显有别于吊桶环遗址下层旧石器时代晚期文化,而与其中层文化完全相同,这就清楚地表明仙人洞下层与吊桶环中层是同属于一个时期即中石器时代的文化遗存。经对两遗址相关层位的^{14}C年代测定也都在距今2万年至1.5万年的时段内。

通过吊桶环遗址下、中层和仙人洞遗址下层地层堆积的揭示及文化性质的剖析,使我们能大体了解整个大源盆地远古时期原始居民从旧石器时代晚期到中石器时代的发展演进历程,初步勾画出古代吊桶环和仙人洞人与自然、与社会的全息历史图景。

在距今约2.3万年前后,即旧石器时代晚期,大源盆地仍为一水网、沼泽地带,仙人洞洞口几乎常年淹没在水中,当时的原始先民只能在周围的山冈上过着极其艰难的狩猎、采集生活,吊桶环遗址由于其所处海拔高度相对比仙人洞高,又有其半封闭式的岩棚,因而很自然成为当时原始人类用以狩猎和采集的临时活动地或季节性住地,故而保留一些烧火堆遗迹,并留下一些细小石器和兽骨等。到距今约2万年至1.5万年时,即中石器时代,从全球看,正是人类历史上处于末次冰期的最盛期,处于从晚更新世末大理冰期的盛冰期向晚更新世末大理冰期的晚冰期过渡阶段,即地球从最冷到逐渐变暖演变,海面降低达百米左右[①],就在这种大理冰期接近结束,气候日趋变暖情况下,大源盆地的地理生态环境也发生了巨大变化,首先河床下退,仙人洞洞口开始露出水面,甚至出现一个相对较稳定的不受洪水浸泡的时期,这时在吊桶环居住的部分原始先民才开始走下山岗而搬迁至仙人洞居住,只是当时的洞内依然常年积水或潮湿,故只能利用岩厦状的宽敞洞口作为栖息之所,它可以避风雨御严寒,这就形成了仙人洞的下层堆积。他们是仙人洞遗址至今发现的最早一批在此固定居住的原始居民,即仙人洞史前居民的第一个高峰期。

---

① 参见杨怀仁等《中国东部晚更新世以来的海面升降运动与气候变化》,《第四纪冰川与第四纪地质论文集》第二集,地质出版社1985年版。

第二章
新石器时代早期农业氏族部落文化

　　大约距今1.5万年至1万年间,全球正处于更新世末次冰期的晚段,最后一次冰期消退,气候更趋变暖,地质史的发展进入了全新世时代。

　　这一时期,是人类发展史上至为关键的发展阶段,地球上一些地区的远古人类经历了从旧石器的攫取性经济向新石器时代生产性经济的过渡,其中涉及农业、畜牧业、制陶术、纺织工艺的发生以及早期聚落、宗教、艺术的起源等一系列深刻影响后来人类文明发展的重大事件,这些无疑是旧石器时代向新石器时代过渡阶段即中石器时代结束,另一个崭新的新石器时代到来的标志。恩格斯曾总结说:"蒙昧时代是以采集现成的天然产物为主的时期;人类的制造品主要是用作这种采集的辅助工具。野蛮时代是学会经营畜牧业和农业的时期,是学会靠人类的活动来增加天然生产的方法的时期。"[1]

　　江西地区目前发现属这一时期的原始人群就是赣东北万年县的仙人洞氏族部落,它像一颗璀璨的原始文化明珠镶嵌在赣鄱大地上。处于这一阶段的万年大源盆地的原始居民,生存环境进一步发生变化并得到较大改善,把仙人洞作为较稳定的生活住地,从而形成了仙人洞上层文化的丰厚堆积,即仙人洞史前人群的第二个高峰期。而此时的吊桶环已不再作为固定的居所,从其上层出土有成千上万的动物骨骼碎片来看,当是居住在仙人洞的人群在这一带狩猎的临时营地或屠宰场。

---

[1] 恩格斯:《家庭、私有制和国家的起源》,《马克思恩格斯选集》第四卷,人民出版社1966年版,第21页。

第一节
种类多样的工具

栖息于仙人洞的新石器时代早期的先民,从事各种生产活动的工具、用具,已有了较明显的分工,他们利用当地的资源,制造各种必需的工具,有木器、石器、骨器、角器、蚌器等,以石器为主。

一、石器

这时仙人洞人制造和使用的石器与下层文化不同的是,以大型砾石石器和砾石穿孔石器为主,只有少量石片石器[①]。质料有石英脉、砂岩和燧石等,而以砂岩占多数。

大型砾石器仍多用单面硬锤技术加工,选用不同形状的砾石,直接加工成砍砸器、敲砸器、盘状器和石核石器等一类工具(图1)。这些打制石器多承袭旧石器时代晚期以来的石器制作传统,大多数都用单面打击法,打击点、半锥体、放射线、波浪纹等都较明显,全身保持大部分砾石面,很少有第二步加工修整。

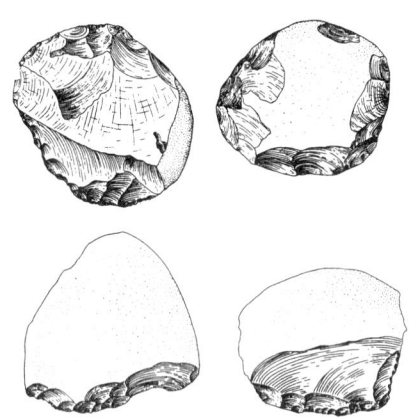

图1 大型砾石石器

---

① 参见王幼平《复原仙人洞人历史的石制品》,《中国文物报》2000年7月5日。

第二章
新石器时代早期农业氏族部落文化

砍砸器,均采用厚块的或较薄的砾石制作,形状有不规则的长方形和扁椭圆形两种,一般只在一端打出刃部,不加修整即行使用。有的是直接拿在手里使用,有的可能安上木柄使用,多用于砍伐树木、砸碎兽骨等。

敲砸器,多作扁体圆形,仅简单的稍作加工即用,多用周缘棱脊敲击野果或骨髓。

盘状器,多为扁圆形砾石制成,边缘经过打击,修出刃部。刃口有细小的剥落疤痕,说明经过较多的使用。

小型石片石器,多为燧石、石英质料,器类多为刮削器,有较明显的加工和使用痕迹,但多不成型,很少第二步加工修整。除少数呈菱形外,多为不等边三角形,刃部有短小疤痕,打击点和劈裂面清楚。一般长4~6.7厘米、宽3.7~4.4厘米。石片石器的使用方法,有的系直接用来刮削切割,有的则作为复合工具使用,即将石片嵌装在骨梗或竹、木槽中,制成带把手的刀削,以切割兽肉。

值得注意的是,这时的磨制及穿孔技术已更多地被引入石器加工,如新出现的梭形石器、锥状石器、穿孔重石器、石刀、石磨盘及梭形石网坠等,这种磨制石器大部分都是利用扁圆形砂岩和砾石制成,数量虽少,但它采用了先进的磨制与钻孔技术,而且其功能多与原始农业生产有关。

梭形石器:两端尖,背部隆起,剖面呈半椭圆形,似织梭,磨制较精,形状基本一致,只是大小不同,大者长9.7厘米,应为实用器,小者仅长2.7厘米。

锥状石器:有的一端尖,另一端浑圆(图2),有的一面扁平,中间微凹,另一面隆起,剖面呈半椭圆形,两端较细,通体磨制。

图2 锥形石器

二、骨、角(牙)器

大量使用骨、角(牙)器,而且制作相当精致和讲究,是仙人洞新石器早期文化一个重要特色。骨器的器类有锥、针、钻、铲、凿、刀、笄、箭头和鱼镖(叉)等;角器有凿、锥、斧、投掷器和角拍等[1]。

---

[1] 参见周广明《新石器革命的个案研究——万年仙人洞文化稻作起源初探》,《东方博物》第五辑。

19

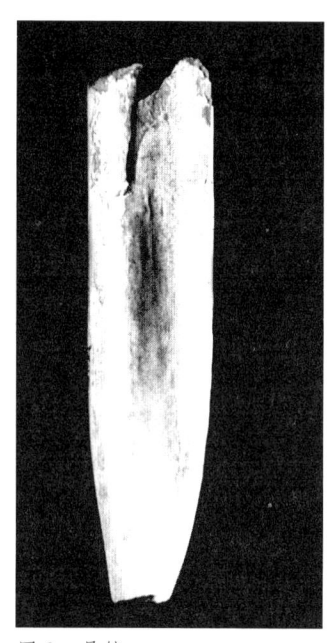

图3 骨铲

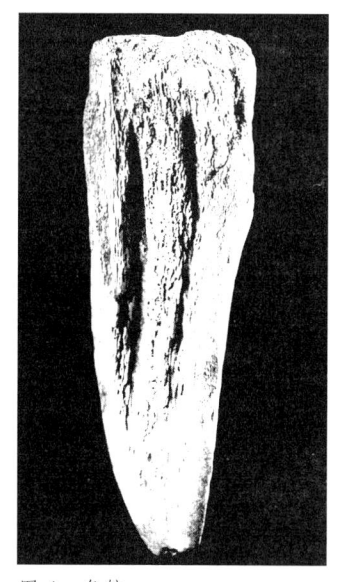

图4 角铲

针、锥、钻等为穿刺用的工具。骨锥形器数量最多，形制各异，有两端尖、中间带脊、两侧磨成刃口、横剖面呈扁三棱形的；有一端尖锐、一端扁宽的；也有两端尖、全身呈浑圆形的。骨针，都是骨条磨成，大小长短不一，多较细长，断面为圆形或椭圆形[1]。一般都有穿孔，且多对钻而成，出土时大多穿孔一端已残失，系经常使用所致。

骨铲，是用动物的长骨制成，制作方法是将长骨纵向剖开两半，并将长骨的一端打磨成薄刃。按刃口的形状可分为圆纯刃、尖状刃、倾斜刃、平直刃诸种(图3)。

角凿多用鹿角的一段或半边切割成斜刃或双面刃并稍加磨制而成，刃平齐或呈弧状(图4)。此类角凿多用来掘土和撬集植物块根。

骨刀，是将兽骨劈开，做成扁长体的小刀，身厚有棱，一端细磨成圆柄。

牙刀，是利用动物的犬齿劈取半边，磨出弧形刃部而成。全器呈弧形。

骨箭头(镞)，体形作扁尖状，扁体菱形，两翼锋利，通体磨制。它是远距离射杀武器弓箭的重要组成部分。

骨鱼镖，是一种有效的叉鱼复合工具(图5)。都是用动物长骨劈取一半制成。有的两端都做成尖状，有的一端尖状另一端呈等腰三角形；骨面两侧分别锯切有倒钩两个或三四个不等，只是有的对称，有的不对称，和仙人洞下层中石器时代不同的是，基本都是不对称。双面都起脊，后端两侧都有两个对称的凸节。制作工艺的顺序是截取骨料、制作成

---

[1] 参见江西省文物管理委员会《江西万年大源仙人洞洞穴遗址试掘》，《考古学报》1963年第1期；江西省博物馆《江西万年大源仙人洞洞穴遗址第二次发掘报告》，《文物》1976年第12期。

第二章
新石器时代早期农业氏族部落文化

型和加工修整三步,方法是锯、刮、剔刻和磨制等。

投掷器,是一种借助杠杆发力的复合工具,主要特征是在兽角柱状的一端,由骨表向腔体方向凿刻成连续或不连续的"V"形凹槽,凹槽下端往往锯刻一周或半周凹道。这种投掷器在我国乃至欧洲、南美一些新石器时代遗址中都曾发现,它多是用来投掷弹子以猎打鸟禽和小动物的。弹子则为陶、石质的球形。

三、蚌器

它是利用吃剩的厚壳蚌加工而成的,在大源盆地,蚌器开始出现于吊桶环中层和仙人洞下层,到仙人洞上层文化即新石器时代早期时,螺、蚌等水生动物明显增多,蚌器也有更多出现。早期蚌器,蚌体较大、厚重,孔径也较大,多单孔,也有双孔,孔洞主要由背、腹两面相向打凿而成,并对孔缘部分稍加修整(图6)。晚期蚌器,蚌体相对较小,穿孔有单孔、双孔甚或四孔之分,孔径普遍较小,孔洞由打凿变为先打后钻发展至两面对钻(图7)。蚌器的器类有蚌刀、蚌耜等,而以蚌刀为多,其功能是多方面的,既可切割、刮削,还可挖掘根茎,但主要应是与农业有关的撬土和掐取稻穗的原始农具。

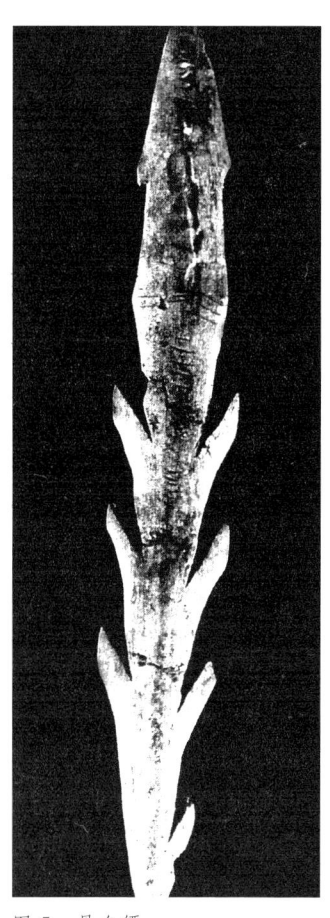

图 5　骨鱼镖

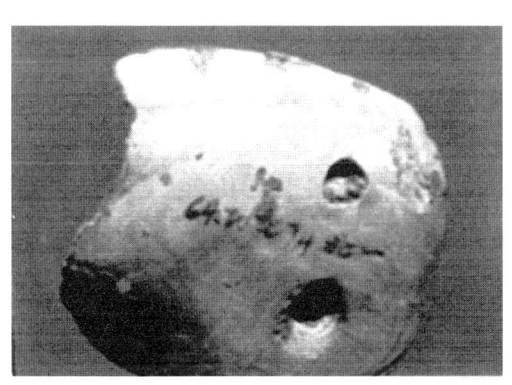

图 7　双孔蚌器

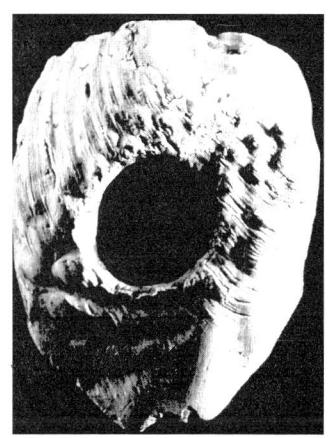

图 6　单孔蚌器

第二节
稻作农业起源

一、从野生稻到栽培稻

稻作农业究竟起源于何时何地？多少年来一直是海内外学者苦苦探索的不解之谜。20世纪70年代以前国外学者认为起源于南亚的印度；70年代浙江余姚河姆渡出土大量稻谷、稻秆后，人们开始把注意力转向沼泽地带的杭州湾；80年代随着洞庭湖流域八九千年稻作遗存的发现，人们又把目光集中在长江中游的丘陵盆地；90年代中美农业考古队对江西万年仙人洞与吊桶环遗址发掘后，人们的认识又有新的突破。

仙人洞与吊桶环的一项惊世发现就是在吊桶环中石器时代地层中发现有大量野生稻，这是我国长江流域首次发现的早于栽培稻的考古遗存；在吊桶环和仙人洞的新石器时代早期即距今一万二千年前的地层中开始发现人工栽培稻，经植物学家研究，这种水稻兼具野、籼、粳稻特征，是一种由野生稻向人工驯化稻演化的古栽培稻类型，它是现今所知世界上年代最早的栽培稻遗存之一，它有力地昭示，赣鄱地区是亚洲和世界稻作农业一个重要的发祥地。

人们也许要问，是不是在两遗址地层中发现有稻谷遗痕？如果没有发现那怎么知道有野生和栽培稻呢？这就是当今考古学借助现代自然科学手段综合检测分析研究的结果。

首先，在仙人洞的诸地层和洞外稻田中分别采集标本，然后进行孢粉分析，结果发现禾本科花粉在仙人洞遗址全部剖面中有自下而上数量逐渐增多的规律，在自下而上的六个文化层(4B、4A、3C、3C1B、3B2、3B1)中，3B1层出现的禾本科花粉最多，约占孢粉总量的6%~9%。又据对洞外水稻田和小湖岸表土的检测分析，其禾本科花粉直径均在45微米~55微米的范围，而含量最高的为45微米的花粉，由此可见属于45微米大小的禾本科花粉肯定是现在栽培稻的水稻花粉，而在仙人洞诸文化层中属45微米大小的禾本科花粉仅在3B1层中发现，而且在3B1层中发现的13个禾本科的花粉只有两个属于45微米大小，其余的均小于40微米，由此可以推定3B1层中的两个45微米大小的禾本科花粉很可能

第二章
新石器时代早期农业氏族部落文化

属于人工栽培稻的花粉①。

此外,也是最主要手段就是运用植硅石的分析方法②。中美考古学者在吊桶环和仙人洞的诸地层中共采集了近40个用来作植硅石分析的样品,然后农业考古学家进行分析研究,结果在诸多样品中找到了1600余个各种植物的硅酸体,其中包括600余个稻属植硅石的个体。他们还利用多元分析的统计学方法比较了双峰体形态的稻属植硅石,而且区别出野生稻和栽培稻植硅石的不同形态,进而发现两者在早晚不同地层的分布规律:在吊桶环遗址的H、I、J、K、L和M层中只发现数量很少的野生稻(Oryza nivara)形态的植硅石,这些层位的年代大体应距今1.7万年到2万年范围之内。到吊桶环G层则出现大量野生稻形态植硅石,尚未见栽培稻的植硅石,此一层位的年代当距今1.6万年左右。在吊桶环的E层和仙人洞的3C1A层则既有野生稻又开始出现人工栽培稻(Oryza sativa)的植硅石共存现象,这两个层位的时代正处于新石器时代早期最早阶段,大约在距今1.2万年到1.5万年之间。此后,在吊桶环的D层和仙人洞的3B1和3B2层所见仍是野生和栽培稻植硅石共存,只是后者的数量比前增多了;在吊桶环的C、B层和仙人洞的3A至2A层中出土的稻属植硅石,则以栽培稻为主,其数量竟达55%以上,而野生稻则日趋减少,这些地层的时代当属新石器时代早期偏晚,大约在距今1万年至1.2万年之间。

从上述野生稻和栽培稻在吊桶环与仙人洞早晚不同地层的分布规律及其相互消长的变化情况看,在两处新石器时代早期诸地层中,从早期至晚期,野生稻植硅石的比例逐渐减少而栽培稻植硅石的比例相应递增,这就清楚地揭示了大源盆地的原始居民由以采集野生稻为主的攫取性经济向以人工栽培稻为主的生产性经济这一生存方式的转化过程。

有意义的是,湖南道县玉蟾岩洞穴遗址中也曾出土四枚稻谷壳③,据农史学家初步电镜分析,是属于一种兼有野、籼、粳综合特征的从普通野生稻向栽培稻初期演化的最原始的古栽培稻类型。玉蟾岩遗存的年代,参照其附近文化

---

① 参见王宪曾《江西万年县仙人洞遗址孢粉研究简报》(待刊)。
② 参见赵志军《稻谷起源的新证据——对江西万年吊桶环遗址出土的稻属植硅石研究》,《农业考古》1998年第1期;参见简·利比《跨学科研究稻作农业的起源》,载《农业考古》1998年第1期。Zhao,Z., "Rice Domestication in the Middle Yangtze Region, China:An Application of Phytolith Analysis". Dissertation for Degree of Philosophy at the University of Missouri at Columbia. 1996.
③ 参见张文绪等《湖南道县玉蟾岩古栽培稻的初步研究》,《作物学报》第24卷第4期,1999年。

性质相同的三角岩遗址的^{14}C测试数据,估计其年代当在1.2万年前,即大体也在上述吊桶环E层和仙人洞3C1A层的年代范围之内,这有力说明长江中游地区应是世界稻作农耕文化的重要发祥地。

二、农耕工具

仙人洞人从事农耕生产的工具是相当原始的,其器类主要有木器、石器和蚌器等。

木器,是人类最早使用和制造的工具之一。古籍《吕氏春秋》载曰:"夫蚩尤之时,民用剥木以战矣。"《易·系辞》载曰:"断木为杵,掘地为臼。"这些记载都反映出我们远古先民最早使用的工具和武器多是木器,只可惜无法保存下来。

石制品,属于农耕作业的石器目前只发现有穿孔重石器和碾磨器等。

穿孔重石器,多用扁圆或椭圆形砾石或砂岩制成,多数扁薄,少量厚重,中穿一孔。穿孔方法一般都是先在中部打凿出孔窝,然后用对钻法穿通并加工修整。多数孔已对钻通,只有少数仅见有打凿出孔窝的半成品。有的保留原砾石面,基本未经打磨修整;有的则周身磨制光滑(图8)。大者圆径达15.9厘米,一般的圆径多在10厘米左右,厚多为2厘米~3厘米,内孔径多为1.3厘米~2.3厘米不等。这种穿孔石器,需将一根长长的竹、木棒一端插嵌入穿孔中,使用时手握木柄上端,因重心在下,故用以作为点播的工具。澳大利亚以及我国云南一些民族志材料[①]也证明这种穿孔石器是用来作为农耕点播的一种穿孔重石器。

石磨盘,形体都较大,有的两面都有磨面,显然其主要功能应是作为谷物加工碾磨的工具(图9)。

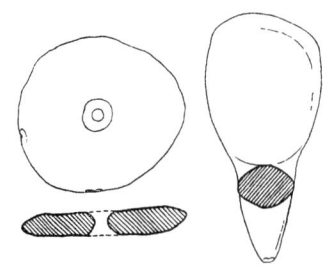

图8 穿孔重石器和锥形石器

图9 石磨盘

---

① 参见周国兴《澳大利亚少数民族的重石器》,《北京晚报》1983年3月5日。

第二章
新石器时代早期农业氏族部落文化

与农耕有关的蚌器,目前仅见有蚌耜和蚌刀两种。都是用厚蚌壳制成,故质地坚硬,用以翻整土地和收割农作物都有一定成效。

蚌耜,这类蚌器是指那种带双孔且排列于蚌顶的一端,或指那种在蚌壳两侧各穿两孔的穿孔蚌器。使用时装上木柄,则可用于撬土①。装柄的方法,有的是先将用于系柄的野麻纤维或草竹之绳的两端从贴近木柄的一面穿出,然后再从不同的方向分别绕过蚌耜的边缘,再经柄的背后绕回,这样反复绕扎几道即成(图10);有的亦可能是将柄的下端破开,用以夹住蚌耜,然后再系绳扎牢。这种用来翻土的蚌农器,在一些新石器时代遗址中也多有出土,只是有的学者称为"蚌锄"②,有的称为"蚌铲",是一种除草的工具③。

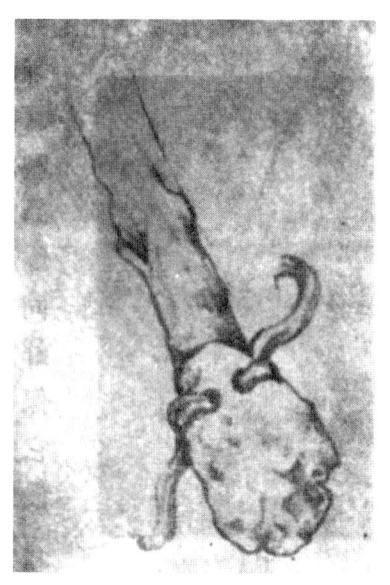

图10 蚌耜使用示意图

蚌刀,主要是指那种只穿一孔而且是孔径较大的穿孔蚌器,穿孔部位多数在蚌的中部,有的稍偏一侧,穿孔方法也分为打凿和对钻两种,有的打凿后稍加修磨,孔径有大、中型之分,中型者孔径约2.2厘米,大型者孔径约3.5厘米。其功能是用来掐取野生稻或栽培稻的稻穗的,所以大部分穿孔蚌器的边缘均有摩擦痕或小疤痕,显然是使用所致。

衡量稻作农业起源地必备的四个条件是:一是该地区必须具备适宜野生稻广泛生长的古生态环境;二是该地区必须发现最古老的栽培稻并同时发现最古老的野生祖先种普通野生稻;三是该地区必须发现有与稻作农耕生产相关的工具;四是该地区必须有生活相对庞大的部族群体。对照上述四个必备条件,万年大源盆地不仅有着极为适宜野生稻生长的古生态环境,有着从旧石器晚期经中石器再到新石器早期原始人群生活的连续堆积,发现有与稻作农业相关的农具,而且通过植硅石和孢粉等分析法,发现了最古老的野生普通稻和人工栽培稻,这表明万年仙人洞文化原始稻作农业的产生是一个必然的过程和结果。

---

① 参见李恒贤《江西古农具定名初探》,《农业考古》1981年第2期。
② 参见庞朝彬《试论我国原始农业的起源》,《广西民族学院学报》1980年第3期。
③ 参见王仁湘《论我国新石器时代的蚌制生产工具》,《农业考古》1987年第1期。

由于大源盆地低洼沼泽地带从很遥远的古代起就有野生稻的广泛分布，吊桶环和仙人洞的远古先民，对野生稻由萌发生长再抽穗结实到成熟枯萎的全过程，年复一年的观察，依靠经验的传承和群体的记忆，有意无意地开始了对野生稻的人工驯化，稻作农耕文化便因此而产生了，只是它是个极为缓慢的渐进过程。

第三节
制陶术的发明

一、早期陶器的特征

距今约1.5万年至1.2万年前后，随着人类从利用性经济过渡到生产性经济，人们开始定居下来，除了产生原始农艺外，还开始发明陶器。"水火既济而土合"（宋应星《天工开物·陶埏》），自从有了陶器，人类可以贮水以备随时饮用，更可蒸煮熟食。陶器的发明是原始社会科学技术的一次飞跃。

中国的陶器最早发明于何时何地？同样是一个多年不解之谜。《吕氏春秋》记载："黄帝有陶正，昆吾作陶。"《考工记》："有虞氏上（尚）陶。"《物原》记载："神农作瓮，轩辕作碗碟。"但是，这些记载，最终还得靠科学的地下考古资料来证实。非常有意义的是，万年仙人洞与吊桶环遗址的另一项惊世考古发现，就是出土了距今一万二三千年的早期陶器，这不仅是中国也是当今世界范围内年代最早的陶器之一。

两处遗址共出土早期陶片达800余块（图11）。对这批陶片，中美古陶瓷研究专家都曾进行过切片和热释光、化学组成、显微结构、受热行为以及烧成温度等各项分析研究，其检测结论基本是一致的[①]。这批早期陶器有如下一些特点：

第一，这些早期陶片一般都是质地

图11 原始陶片

---

① 参见吴瑞等《江西万年仙人洞遗址出土陶片的科学技术研究》，《古陶瓷科学技术2002年国际讨论会论文集》，上海科技文献出版社2002年版，第1—9页。

第二章
新石器时代早期农业氏族部落文化

粗糙,多砂质陶,所含颗粒以石英、长石为主,还有少量的白云母和赤铁矿,个别陶片中还含有方解石,石英或长石的粒径大小不一,一般多在1毫米~3毫米之间,有的达7毫米以上,20世纪60年代发现的一块石英颗粒最大径长1厘米,厚0.5厘米[①],需要注意的是,这些砂粒都是制陶原料中所固有的,并非人工掺入,也未经任何的筛选。通过对仙人洞附近红土的化学组成与早期陶片的化学组成的检测结果非常相近这一事实分析,当时的原始人类对制陶原料不曾进行有意识的选择,对制陶原料的性能也无任何要求,一般就是就地取土,而且主要是采用当地的红土,个别有时也采用当地普通的黄土。其器壁普遍较厚,一般都在0.7厘米以上,有的达1.2厘米。

第二,早期陶器器表的颜色多呈灰褐色、灰红色、灰黑色或灰黄色诸种,并且大部分内外表的呈色多不一致,有的在一块小的陶片上外表面为炭黑色、中间为灰黑色而内表面又为铁红色;有的如夹心饼干一样为灰红色夹黑芯陶,等等。这种器表及内外呈色的不同,显然是烧造时的气氛有别所致,是由于无窑平地堆烧而形成的,因为四面受热温度不一,又都是在充分氧化气氛中烧成,组成中的铁被氧化成高价铁,所以一般的陶片呈灰红色。但在烧成初期的低温阶段往往有大量的烟尘附着在陶器表面,甚至渗入到内部,而在烧成的高温阶段未得到充分氧化,就会出现灰黑色陶器和内部灰黑色而表层呈灰红色的陶器,这和当时烧陶器时的天气、风向、烧成时间也都有关系。

第三,从陶器的残片观察,器形较为单一,只见有一种直口或口微侈的圜底罐。20世纪60年代复原的一件直口深腹圜底罐应是一种最具代表性的常见器物(图12)。

第四,陶器器表多数有纹饰,只有少量素面陶。纹饰种类主要有似篮纹的条纹和粗绳纹两类,尚有一些似绳纹的网结纹和少量编织纹。多数绳纹有相互交错和叠压现象,有的绳纹分为一段一段的,中间有凸条纹间隔,各

图12 直口深腹圜底罐

---

① 参见彭适凡《万年仙人洞新石器早期文化的几个问题》,《江西先秦考古》,江西高教出版社1992年版。

自成组；有的在绳纹之上再刻画大小方格纹。

早期陶器装饰上的另一个特点是，在唇沿上用竹刀或小棒较均匀地压出一周"V"字形或"U"字形齿形凹槽，并在近口部用小棒状器由内壁向外或由外壁向内较均匀地戳出一周单行乳凸，乳突直径平均0.6厘米，有的用力过头，戳通成一小孔。

早期陶器装饰上尚有一个重要特点是，有不少陶器的里外壁都拍打有纹饰，且多为绳纹，只是大部分一致也有少数内外不一致。

第五，据有关的测试数据，这批早期陶器的烧成温度都是在740℃~840℃之间，这么低的烧成温度说明它们不是在陶窑中烧制的，而有可能就是平地堆烧而成的。

二、早期陶器制作工艺

到底是什么灵感，促使人类发明了陶器，也就是说，陶器究竟是在什么情况下创造发明的？传统的是经典作家恩格斯的说法："可以证明，在许多地方，也许是在一切地方，陶器的制造都是由于在编制的或木制的容器上涂黏土使之能够耐火而产生的。在这样做时，人们不久便发现，成型的黏土不要内部的容器，也可以用于这个目的。"[①]但近代的考古发掘和若干边远地区至今保留的古老原始制陶工艺的考察都未发现支持这种说法的证据，至少在中国是如此。而仙人洞与吊桶环出土的早期陶器，既然是世界上年代最早的陶器之一，在中国古代陶器的发展史上具有一定代表性，对它作一全面分析研究，无疑对探索中国古代陶器的起源及早期陶器的工艺发展过程提供了极为重要的实物资料。

根据反复观察和研究，仙人洞和吊桶环这批早期陶器的制作工艺，大体经过了拉坯成型—器表拍打修整—烧制等三个步骤。

第一步，拉坯成型。当时的仙人洞人对水、土和火的凝炼艺术尚处于朦胧阶段，对制陶原料性能要求还没有多少认识，还不懂得对陶土进行筛选和炼制，于是直接将当地的红土拌水揉合就拉坯成型。这时拉坯成型的方法大致有两种，即泥片叠塑和泥条盘筑法。泥片叠塑是用手将泥片一层层往上贴塑成基本形状；泥条盘筑法则是用事先做好的长长的泥条层层向上圈筑的（图13），故这类陶器破裂时多是从泥条对接处断开。

---

① 恩格斯：《家庭、私有制和国家起源》，《马克思恩格斯选集》人民出版社1966年版，第4卷，第18页。

第二章
新石器时代早期农业氏族部落文化

图 13　泥条盘筑法示意图

第二步，拍打修整。用泥片贴塑法成型的陶器，修整的方法至少可以观察到有两种，一种是用手将随手抓来的稻秆或草蕨类在坯体内外上下擦削，目的是消去接痕，使胎体较为规整、紧密，厚薄较为一致，擦削的结果是器表多留下似篮纹的条状纹，由于是不规则的随手擦压，故条纹显得既深浅不一，又模糊错乱；另一种是用事先做好的竹（或木、骨）质平齿形片状器在器体内外平行刮削，外表多从唇部开始一直往下刮，因而在内外壁也形成粗疏较一致的似浅篮纹的条状纹。有时对陶器的唇沿或口部有意进行某些装饰。采用这两种修整方法制成的陶器可统称为条纹陶[①]，只是有的在用上述方法修削整形后，又将留下的条纹遗痕用手局部或全部抹去，至今在有的陶片内表面还可看到有指印或指甲印，这种被抹去条纹的素面陶，无疑是同时的烧制品。

用泥条盘筑法成型的陶器，其表面较普遍饰有绳纹一类的纹饰，目的仍然是使胎体更加黏合紧密规整。这类绳纹的特点是粗细不一，大都在1毫米~3毫米之间，且有的较为错乱，似绳纹时而又带点网结，但主体仍是绳纹。从这些粗细绳纹特点作风观察，应该是通过两种方法形成制作的，一种方法也是最常见的是在木拍上缠上成束的线或绳或经搓揉的植物纤维，然后进行拍打；另一种方法是直接用当时仙人洞地区存在较多的动物即鹿角进行拍打，那种带些网结的绳纹显然就是鹿角拍打所致。其具体拍法分两种情况：一种是仅拍打陶器外壁，从唇沿一直往下竖拍，当然时而也有交错，这可称为单面绳纹陶；另一种

---

① 参见张弛《江西万年早期陶器和稻属植硅石遗存》，载严文明、安田喜宪主编《稻作、陶器和都市的起源》，文物出版社2000年版，第43—49页。

是内外壁都进行拍打,外壁为竖拍,而内壁则多为横拍,只是有时内壁拍完后,又用手抹平仅留下指甲印。这些绳纹陶器的口沿内外,一般多抹得光滑,有的还在口沿外壁用木棒从外向内戳印一排或两排圆窝纹,有的在外壁或内外壁涂抹红朱。还有两三块泥条盘筑陶片的外壁拍印有草编或绳编席状纹,有的学者称为编织纹陶,只是数量极少。

第三步,烧制。根据这些早期陶器的呈色和烧制情况判断,仙人洞的先民们一直没有使用陶窑烧制陶器;从仙人洞陶器的实测烧成温度来看,这么低的温度也不可能是在陶窑中烧成,而很有可能是在平地架柴火堆烧而成。

三、与国内外早期陶器的比较

恩格斯曾经指出,人类由野蛮的低级阶段向文明阶段的发展"是从学会制陶开始的"[①]。人类文明的发生与发展是多元的,陶器的发明,是人类在长期的社会实践过程中,对水、土和火的征服,不仅在中华大地,也是世界各地史前文化中较为普遍发现的现象。将仙人洞与吊桶环发现的早期陶器与华南乃至国外发现的早期陶器作一比较,对于推定其烧制年代及揭示早期陶器的规律应是大有裨益的。

核对这批早期陶器的出土地层,我们发现了这样一个规律:仙人洞出土陶器的最早层位是3C1B层,所出陶片均为条纹陶,未见其他纹饰的陶器,其上一层3C1A层所出陶器则有条纹陶,也有素面陶。而再上的3B2、3B1、3A层则只发现有绳纹陶和极少的编织纹陶,未见有条纹陶和素面陶。值得注意的是,上述出土最早条纹陶和素面陶的3C1B和3C1A层,恰恰是仙人洞上层文化的最早阶段,而不见有条纹陶只见有绳纹陶的3B2、3B1和3A层恰恰又是仙人洞上层文化的晚段,这就清楚地揭示出仙人洞新石器时代早期文化中原始陶器是从单一的条纹陶或素面陶逐渐向绳纹陶和编织纹陶的演变进程,这对于探讨人类最初对陶制品的认识和发明都有其重要意义。

关于仙人洞与吊桶环最早期的条纹陶、素面陶的年代,按照其属新石器时代早期最早段的推论,当在距今约1.2万年至1.5万年范围之内,但其具体年代如何?根据仙人洞3B1层出土木炭标本的^{14}C年代测定结果,为距今12430年,误差约80年,而比仙人洞3B1层更早的3C1B层所出最早的条纹陶的年代无疑要

---

① 恩格斯:《家庭、私有制和国家起源》,《马克思恩格斯选集》第4卷,人民出版社1966年版,第18页。

第二章
新石器时代早期农业氏族部落文化

比这一数据的年代要早。从目前华南乃至全国同时期发现的早期陶器标本来看,似还未见有仙人洞文化中那种最早的条纹陶;从世界范围说,倒与西伯利亚阿穆尔河地区的符米(Khummy)、乌斯季诺夫卡(Ustinovvka)三号遗址所出早期陶器无论从陶质还是泥片贴塑成坯然后用梳状器刮削器壁的制法都有很多相像之处,而符米遗址的年代数据为距今13260年,误差约100年。日本长崎泉福寺洞穴出土的早期豆粒纹陶,其测年为距今10500年~12500年[①]。日本福井洞穴第三层出土的类似篮纹状和豆粒纹的早期陶器,其测年为距今12400~12700年。仙人洞上层新石器时代最早段出土的素面陶与广西桂林庙岩遗址发现的灰褐色素面陶比较,其陶质和制法都表现出基本相似,庙岩与陶片同出的木炭样品^{14}C测年为距今17000年,而庙岩陶片样品本身的^{14}C测年则分别为距今15660年,误差260年;距今15560年,误差500年[②],也就是说基本相近,估计其陶器的烧造和使用年代大体也应在这一范围之内。通过上述国内外相关资料的简单对比,并以仙人洞、吊桶环遗址自身标本的测年为基础,我们初步推定仙人洞最早的条纹陶烧制年代最迟也应在距今约1.3万年左右,也就是说,它应是当今世界范围内年代最早的陶器之一。

至于仙人洞和吊桶环出土的绳纹陶和编织纹陶的年代,按照其比条纹陶和素面陶稍晚的推论,当应在距今约9000年~1.2万年范围之内。

可以注意到的是,类似于仙人洞的早期绳纹陶和编织纹陶,在我国尤其是华南地区已有多处新石器早期遗址中发现,如湖南道县玉蟾岩的陶片上[③],就内外壁施绳纹或编织纹,广西柳州大龙潭鲤鱼嘴下层也出土单面施绳纹的早期陶器[④],看来这似是中国南方地区早期陶器较普遍的特点。玉蟾岩陶片样品的^{14}C年代检测有两个数据,即距今14810年,误差230年和距今12320年,误差120年,后一数据与仙人洞出土绳纹陶的3B1层的木炭测年数据基本接近。鲤鱼嘴下层对螺壳的^{14}C测年数据分别为距今18555年,误差300年和距今21025年,误差450年,这显然偏早,似不可信,但值得注意的是另一个用炭屑测试的数据

---

① Kajiwara, H. et al., "A Japanese-Russian Joint Excavation in the Far East: The Discovery of the Oldest Pottery in the Maritime Region of Russia". NOVOSIBIRSK 12(16):pp 16-17. 1995.

② Yuan Sixun, et al., "Applications of AMS Radiocarbon Dating in Chinese Archaeological Studies". AIP CP392, pp 803-806,AIP Press, New York, 1997.

③ 参见袁家荣《湖南道县玉蟾岩遗址》,台北《历史月刊》1996年6月号。

④ 参见柳州市博物馆《柳州市大龙潭鲤鱼嘴新石器时代贝丘遗址》,《考古》1983年第9期。

为距今11785年,可能更符合历史的真实。比照上述一些南方地区早期绳纹陶的测年,我们初步推定仙人洞文化早期绳纹陶和极少量编织纹陶的年代大体距今约1.2万年左右。

第四节
氏族部落生活

一、原始氏族生活图景

距今一万二三千年前新石器时代早期,大源盆地的仙人洞人从事的是怎样的劳动?过的是怎样的生活?时代虽是那么遥远,但吊桶环和仙人洞洞口的地层堆积和丰富的出土物,就像一册史书,记录了这支远古先民生产、生活的历程。

要探寻远古人们的生产、生活情景,在某些人看来简直不可思议,而这也许正是考古学家在人们心目中有点神秘莫测的缘故,其实,考古学是一门科学,是历史科学的重要组成部分,它不像文艺作品那样,可以凭空虚构或漫无边际地想象,它只能是通过层层揭开地层中留下的遗迹、出土的遗物,深入地分析它,研究它,当然,仅依靠这些还不够,还要借助人类学、古生物学、民族学和地质学等多学科的综合考察,才能较真实地复原远古历史的模样。

吊桶环与仙人洞遗址出土有大量动物骨骼,据不完全统计,总计近10万片(块),且都较破碎,这应该是原始居民为了吸食骨髓和制作骨器而有意砸碎的。这些动物骨骼,经中美动物考古学家的分析鉴定,都是现在南方各地还存在却又不是生活在洞穴里的野生动物,基本上不见有经驯化了的家畜动物。这些野生动物骨骼,虽支离破碎,但透过它,我们却可窥察出一万二三千年前大源盆地的自然生态环境:崇山没有被开垦,江河不曾被疏治,道路没有被凿通……在那四周高山峻岭上,森林茂密,百兽竞逐,特别是那些凶猛的虎豹,经常从那原始森林中咆哮而出,声震山林,吞噬群兽,严重地威胁着人类;在洞前那葫芦形盆地里,并非今天这样一片良田美景,也不见那宽阔的大源河,古时周围的山涧流水奔泻而下,汇聚成一片浩渺的湖沼地,每逢大雨滂沱,山洪暴发,这里更是一片汪洋,致使仙人洞人不得不临时搬迁到山洞顶上栖息,直到洪水退去,才返回山洞。

从出土的大量动物骨骼看,狩猎活动在当时原始先民的生活中占有相当

第二章
新石器时代早期农业氏族部落文化

重要的地位。

从事狩猎活动的一般都是男子,他们面对着成群结队的凶猛野兽,要想求得生存和猎取食物,就得依靠集体的智慧和力量。我们可以想象这样一幅生动的狩猎场面:一群原始先民正在洞周围崇山峻岭中用木棍追猎野兽,有的发出尖锐的叫声;有的在一边用系上绳索的石器投掷过去;有的在另一边张弓待发,瞄准着惊慌逃窜的兽类。在重创之下,兽类东倒西歪了,随之而来的是雨点般的木棍,直到将兽类打死。时而,他们有的还采用火攻的办法捕获野兽,每个人一手执木棍,一手高举火把,将野兽往悬崖峭壁的方向驱赶,最后逼野兽在悬崖下摔死。

捕捉鱼虾也多是由男子进行,妇女和小孩有时也相伴加入。最常见的捕鱼工具是那种带倒刺的骨鱼镖,将鱼镖系缚在长长的竹棒或木棍上,就可用来叉鱼(图14)。

仙人洞附近的崇山峻岭和湖沼地里,资源丰富,又是原始先民进行采集的好地方,从事这项活动的则多是妇女和小孩。每逢秋季来临,深山密林里果实累累,她们就集体攀登山崖采摘野果;寒冬一至,她们则在湖沼边的泽地上,用锥形石器、尖木棒和鹿角铲等工具掘取可食的野草和块根充饥。

此时的仙人洞人,虽然渔猎和采集经济活动仍占据着主导地位,但在长期的观察和采集野生稻过程中,开始懂得有意识地将野生稻逐步驯化成人工栽培稻。从事这种原始稻作农业的最初也多是妇女,她们将木棍的一端装上那种圆形或椭圆形穿孔石器(即所谓重石器),如同一些少数民族保留下来的传统方法一样进行点播(图15);稻子熟了,她们手执穿孔蚌刀掐取稻穗,用时将蚌

图14 骨鱼镖叉鱼示意图

图15 用穿孔重石器进行点播示意图

刀握在手中。有的学者曾做过这样的试验,穿孔蚌器的孔径较小者可以扣入一指,孔径较大者可以扣入二指。操作时,右手握蚌刀,左手抓穗,抓穗的手往前推,握刀蚌的手向后拉,前后合力割下穗来。如不将手指扣入孔中,操作时蚌刀容易脱手,连续动作起来也不如扣入手指后那样利索。掐取稻穗后,然后用石磨盘碾磨加工。①

自人工栽培稻驯化成功后,随着大源盆地生态环境的逐步改善,生产技术水平的不断提高,原始稻作农业的地位日趋上升,最后使稻作农业成为仙人洞人赖以生存的主要食物来源。

尽管如此,当时的大源盆地的自然生态环境依然极为恶劣和艰苦,仙人洞与吊桶环的原始居民战胜自然的力量仍极微弱,他们凭借着粗糙原始的工具,特别是集体的力量,与天斗,与地斗,与洪水猛兽斗,创造出得以初步求得生存和繁衍的物质条件,终于还是显示出人是战胜和改造大自然的决定因素。

在考察了仙人洞人的物质生活之后,我们再来看看他们的精神世界。

自旧石器时代晚期以来,我们的远古先民就已经懂得用兽皮、树皮和树叶(如芭蕉叶、棕榈叶等)编缀起来以蔽体。《墨子·辞过篇》记载:"古之民,未知为衣服时,衣皮带茭,冬则不轻而温,夏则不轻而清。""食草木之实,鸟兽之肉。……未有麻丝,衣其羽皮。"《礼记·礼运篇》记载"衣皮""衣其羽皮"都是指用兽皮来遮蔽身体。《史记·河渠书》:"搴长茭兮沈美玉",茭,指竹绳或草绳之类。裴骃集解引臣瓒的话说:"竹苇绠谓之茭","带茭",当是用竹绳或草绳捆扎作腰带用。

从仙人洞和吊桶环遗址出土的遗物来看,当时的原始居民早已懂得"衣皮"或"衣其羽皮",以御严寒和保护身体,如已发现编缀用的骨针就有12枚,虽都已残断,最长的残长还有9.5厘米,每枚头上都有针眼,针眼孔径约0.6毫米~1毫米(图16)。针身相当圆滑,针尖也相当尖锐,显然是经过了人工精磨和长期使用摩擦。那时穿针的线多是用野麻或葛藤之类的纤维交揉而成,有时用野兽的筋撕成一条条作线。

衣皮的最早出现当然不是为了审美的需要,而是为了御寒、防晒、防雨和防虫类的侵害,但是,很多资料表明,此时的仙人洞人早已产生了美的追求,如那种通体磨制得扁平和极为光润的蚌器,中心穿一小孔,这显然不是工具而是

---

① 参见李恒贤《江西古代农具定名初探》,《农业考古》1981年第2期。

第二章
新石器时代早期农业氏族部落文化

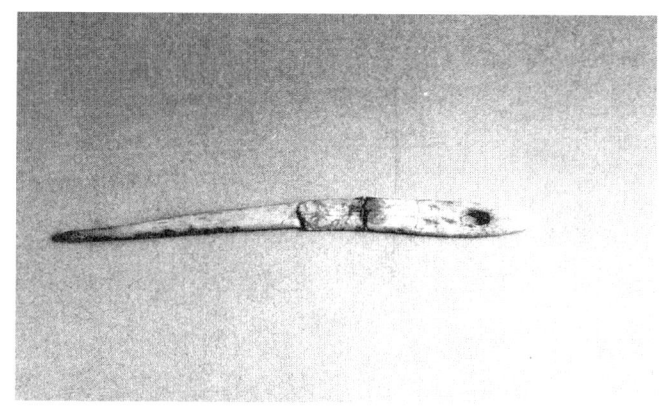

图16 骨针

图17 刻纹骨片

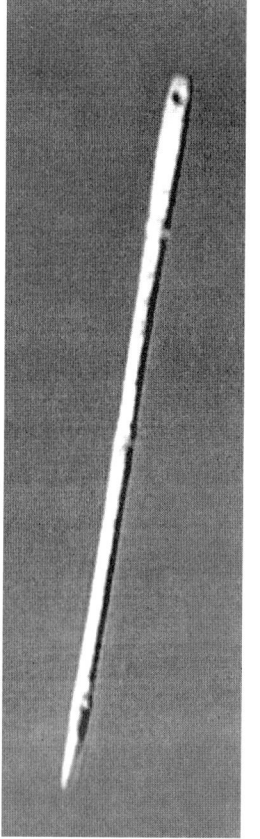

用作项链的装饰品。有的穿孔石器的通身或孔之四周涂抹红朱;有的陶器内外壁或仅外壁也涂上红朱,想来,昔日仙人洞人如一般石器时代的原始人类一样,也是尚好红色的。考古工作者在地层和烧火坑边,就发现了不少赭色砂岩块,一捏即成粉状,它应该就是作红色的原料。另外,在有的砺石上尚残留着红衣,这可能就是研磨这种赭色砂岩而遗留的痕迹。

有的在细长的骨笄上,或在骨矛形器上以及骨鱼镖背面脊棱两侧,均刻画出一道道横道,有的还刻画出横直相间的短条文(图17),这应是我国最早的原始记事、记数符号。

二、社会组织形态

仙人洞与吊桶环的原始居民,在集体劳动的前提下,产生了男女两性之间的自然分工,男子主要狩猎、捕鱼、制作工具和械斗作战等;妇女主要从事采集和初期的稻作农业,还要烧煮食物,缝制衣皮,操持家务,哺育后代等,采集特别是稻作农业的收获往往比渔猎活动的收获来得可靠稳定,能提供较多的生活资料,加以妇女担负的洞里洞外的一些活动,又都具有公共的社会性质,因此,当时妇女的作用要大于男子,在社会生活中享有崇高的威信和地位(图18)。

图 18　仙人洞人(女性)头骨

从仙人洞出土有大量文化遗物来看,当年栖息在仙人洞的原始居民,之所以能在这深山峡谷的岩洞里生存繁衍下来,绝不只是少数五六个成员,很可能是一个拥有数十个成员的氏族大家庭。当时氏族酋长都是推选德高望重的妇女担任。马克思说:"氏族是由一个假定的女性祖先和她的子女及根据女系永远传递下去的她的女性子孙的子女所组成。"①一个氏族是居住在一个洞穴或一个地区、由一位女祖先繁衍下来(包含本氏族女性和别氏族男性)的血缘集团,它以女性血缘关系为纽带,经常在一起生活和进行集体劳作。这样的社会组织就是母系氏族制,而且,这时的母系氏族制早已形成并已有一定发展。当一个氏族发展到一定程度,就会分裂出一个或几个彼此不相通婚的"女儿氏族",而许多互相通婚的氏族又会组成部落。

当时实行的婚姻制度还是处于早期智人阶段即开始出现的氏族外婚(普那路亚)制,这种婚制禁止氏族内部的婚配,即仙人洞氏族的男子和附近的也许是另一个洞穴里的氏族的女子通婚,反之,那个氏族的男子则和仙人洞氏族的女子通婚,这种婚制的结果是,儿女只知其母,不知其父,血缘都是按母系计

---

① 马克思:《摩尔根〈古代社会〉一书摘要》,人民出版社1978年版,第76页。

第二章
新石器时代早期农业氏族部落文化

算。恩格斯所描述夏威夷的习俗就是指这种氏族外婚制:"若干数目的姐妹——同胞的或血统较远的即从(表)姐妹,再从(表)姐妹或更远一些的姐妹——是他们共同丈夫们的共同妻子,但是在这些共同丈夫之中,排除了她们的兄弟;……同样一列兄弟——同胞的或血统较远的——则跟若干数目的女子(只要不是自己的姐妹)共同结婚,这些女子也互称为普那路亚。"[1]这种氏族外婚制,在今天看来当然是荒谬可笑的,但在当时来说,和以往漫长的历史时期实行的血缘群婚制比较,又是一个很大的进步,它排除了兄弟姐妹之间的性交关系,对人类自身的繁衍意义重大。正如恩格斯所指出的:"不容置疑,凡血亲婚配因这一进步而受到限制的部落,其发展一定要比那些依然把兄弟姐妹之间的结婚当做惯例和义务的部落更加迅速,更加完全。这一进步的影响有多么强大,可以由氏族的建立来作说明。"[2]在仙人洞母系氏族公社内部,男女成员一律平等,唯独女子尤其是年长和有经验的妇女,在氏族公社内居领导地位。他们共同劳动,集体分享,平等互助,财产公有,没有阶级,没有剥削,过着极其艰苦的母系氏族制的生活。

---

[1] 恩格斯:《家庭、私有制和国家的起源》,《马克思恩格斯选集》第4卷,人民出版社1976年版,第34页。
[2] 恩格斯:《家庭、私有制和国家的起源》,《马克思恩格斯选集》第4卷,人民出版社1976年版,第33页。

第三章
新石器时代晚期农业氏族聚落文化

距今1万余年前的新石器时代早期万年仙人洞与吊桶环文化之后,赣境地区的原始居民同样进入新石器时代中期,但至今这一时段的考古学文化尚是空白,有待今后新的发现。新中国成立以来,经过三次大规模的文物普查,至今全省范围内,已发现的主要是新石器时代晚期遗址,据初步统计有150余处之多,它们分布在全省的东、南、西、北、中,几乎遍布全省各地(图1),说明在距今6000年到4000年的时间里,江西境内的原始氏族聚落已广为增多,人丁也日趋繁衍,是赣境地区史前聚落快速发展和繁荣时期。他们沿赣江两岸及其大小支流的广大阶地、山冈或原野,聚族而居。他们凭着勤劳的双手,披荆斩棘,为江西大地的最早期开发作出重大贡献。

从目前发现的这些新石器时代晚期遗址来看,大体可归属于两种类型:第一种类型,即山冈(或称山坡)遗址。可以修水县山背地区诸遗址和樟树市筑卫城等遗址为代表。这类遗址分布较为广泛,有的在赣江平原的边缘山坡上,有的在山区小溪流的谷地边缘山冈,地势稍高,且多向阳傍水,有利于人类繁衍。每处都以较平坦的冈顶为遗址中心,再延及四边坡地,有的还表现出有类似二层台的地形。这种较平坦的冈顶,有的是自然形成的,但多数似经过人为长期生息居住所致。由于南方雨水较多,这类遗址多数冲刷破坏严重,有的遗物或遗迹都暴露于地表,当然也有的保存较好,特别是在较平坦的冈顶上还不同程度地保存着一定文化堆积,以筑卫城遗址为例,文化堆积层最厚处达3米余。第二种类型,即台地遗址,可以樟树市樊城堆、永丰市尹家坪、新余市拾年山、棋

第三章
新石器时代晚期农业氏族聚落文化

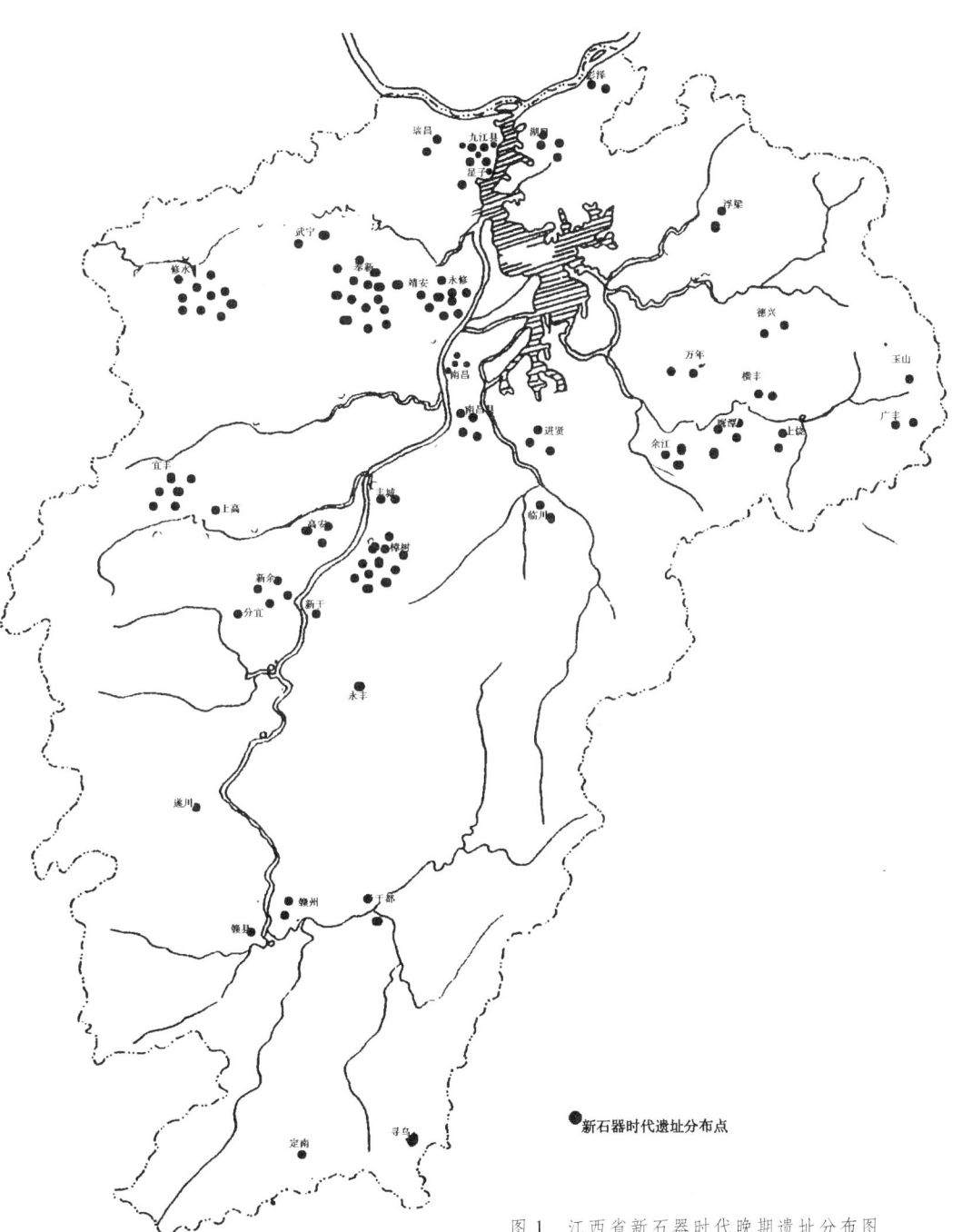

图 1　江西省新石器时代晚期遗址分布图

盘山、广丰市社山头等遗址为代表。这类遗址至今发现的更多，都是坐落在河谷小平原的中间，千余年来的繁衍堆积使遗址形成了高出地面约数米甚至10余米的台地土墩，如新余市棋盘山遗址就高出四周10至15米。四周有的还环有壕沟，地势都较低平，现多已辟为农田。由于台地兀起且较平坦，故其文化堆积一般保存较好，地层叠压关系也较清楚，也正因地处平原田塅之中，很易垦为农田。

有必要指出的是，赣境地区发现的大量新石器时代晚期遗址，不论是山冈类型还是台地类型遗址，绝大多数都是非单一的文化堆积，一般都是下层为新石器时代晚期或末期文化，上层为商周文化。这种新石器和商周时期文化堆积普遍连在一起的现象，反映出赣江流域古代先民生息、繁衍的连续性和稳固性。

第一节
文化类型

经过考古工作者对诸多新石器时代晚期遗存的科学发掘和初步研究，揭示了多种在文化内涵、时间和地域等方面既有一定联系又互有区别的考古学文化的不同类型，也尝试性地排出了这些考古学文化类型的各自亲族关系，即一般所讲的谱系[①]。

一、拾年山文化

拾年山遗址位于新余市北郊约20公里的水北乡拾年村东，是一处台地类型的新石器时代晚期遗址。1986年至1989年考古工作者先后在此进行了三次发掘[②]，揭露面积1200平方米，清理出一批墓葬、陶片堆、石器堆、房基、灰坑、水井等遗迹，出土大量遗物。考古学者根据其地层、文化内涵和特征等的不同，将下层的新石器时代晚期遗存分为一、二、三期，又通过对三期的石器和陶器器物群的对比分析，认为二、三期文化之间衔接紧密，可构成一个连续的发展阶

[①] 参见徐长青《赣北新石器时代文化类型研究》，《南方文物》1998年第4期。
[②] 参见江西省文物考古研究所等《江西新余市拾年山遗址》，《考古学报》1991年第3期；《新余市拾年山遗址第三次发掘》，《东南文化》1991年第5期。

第三章
新石器时代晚期农业氏族聚落文化

段,但一期文化与二、三期文化之间却存在着重大的文化断裂现象,它们不属于同一文化的两个发展阶段,而是两个不同的文化群体在此先后活动的结果[①],因此,有必要将拾年山一期单列出来称为"拾年山一期文化",或简称为"拾年山文化",以区别于上层的二、三期(属郑家坳文化),这无疑有利于江西地区考古学文化的谱系研究。只是目前发现的属"拾年山一期"的文化遗存不多,只发现有安义台山遗址的下层[②],其出土的长身宽体弓背锛、方体段部微显锛、弧顶斜刃刀、弧背尖窄刃镢、穿孔石器以及红砂陶器等与拾年山第一期文化的同类器相近,它是江西目前所见属新石器时代晚期偏早阶段的仅有的几处遗址之一。这一信息,说明以拾年山一期为代表的考古学文化,很可能是分布在赣江中、下游偏西地区的一支新石器时代晚期较早阶段的文化。

拾年山文化的石器主要有镢、锄、斧、锛、流星、环形穿孔石器、网坠、刀、球、饼、磨棒和磨盘等。镢为长梯形,弧背;锄为鱼尾形,双弧刃;锛多为长身弓背;铲体薄,多双孔;穿孔石器,体厚重,通身磨光,对钻孔规整。镢、锄、锛、铲等属轻便型农业生产工具,是取土、中耕的理想农具,表明无论是农具制作技术或是田间管理均达到一定水平;同时,磨盘、磨棒等谷物加工工具的出土也是稻作农业有一定发展的印证。显然,这是一种以农业为本兼有手工业制作以及渔猎活动并存发展的经济。

拾年山文化的陶器以夹砂红陶为主,占到47%,夹砂灰陶约占24%,特有的泥质红衣红陶约占17%。陶器种类较少,器形简单,仅见有鼎、罐、钵、缸等(图2)。鼎只见罐形和釜形鼎,足为单一长舌形。罐作深腹状,特征是器体大,直口直腹圜底。罐形器两侧盛行安耳或鋬手作风,耳多为牛鼻式,鋬手多作半椭圆或乳突状。钵类器有深腹小钵,盆类器多直口圜底,不见平底器和圈足器。器表多素面,少量装饰只是在口沿外侧或沿上,使用压印、刻划、戳刺等手法装饰几何形图案。常见的图案有锯齿状纹、人字形刻划纹、双线交叉或三角填线刻划纹、圆窝纹、平行线纹、水波纹等,那种叶脉状谷穗纹是原始人对栽培稻的直接写实和反映其祈求丰收的愿望;那种双线套凸头纹等就像是原始居民在集体翩翩起舞,庆贺丰收。整个纹饰显得古拙、深刻而又原始。

---

① 参见刘诗中《拾年山遗存文化分析》,《南方文物》1992年第3期;徐长青《拾年山遗址的分期及相关问题研究》,《南方文物》1996年第2期。

② 参见江西省文物考古研究所《江西安义县两处古遗址调查》,《江西文物》1996年第2期。

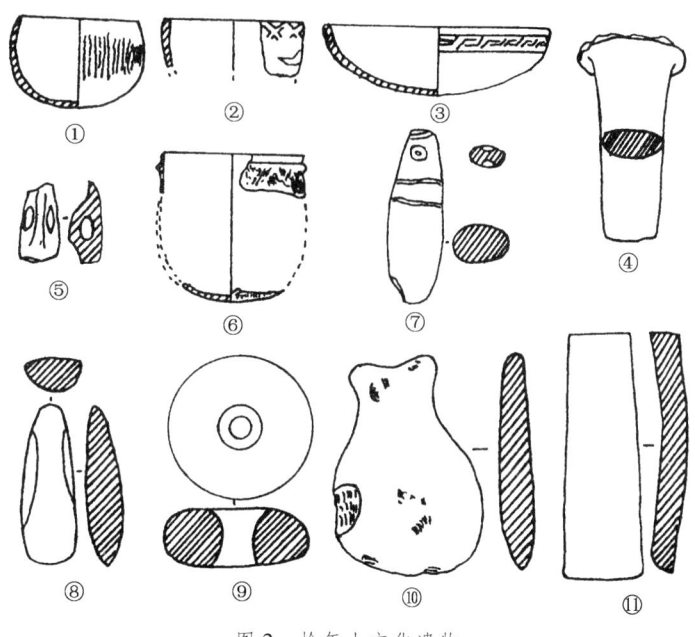

图 2 拾年山文化遗物
①钵 ②缸 ③钵 ④鼎足 ⑤器耳 ⑥缸 ⑦石流星 ⑧石镢
⑨环形穿孔石器 ⑩石锄 ⑪弓背石锛

显然,从拾年山一期文化的诸文化特征来看,目前在赣境地区尚未找到能够相互对应的文化,相反,在赣境以外的地区,却能发现一些与拾年山一期文化有着千丝万缕联系的文化因素,如陶器中流行的那种牛鼻形罐耳和半月形錾手作风就与长江下游的马家浜文化相似[①];陶器刻划纹中的谷穗纹、齿状纹和平行带纹中夹人字纹等与湖北境内大溪文化的同类彩陶纹相近[②];那种刻画的大折角纹、三角填线纹、双杠加点纹和横向曲折纹等又与湖南境内的大溪文化雷同[③];那种特有的泥质红陶饰红衣的装饰手法在大溪文化和马家浜文化中也较常见,富有较明显的时代特色。之所以出现这些相同相似的因素,无疑应是不同的考古学文化相互碰撞、传递、交融和重组的结果,为此,拾年山一期文化的年代应大体与大溪文化、马家浜文化接近,即距今约6000年左右,正处于

---

① 参见浙江省文管会《浙江嘉兴马家浜新石器时代遗址的发掘》,《考古》1961年第7期。
② 参见张绪球《长江中游新石器时代文化概论》,湖北科学技术出版社1992年版。
③ 参见湖南省博物馆《澧县东田丁家岗新石器时代遗址》,《湖南考古辑刊》第一辑。

第三章
新石器时代晚期农业氏族聚落文化

新石器时代晚期的偏早阶段。

二、山背文化

山背文化是以赣西北部的修水县上奉乡山背镇新石器时代晚期遗址群而命名的。20世纪60年代初,考古工作者对山背地区遗址群中的跑马岭和杨家坪遗址进行了发掘[①],结果不仅发现了原始人类的居住遗址,还出土了大批生产工具和生活用具,分析其遗物特点,鲜明的地域性特征就明显地表现出来。

石器总的特点是磨制精细,体大身长,浑厚粗壮。种类有石锛、石斧、石镞、石铲、石凿、石网坠、扁平长方形石斧和半月形带孔石刀为代表,其中以有段石锛居多。石斧除常形的外,还出现有一般少见的有段石斧和有肩石斧(图3)。

陶器以夹砂红陶最多,尚有泥质红陶、夹砂和泥质灰陶及黑皮陶、蛋壳黑陶等。陶器种类多三足器和圈足器,还有少数圜底器和小凹底器。三足器中又以敞口鼓腹圜底的罐形鼎为多,大量的鼎腿可分侧扁式、圆锥式、羊角式、扁平

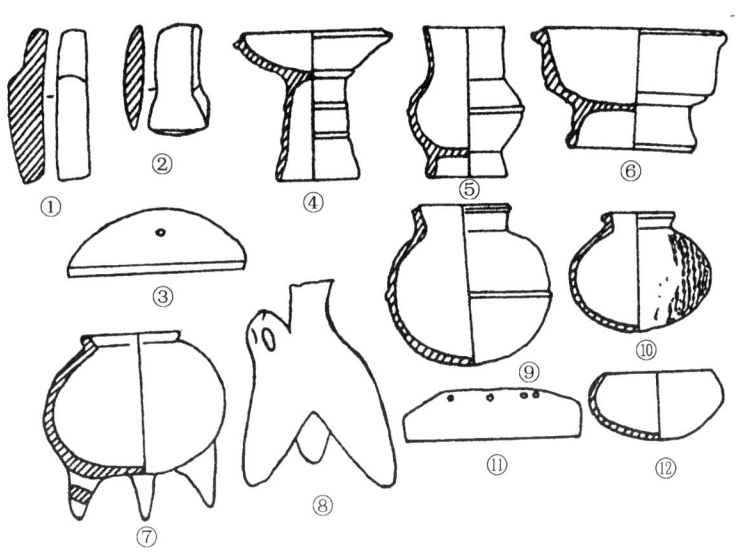

图3　山背文化遗物
①有段石锛　②双肩石斧　③⑪石刀　④豆　⑤壶　⑥簋　⑦鼎　⑧鬶
⑨⑩罐　⑫钵

---
① 参见江西省文物管理委员会《江西修水山背地区考古调查与试掘》,《考古》1962年第7期。

式诸种,而以侧扁式为多。鬶的特点是直细长颈,稍捏扁带流无腹,是大汶口文化陶鬶的一种变态。圈足器中以侈口瘦腰圜底高圈足杯形豆、浅盘喇叭形高圈足盖豆、浅盘矮圈足豆、侈口高颈鼓腹圈足壶、直口高颈扁圆腹圈足壶以及侈口矮圈足簋等为最普遍。圜底器多为侈口圆腹圜底罐、敞口短颈深腹圜底罐等。此外尚有直口高颈鼓腹平小凹底罐。这些丰富多姿的陶器有机地组成了山背文化特有的器物群。

这些陶器表面一般都较粗糙,只少数挂有一层红色陶衣或通体磨光,但器身上饰一两道凹凸弦纹现象较为普遍,几乎占到整个陶器的90%以上;此外,一个很重要现象就是在极少数陶器上,诸如釜形鼎、小口圆腹圜底罐(图4)等开始出现有拍印的几何形纹样,如方格纹、曲折纹、编织纹和圆圈纹等,且一般都是阳纹。

图4 小口圆腹圜底罐(表面饰编织纹)

尽管这种印纹陶数量很少,印纹种类不多,拍印技艺也差,但这种早期印纹陶器的开始出现,无疑为探索南方地区后来商周时期广为兴盛的几何印纹陶的起源提供了极有意义的线索。

在山背遗址发掘后不久,著名考古学家曾昭燏、尹焕章就曾指出,这是分布在赣江流域的一种具有土著特色的原始文化①。正因为山背遗址群出土遗物有如上所述的一些独有的文化特征,所以20世纪80年代初期我们就曾将这种以有段石锛和红砂陶为主要特征的新石器晚期文化单独命名为"山背文化"②。经过数十年来的考古实践证明,山背遗址群的文化面貌,尽管有些因素或某一两种器物表现出与省内甚或长江中、下游的一些新石器晚期文化相同或相近,但总体面貌还是有其浓郁的土著地方特色③。非其他考古学文化所能涵纳。它是新石器时代晚期主要分布在赣西北山区即修河支流奉乡水两岸及其周边地

---

① 参见《考古学家曾昭燏谈江西的原始文化》,《文物工作资料》(内部)1962年第2期。
② 参见彭适凡《试论山背文化》,《考古》1982年第1期。
③ 参见经过三次考古调查,仅在山背村周围就发现有古文化遗址三类计43处,其中大部分的下层都系新石器时代晚期遗址,说明这里有着较密集的遗址群。

第三章
新石器时代晚期农业氏族聚落文化

区的考古学文化。

山背文化的年代,据对山背跑马岭遗址下层木炭标本的^{14}C测定,年代为公元前2810±145年,也即距今4800年左右。从山背文化出土的陶器与周邻地区比较来看,诸如出土的陶鬶,颈较细长,流口捏扁而微上翘,乳丁状袋足等基本特征明显和大汶口文化晚期的鬶相当;大汶口文化晚期器物中的背壶、高柄杯和器口上饰加喙状突的特点[1],又在陕西庙底沟二期文化中多有所见,这说明它们三者之间的年代应该是相近的。很令人寻味的是,庙底沟二期文化的一件标本(ZK111),^{14}C测定为公元前2870±145年,正好与山背文化的测年基本相合,这就使我们更有把握地推定,山背文化的年代当在距今4800年左右应是可信的。

三、筑卫城文化

筑卫城文化是赣境地区新石器时代晚期分布最广也最有代表性的考古学文化。从现已有的文物普查和考古资料来看,它的分布范围主要以赣江中游的两岸及其一些支流两侧为中心,最典型又经过多次科学发掘的遗址是樟树市(原称清江县)境的筑卫城遗址下层[2]和樊城堆遗址下层[3]。此外,尚有永丰县尹家坪遗址二、三层[4]、樟树市山前大城遗址下层[5]、新干县大洋洲湖西遗址下层等[6]。地处樟树市的筑卫城和樊城堆遗址,一在赣江之东,一在赣江之西,相距30余公里,但地层堆积和出土遗物却完全一样,其地层堆积都包含着下、中、上三个时期[7],即下层为新石器时代晚期,中层(第3层)为新石器时代末期或称江西的龙山文化;上层为商周时代。正因为这两处遗址都是该文化既典型又具代

---

[1] 参见《河南偃师"滑城"考古调查简报》,《考古》1964年第1期。
[2] 参见江西省博物馆等《清江筑卫城遗址发掘简报》,《考古》1976年第6期;《江西清江筑卫城遗址第二次发掘》,《考古》1982年第2期。
[3] 参见清江博物馆《江西清江樊城堆遗址试掘》,《考古集刊》第一辑,1981年;《清江樊城堆遗址发掘简报》,《考古与文物》1989年第2期。
[4] 参见江西省文物工作队《永丰县尹家坪遗址试掘简报》,《江西历史文物》1986年第2期。
[5] 参见江西省文物考古研究所《清江山前遗址调查简报》,《江西文物》1989年第1期。
[6] 参见江西省文物考古研究所《新干县湖西、牛城遗址试掘与复查》,《江西文物》1991年第3期。
[7] 筑卫城遗址第一次发掘报告中未将第3层单列为中层,第二次发掘后整理报告时才将其分出;樊城堆遗址原发掘简报中,都未曾划分出中层,后来报告整理者才认为有重新将第3层划出的必要,见李家和等《江西龙山文化初探》,《东南文化》1989年第1期。

表性,故在文化定名上有的称为樊城堆文化①,有的则称筑卫城文化②,还有的合称为筑卫城—樊城堆文化。但根据考古学文化命名的惯例和原则,一般是以最早发现的典型遗址作为考古学文化的名称③,考虑到筑卫城遗址早在1947年饶惠元先生就曾发现④,保存也比樊城堆要好,且至今尚保存有较完好雄伟的古代城垣⑤,东西宽410米、南北长360米,总面积达147600平方米;城的北面有内城,北城墙的外面有外城,很有可能是迄今发现的中国保存最完整的早期文明大型土城之一,现已批准为全国重点文物保护单位(图5)。因此,客观的、实事求是地说,还是统称为"筑卫城文化"为妥。随着今后考古工作的深入开展,相信筑卫城遗址在南方古代文明形成过程中的重要作用将会日趋显现出来,"筑卫城文化"的命名定会令考古界同仁所公认。

图5　筑卫城遗址鸟瞰

从现有的考古资料初步考察,筑卫城文化的大致分布范围是,南面已达赣江的上游如于都县禾丰上湖塘遗址⑥、宁都县青塘长尾岭下层⑦以及定南县下历大教场遗址⑧等;北面已达长江南岸,即鄱阳湖西岸的赣江下游地区,如南昌

---

① 参见李家和等《樊城堆文化初论》,《江西历史文物》1986年第1期。
② 参见唐舒龙《试论筑卫城文化》,《南方文物》1996年第2期。
③ 参见夏鼐《关于考古学上文化的定名问题》,《考古》1959年第4期。
④ 参见《科学通报》1948年1卷7期;1948年《美术考古》第1期。
⑤ 筑卫城城垣的年代,20世纪70年代曾作过初步解剖,认为是汉以后所筑,现在从各方面分析判断当有可能是史前时代所堆筑,最后定夺尚待进一步考古解剖。
⑥ 参见童有庆等《赣南文物考古工作概述》,《江西历史文物》1984年第2期。
⑦ 参见曾李安《宁都县古文化遗址调查》,《江西历史文物》1984年第2期。
⑧ 参见任章汉等《定南大教场发现新石器时代遗址》,《江西文物》1989年第3期。

第三章
新石器时代晚期农业氏族聚落文化

县向塘镇马井遗址下层①、永修县马家磨盘遗址②、德安县蚌壳山遗址下层③、九江县神墩下层④、湖口县文昌洑遗址、下石钟山遗址⑤和瑞昌县大路口下层⑥等；东面的界域尚待进一步工作，但目前只知有临川市境的如河西营门里遗址⑦和进贤县的城墩、寨子峡遗址等⑧。这些遗址之间，在文化特征上也有少许差异，如永丰尹家坪出土的足呈等腰三角形盘，在樊城堆等遗址少见；在筑卫城根本不见；又如筑卫城、樊城堆和尹家坪等遗址大量盛行的盘形鼎鼎腿是"丁"字形，而萍乡市禁下山⑨遗址出土的盘形鼎鼎腿则多瓦状、扁管状。这些少许差异的原因，有可能是因发掘面积的局限，其出土物尚不足以反映全部，但更大可能是因所处地域不同，与受其邻近地区文化影响程度不一有关。这些少许差异并没有改变其总体面貌的一致性，因而我们仍将其划属筑卫城文化范畴。很显然，以樟树市筑卫城、樊城堆遗址下层和永丰县尹家坪遗址为代表的新石器时代晚期文化，是赣鄱地区新石器时代晚期的一支主体文化，其分布范围之广，是江西其他新石器时代晚期文化所无法比拟的，此后赣鄱地区尤其是赣江中下游的商周青铜文明主要就是根基于它的基础上发生发展起来的。

筑卫城文化的石质生产工具有锛、斧、镢、铲、刀、镰、钻、凿、矛、镞和钺等，磨制都较精细。锛分有段和常型两种，有段锛多呈长条形，段部多偏上。镞以柳叶形、扁菱形为多，只少量三棱形。刀常见的是梯形和长方形，有对钻的单孔或多孔，少见半月形石刀(图6)。

生活用器主要为陶器，以夹砂和泥质红陶为多，约占一半，夹砂和泥质灰陶约占40%，黑陶和黑皮磨光陶约占6%~7%，尚有少量白陶。樊城堆遗址还出有少量彩陶。器类有鼎、豆、壶、罐、鬶、盆、钵、器盖、盘、缸和甗等，以鼎、豆、器

---

① 参见南昌县博物馆《江西南昌县古文化遗址调查》，《南方文物》1992年第1期。
② 参见江西省文物考古所等《永修县古文化遗址调查与试掘》，《江西文物》1991年第2期。
③ 参见江西省文物考古研究所《江西德安蚌壳山遗址发掘简报》，《南方文物》1994年第3期。
④ 参见江西省文物工作队《九江神墩遗址发掘简报》，《江西历史文物》1987年第2期。
⑤ 参见刘诗中等《湖口下石钟山遗址调查记》，《江西历史文物》1985年第1期；江西石钟山文管所：《江西湖口县文昌洑遗址调查》，《东南文化》1990年第4期。
⑥ 参见瑞昌市博物馆《江西瑞昌大路口遗址调查简报》，《南方文物》1992年第1期。
⑦ 参见临川县文管所《江西临川市古文化遗址调查简报》，《江西文物》1989年第3期。
⑧ 参见江西省文物工作队《江西省进贤县古文化遗址调查》，《东南文化》1988年第3、4期合刊；刘诗中《江西进贤县寨子峡遗址》，《考古》1986年第2期。
⑨ 参见江西省文物考古所等《江西萍乡禁下山遗址的发掘》，《考古》2000年第12期。

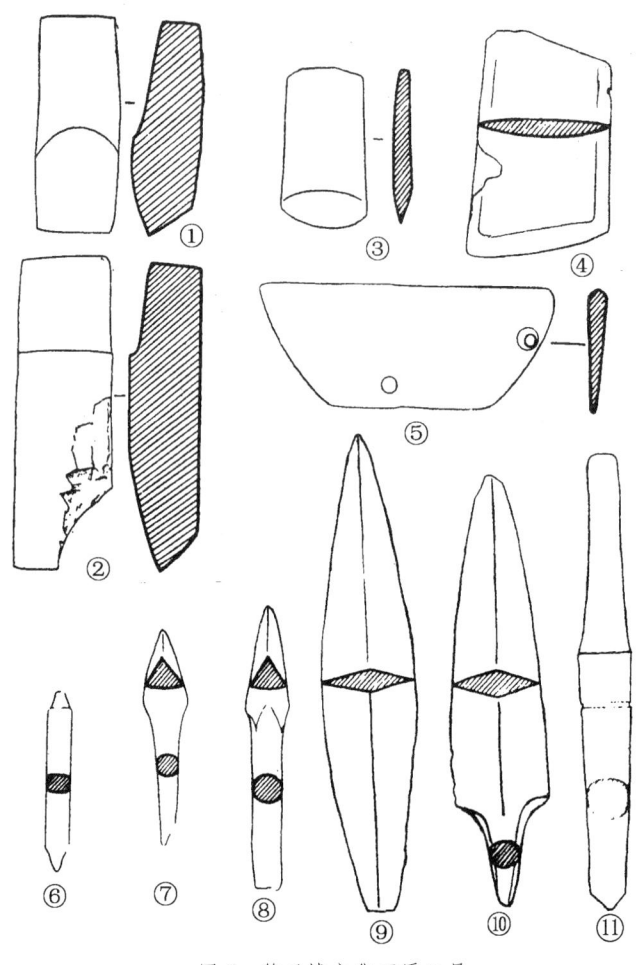

图 6　筑卫城文化石质工具
①②有段石锛　③石斧　④⑤石刀　⑥⑪石钻　⑦⑧⑨⑩石镞

盖、鬶、盘等最具特色。鼎有盘形、罐形、釜形和钵形诸种,其中数量最多、最有特色的是盘形鼎,其鼎身即盘的口部和近底部常有一道或两道凸棱,盘形鼎的鼎足中最有特点的是丁字形(即横切面呈凸形),此外,尚有瓦形、卷边铲形、扁管形、卷边管形、鸭嘴形、扁平形、侧扁凿形和长条扁平凿形等,扁管状足较少。釜形或罐形、钵形鼎足则多为圆锥形、侧扁形、单窝"鬼脸"形或羊角形等。器足的外侧几乎都有刻画的一道或多道凹条纹、叶脉纹、双线对角纹和锥刺纹,或压印多层的单圈纹或双圈纹等等。豆类器在各个遗址中都出土较多,仅次于鼎

第三章
新石器时代晚期农业氏族聚落文化

类,器形变化复杂,有带棱座豆、折盘豆、杯形豆、竹节形把豆、凸菱形把豆和高、矮喇叭圈足豆等,其中以子口盘带棱座豆最具特色。鬶多为平口捏流,粗短颈,半环形或绳索麻花纽形把手,肥袋足。总之,带"丁"字形足的盘形鼎和子口盘带棱座豆以及平口捏流袋足鬶是筑卫城文化中最多见也最有代表性的典型器物,是区别于其他新石器时代晚期文化的主要因素(图7)。其他一些陶器器表,多为素面,但也流行刻画、戳刺、压印、镂孔和堆贴等装饰手法,纹饰有篮纹、绳纹、方格纹、弦纹、斜方格纹、叶脉纹、箆点纹、锯齿纹、锥刺纹、人字纹、指甲纹和附加堆纹等,如同山背文化一样,也开始出现少量属几何形的拍印纹

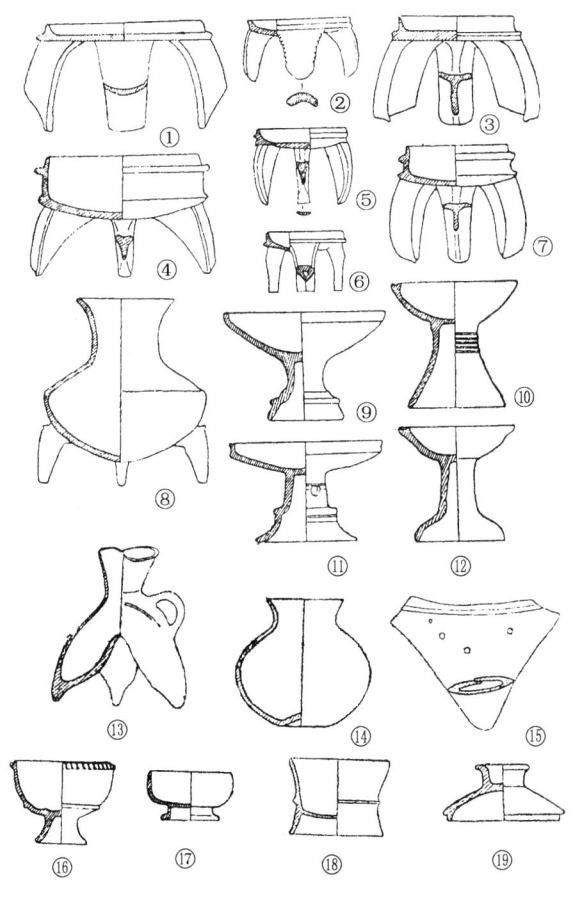

图7 筑卫城文化陶器群

①②③④⑤⑥⑦盘形鼎 ⑧壶形鼎 ⑬鬶 ⑮三角形鼎腿
⑨⑩⑪⑫⑯⑰豆 ⑭罐 ⑱筒形钵 ⑲器盖

49

饰,如阳纹或阴纹大方格纹、阴纹圆圈纹、阴纹重圆圈纹、阳纹大块旋涡纹、大型圈点或重圈带点纹、椭圆窝纹以及网结纹、附加堆纹等。只是纹饰均较粗浅零乱。在永丰尹家坪遗址的一件黑皮泥灰陶钵上还刻画一周大块云雷纹,此后赣境地区商周时期陶器或铜器上广为盛行的云雷纹应该就是渊源于这些新石器时代晚期诸文化中。

筑卫城文化地域上分布广阔,年代上也延续较长,故而在文化特征上也有演化发展过程,以最具代表性器物来看,如带丁字形足的盘形鼎和带棱座豆等都有较清晰的发展演变线索;盘形鼎的变化规律是盘体不断加深,丁字形足的内凸逐渐变短,外侧逐渐加宽;带棱座豆的变化趋势是豆盘逐渐变浅,豆座逐渐加高。

筑卫城文化与赣西北的山背文化都是新石器时代晚期稻作文化,某些器物如圆腹圜底罐形鼎、细长颈袋足鬶、镂孔高圈足豆以及早期印纹陶器,风格均较相同或相近。但总的文化面貌则有明显差异,特别是筑卫城文化中大量带丁字形足盘形鼎和带棱座豆等,在山背文化中根本不见,而倒与岭南石峡文化和湘乡岱子坪一期文化有某些相似。从筑卫城文化的诸多特征分析,特别是永丰尹家坪第③层出土有更多内凸较长、外侧较窄的所谓甲型丁字形鼎足看,它是筑卫城文化的最早遗存,年代应比山背文化为早,约当距今5500年左右,筑卫城文化的上限大体与山背文化相当,即距今约5000年左右。

四、社山头文化

社山头遗址是赣东北地区一处典型的经过三次大规模发掘的古文化遗存[①],现存面积就达11000平方米,它位于广丰县城东南约10公里的五都镇内。该遗址有着上下两个时期的堆积,下层为新石器时代文化;上层为商周青铜文化。下层新石器时代文化堆积较厚,遗迹、遗物丰富,仅遗迹就发现有灰坑、窖穴、房基和墓葬等,故发掘者将其下层分为三期,三期之间既有联系又有区别,它们是持续发展的不同的文化发展阶段,一、二期为新石器时代晚期文化,三期为新石器时代末期文化[②]。一期文化中的石器有锛、镞、网坠、球和砺石等,锛有

---

① 参见江西省文物考古研究所等《江西广丰社山头遗址发掘》,《东南文化》1993年第4期;《江西广丰社山头遗址第三次发掘》,《南方文物》1997年第1期。

② 三期中发现有较多的印纹硬陶,明显不属于新石器时代晚期,而应与筑卫城、樊城堆遗址中层相当,即属新石器时代末期。

第三章
新石器时代晚期农业氏族聚落文化

梯形锛和有段锛两种。陶器以夹砂红陶、灰陶为主,泥质红陶和黑皮磨光陶较少。器形有鼎、罐、豆、鬶、壶、圈足盘、盆、簋、钵、器盖等。虽然其中的盘形鼎、丁字形鼎足、表面饰纵沟的凹面鼎足(瓦形足)、圈足壶、带棱座豆、杯形豆和鬶等表现出与筑卫城文化相同或相近的因素,但一些特有的器形如圈足盘、鹰头状器足、两侧饰数个按窝的鸭嘴状足等,则在筑卫城文化中不见,加上建筑居址既有地面式还有半地穴式以及流行长方形土坑二层台墓葬等特点,说明一期文化仍是具有自身特色的新石器时代晚期文化。如果说社山头文化在一期时,尚可看到一些与筑卫城文化相同因素的话,到二期时,这些相同的因素则基本消失,代之以更多自身特色的文化内涵。二期文化的石质工具中,锛类中多为有段石锛。镞类出土特多,且形式多样,磨制精细,有镞体截面呈菱形、扁菱形、椭圆形、扁椭圆形、扁六边形、正三角形以及前端截面为正三角形后部为圆形等种;其镞的铤部有铤体不分的,带铤的又有长短不同。陶器以夹砂红陶、泥质灰陶为主,少见黑皮磨光陶和泥质红陶,尚有少量印纹硬陶。器形中那些独具特色的诸如圈足盘、盆形鼎、罐形鼎以及鸭嘴状器足等更加流行,尤其是黑皮磨光陶的喇叭形圈足镂孔豆异常发达,还新出现单把圈足杯、盉、折腹罐、沿内饰褐彩的圜底罐(图8)等。陶器器表以素面为主,但也有运用刻画、戳刺、镂孔等手法,装饰器表或器足、圈足和鋬手,还出现少量拍印的早期几何形纹饰,如绳纹、曲折纹、漩涡纹、方格纹和叶脉纹等。这些都是构成社山头文化特有的器物群和特征,加上其他固有的文化传统,如大量的垫土房基、流行长方形土坑竖穴(有的带二层台)二次葬以及随葬品组合中普遍不见鼎的现象等,都很可说明社山头一、二期新石器时代遗存是一种有别于筑卫城文化而具有独特内涵的新的文化类型。只是当社山头文化在形成发展的初期(一期),曾受到西面筑卫城文化辐射的强烈影响,但到二期时,社山头文化兀然崛起,进入到它的繁荣期,成为一支分布在赣东北地域独具特色的新石器时代晚期文化。第一期文化的年代大体与筑卫城文化晚段相当,即为距今约5000年,第二期文化年代为距今约4500年。

由于该遗址地处赣、浙、闽三省交界处,也是远古文化交会的复杂之区,因此,社山头文化的具体分布范围,目前尚不很清楚,有待进一步开展工作,仅从目前的考古调查资料看,在该遗址5平方公里范围内就先后发现同类遗存点20余处,说明它并不是孤立存在的,恰恰社山头遗址正处于众多原始居民点的中心地带。20世纪90年代后期,相邻的东面浙江遂昌县三仁乡好川村发现80余座

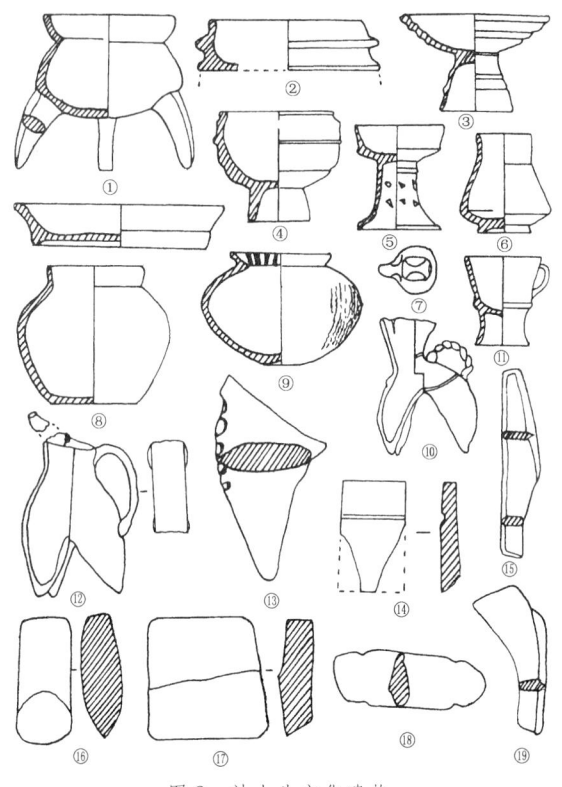

图 8 社山头文化遗物
①②鼎 ③④⑤豆 ⑥壶 ⑦圈足盘 ⑧⑨罐 ⑩鬶 ⑪杯
⑫盘 ⑬鼎足 ⑭⑰石锛 ⑮⑲石刀 ⑯石斧 ⑱石网坠

良渚文化墓葬[①]。这批墓葬的葬制、随葬品的组合及陶器、玉器的形态特征等都与太湖周围地区良渚文化晚期墓葬大体相似,风格一致,甚至就是良渚文化先民的一支南迁后的遗留。将社山头文化与之比较,虽然有某些因素表现出相同或相近,如石锛多有段,陶器中的泥质黑皮陶及其喇叭圈足镂孔豆以及少量印纹软陶和印纹硬陶等,说明它们之间曾有其交流和往来,但综观其整体文化面貌则判然有别,如前者以夹砂红陶和泥质灰陶为主,少见黑皮磨光陶,而后者则以泥质黑皮陶和泥灰陶为主;又如前者随葬品组合中玉器很少,而后者较多,那种由多种形状曲面玉片组成的"杖柄饰""神像"更是其他各地所不见。因

---

① 参见《中国文物报》1997年10月19日第一版;浙江省文物考古研究所著《好川墓地》,文物出版社,2001年版。

第三章
新石器时代晚期农业氏族聚落文化

此,我们似可这样认为,社山头文化的东界似未达到浙西境内。太湖地区良渚文化衰弱后,其先民南迁的足步也似止于浙西南境内。

五、郑家坳文化

20世纪80年代初,在靖安县水口乡郑家坳清理了一批新石器时代墓葬[①],出土了一批石器、玉器和陶器。考古学者根据其器物演变,将该批墓葬分为一、二、三期,它们之间是持续发展的一支文化,并无文化属性之差异。陶器组合为鼎、豆、壶和罐。陶质多为泥质黑衣(或磨光)陶、泥质灰陶,只有少量夹砂红陶。器类有罐形鼎、盆形鼎、带把壶形鼎、钵形鼎、细把豆、带棱座豆、高圈足壶、矮圈足壶、长颈折腹平底罐以及小平底盆、圈足尊、带把杯等。器足以扁管形为多,且以过度外撇为特色,此外,尚有扁凿形、侧扁形、鱼鳍形等10余种。很显然,上述一些器物群既与山背文化有别,又与筑卫城文化有相当差异,因此,学者们认为这是分布在赣北及赣江中下游地区的另一种新石器时代晚期文化类型。

至今赣境地区发现属郑家坳文化的遗存较少,目前只知有九江沙河大王岭遗址下层[②]和新余拾年山遗址中发现[③],即它的二、三期文化。在新余市罗坊发现的棋盘山和南安龚门山遗址及1994年第三次文物普查中发现的类似棋盘山遗存的12处遗址[④],从其文化特征与拾年山二、三期相近来看,当也应归属郑家坳文化系统。从拾年山遗存二、三期文化的黑衣红陶和黑衣灰陶系及带管状足的钵形鼎,敛口钵形豆,矮圈足碗形簋,直口高、矮圈足壶等,都表现出与郑家坳出土的相同,那种带丁字形足的盘形鼎如同在郑家坳遗存中不见一样,在拾年山二、三期文化中也基本不见。现综合两遗存,我们可以归纳出郑家坳文化有如下一些文化特征:第一,石质生产工具,锛类以扁平常型锛和有段锛为多,尚有弓背锛。石刀多对钻单孔、双孔,有的甚至三孔,尚有马鞍形刀。武器有矛、流星和多种形式的镞。石钺为扁薄体,还出现有肩石钺。第二,陶质以泥质灰陶为主,但施黑衣或磨光特别盛行,夹砂红陶很少。第三,三足器、圈足器特

---

① 参见江西省文物工作队《江西靖安郑家坳新石器时代墓葬清理简报》,《东南文化》1989年第4、5期。
② 参见《江西九江沙河街遗址发掘简报》,《考古学集刊》(二)。
③ 参见江西省文物考古研究所《江西新余拾年山遗址》,《考古学报》1991年第3期;《新余市拾年山遗址第三次发掘》,《东南文化》1991年第5期。
④ 参见江西省文物考古研究所等《江西新余龚门山遗址发掘简报》,《南方文物》2003年第2期。

别盛行,尤以盆形、钵形鼎为多,豆类器以敛口钵形盘和粗细喇叭状带棱圈足豆为多,兼有镂孔和弦纹、凸棱等装饰(图9)。第四,盛行长方形土坑竖穴墓葬,行一次葬,随葬品组合为鼎、豆、壶;晚期流行长方形土坑竖穴墓、无圹穴墓和瓮罐葬等,多行二次葬,墓壁盛行火烤壁做法。

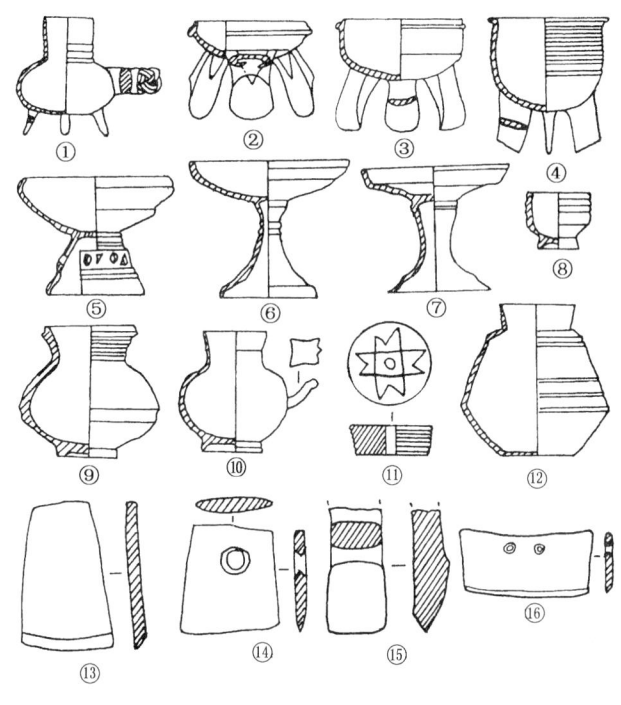

图9 郑家坳文化遗物
①鬶 ②③④鼎 ⑤⑥⑦豆 ⑧杯形豆 ⑨⑩⑫壶
⑪绘八角纹纺轮 ⑬⑮石锛 ⑭石铲 ⑯石刀

有意思的是,以郑家坳和大王岭、拾年山二、三期为代表的新石器时代晚期遗存在赣境地区找不到它的同类型者,却在长江北岸的安徽潜山薛家岗文化中找到。可以说,从石器类别、墓葬形制到陶器的质地、组合及装饰作风等,它们之间都表现出惊人的相似。以陶器群为例,诸如郑家坳文化中的那种带三瓦状蹼形足盆形鼎、上扁管和下呈喇叭状足的盆形鼎、直口鼓腹高、矮圈足壶和带把壶形鼎(薛家岗发掘报告称鬶)和带把杯(薛家岗发掘报告称杯形钵)以及扁麻花形把手等都与薛家岗三期文化的同类器相同或相近,正因在文化面

第三章
新石器时代晚期农业氏族聚落文化

貌上有如此的一致性,所以有的学者将其划属薛家岗文化范畴①,至少是江北薛家岗文化在长江南岸的一个类型。它的年代,据新余拾年山第二期文化有关墓葬(M28)的腐泥样标本测定,距今约5030年误差约110年左右(未经树轮校正),这应是郑家坳文化的上限年代,至于它的下限年代应和薛家岗文化的最晚段相当,即距今约4500年左右。

以安徽潜山薛家岗遗址为代表的薛家岗文化,其大致的分布范围是:西至大别山以东和湖北广济、黄梅县境,东达巢湖和庐江县境,北至肥西县,南达长江的江淮西南隅广阔地区。今江西境郑家坳文化的发现,表明薛家岗文化已越过大江,给予赣江鄱阳湖流域史前文化以深刻影响。在远古的史前时代,原始居民是经常移动迁徙的。由于民族的大迁移,各部族集团的物质文化也随之传播,这是合乎远古社会规律的,因此,在四五千年前,江北薛家岗文化的居民,也许由于部落之间征战或瘟疫流行或洪水泛滥等某种原因,他们举族越过长江进入赣鄱地区,当见到适合其生存发展的台地山冈时就分别定居下来。这些南迁来的薛家岗文化原始居民,像插花似的定居于原有的筑卫城文化或山背文化之间,且在相当时间内还依然保持其固有的文化传统,这就是我们今天发现的郑家坳文化遗存,之所以呈星点穿插状分布于赣江中下游地区的缘故。

第二节
诸文化类型居民与周邻原始部落的交往

据前所析,赣境地区从距今6000年至4100年期间的一千八九百年的新石器时代晚期,曾先后有拾年山、山背、筑卫城、社山头和郑家坳等不同类型的文化在各地分布着,其中尤以筑卫城文化的分布范围最广,几乎涵盖了江西的大部分地区。除郑家坳文化来自于江北皖南的薛家岗文化外,其他诸文化类型都是渊源于本土本地,它们之间虽存在一定交往,有这样或那样的某些共性,但总的文化面貌又各自有自身的浓郁特色,是几种不同类型的土著文化。

但是,这些土著原始文化在其形成和发展过程中,也绝不是孤立的,它们与周围邻近一些地区的新石器文化有一定联系和交往。它们之间互为影响,相

---

① 参见李家和等《江西薛家岗类型文化遗存的发现和研究》,《东南文化》1989年第3期。

互推动,共同促进了中华民族远古文明的发展。

一、山背文化与周邻文化的关系

首先,山背文化地处赣北的修水县,西北与江汉平原接壤,因而山背文化的某些因素和江汉平原的屈家岭文化(主要中、晚期)近似。例如,两种文化的生活器皿大多三足器和圈足器,鼎足都以侧扁和扁平式为多;山背文化的某些器类如折唇鼓腹罐形鼎、镂孔高圈足豆、侈口高颈鼓腹圈足壶和直口高颈扁腹圈足壶等与屈家岭文化的同类器相似。但是,在另一方面,还应看到它们之间在文化特征上的更多不同点。山背代表性的生产工具是磨制精细的高级型有段锛、扁平长方形石斧、半月形石刀等,而屈家岭则以上窄下宽的磨制石斧、大型石斧、有孔石斧、凹腰石锄、有孔石铲和扁平、三棱石镞为代表,只有初级型有段锛;屈家岭文化的陶器中,出现有彩陶,代表制陶技术最高水平的是蛋壳彩陶,厚为0.1厘米~0.2厘米,而山背文化中根本不见彩陶,代表制陶技术最高水平的是蛋壳黑陶,厚为0.2厘米~0.3厘米,与屈家岭文化中的朱绘蛋壳黑陶的厚度相近,而和山东泰沂地区的厚度仅1.5毫米~2毫米的标准蛋壳陶有所区别;屈家岭文化常见的器表绘有精美彩绘图案的陶鸡、陶球等多种艺术品,在山背文化中也不见。

其次,山背文化与东方的良渚文化也有一定的联系。距今4500年至4000年间,正是东方沿海史前良渚文化空前发展和繁荣时期,对外形成强大的辐射力,而赣境地区首当其冲,因而在文化面貌上表现出与东方沿海史前文化有某些相同或相近的因素。以山背文化来说,两种文化中都出现有段石锛、半月形石刀。良渚文化中的陶器以泥质黑陶为主,红陶较少,但其中打磨光亮的蛋壳黑陶在山背文化中也有出土。黑陶多数是灰胎黑皮且皮易脱落的特点,山背与良渚是一致的。某些器物如细长颈瘦袋足鬶、镂孔高圈足豆同样表现出大体相同。这些,显然都是山背文化居民向东方学习的结果。

二、筑卫城文化与周邻文化的关系

筑卫城文化是新石器晚期赣境地区最重要的考古学文化,其辐射范围之广,是其他几支考古学文化所无法比拟的。正因如此,它与长江中下游和东南、华南地区的原始文化都有不同程度的联系和交流。

首先,与江汉地区屈家岭文化的联系。在属筑卫城文化的樊城堆遗址下层,曾出土有少量(22片)细泥黄色陶,上面有红色彩绘,内容简洁,只是平行横

第三章
新石器时代晚期农业氏族聚落文化

线、斜线组合,或斜线格纹,或斜横线加圆圈填交叉形,或弧线草叶纹与斜格纹组合等。另在2片泥质黑皮陶上分别绘有一个红色圈和一道黄彩,这种细泥黄陶上绘彩和朱绘黑皮陶的风格应是受到屈家岭文化影响的结果①。其他某些器物如侧扁足的罐形鼎、浅盘双腹豆、钵形矮喇叭圈足豆等的形态,也与屈家岭文化同类器相近。

其次,与湘东、湘中地区的关系。湖南湘乡县龙沄岱子坪遗址是湘中地区经过科学发掘的一处典型新石器时代晚期遗存②。依据地层堆积和出土器物的演变特点,考古学者将其初步分为三期文化。将筑卫城文化与之比较,发现其与岱子坪的第一期文化之间有某些相同的文化因素,如筑卫城文化中广为盛行的盘形鼎,鼎体为浅盘形,中腰有一圈凸棱,这样的盘形鼎,在岱子坪遗址的第一期文化中有出土(二、三期文化中则无)。又如岱子坪一期文化的所谓双层式豆座和直口扁圆腹壶,与筑卫城文化的带棱座豆和直口壶也很相近。再如筑卫城文化中的鼎足上较流行的压印、戳刺、刻画的圆窝纹、重圈纹、篦纹或长短线条纹(竖凹槽)的作风,在岱子坪一期文化也多见。这些诸多相同或相似的因素,说明它们之间有着较密切的联系。但是,两支文化之间不同之处也是较为明显的,如筑卫城文化中炊器以盘形鼎、罐形鼎为多,鼎足式样特多,约计20余种,盘形鼎鼎足以丁字形为主,而岱子坪一期的炊器则以釜形鼎为多,鼎足多扁平形、椭圆锥形和长圆锥形等,盘形鼎的鼎体特征虽与筑卫城文化相同,但鼎足又不见丁字形,而是瓦形和似镂形。再如,筑卫城文化中多见鬶,而岱子坪一期却不见。岱子坪一期出现的带盖和贯耳的簋、长鼓腹甑和带锥刺纹陶钺等,筑卫城文化中都不见,这些差异,表明岱子坪一期文化有可能是四五千年前分布在湘水中、上游的一支独具地域特色的新石器晚期文化,它似应有另外的谱系,而不能划属于筑卫城文化范畴。

第三,与岭南石峡文化的关系。以广东曲江县马坝镇石峡遗址下层和前三期墓葬为代表的石峡文化是粤北地区最有代表性的新石器时代晚期文化③,将筑卫城文化与之比较,不难发现它们之间有些相同或相似的文化因素,比如生产工具中的上窄下宽体似梭形的弓背锛(石峡报告称镂)、体扁薄中部厚的有肩钺和有段锛等,两支文化中都有出土;又如筑卫城文化中的某些生活用器如

---

① 参见中国社科院考古研究所《京山屈家岭》,科学出版社1956年版。
② 参见湖南省博物馆《湘乡岱子坪新石器时代遗址》,《湖南考古辑刊》第二辑,1984年。
③ 参见广东省博物馆《广东曲江石峡墓葬发掘简报》,《文物》1978年第7期。

带子母口的浅盘鼎、三足盘(足上镂有多个圆孔)、直口扁圆腹圈足壶、薄胎黑陶壶、贯耳黑陶壶、带棱座豆、肥袋足绳索状纽鬶和斗笠式器盖等,在石峡文化中都可找到相类似者。正因为有如此较多相近似的文化因素,所以有的学者将石峡文化归属樊城堆文化(即筑卫城文化)系统,统定名为"樊城堆—石峡文化"[1],或称"同一原始文化系统的两个类型"[2]。

但是,只要我们再深入一比较,就可发现两者之间在文化特征上仍有较大的差异:

(1)石峡文化的石质工具中虽也以弓背锛(镬)、有段锛、穿孔石铲、石钺为代表,但还有其他文化中所少见的卷刃凹刃锛、凹口凿等专门的木工工具。而且,石峡文化中的石器普遍磨琢精致,石材的切割、钻孔、抛光、雕刻等技术,都达到了相当成熟的阶段,这是筑卫城文化所不及的。

(2)某些生活用的陶器器形,粗看确很相似,细看却不尽相同:以盘形鼎为例,鼎体为浅盘、带子母口和凸棱的作风与筑卫城文化的一样,但承载鼎体的三足,筑卫城文化大量的是丁字形足,而石峡文化大量的是瓦状足和凿形足。而且,石峡文化中还有特色的釜形鼎、盆形鼎、异形鼎,不少鼎上还带盖,这些又都是筑卫城文化所不见的。至于那种盘形鼎的盘体有可能就是受到筑卫城文化影响而引进的。又以三足盘来说,那种足呈三角形(镂有1至3个圆孔)的三足盘在筑卫城文化的永丰尹家坪遗址出土多件,樊城堆下层也有少量出土,但在石峡文化中,这种三足盘大量出土,只是其足部形式多样,除三角形足外,还有瓦形、连裆梯形等,显然,筑卫城文化的三足盘又有可能是受到石峡文化影响的结果。再以袋足鬶来说,筑卫城文化的一种鬶,短颈、口捏扁成鸟喙形,微上翘,三乳状肥袋足;石峡文化的这种鬶,短颈、肥袋足等特征与筑卫城文化的颇同,但不同的是石峡流口比筑卫城的流口上翘得更厉害(但还不像龙山时的朝天式流口)。从流口微上翘到上翘厉害,表示出陶鬶的一种发展演变趋势,而这和东方沿海陶鬶的发展演变规律是完全吻合的。两地的陶鬶都是受到大汶口文化影响而制作的。此外,石峡文化还出土有筑卫城文化中不见而独具特色的子口浅盘大圈足盘、甗、圜底釜和普遍带盖的壶等。

(3)石峡文化在埋葬习俗上流行长方形土坑竖穴墓,但盛行二次葬,且坑

---

[1] 参见李家和等《再论樊城堆—石峡文化》,《东南文化》1989年第3期。

[2] 参见杨式挺《石峡文化类型遗存的内涵、分布及其与樊城堆文化关系》,《纪念马坝人化石发现三十周年文集》,文物出版社1988年版。

第三章
新石器时代晚期农业氏族聚落文化

壁多经焙烧,不少骨殖和器物上敷有红色朱土,二次葬中有代表一、二次葬的两套随葬品,有公共的氏族墓地。其盛行二次葬和焙烧墓壁的做法,在筑卫城文化中少见,倒与郑家坳文化的拾年山遗址的近同。

(4)筑卫城文化发现的玉器特别是玉礼器很少,但石峡文化中发现的玉器却较多,还有不少玉礼器,如琮、璧、瑗、璜以及玦、笄、管坠、珠、坠饰、绿松石等装饰品。

上述这些差异,清楚说明筑卫城文化与石峡文化是各有自身特色的新石器时代晚期文化,将筑卫城文化无限延扩至岭南地区也似难以令人信服[①]。

当然,正如前面所分析比较的那样,石峡文化中确有某些因素表现出与筑卫城文化的一致性,这无疑和赣、粤两地紧相毗邻有关。我们知道,尽管赣、粤之间有横断的南岭相隔,但粤北的始兴、南雄一带与赣南之间还有谷地和山口相连,北可达赣江上游,南可以抵北江上游,毋庸置疑,远在四五千年前,赣江流域和粤北地区的原始先民就有过密切的相互交往和影响。正是这种文化因素的相碰撞和分化、渗透、融合,使得它们长期交互作用,进而形成一个稳定的交互作用圈。[②]苏秉琦先生曾将全国的考古学文化划分为六大区系,其中第六大区系就是"以鄱阳湖—珠江三角洲一线为中轴的南方"[③],"作为核心区的南北轴线也是今京九铁路所经地带,显而易见,这是一条自古以来形成的南北通道,华南与中原的关系,与南海诸岛以及东南亚广大地域的关系都可以在这条南北通道上寻找答案"。"在几何形印纹陶分布的核心区,印纹陶发达,共性多,但赣北和粤北又有所不同,渊源发展道路各异,应视为不同区系"。苏先生的这一观点已愈来愈被更多的考古新材料所证实。

第三节
社会经济

江西境内众多新石器时代晚期遗址,尽管有着不同的文化类型,或谱系不尽相同,但从出土的生产工具和其他伴出的遗物以及相关的遗迹分析判断,当

---

① 参见曹柯平《关于樊城堆文化的若干思考》,《南方文物》1993年第4期。
② 参见张光直《中国考古学论文集》,台湾联经出版公司1995年版,第132页。
③ 参见苏秉琦《中国文明起源新探》,商务印书馆(香港)有限公司1997年版,第31、75页。

时分布在赣境地区的原始居民除个别滨湖地区的原始居民点以渔业经济为主外,都普遍以农业经济为主,而且以栽培水稻为其主要生产活动,当然,也兼营一些狩猎和捕鱼。此外,遗址中不等量地发现一些猪、狗、牛、羊等家畜动物骨骸,说明家畜饲养业也占有一定比例。

一、生产工具

赣境地区新石器时代晚期的生产工具,有木器、竹器、骨器、蚌器和石器等类,但竹、木、骨器等多不易保存,现在出土的基本都是石质生产工具。

在距今约6000年左右的新余市拾年山第一期文化中,其石制的农业、手工业工具颇有特色,有厚体斧、弓背锛和钁类器;渔猎工具也较发达,有矛、镞、流星、穿孔石器等(图10)。矛的截面呈三角形,柄部有对称的凹弧。镞式单一,为无铤柳叶形。流星有槌状、椭圆形、石榴形、橄榄形,尚有穿孔与不穿孔之分。穿孔石器,此时尚有较多发现,通体磨光,中间有两面对钻的圆孔,体厚重,厚者达6.6厘米,大者直径达10.5厘米,体多呈圆形和椭圆形,也有不规则形,特别是对钻的圆孔相当准确规整,反映了此时石器制作的较高技艺。这种穿孔石器无疑是万年县仙人洞、吊桶环新石器时代早期文化中那种穿孔石器工艺的延续和发展。

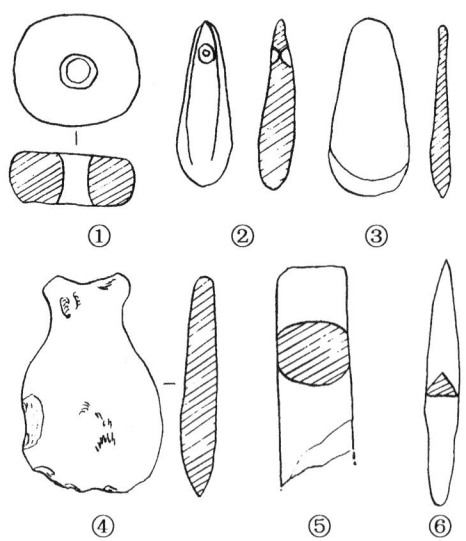

图10 拾年山文化石器
①穿孔石器 ②石流星 ③石斧
④石锄 ⑤石锛 ⑥石矛

第三章
新石器时代晚期农业氏族聚落文化

在距今约四五千年的山背文化、筑卫城文化和社山头等文化时期,虽然诸种文化类型或各遗址之间,出土的石质生产工具不完全相同,但从总的方面考察,石器制造业的种类、形制和制作水平大体是一致的,故而这里作一综合介绍。

农业工具中,最多见的是锛、斧、锄、刀、镰、铲以及加工谷物的磨盘、磨棒等。手工业工具有斧、凿、锼、钻和砺石等。渔猎工具有矛、镞、石球、网坠等。

石锛,是一种主要用来垦荒掘土的农具。锛与斧的区别是单面斜刃,而非双面刃,一般有常形锛、弓背锛和有段锛多种。有段锛最有特色,它的特点"在于背面,即刃口斜上所向的一面,不像正面的平,而是中部隆起,成一条横脊,将背面分为前后两部分,前部较厚,后部较薄,看起来像两个阶段,因此称为有段石锛"①。有段石锛大多较厚重,器身多为长条形或宽扁形,依据其段脊的不同,一般分为初级型(或称斜脊型)和高级型(又称台阶型)两种②。初级型是指那种中部或偏上部的横脊线将背部分为上下两个斜面;高级型是指背部靠上端部位起段,形成台阶状,台阶角多呈直角。赣境地区新石器时代晚期文化中,有段石锛发现数量也较多,如修水山背遗址中,出土的石锛占全部出土石器的34.3%,除一件为常形锛外,其他都是长条形有段锛,且都是所谓高级台阶型的,段的下部显得特别长,据统计,段下部比上部长一倍以上的,占全部有段锛的60%以上。樟树筑卫城遗址,有段锛的比例也不少,据早年饶惠元先生统计③,有段锛竟占到石锛总数的一半以上。筑卫城两次科学发掘,共出土石锛12件,其中有段锛就有8件。有段石锛的装柄方法,早期多用捆绑法(图11),到新石器时代晚期,则一般多是在木柄的一头中间挖凿出一卯孔(往往未凿透),卯孔的大小应和有段锛的上端相同,然后将有段锛的段部嵌插进卯孔中,有的学者称为榫卯法。1978年江苏溧阳沙河乡洋渚良渚

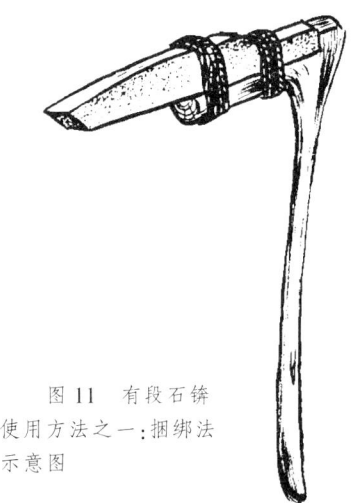

图11 有段石锛使用方法之一:捆绑法示意图

---

① 参见林惠祥《中国东南区新石器文化特征之一:有段石锛》,《考古学报》1958年第3期。
② 参见彭适凡《试述先越民族的两种生产工具》,《百越史研究》,贵州人民出版社1987年版。
③ 参见饶惠元《江西清江的新石器时代遗址》,《考古学报》1956年第2期。

文化遗址中就曾出土过一件带木柄的有段石锛[①],长18.2厘米,段脊在顶以下3.5厘米处,宽3.5厘米、厚3厘米。木柄头部更粗,把手稍细,通长32厘米。木柄头部开凿未透的卯孔,孔长约3.8厘米、宽3.2厘米、深3.5厘米,出土时有段石锛居然还嵌插在卯孔中,这是有段石锛安柄方式的极好实证(图12)。

石斧,是新石器时代晚期原始先民广为使用的一种用作砍伐的工具,它既可作为用以砍倒树木、垦荒辟地的农业工具,也可作为加工木材或刳制独木舟等的木作工具。恩格斯就曾说过,新石器时代由于石斧的出现"大抵已经使制造独木舟成为可能,有的地方可能制造木头和木板来建筑房屋了"。石斧均为双面弧刃,体较厚重,器身多作扁平长方形、长条形或梯形。还出现有少量的有段石斧和双肩石斧。双肩石斧应是受到岭南珠江三角洲地区西樵山文化双肩石器影响而制作的[②]。古代石斧的安柄方法,早期也多采用捆绑法。青海柳湾原始墓地就出土一件用捆绑法装木柄的石斧,这是石斧捆绑法装柄的实物例证[③]。此外,在河南汝州阎村仰韶文化遗址出土一件陶缸上有"鹳鱼石斧图",图上石斧的柄就是用绳索捆绑的(图13)。晚期也多是榫卯法,也是在圆木柄的较粗头部凿出一孔洞,然后将石斧的顶端嵌入洞中,这样越砍越牢固,不易脱落。木柄的另一端往往较细,便于手握。早年,在江苏溧阳沙河乡洋渚遗址中也曾出土过一件带木柄的石斧,木柄基本完好,出土时,石斧仍嵌装进木柄头部的孔洞中,这是石斧这种复合生产工具装柄方法的极为难得的实例(图14)。

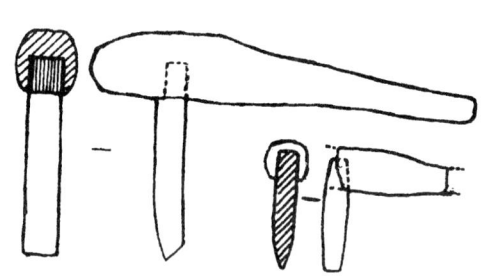

图12 有段石锛使用方法之二:榫卯法使用图

图13 "鹳鱼石斧图"(河南汝州阎村出土)

---

① 参见肖梦龙《试论石斧石锛的安柄与使用》,《农业考古》1982年第2期。
② 参见曾骐《珠江文明的灯塔——南海西樵山古遗址》,中山大学出版社1995年版。
③ 参见尚民杰《青海原始农业考古概述》,《农业考古》1987年第1期。

第三章
新石器时代晚期农业氏族聚落文化

石锄,是一种用来松土的农业工具。在新余市拾年山、靖安寨下山等遗址中都有出土,尤其在赣西北的潦河水系如靖安、安义县等地遗址出土更多,仅靖安县寨下山遗址调查就采集石锄达15件。此类石锄系采用打制和磨制技术相结合而制成,打制部位多在边沿和背面,磨制部位多在正面和刃部,磨制面相当光滑,刃部多见有崩疤,说明都是经使用过而留下的疤痕。锄身多作窄顶、扁平、双肩和圆弧刃,有的肩部呈弧形,角度约60度,似钺形;有的肩部与身部近90度折角;有的肩部斜削,体部明显大而长于柄部;有的呈鱼尾形体。此类石锄的使用方法,大体也应是在圆木柄一端凿出扁方孔,然后把石锄顶部嵌入孔中,或加以木楔,形似今日锄头,由于锄背往往带有一定弧度,对于开掘华南地区带黏性的红壤土很有效率。

石铲,均长方形,扁薄体,但比钺显得更厚更窄,有的上端对钻圆孔。

石刀,是一种多见的用来收割稻穗的工具。器身都很扁薄,双面刃,形体有长方形、梯形和半月形、单斜刃、马鞍形等,靠刀背往往有一个或两个对钻圆孔,以便穿入绳索套在手指上以割取稻穗(图15)。有的长方形石刀近顶部还对钻有三四个以上圆孔,使用方法上则多穿绳捆扎于木柄上,作为一种复合的收割工具。

图14 用榫卯法使用石斧示意图

图15 半月形石刀使用方法示意图

石臼,谷物加工工具。靖安县寨下山遗址就曾采集到一件臼的底部,底圆角近平,内面从上至下收削成凹形。质料为沉积岩,硬度较强。凡出土石臼的遗址,都有石磨棒伴出。

从上文可看出,在距今四五千年前的新石器时代晚期,江西地区原始先民使用的农耕工具品种已较齐全,有垦荒种植的锛和斧,松土的铲和锄,收割稻穗的刀,还有加工谷物的磨盘、石臼和石磨棒(尚有陶磨棒)等,表明当时的原始农业已较为发达。

63

渔猎工具主要有石镞、石矛、石球和石网坠等。此时的石镞,不仅数量多,而且通身精磨,种类由过去单一的柳叶形,改进、发展成多种形状,镞体横断面有呈扁菱形和三菱形的,有铤体不分的,也有带铤有翼的;带铤的铤部,有呈扁椭圆或浑圆形,还有长短之别。这种扁菱形和三菱形镞,一般长7厘米~9厘米左右,磨制锋利,将它嵌进细木柄上,然后用弓射出,射程远,威力大,速度快,在当时来说,确实是一种较好的狩猎武器(图16)。

图16 石镞使用方法示意图

二、稻作农业和渔猎采集经济

如前一章所述,赣东北万年县仙人洞、吊桶环遗址新石器时代早期地层中发现的人工栽培稻,是现今所知世界上年代最早的栽培稻遗存之一。赣境地区之所以能成为亚洲和世界稻作文化的一个重要发祥地,是和一万二千年前长江中游地区的生态环境、气候条件密不可分的。在距今约1.5万年到1.2万年,尽管出现一次副间冰期和一次副冰期,但总体上气温迅速转暖,据专家估计,此后的温暖时期与现在的气温相当,甚至高出2℃~4℃。正由于气温回暖,冰川逐渐消退,生存环境不断的改善,万年县仙人洞人的生产、生活经历了一次前所未有的巨大变革,诸如早期陶器的发明和人工栽培稻的产生等。

自新石器时代早期万年县仙人洞、吊桶环的原始居民开始将野生稻驯化成人工栽培稻后,历经新石器时代中期到晚期,赣境地区的原始先民始终以稻作农业为主要经济活动。据有关专家研究[①],在长江中下游距今约6800年至4600年间,也就是大溪文化、马家浜文化至屈家岭文化和南京北阴阳营文化

---

① 参见林承坤《长江、钱塘江中下游地区新石器时代古地理与稻作的起源和分布》,《农业考古》1987年第1期。

第三章
新石器时代晚期农业氏族聚落文化

时期,这一广阔地域(包括赣江流域)的气候与早期相比,虽年平均温度与降雨量有所降低,但仍比现在的平均温度高出2℃,年降水量约比现在高600毫米,这对水稻的生长仍是适宜的。由于年降水量的降低,使长江及其支流的流量相对减少,汛期水位降低,使高程较低的长江中下游平原中的较高部分,不再受到洪水的淹没,这样原始先民就有可能选择最适合种植水稻的河谷平原、谷坡或河流第一级阶地定居,并从事水稻栽培。

有意义的是,江西境内至今发现的属于拾年山第一期文化、山背文化、筑卫城文化、郑家坳文化等诸多新石器时代晚期遗址,其年代跨度就正在这一时期之内,所以,在这些新石器时代晚期遗址中,稻作农业遗迹十分丰富。

新余市拾年山遗址的居住区普遍发现有一层厚约1厘米~2厘米的草拌泥烧土层,红烧土层是由倒塌的木骨泥墙建筑及经火烤的居住面堆积而成,烧土中可见稻秆、谷壳痕迹①。在发现的属拾年山一期文化的椭圆形陶片堆中,周边环插的夹砂红陶罐的口沿,多见刻画有一周三角纹加叶脉状谷穗纹。

修水县山背跑马岭遗址的F1墙基,系用红烧土筑成,再经焙烧。在这些红烧土块中,肉眼就能看出掺有稻秆的痕迹,后经江西农学院植物教研组鉴定,确认为"稻草混泥土,呈黄色,稻秆上有平行的条纹,明晰可辨","间或看到船形的谷壳破片"②。家此外,在一件敛口鼓腹圜底钵内发现有谷类碳化的痕迹。

樟树市樊城堆遗址下层③,发现有很多烧土块堆积,有的烧土块略呈砖形,当应是建筑材料和墙壁倒塌之遗迹。烧土块中曾留有直径5~12厘米大小的棍棒凹窝,还有稻草和谷壳的痕迹。

九江县新合乡神墩遗址是有着新石器时代晚期、商代到西周三个时期地层堆积的典型遗址④,其下层发现有厚约15厘米~20厘米的烧土层,这些烧土块上留有木棍压滚凹痕,径在5厘米~11厘米之间,烧土块明显夹有稻秆、谷壳痕迹。

属于筑卫城文化系统的湖口县文昌洑遗址,更有着丰富的稻作农业遗存⑤。该遗址地处赣北湖口县城西南郊的鄱阳湖东岸,东依涪湖大山,盛水季节,湖口水位达到20米时,整个遗址被湖水淹没;枯水期,水位退到12米时,遗址才露

---

① 参见诗中、家和《江西新余拾年山遗址原始农业遗存》,《农业考古》1989年第2期。
② 参见《江西修水山背地区遗址出土生物遗体鉴定书》,《考古》1962年第7期。
③ 参见江西省文物工作队等《清江樊城堆遗址发掘简报》,《考古与文物》1989年第2期。
④ 参见江西省文物工作队等《江西九江神墩遗址发掘简报》,《江汉考古》1987年第4期。
⑤ 参见杨赤宇《江西湖口县文昌洑原始农业遗存》,《农业考古》1988年第1期。

出水面。在该遗址发现的大多数红烧土块上,都留有稻谷壳、稻草和稻穗枝梗的压痕。个别烧黑的土墙残块中,夹有碳化的谷粒。从残留的稻谷遗痕来看,成熟饱满的谷粒压痕长0.8厘米,中宽0.4厘米,中厚0.2厘米,草茎径0.5厘米,这和普通野生稻谷粒长0.7厘米~1厘米、宽0.2厘米~0.3厘米、草茎径0.4厘米~0.6厘米是何等相似,因此,推论文昌洑遗址当年栽培的应是较为普遍种植的籼稻品种。人们也许会问,一个西邻鄱阳湖、东背大山的文昌洑怎么能种植水稻?这应和昔日的地理生态环境有关。要知道,五千年前原始社会时期的文昌洑,绝不是今天这样的文昌洑,水位没有今天这样高,鄱阳湖广阔的水面也尚未形成,文昌洑河段的水位也大致在12米左右,其西南和西北一带尚是河谷小平原。这样的地理生态环境无疑很适宜种植水稻。

此外,在靖安县寨下山等新石器时代晚期遗址中发现有大量含稻秆、谷壳的草拌泥,说明在距今五千年前后的赣境地区,水稻种植业一直得到延续和发展,已在全境范围内广为普及。

新石器时代晚期,赣境地区的原始居民,虽然已有较稳定的稻作农业,食物来源主要靠水稻栽培,但是先民们并没有完全放弃传统的渔猎和采集活动,渔猎经济还占有相当的比重,这可从各遗址中普遍发现有较多的石镞、网坠等渔猎工具得到证明。1986年和1987年两次对新余市拾年山遗址发掘,共出土石器531件,其中斧、锛、锄、钁、铲和刀等农业工具就达200件,而矛、镞、石流星、网坠等渔猎工具也有124件,这既反映出农业经济的主导地位,也说明渔猎活动在经济生活中的重要性。修水县山背遗址中,发现石镞的数量仅次于有段石锛,占全部出土石器的24.2%。在樟树市樊城堆遗址的第二、第三两次发掘中,仅发掘750平方米,出土石器总数为100件,而石镞就达70件。湖口县文昌洑遗址仅一次地面就采集网坠22件,占到采集的生产工具的四分之一,这些都说明渔猎经济在新石器时代晚期仍居有较重要地位,它是当时原始先民用以补充稻作农业不足的必不可少的生产手段。

此外,家畜饲养业也有一定发展,如在新余市拾年山遗址、清江县樊城堆遗址和九江县神墩遗址就分别出土有狗、猪头和鸡首形陶塑;在一些遗址中还零星出土有猪、鸡、狗的骨骼。家畜饲养业的发展,与农业经济发展和长期定居生活密不可分,它大大丰富了人们的食物种类,增强了人们体质,从而又促进了原始社会生产力水平的提高。

当然,由于自然条件、生态环境的不同,各个地区也存在着一定差异,在赣

第三章
新石器时代晚期农业氏族聚落文化

江流域及其支流的河谷平原和其他适宜于种植水稻的地区，主要依靠稻作农业的收获，渔猎只是一种辅助经济活动；而在一些滨湖地区，农业的收获量往往有限，渔猎活动甚至很可能还是人们的主要经济来源。

第四节 工艺技术

新石器时代晚期，随着社会经济的发展和社会分工的扩大，赣境地区的原始先民以其坚忍不拔的精神，与天斗，与地斗，艰难地开拓着赣鄱大地。也就在这艰苦的斗争过程中，他们不断有所发明，有所创新，在工艺制作技艺诸如冶陶、建筑和纺织等各方面都比早期有明显的进步和发展，特别是在制陶工艺和建筑技术方面更为突出，为我国原始科学技术的产生和发展作出了一定的贡献。

一、制陶工艺

自一万三千年前万年县仙人洞人开始创烧原始陶器以后，到新石器时代晚期，赣境地区的原始居民的陶器烧制工艺有了长足发展。

首先，选土炼泥。

赣境新石器时代晚期的原始居民，在长期的制陶实践中，逐渐积累了一些经验，即开始识别哪些黏土不宜制陶，哪些黏土能制陶，哪些黏土制陶最好，有意识地进行选择。

不仅如此，在万年县仙人洞与吊桶环的新石器时代早期初创阶段，陶土基本未经淘洗，直接将黏土用来拌水拉坯成型，而到新石器时代晚期，从山背、筑卫城、樊城堆、拾年山等遗址出土的陶器来看，不仅懂得用淘洗的方法清除黏土中的砂粒、草根等杂质，使陶器表面平整光滑，而且已经懂得有意识地在某些胎料中加进一些砂粒，即所谓"掺和料"，以便改进陶土的成型性能和成品的耐热急变性能。

其次，拉坯成型。

在选择好胎料并进行拌水、揉制和陈腐之后，即可开始作坯成型。新石器时代早期万年仙人洞与吊桶环人陶器成型的方法，主要有泥片贴塑法和泥条盘筑法两种,而以泥片贴塑法最早最原始。到新石器时代晚期,陶器成型的方法,除一些小型器物多沿用手工捏塑法外,主要采用泥条盘筑法。

手工捏塑法的陶器,外观上的特点是器形不甚规整,胎壁厚薄不一,或凹凸不平,如各遗存中出土的小件钵、盂、碗、杯、碟和小罐等。

泥条盘筑法,也是新石器时代早期以来传统的成型方法,但新石器时代晚期的泥条盘筑,在大多数情况下,是在陶车上进行的,且多采用慢轮,至今在很多陶器诸如鼎、豆、罐、壶的口沿上,常常可以见到一道道基本平行的同心圆纹,在一些陶器的肩部、腹部或高圈足豆把上往往出现一周或五六周平行的凹凸弦纹,这些弦纹细密规整,首尾连接,这只有借助于慢轮平稳的旋转才能制作出来。某些泥质红陶或黑陶质的罐、壶、豆等,造型圆正规整,比例均匀对称,陶胎也较薄,这些进步,也只能在陶车帮助下成型才能产生的效果。

在使用慢轮成型外,从某些细腻的红陶特别是黑陶器上,还发现有快轮拉坯成型留下的螺旋形印痕。快轮成型技艺是在长期使用慢轮技术基础上改进提高的,它是新石器时代制陶工艺发展中的一个飞跃。

第三,打磨装饰。

新石器时代晚期,粗坯成器后,让其晾干到一定程度,还要进行拍打,少量的还进行简单的刻画和拍印等。

通体拍打的目的是使胎壁更趋紧密,有些鼓腹的器类也可通过拍打进一步完成。当时用来拍打的工具都是光面的,但至今各遗址中出土的素面拍子很少,这有可能如同云南西盟佤族[①]和西双版纳傣族的落后制陶术一样,也是用带长柄的素面木拍来拍打,只因时代久远未曾保存下来。每当右手执木拍在器表拍打时,左手必须用垫子在内壁衬托,这种内垫,一般多为陶垫,且均为素面,所以在新石器时代晚期遗址中普遍都有不等的发现,如新余拾年山遗址1986年和1987年两次发掘中,就出土陶垫12件。陶垫的形状以蘑菇形最多,带短柄或长柄,柄有的呈圆柱形,也有的为羊角形,有的柄上还穿一孔。此外尚有长圆柱形、圆饼形等。

坯体经过拍打后,胎骨更为紧密,胎壁相对变薄,就可进行简单的装饰了。装饰有刻画、戳刺和拍印等,还有少量的彩绘。这一时期赣地各遗址中开始产生的少量几何形拍印纹样,如方格纹、叶脉纹、编织纹和漩涡纹等,应都是用木

---

① 参见李仰松《从佤族制陶探讨古代陶器制作上的几个问题》,《考古》1959年第5期。

第三章
新石器时代晚期农业氏族聚落文化

质或陶质印模拍印上去的,如萍乡市赤山遗址就出土陶拍两件①,一件为夹砂灰陶质,羊角把手;另一件为泥质灰陶质,细长空心把手,两件的半圆弧面上均阴刻方格纹(图17)。木质陶拍当然均早已腐朽。印模多为阴纹,故陶器表面则多为阳纹。那种常见的绳纹和篮纹,主要是用粗细不等的绳子或藤条缠绕于木拍上,然后拍印到陶器上。至于那种圆圈纹,则多是利用南方盛产的空心小竹管直接压印而成。

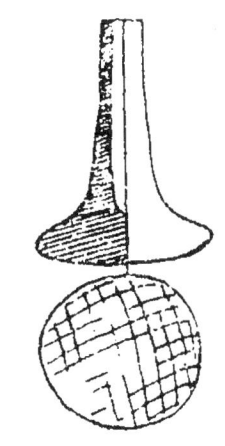

图17 方格纹陶拍(萍乡赤山)

拉坯成型过程后,还有的陶器要进行加工打磨,这就是磨光技艺的应用。在山背、筑卫城、社山头和郑家坳等一些遗址中,都不等地出土一些泥质红陶或黑陶质的磨光陶器,其特点是表面平整光滑,或发亮。这种磨光陶器,是当成型后的陶器干到一定程度后,一般多用鹅卵石蘸水在器表反复进行打磨。经过打磨后的陶器一经烧造就会产生光滑透亮的效果。磨光陶器制成的原理,据有关专家研究,乃是由于打磨使得陶土中的一些呈片状的矿物平行于下坯体的表面排列,减少了对光线的散射,增加了光线的平行反射,从而使陶器表面光泽可鉴。②

第四,烧造技术。

在万年县仙人洞与吊桶环的新石器时代早期陶器的创烧阶段,陶器的烧造温度一般都是在740℃~840℃之间变动,到新石器时代晚期,赣境地区各地烧制的陶器,一般温度为900℃左右,最高的可达千度。陶器烧成温度的提高,除了胎料本身的内在因素外,烧造的方式即窑炉的改进和技术的提高是一个关键。

万年县仙人洞人烧造陶器,还不懂得挖置窑炉,而是采用露天的平地堆烧法;到新石器时代晚期,露天烧造陶器的传统方法依然沿用,但比之早期的平地堆烧还是作了改进和提高。如1978年发掘樟树市樊城堆遗址时,下层就清理出一座陶窑,南北80厘米、东西90厘米,壁残高8厘米~12厘米、厚10厘米~13厘米,底呈一层红色或灰褐色硬底,厚4厘米~5厘米。整个窑体仍是露天窑遗迹,平面基本近正方形,方向正南北,南面偏西处有一缺口,低下的底部也烧结成

---

① 参见萍乡市博物馆《萍乡市赤山大宝山遗址调查记》,《江西历史文物》1980年第4期。
② 参见后德俊《湖北科学技术史稿》,湖北科学技术出版社1991年版。

硬面,疑是火门道,口宽25厘米。窑底部留有不少烧土块,出土有细泥质黄陶喇叭足豆、细泥质黄陶残片和薄胎黑皮陶壶等。

上述这种露天烧造的浅穴窑,烧制出来的成品多是红陶或黄陶等,因为红陶和黄陶的烧成是由于陶坯中所含铁质在烧制过程中充分氧化的结果,即使坯体内的铁质大部分转化成红色的三氧化二铁(Fe_2O_3)。而常见的那种灰褐陶特别是黑陶和黑皮磨光陶,则应是在闷窑的还原气氛中才能烧成,有的学者称其为采用渗碳技术烧成[1]。具体做法是,当窑内的陶器烧到一定温度时,将陶窑的排烟口封闭,使投入窑内的燃料在缺氧的条件下燃烧,产生含有大量未完全燃烧的微碳粒的浓烟,这些浓烟中的微碳粒就逐渐被吸附到陶器孔隙中,最后,使陶器的表面和胎体变成深灰色或黑色。

根据中原和南方地区已发掘的资料,在新石器时代晚期,这种渗碳技术的窑炉一般常见横穴式窑[2],遗憾的是至今赣境诸遗址中尚未发现,目前南方地区仅在福建昙石山遗址中层发现两座[3]。Y1保存较好,窑室呈圆形,周壁烧得坚硬,内呈紫红色,外呈青蓝色,厚2厘米。窑室两头为喇叭状,窑室两侧有26条小火道通达窑室内,窑底前低后高,呈40度斜坡,其前有一喇叭形火道,呈拱形。此窑未见有火膛,当已可能被破坏。尽管江西至今尚未发现这种新石器时代晚期横穴式窑,但从诸文化的陶器制作水平来看,推测那些黑陶、黑皮磨光陶和灰陶等,大体也是种横穴式窑炉烧制的。当然,这种横穴式窑炉,尚处于初期阶段。它的火焰经过火道和窑室一走而过,即所谓升焰式窑,不利于温度的提高,所以一般只能烧到千度左右。

二、建筑居址

新石器时代晚期,赣境地区的原始先民也应是以氏族为单位聚族而居,同一河系、同一平原、同一溪谷散处的各个氏族,结合而成为一个部落。一个氏族聚集而居,一般都分为居住区、墓葬区和烧窑区,居住区除大小不一的氏族成员的居址外,还有一个作为公共活动场所的大型建筑,一般位于居住区的中心。至今那种大型聚落中心的公共活动建筑,只在广丰县社山头遗址有所发

---

[1] 参见李文杰《浅说大溪文化陶器的渗碳工艺》,《中国古代制陶工艺研究》,科学出版社1996年版,第143页。

[2] 参见徐元邦等《我国新石器时代——西周陶窑综述》,《考古与文物》1982年第1期。

[3] 参见福建省博物馆《闽侯昙石山遗址第六次发掘报告》,《考古学报》1976年第1期。

第三章
新石器时代晚期农业氏族聚落文化

现,其大房子的面积达百平方米以上,但是由于毁损太甚,无法复原,所以囿于考古资料,目前能作介绍的仅是大小不等的氏族成员的居住建筑,其类型可分为地面式和半地穴式两类,以地面式的最多。

第一类,半地穴式。

至今只在广丰县社山头遗址中发现,如属第一期文化的F37[①],房基口部为圆形,外见五个圆形柱洞环列,有的柱洞朝内倾斜。面积约6平方米。其建筑方法为:先挖一圆形、直径约240厘米、深约20厘米的浅穴,再在穴中挖一直径约130厘米、深约20厘米的小坑作火塘;火塘内先铺垫一层红烧土并夯实,然后垫一层大小形状不一的鹅卵石。发掘时,鹅卵石上尚见有数层炭化织物层痕,且经纬分明。火塘中还出土有网坠、纺轮和石镞等一批小件器物及一食草类动物的下颌骨。

第二类,地面式,可分为圆形、方形、圆角长方套间式诸种。

(1)圆形,最多见,在修水县山背、新余市拾年山和广丰县社山头等遗址中都有发现。以拾年山揭示的F3为例[②],平面呈圆形(图18)。房基结构为先铺一层厚约1~2厘米夹有烧土块和炭屑的灰褐土。垫层内发现21个柱洞(D1-D21),且有规律分布:中心并排两个柱洞(D18、D19),应为中心桩柱,其余柱洞分为两圈,外圈8个(D1-D8),应为外檐柱,外圈的直径约4米;内圈9个(D9-D17),应为房址墙柱,内圈直径约2.75米;在东南内外圈之间有2个(D20-D21),间距56

图18 圆形居址及复原示意图(新余拾年山)

---

① 参见江西省文物考古研究所等《江西广丰社山头遗址第三次发掘》,《南方文物》1997年第1期。
② 参见江西省文物考古研究所等《江西新余拾年山遗址》,《考古学报》1991年第3期。

厘米,应为出入门道的门柱。内圈柱洞较大,直径28~34厘米、深28~32厘米。其他柱洞较小,直径22厘米、深26~28厘米。洞内均填有红烧土块及碎陶片等。此房基的柱洞壁及墙壁似都未曾烧烤,但拾年山遗址中发现的其他居址均经烧烤过。

(2)方形,以广丰县社山头遗址揭示的F15(属第一期)为例①。东西长320厘米、南北宽260厘米。其建筑方法是:先挖一深约30厘米的方形浅穴,再在四壁抹上厚约5厘米的草拌泥,用火烧烤之。然后在居住面上铺上厚约10厘米的黄色粘土并夯实,再又垫上一层炭粒、黏土和红烧土块层并夯实。房基内有2个圆形柱洞(D1、D2),中心见一中心柱(D3)。房基北端有一宽约100厘米的方形台案,高约15厘米;台案北侧有两个经火烤成的凹面圆形柱础(一个已残)。房基南端有两个对称而置的作柱础的长条形大石块,门道朝南。房址内出土器物20余件,陶器有鼎、豆、壶、钵、盆、纺轮和网坠,石器有锛、镞等。这种设方形台案的方形建筑居址与河南郑州大河村遗址的房居②有惊人的相似。

(3)圆角长方形,目前仅在修水县跑马岭遗址揭示一座③(F1)。南北长6.5米、东西宽4.5米。墙基内发现柱础11个,房址内有柱础2个,柱础全为砂岩,形状不一,最大的长55厘米、宽27厘米、厚8厘米;最小的长16厘米、宽10厘米、厚6厘米。柱础间距不一,并稍低于居住面而落在生土上。东面墙基有一段保存较好,残高30厘米、宽6厘米~20厘米,两边较平整,并有3、4号两柱础明显寓于墙基内。墙基用红烧土掺入稻秆、谷壳夯筑,再经焙烧。居址内西南角套一小室,小室西北面保存一段隔墙基,东面有两块柱础,当为通入内室的门道。居址南壁有宽约80厘米的通道,当为大门,此处较平整坚硬,向南逐渐成斜坡。室内西北近墙基有一长圆形袋状火塘,火塘低于居住面,火塘壁表层留有厚2厘米的灰黑色焙烧痕,塘坑底有厚约15厘米的红烧土,并有一层厚约3厘米的黑色烧土面。由火塘向东1.6米处有一南北向的长坑,坑内有灰土及陶片等,当可能作存放灶灰之用。房居内还置有5个窖穴(H1、H4、H6、H7、H8),多数呈圆形或椭圆形,都是用来存放粮食和其他杂物的。西墙基外60厘米处,还有一条南北向的水沟,长6米、宽0.6米、深0.15米~0.4米。沟内满填西墙壁倒塌的红烧土。沟北端略高于南端,成斜坡状,沟壁较坚硬。西墙与水沟之间,出现路土面,土质坚实,显然应是屋檐下的走道(图19)。

---

① 参见江西省文物考古研究所等《江西广丰社山头遗址发掘》,《东南文化》1993年第4期。
② 参见郑州市博物馆《郑州大河村遗址发掘报告》,《考古学报》1979年第3期。
③ 参见江西省文物管理委员会《江西修水山背地区考古调查与试掘》,《考古》1962年第7期。

第三章
新石器时代晚期农业氏族聚落文化

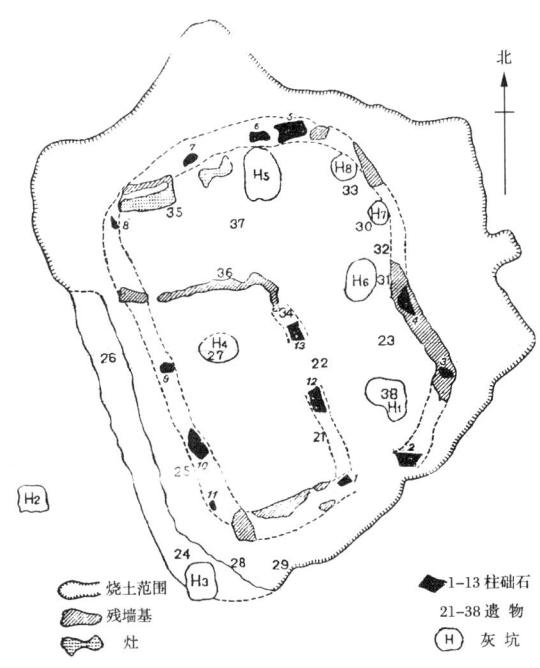

图 19　圆角长方形居址(修水山背)

　　根据该房址留下的上述遗迹判断,其屋顶为东西两面坡式。其建筑过程大体为:第一步,用红烧土块等夯实居住面、挖出火塘和窖穴,特别是挖出并夯实墙基(包括小套间隔墙)、铺置柱础,烧烤地面、火塘、窖穴和墙基;第二步,竖立墙基和室内立柱,并用木骨泥墙法筑起四周和套间式隔墙墙体,这是建筑工程中最复杂也最费时的一步;第三步,烧烤所有墙壁;第四步,架设并覆盖屋顶和铺设散水;第五步,挖设室外排水沟和修整门道等。很显然,该建筑施工中,除要求房体的坚固外,特别重视防水、防潮的处理。这些都表明,赣境地区新石器时代晚期的建筑技术已具有一定水平。这种室内有隔墙分开的套间式建筑,直到现在还流行于江西的部分山区,叫作"边房边厅"的建筑形式。

　　还有意义的是,这座居址中还遗存了大批的生产工具和日用器皿,完整或可辨出的器形者总数达183件之多,这也是一般发现的新石器居址中所少见的。而且,室内的遗物似乎是有规律地堆放着:除内室门道一侧存放一堆外,其他都是堆放在近墙壁、烧坑附近以及房外的屋檐下。在烧坑附近出土的多是鬲、豆、壶、盘等生活器皿;在室内墙壁下和屋檐下出土的多是生产工具。这就告示我们,这座房子的主人很可能是在某种突如其来的情况下仓促离去,致使

73

原貌得以保存下来。这种原始居址和室内各种陈设的如实再现,无疑为我们探索房屋主人身份、人口和生产等情况提供了极可贵的资料。在一座房居中,竟然出土生产工具达115件,日用陶器68件,这绝非是两三个人的小的氏族家庭,而应是一个较大的氏族家庭的住所。从出土生产工具的比例来看,锛、斧、刀等农业工具近50件,石镞24件,又告诉我们,房子主人从事的生产活动应是以农业为主,但渔猎经济还占有一定比重,也有一定纺织业。

从上述赣境地区新石器时代晚期的建筑遗存来看,有一个共同的特点,就是墙壁的筑砌普遍采用木骨泥墙法。所谓木骨泥墙就是指立柱包含于墙基之中,立柱与立柱之间用木板或木棍、竹片之类紧密架接成木骨墙,再用黏土拌水并掺入稻草和谷壳等,使之成具黏性糊状,然后将其一层层涂刷于木骨墙的两面并抹平,使之成厚厚的木骨泥墙,最后加火烧烤成红烧土。经过烧烤过的红烧土墙壁,一般是外壁呈红色,内面呈黑褐色。这种木骨泥墙糊的红烧土块,在各遗址发现的建筑居址中都有出土,在湖口县文昌洑新石器时代晚期遗址[①]发现的建筑居址红烧土墙断块中,就有四块留有立柱、木棍压痕(图20),立柱压痕直径12厘米,木棍压痕直径1厘米~2.5厘米。在一块三角形的红烧土块上,既有竖立的木棍压痕,还有一条横斜形的木棍压迹,痕径2.5厘米,竖棍痕和斜棍痕连接处的角呈60度,这条斜棍压痕,有可能是屋顶边沿的构件。棍、柱压痕的另一面,比较平坦,当是内外墙更有可能是内墙壁面,其中一块墙面上还刻画着六边形或三角形图案,这在至今已发现的新石器时代晚期建筑居址中尚是罕见的实例。

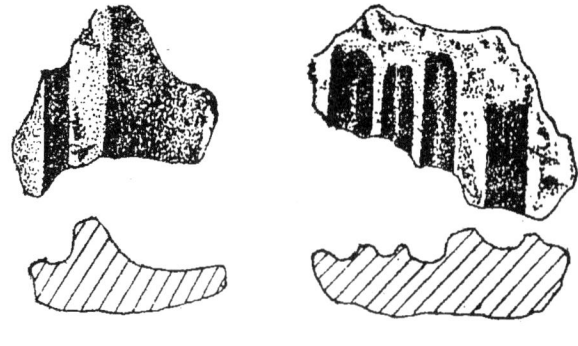

图20 带木骨泥墙痕的红烧土块(湖口文昌洑)

---

① 参见杨赤宇《江西湖口县文昌洑原始农业遗存》,《农业考古》1988年第1期。

第三章
新石器时代晚期农业氏族聚落文化

赣境地区在新石器时代晚期盛行的这种木骨泥墙建筑结构,是原始先民在长期生产、生活实践过程中创造出来的经验,因为原始居民知道,纯黏土抹墙易剥落,易干裂,且容易被雨水冲毁,而若掺入稻秆和谷壳再和泥,不仅能克服以上缺点,还能起防水、防潮甚至保暖的作用。

此外,纺织、琢玉和陶塑等技艺也都有一定进步。以纺织技术来说,几乎所有被发现的新石器时代晚期遗址,都出土有数量不等的纺轮。其纺轮均为陶质,形制主要有扁鼓形、扁菱形(有棱在中部或偏下、偏上之分)、梯形、算珠形、一面隆起作半月形和一面周边起棱等多种(图21),有的在一个面上锥刺或刻画或彩绘有轮旋纹、四叶纹、八角星纹、六瓣连弧纹、五朵梅花点纹、弧线纹和六组剔刺纹(每组20个点)等,一般直径2.5厘米~5.6厘米、厚0.5厘米~3厘米,中间多1厘米左右的小孔。纺轮是原始先民使用的纺纱工具,中心的圆孔是用来插捻杆的,纺轮和捻杆组合称为纺缚。当时用于纺织的主要是植物纤维(麻类)和兽类的毛发之类,将撕开后的植物纤维系在捻杆上,用手指转动捻杆,使纺轮不停旋转,从而将植物纤维等纺成纱,进而用来作编织之用(图22)。在一些陶器上留有粗细不同的编织印痕,在广丰县社山头发现的半地穴式房居(编号37)的火塘中,有些鹅卵石上也见有数层炭化织物印痕,这些都说明纺织和编织业的广为流行,而且纺纱织布主要是妇女的日常工作。

这里,有必要特别介绍一件陶纺轮。该纺轮是在郑家坳文化(第二期)中出

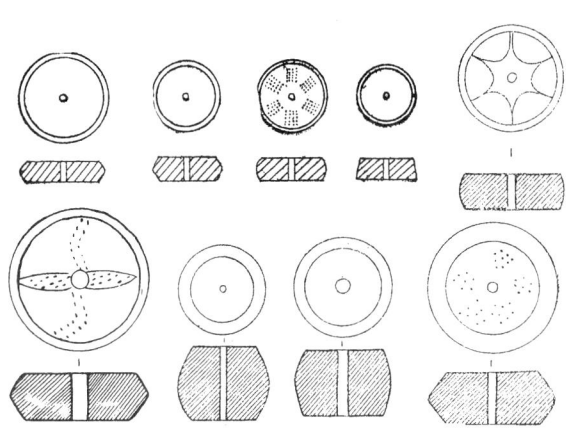

图21 形式多样的陶纺轮

图22 纺轮使用示意图

土,体呈扁平,径5.6厘米、厚2厘米,器表刻画有一八角纹图案(图23)。这种独特的八角纹图案,虽有八角,但并不正指八方,而是每两角平行指向一方,故实际指示的还是东西南北四方。从目前已有考古资料,我国新石器时代遗存中,已多处发现这种八角形图案,但主要集中于长江中下游和黄河下游的中国东部地区,向北或可延伸到辽河流域。新石器时代的这种八角图形,绝不可能是随意所绘,而应具有其特殊意义。据有学者考释,八角与八卦有着密切联系,现代少数民族彝语中,"八卦"就被称为"八角"。"种种证据显示,这种图像很可能就是目前我们所知最原始的洛书!它是古人对生成数与天地数两种不同天数观的客观反映,体现了远古先民对原始宇宙模式及天数理解的极其朴素的思想"①。

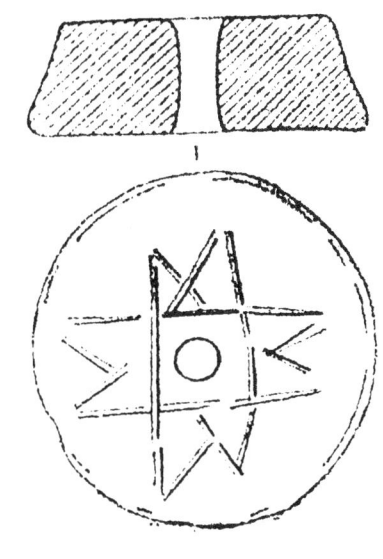

图23 饰八角纹图案纺轮(靖安郑家坳)

第五节
葬制习俗

赣境地区新石器时代晚期氏族墓地,一般多选择于氏族聚落遗址的边缘地区,如靖安县郑家坳墓地,就在郑家坳遗址的南边,方向均为南北向;新余市拾年山遗址清理的80座墓葬,也多集中于发掘区的南部,只有个别墓葬分布在北部,且方向基本都为东西向(图24)。广丰县社山头遗址清理墓葬近20座(属一、二期),也皆东西向。此外,樟树市樊城堆遗址以及九江神墩等遗址都发现有不等量的墓葬,只是因发掘区域和发掘面积的局限,这些氏族墓地都难以窥

---

① 参见冯时《史前八角纹与上古天数观》,《考古求知集》,中国社会科学出版社1997年版,第114页。

第三章
新石器时代晚期农业氏族聚落文化

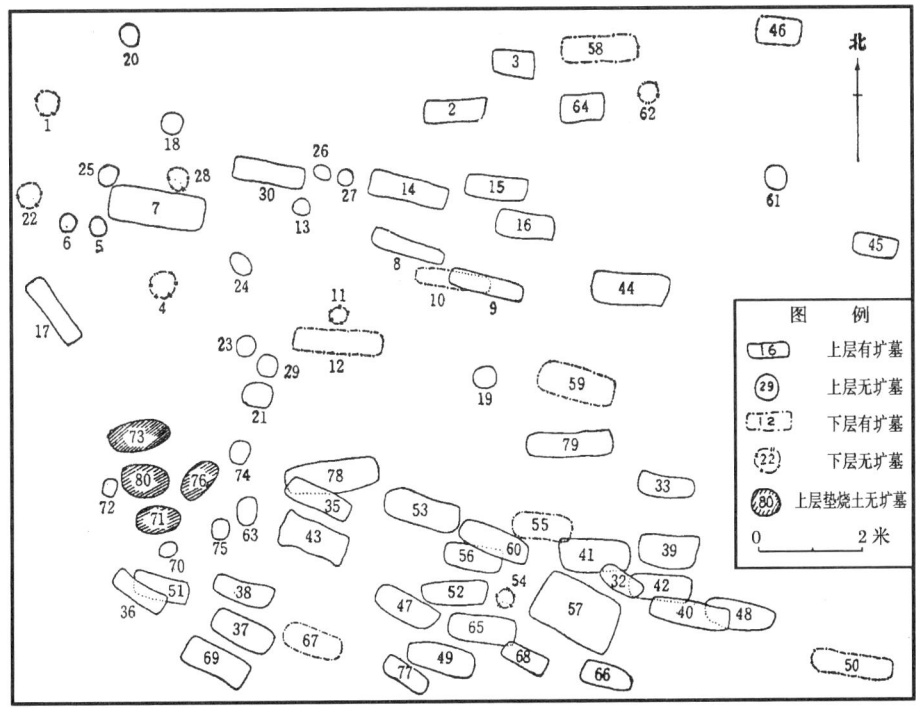

图 24 拾年山氏族墓葬分布平面图

其全貌。

从已经清理出的百余座墓葬来看,有一次葬和二次葬之分,靖安县郑家坳墓地全为一次葬;新余市拾年山墓葬均为二次葬,或称二次迁骨葬;广丰县社山头墓葬既有一次葬,又有二次葬。从墓葬形制来说,可以分为有圹墓、无圹墓和瓮棺葬三种。

一、有圹墓

数量较多,凡一次葬的基本都是有圹墓,凡二次葬的也以有圹墓为多,如新余市拾年山清理的80座二次葬墓,就有49座为有圹墓,只有30座是无圹墓。圹室基本都是长方形土坑竖穴,只有个别的如九江县神墩发现一座圆角长方形土坑竖穴墓[1]和广丰社山头发现一座长方形土坑二层台墓(图25)[2]。就是长

---

[1] 参见江西省文物工作队等《江西九江神墩遗址发掘简报》,《江汉考古》1987年第4期。
[2] 参见江西省文物考古研究所《江西广丰社山头遗址第三次发掘》,《南方文物》1997年第4期。

方形土坑竖穴墓的情况也不一样：靖安县郑家坳墓葬的墓坑口与墓底大小相等，即壁较直，且多有木椁葬具，但尸骨和葬具多已腐朽；新余市拾年山墓葬，则墓坑口大而底小，呈长斗形，四壁和底部均经火烧烤，烧烤面厚1厘米~1.5厘米，墓口长0.54米~1.80米、宽0.28米~0.78米、底长0.48米~1.69米、宽0.26米~0.50米、深0.24米~0.96米，即墓室长以一米左右最多，最长的为1.80米（墓57），且绝大多数不见葬具，只有个别墓内有单层木椁痕迹。迁骨葬前，先在墓底垫上一层黑色灰烬土，然后撒上骨渣或骨骸残片等，有的再盖上一层红烧土。

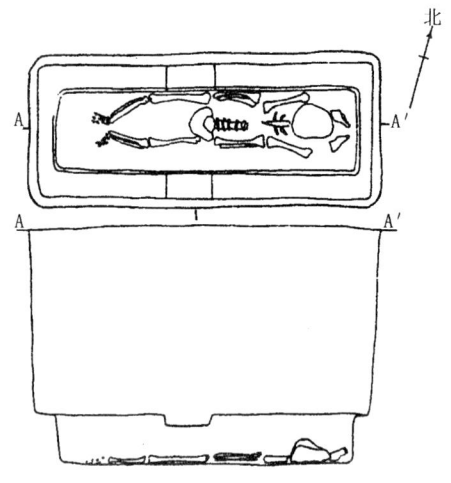

图25 长方形土坑二层台墓（广丰社山头）

二、无圹墓

这是一种极简易的特殊葬俗，既没有圹穴，也未见有葬具痕迹。底部垫有黑色灰烬土，形状多为椭圆形或圆形，极少数为不规则形。椭圆形长轴24厘米~184厘米、短轴21厘米~61厘米；圆形直径28厘米~54厘米。垫土上见有骨渣或骨骸集聚。多数没有随葬品，有的话也数量很少，一般只有1~4件。

三、瓮棺葬

只在樟树市樊城堆和新余市拾年山遗址有少量发现，瓮棺葬多是小孩墓葬。樊城堆遗址清理的瓮棺葬葬具为黑陶瓮，并带盖，盖与瓮系用子母口套合。有一件黑陶瓮之口径达40厘米，内置有三根长的骨骸和牙齿。有的瓮内置骨渣和灰烬土等。新余拾年山清理的一座瓮棺葬，埋在一个直径53厘米、深65厘米的圆形坑穴内，葬具由一件陶壶、两件陶豆组合而成，其中一件陶豆正置于陶壶内，另一件陶豆反扣于壶口上。壶内装有骨渣。

上述三类墓中，除一部分无随葬品外，多数墓葬都有不等的随葬品，多者十四五件，少者1~5件，大部分置于墓室两端，只有少量石器、纺轮或陶器放在死者腰部或坑底之中间部位。这种较多有随葬品的埋葬习俗，是赣境地区新石

第三章
新石器时代晚期农业氏族聚落文化

器时代晚期原始先民一种观念和信仰的反映，是自新石器早期万年县仙人洞人即已萌生的那种灵魂不灭观念进一步发展的表征，他们认为死后还要在来世的另一个世界继续享受人间生活，所以，要为死者随葬一些他生前的生产和日常用品。

从新余市拾年山墓地和靖安县郑家坳墓地的分布和墓葬方向均一致来看，似应是两个氏族墓地，它是以血缘纽带为联系的同一氏族的血缘观念的反映。他们认为，同一氏族的人，都是一个老祖宗生下来的，有着亲密的血缘关系，活着在一起，死后也要在一起，所以死后要埋在自己氏族的公共墓地。但是，从拾年山清理的80座墓看，无圹穴墓30座，有11座没有随葬品，即或有随葬品的数量也少，一般只1~4件；有圹穴墓49座，也有20座没有随葬品，有随葬品的最多为11件（当然，有可能随葬品更多的墓葬尚未发现）。此外，只要细心审视拾年山墓葬分布图，就不难发现上下层有圹穴墓多集中分布在东部，上下层无圹穴墓多集中在西部边缘。这些都颇有意义地告之我们这样一个信息，尽管无随葬品的氏族成员也平等地葬于氏族墓地，甚至有的还有一定的圹室，但表明氏族成员之间已开始发生急剧的分化，氏族成员的平等态势与地位已趋于分化和动摇。

新石器时代晚期，即距今6000~4100年这段期间，是赣境地区史前聚落快速发展和繁荣时期，从各遗存发现的建筑居址、墓葬和生产工具、生活用器等所反映出的生产力水平看，这一时期还处于母系氏族制社会的繁荣阶段，这时期的妇女在生产、生活中仍处于主要地位，婚姻关系已从族外婚制演进到"对偶婚"和对偶家庭，即对一个女子来说有一个主要的丈夫，还有一些非主要的丈夫；对男子说，也有一个主要的妻子和一些非主要的妻子[①]。子女过去只知其母不知其父，现在开始渐渐知其父了。

第六节
新石器时代赣境居民族属

如第一章所述，据现有的考古调查资料，赣境这块红土地上远在20万年前

---

① 参见马克思《摩尔根〈古代社会〉一书摘要》，人民出版社1978年版，第33页。

就开始有原始人类生息、繁衍,此后一直绵延不断,到新石器时代晚期,其居民的分布更是遍及江西的东、南、西、北、中,也就是说,今天江西的11个地级市和83个县(区、市)大部分都有原始居民居住,只是有的地区较密集,有的较稀疏。那么,新石器时代以来赣境地区的这些原始居民究竟属于古代什么族群?这是很值得探讨的问题。

根据文献记载和古史传说,四五千年前,亚洲东大陆上分布着众多不同的部族共同体,但总的是分属于三个大的部族集团,即中原地区的华夏集团、东方的东夷集团和南方的苗蛮集团。有意义的是,这三大部族集团的古史传说,却被新中国成立以来各地发现的考古学文化所证实。

一、古"三苗"的分布地域

一般认为,中原的仰韶文化——河南龙山文化属于华夏集团先民的遗存;大汶口文化—山东龙山文化则为东夷集团先民的遗存。那么,南方的苗蛮集团包括有哪些考古学文化遗存?这就涉及苗蛮集团先民的分布问题。

"三苗"的分布地域,一般都以《战国策·魏策》引吴起的话为据:"昔者三苗之居,左彭蠡之波,右洞庭之水,文山在其南,而衡山在其北,持此险也,为政不善,而禹放之。"然而,由于对这番话的理解不同,则得出两种不同结论,早年钱穆曾说:"此言三苗左彭蠡右洞庭,非后世江域之彭蠡洞庭也。"结论是"古者三苗疆域盖在今河南鲁山、嵩县、卢氏一带山脉以北;今山西南部诸山,自蒲阪、安邑以至析城、王屋一带山脉之南,夹黄河为居,西起蒲潼、东达荥郑,不出今河南北部、山西南部,广达数百里间也"。什么理由呢?是乃"江域洞庭在西,彭蠡在东,此言左彭蠡右洞庭,以左孟门右漳釜例之,则左是西,右是东,与江域彭蠡洞庭左右适得其反。"①也就是说,按《战国策·魏策》另一处载:"殷纣之国,左孟门,而右漳釜",则左应是西,右应是东,而吴起说左彭蠡右洞庭正好方向相反,所以他所指非后世的彭蠡洞庭。

对钱氏这种三苗之居为黄河两岸说,现代绝大多数学者都未曾信从。《战国策》所引吴起的有关"三苗之居"左彭蠡右洞庭之说,其他史籍诸如《史记·吴起列传》《韩诗外传》卷三、《说苑·君道》等也有相类似的记载,唯一不同的是两湖的方向有异,即均以洞庭为左,彭蠡为右。究其原因,《史记·五帝本纪》张守

---

① 参见钱穆《古三苗疆域考》,《燕京学报》1932年第12期。

第三章
新石器时代晚期农业氏族聚落文化

节正义注作了明确的解释:"以天子在北,故洞庭在西为左,彭蠡在东为右。"也就是说,这是因天子居北而面对天子而言的;反之,若以坐北朝南的天子而言,则自然是左彭蠡右洞庭了。坐向不同,自然左右方向也就不同,这是很浅显的道理。此外,新的考古资料也证实,古代地图的方位也不尽相同,时有换置,如甘肃天水放马滩一号秦墓出土的邽县地图,"方位是上北下南,左西右东,与现在的地图方位相同"①,而湖南长沙马王堆西汉墓出土的长沙国南部地图则是上南下北,左东右西,与现在的地图正好相反②。这些都说明古代的方位体系应该有两种,即以人的坐向为转移而互易的,绘描地图是如此,文献记载更如此,所以,认为吴起所言左彭蠡右洞庭犯有方位错误,甚至据此就否定它们是"江域之彭蠡洞庭",而是在北方黄河龙门以下的河段,这确是令人难以接受的。

"文山在其南"的"文山"已不可考,但大体应在彭蠡与洞庭之间或稍南的某地。"衡山在其北"的衡山,徐旭生已有详细考证③,他肯定郝懿行所说的非湘南的衡山而是河南西南部的雉衡山④(今南召县境)。然后他又说:"考'衡'的解释为横,南北为纵、东西为横、为衡。……所以凡东西行的山多可叫做衡山。"从这个意义上说,他认为古衡山"也许是桐柏及大别各山脉"。雉衡山位于南阳盆地,桐柏与大别山位于东南,基本呈西东偏南走向,尽管吴起所指之衡山,尚不能确指为何山,但想来从雉衡山到桐柏、大别山一线,应是苗蛮集团分布的北界。

"三苗之居"的东、西界域,古往今来较一致认为就是在江域之彭蠡与洞庭之间。《史记·五帝本纪》张守节正义注:"洞庭,湖名,在岳州巴陵西南一里,南与青草湖连;彭蠡,湖名,在江州浔阳县东南五十二里。……今江州、鄂州、岳州三苗之地也。"唐朝的江州在今江西九江,鄂州为今湖北武昌,岳州乃湖南岳阳。《路史·国名记》引周景式《庐山记》(早佚)的话说:"柴桑彭泽之间古三苗国,左洞庭,右彭蠡,负固而亡者,今衡、岳、潭之境。"《朱子集》卷引詹元善的话说:"苗民之国,三徙其都,初在今之筠州,次在今之兴国军,皆在深山中,人不可入,已也难出,最后在今之武昌县,则据江山之险,可以四出为寇,而人不得而近之矣。"元黄镇成《尚书通考》也云:"三苗之国,左洞庭,右彭蠡,今江州、鄂

---

① 参见何双全《天水放马滩秦墓出土地图初探》,《文物》1989年第2期。
② 参见谭其骧《两千一百多年前的一幅地图》,《文物》1975年第2期。
③ 参见徐旭生《中国古史的传说时代》(增订本),文物出版社1985年版,第57页。
④ 参见郝懿行《山海经笺疏·中山经》,巴蜀书社1985年版。

州、岳州三苗之地也。"今人徐旭生正是依据古人的这些论述更明确地指出:"彭蠡就是现在的鄱阳湖,左彭蠡右洞庭,应该在湖南、江西的北部。"①过去,笔者对朱子所引詹元善关于三苗三徙其都的说法虽曾表示"当然不足为信",但对赣境为古三苗国的范围也深信不疑②。现在,随着考古资料的大量发现及研究的深入,对三苗族的分布范围,特别是对赣北地区是否属三苗范围的问题,似有进一步审视和探讨的必要。

首先,需讨论的是吴起所言的彭蠡泽是否就是今日之鄱阳湖问题。据著名历史地理学家谭其骧等考证③,古代的彭蠡泽不是今日江西的鄱阳湖,"无疑是在大江之北,其具体范围当包有今宿松、望江间的长江河段及其以北的龙感湖、大官湖和泊湖等湖沼地区"。(图26)今鄱阳湖的北部在古代仅是大江南边的一条小江,而今鄱阳湖的南半部的广大水域,在古代则还是一片河网交错、田园阡陌、水路交通发达的平原地貌景观(西汉高帝设立鄡阳县,称鄡阳平原),直到南朝刘宋永初二年(公元421)古鄡阳县撤销以前都尚未形成,甚至到隋唐时代,彭蠡湖的范围仍然局限在鄱阳北湖地区,今日鄱阳南湖在当时尚未形成。北宋以后随着湖面的扩大,才基本形成今天的鄱阳湖(图27)。

谭氏这种从历史地理变迁考察得出的结论,过去未曾引起历史、考古学者

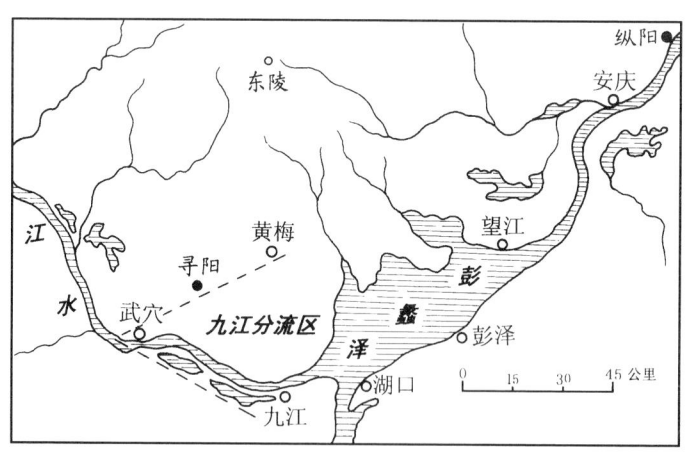

图26 先秦时期彭蠡泽示意图(据谭其骧文插图)

---

① 参见徐旭生《中国古史的传说时代》(增订本),文物出版社1985年版,第58页。
② 参见彭适凡《中国南方古代印纹陶》,文物出版社1987年版,第336页。
③ 参见谭其骧、张修桂《鄱阳湖演变的历史过程》,《复旦学报》(社会科学版)1982年第2期;魏嵩山主编《中国历史地名辞典》,江西教育出版社1986年版,第849页。

第三章
新石器时代晚期农业氏族聚落文化

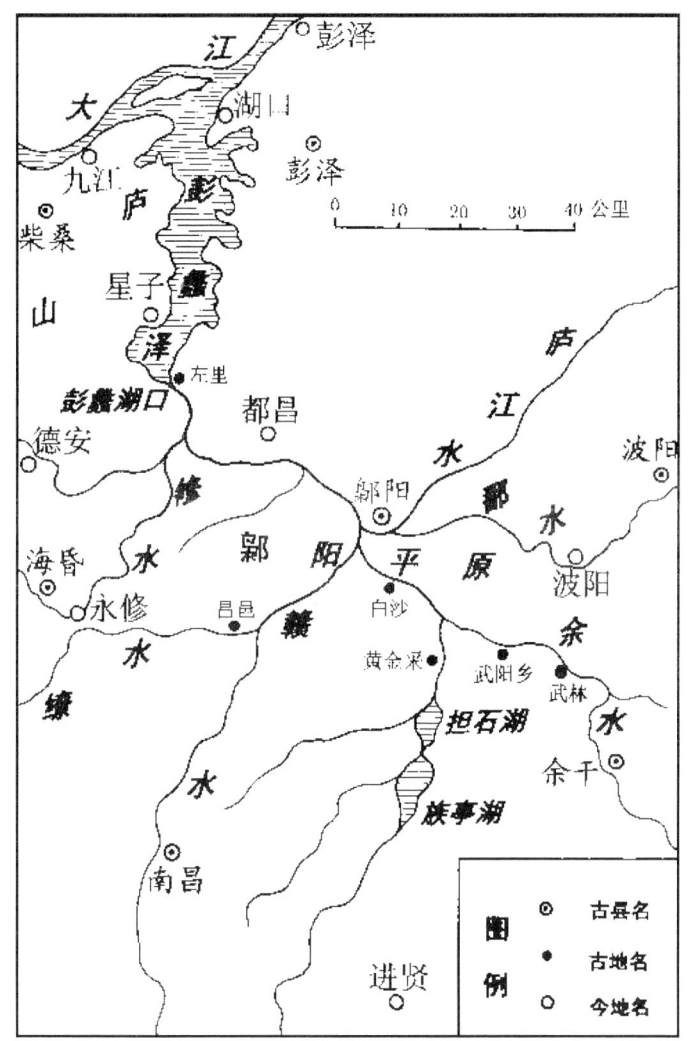

图 27　汉唐鄱阳平原水系图（据谭其骧文插图）

所重视，实际上，弄清历史地理的变迁在一定情况下往往是解开某些问题的一把钥匙。谭氏的这种观点，对照有关古代典籍也可找到佐证。《尚书·禹贡》："淮、海惟扬州，彭蠡既猪"，又导漾（汉水上游）入江，"东汇泽为彭蠡"。当然，这里并未确指东汇之彭蠡是江北或江南，但《史记·封禅书》中记录汉武帝南巡的路线，古彭蠡在江北就明显不过了。司马迁在《史记》中载汉武帝"自寻阳（今湖北黄梅县境）出枞阳（今安徽枞阳县），过蠡泽，礼其名山川"。这里，无疑古蠡泽

83

应和枞阳、古寻阳在江北的一条线上,而不可能在江南。既然古彭蠡泽不在今之江西鄱阳湖,那么三苗的分布范围,似不应含江西的北部,而应是以湖北的江汉地区为中心,北及河南西南部的南阳盆地,南达湖南洞庭湖以北地区。大量考古资料证明,湖北地区包括南阳盆地的新石器时代文化,及时代较早且偏西的大溪文化到屈家岭文化再到较晚的石家河文化,学术界较一致认为,应该就是三苗不同时期的文化遗存[①]。

第二,从前所述赣境地区至今已发现的新石器时代的考古学诸文化来看,其文化面貌都与三苗中心区的大溪文化、屈家岭文化和石家河文化明显有别。以赣西北的山背文化来说,尽管地理位置上与江汉平原相邻,在文化特征上如某些陶器器形与屈家岭文化相近似,但总体文化面貌大不相同,屈家岭文化多见的彩陶工艺在山背文化中基本不见。以赣境地区新石器时代晚期分布最广的主体文化筑卫城文化来看,尽管在樟树樊城堆下层出土有少量泥黄陶的彩陶片,表明曾受到屈家岭文化的一定影响,但其生产工具和陶器的总体特点与屈家岭文化差异甚大。至于郑家坳文化,正如前面所述应归属江北皖南的薛家岗文化范畴。

第三,赣境至今发现的新石器时代文化,与古文献所记述的有关三苗族的社会经济情况和发展水平有较大差异。三苗的族源,可追溯到缙云氏。《尚书·尧典》:"流共工于幽洲,放驩兜于崇山,窜三苗于三危,殛鲧于羽山,四罪而天下咸服。"东汉郑玄注释曰:"命驩兜举共工,则驩兜为浑敦也,共工为穷奇,鲧为梼杌也,而三苗为饕餮可知。"马融也注曰:"三苗……缙云氏之后为诸侯,盖饕餮也。"[②]作为缙云氏后裔的三苗族,其社会经济发展程度如何?《左传·文公十八年》载及缙云氏有不才子饕餮,"贪于饮食,冒于货贿,侵欲崇侈,不可盈厌,聚敛积实,不知纪极,不分孤寡,不恤穷匮"。这里所讲"冒于货贿",冒者贪求也,"货贿"者为"金玉曰货,布帛曰贿"(见东汉郑玄注《周礼》)。一个族群,已经出现了追求吃喝、贪求金玉布帛,侵人肥己,崇尚奢侈,还不能满足,聚财积谷,到了无以复加的程度,而且,不分给孤儿寡母,不周济贫困之人,这样的原始民族,无疑是因社会生产力的发展,已带来社会财富的盈余,引起了社会分配的

---

① 参见俞伟超《楚文化的渊源与三苗文化的考古学推测》,《先秦两汉考古学论集》,文物出版社1985年版。

② 《尚书·尧典》注,见《十三经注疏》,中华书局1980年版。

第三章
新石器时代晚期农业氏族聚落文化

不均和贫富的分化,原始氏族制已处于日逐解体时期。此外,当时三苗的社会生活中已开始实施刑法。《尚书·吕刑》载:"苗民勿用灵,制以刑,惟作五虐之刑,曰法,杀戮无辜,爰始淫为劓、刵(《说文》引作刖)、椓、黥……"这里,所谓"苗民勿用灵""惟作五虐之刑,曰法",表明这时的苗民已不再用传统的原始宗教即"灵"的手段来维持社会秩序,而改用新的严峻的刑罚,尽管这种刑法不像是进入阶级社会以后那种由国家机关按一定程序制定出的成文法,但它的出现,无疑是三苗族社会生活发生深刻变化的表征,是三苗族人的社会发展阶段已走到文明门槛前的反映。对照江西地区已发现的新石器时代晚期诸文化,虽然墓葬资料发现不多,但从其反映出的生产力水平及社会发达程度都远不如同一历史时期的三苗族。而恰恰相反,大量的考古特别是墓葬资料证明,江汉地区新石器时代晚期诸文化的生产力水平和社会发展程度倒和三苗族所处阶段相吻合①,故而有的学者径称"石家河文化连同其前身屈家岭文化,当即三苗文化"②。

第四,根据湖北考古学者的调查与研究,在鄂东南地区发现了一批新石器时代晚期遗址,诸如大冶上罗村、南山水库、杨桥水库、蕲春易家山、通城尧家林和黄梅龙咸湖等遗址,这些遗址有着较为一致的文化面貌,即生产工具中普遍发现有段石锛、有肩石斧等;生活用器陶器多以夹砂红陶为主,还有泥质红陶、夹砂灰陶和少量印纹陶等,纹饰主要有绳纹、方格纹、篮纹、附加堆纹等,器物组合以鼎、豆、壶、罐等为主。显然,这些文化特征与江汉地区三苗族系的大溪文化、屈家岭文化和石家河文化都不尽相同,正如有的学者所指出,它们已"具备古越族考古文化的主体因素"③,"这些新石器时代遗址的主人,都只能是创造这种文化的古越族先民本身。而正是这支古越族,成为周代扬越的先民"。鄂东南与赣北相邻,通城尧家林遗址与修水山背遗存仅被幕阜山相阻;黄梅龙感湖遗址东与安徽毗连,南与赣境九江隔江相望,既然鄂东南发现的新石器时代文化主人为古越人,那么地处其南的赣境地区新石器时代文化主人自然也应是古越人,三苗族不可能跨过鄂东南而进入赣境。

---

① 参见张绪球《长江中游新石器时代文化概论》,湖北科学技术出版社1992年版。
② 参见任式楠《长江中游文明起源探索》,《任式楠文集》,上海辞书出版社2005年版,第286页。
③ 参见刘玉堂《论湖北境内古越族的若干问题》,《百越史研究》,贵州人民出版社1987年版。

二、古先越民族

既然赣境地区的北部不属于"三苗之居"的范围,那么新石器时代江西地区的原始居民属于何族呢?我们认为,应属于古越族,更准确地说应属古先越民族。

古越民族渊源甚古,在河南安阳殷墟出土的甲骨文中,就发现有不少"戉"字(详见第四章),古"越"与"戉"相通,可见"越"名称的出现,最早可上溯到商代。对殷墟出土这样多的"戉"字,范文澜也疑是指南方的"越国"①。又据《逸周书·伊尹朝献》载,商汤时,奴隶出身的伊尹管理四方部族,东方就有"沤深等九夷十蛮,越沤鬋发文身,诸令以鱼皮之鞞,鲗鲗之酱,鲛瞂利剑而献"。这里讲的"沤深"、"越沤",似应指古越族而言。西周时期,有关越族活动的记载更多。东周之世,开始出现"百越"一词,即所谓"扬汉之南(高诱注:'扬州汉水南'),百越之际(高诱注:越有百种)"(《吕氏春秋·恃君览》)。这里应是泛指扬州、汉水之南,春秋战国时期尚广泛地分布着百越民族。《汉书·地理志》引臣瓒语说:"自交阯至会稽七八千里,百越杂处,各有种姓,不得尽云少康之后也。"林惠祥更是具体指出,百越所居之地甚广,占中国东南及南方,如今之浙江、江西、福建、广东、广西、安徽和湖南诸省②。春秋战国时期,广袤的南方地区尚有如此众多古越民族,而且种姓繁杂,商、周时期也有越族的频繁活动,那么在此之前更久远的新、旧石器时代,无疑也应是古越民族先祖的活动区域,只是当时没有什么文字记载,所以我们要准确称呼的话,南方地区新、旧石器文化的主人应为古先越民族,他们创造的文化应称为先越文化。

前已述及,赣境地区至今已发现的诸种新石器时代晚期文化,明显与江汉地区属三苗系的大溪文化、屈家岭文化和石家河文化有别,而是各自有着自身特色的新石器时代晚期文化,故分别命名为不同类型的所谓"拾年山文化""山背文化""筑卫城文化""郑家坳文化"和"社山头文化"等。但是,诸种文化类型之间也明显可看出有其内在的、共同的文化因素:如诸遗存中均发现有不等的有段石锛、有肩石器或弓形锛等;再如诸遗存中的陶器多为夹砂红陶、泥质红陶或夹砂灰陶等,尚有少量黑皮磨光陶,特别是有不等的早期几何形印纹陶

---

① 参见范文澜《中国通史简编》,修订本,第一编,人民出版社1965年版。
② 参见林惠祥《中国民族史》,商务印书馆1936年版。

第三章
新石器时代晚期农业氏族聚落文化

器,如方格纹、叶脉纹、曲折纹以及绳纹、篮纹等。这些共同的内在文化因素即所谓"共性",赣江流域的新石器时代晚期文化如此,整个南方地区大体也如此,"这不仅说明南方诸土著文化之间有着广泛、密切的联系,而且说明它们很早以来就有可能属于一个大部族的共同体,他们创造的共同文化自然就是一个族的'族文化',这个'族文化'应该就是古越族的文化"①。而各个不同类型原始文化的自身特色即所谓"个性",又正好说明古越民族支系繁杂,"各有种姓",而且越往古代,种姓越杂,支系越多。

当然,话得说回来。赣境地区不属于三苗的分布范围,这是从狭义的"苗蛮集团"来理解的。若从广义的"苗蛮集团"来说,不仅赣境就是南方其他地区的古越族也都可归属于这一集团。所谓"苗蛮集团"是夏代以前对整个南方地区原始民族的泛称。"苗"者,又称"三苗""有苗""苗民"等,"蛮者",南蛮也,其中当然就含有古越族。由于三苗族所处地域紧邻中原,所以尧、舜、禹要向南扩展,三苗是首当其冲,随之而来的是对三苗展开持久不息的争斗和战争。正因如此,故让人误以为"苗蛮集团"就是指三苗,实际上其中族类繁杂,三苗只是其主要民族,古越族也应是其中之一。

---

① 参见彭适凡《中国南方古代印纹陶》,文物出版社1987年版,第320页。

第四章
新石器时代末期文化与夏文化的南渐

在距今四千年前后,中原地区的原始氏族制已完全解体而进入阶级社会,自禹和其子启开始,建立中国历史上第一个奴隶制国家夏王朝。根据夏商周断代工程的研究报告[①],夏朝自启开始至桀灭亡,共有14世17王,前后经历400余年,即从公元前2070至前1600年。就在这400余年间,江西地区的土著居民基本仍处于原始氏族制后期即新石器时代末期,其社会发展阶段可以说比黄河流域整整慢了一大步。随着中原华夏族首领尧、舜特别是禹对江汉地区三苗族的不断征讨和最后征服,夏人也开始越过大江而进入赣境,并以其先进的文化给予当地土著文化以影响,从而促进了赣境地区原始氏族制的解体,也开启了华夏民族与古越民族的融合过程。

第一节
新石器时代末期文化

继江西新石器时代晚期拾年山文化、山背文化、筑卫城文化、社山头文化(一、二期)和郑家坳文化之后的近500年间,赣鄱地区兴盛起来的是以筑卫城、

---

① 参见《夏商周断代工程1996—2000年阶段成果报告·简本》,世界图书出版公司2000年版。

第四章
新石器时代末期文化与夏文化的南渐

樊城堆中层、广丰社山头第三期和高安相城下陈①等遗存为代表的新石器时代末期文化,其年代为距今4100~3600年,而这一时期正是我国历史上第一个奴隶制政权夏王朝统治时期,故有的学者称江西这些新石器时代末期文化为夏时期文化遗存。②广丰社山头遗址第三层和发现的大型长方连间式房址,上面正好被含有早商风格陶器的地层、灰坑和墓葬所直接叠压,表明该层位和房基及其包含物,与"夏"这一特定历史时期相吻合,这就从地层叠压关系上找到了这些文化遗存相对年代的科学证据。

一、文化特征

属这一时期新发现和发掘的遗址尚有余江县龙冈、红冈、板栗山③、新余市珠珊④、乐平市高岸岭⑤以及湖口县下石钟山⑥等,从这些遗存所发现的遗迹和遗物所反映出的生产力水平来看,明显比新石器晚期要高。这时的文化特征可归纳为:

第一,工具制作技术有所提高。主要的农业工具以有段石锛和扁平长方形体或上部略窄下部稍宽的梯形扁平锛为多,段部多居中间部位,或段线处磨一半圆形凹槽;石斧多为浑圆长条形或梯形。石镞磨制更精,体身普遍延长,形制多样,但以三棱形为多。其他器形尚有刀、环、钻、锥、磨棒和戈等(图1),它们从取材、成型到磨制、抛光,均达到较高的技术成就。筑卫城遗址中层出土石钻的磨光和阴刻弦纹和半月形双孔石刀的对钻孔,社山头遗址第三期出土直径达20厘米的石球和石环的磨圆、抛光等,无论从形制到琢磨工艺,都表明此时的手工业在新石器晚时代期基础上有进一步的提高。就地取材、因地而制作石器,也是一个重要特色。如社山头遗址的石网坠,基本是利用江河中的扁平长椭圆形、扁平长条形的自然小砾石,两端打成上下两个缺口即成。

第二,陶器普遍有夹砂和泥质灰陶和红陶、黄褐色陶,但灰褐陶和磨光黑皮陶明显增多,还新出现少量的硬陶、白陶和釉陶,高安相城下陈遗址出土白

---

① 参见刘林《高安县下陈遗址的调查》,《文物工作资料》1976年第6期。
② 参见徐长青等《江西夏文化遗存的发现与研究》,《南方文物》1994年第2期。
③ 参见杨巨源《江西余江县三处古文化遗址调查简报》,《东南文化》1989年第1期。
④ 参见彭振声《江西新余发现夏时期文化遗物》,《南方文物》1992年第3期。
⑤ 参见余庆民《乐平县试掘高岸岭遗址》,《江西历史文物》1981年第1期。
⑥ 参见刘诗中等《湖口县下石钟山遗址调查记》,《江西历史文物》1985年第1期。

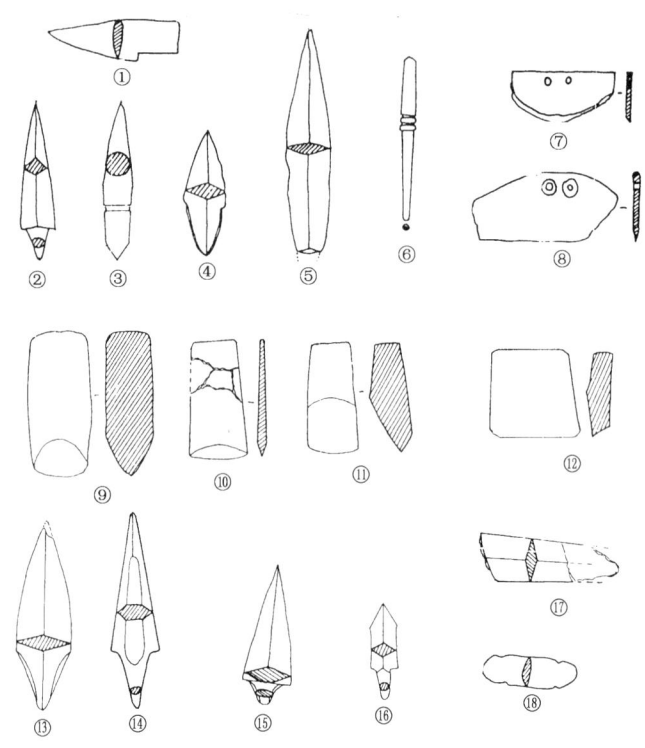

图 1 新石器时代末期石器

①石刀 ②③④石镞 ⑤石矛 ⑥石钻 ⑦⑧半月形石刀(以上为筑卫城中层出土) ⑨石斧 ⑩石铲 ⑪⑫有段石锛 ⑬⑭⑮⑯石镞 ⑰石戈 ⑱石网坠(以上为社山头出土)

陶竟占到3%。据筑卫城遗址中层(第三层)统计表明,夹砂、泥质灰褐陶约占37%,黑皮磨光陶等约占40%,而夹砂、泥质红陶只约占21%,还见少量白陶、硬陶和釉陶。广丰社山头第三期的夹砂、泥质灰陶占到48.8%,红陶约占30%,硬陶约占18%。余江县龙冈遗址以砂质和泥质灰陶为主,次为黑皮磨光陶和红陶,也有少量灰色硬陶。陶系上的这些变化,无疑反映出新石器时代末期的制陶技术从淘洗、揉泥、拉坯、修整直到火候掌握上都比新石器时代晚期有进一步的提高。

第三,这时的日用陶器仍以鼎、豆、壶、罐、盆、钵、杯为多,尚有鬶、盉、斝等(图2),但其形制已有明显变化,且变化脉络清楚。鼎类器除盘形鼎外,更多使用宽沿、浅腹、侧扁式足或扁平式足之釜形鼎;杯形豆由薄胎、深盘向厚胎、浅

第四章
新石器时代末期文化与夏文化的南渐

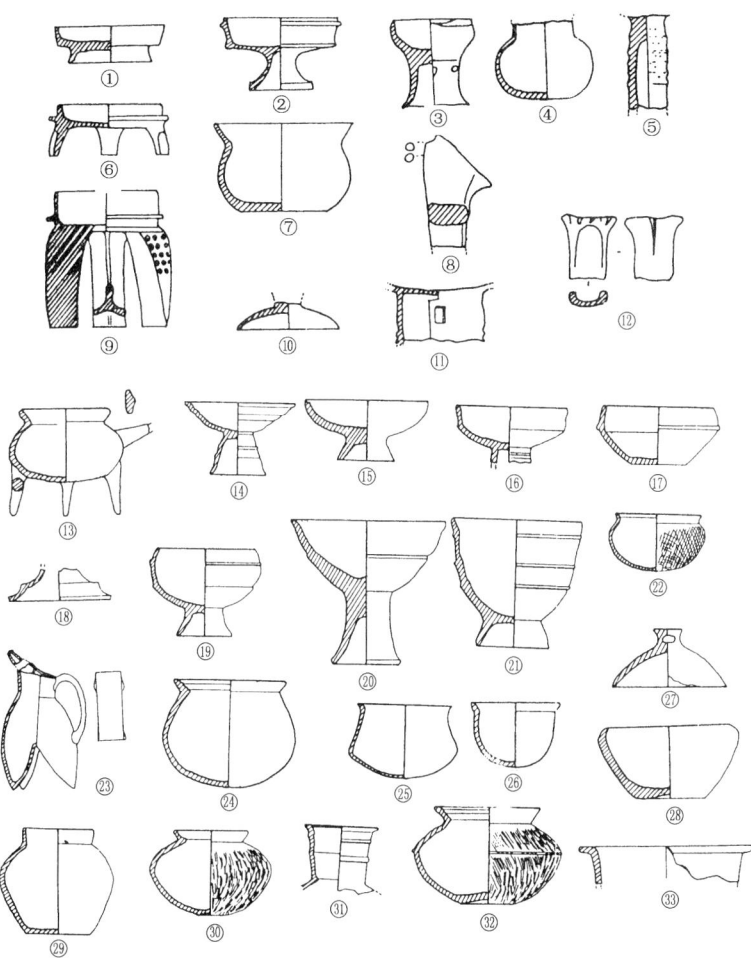

图 2 新石器时代末期部分陶器
①盘 ②③豆 ④罐 ⑤豆圈足 ⑥⑨盘形鼎 ⑦釜 ⑧⑫鼎足 ⑩器盖 ⑪镂孔豆圈足 ⑬带把手鼎 ⑭⑮⑯⑱⑲⑳㉑豆 ⑰缸 ㉒罐 ㉓鬶 ㉔㉕㉖釜 ㉗器盖 ㉘缸 ㉙㉚㉜罐 ㉛壶 ㉝盆

盘演变,喇叭状矮圈足和粗圈足豆较多,折盘豆和竹节形把豆也有出现,但少见有棱座豆及豆把上繁缛的镂孔装饰;鬶类器由粗肥大袋足向矮锥状袋足、细高颈演变,整个器形显得瘦高。

第四,陶器中的早期几何印纹陶增多,其纹样主要有方格纹、编织纹、曲折纹、S形纹、漩涡纹、圆圈纹、重圈带点纹、圈点纹、席纹、梯格纹及成型的云雷纹等(图3)。其作风是印痕深且粗犷,也较错乱,部分有重叠现象。单位组成由大型向中型演变,如漩涡纹由大块痕浅向中型痕深演化,曲折纹也由浅痕杂乱向痕深、规整发展。

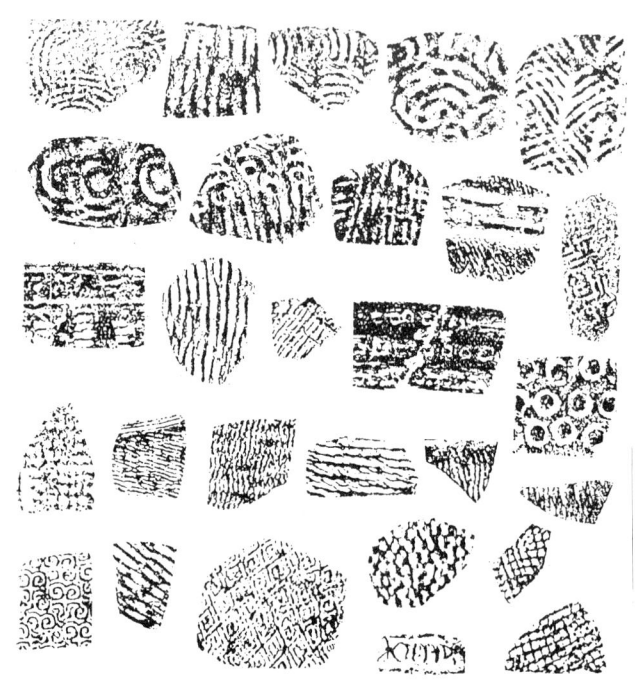

图3　早期印纹陶器纹样

第五,诸遗存中,作为礼器的玉器不仅数量而且种类出土更多,如高安相城下陈遗址仅开1×1米探沟,就出土有玉璜、玛瑙璜、玛瑙玦等10余件。这应是受到东方良渚文化影响所致。

二、经济生活

这一时期,在制陶、纺织和建筑等方面技术也都有相应的提高。以建筑形制和技术为例, 在广丰社山头遗址第三期文化中就发现有大型的长方连间式房居,[①]它是江西继修水山背跑马岭遗址大房址发现以来的最大的房基遗迹。

---

① 江西省文物考古研究所等:《江西广丰社山头遗址发掘》,《东南文化》1993年第4期。

第四章
新石器时代末期文化与夏文化的南渐

东西向三个连间,各间均长4.3米、宽3.7米(图4)。至今保存下来的只有房基外墙的北墙和内隔墙,外墙似挖有浅槽基。居住面为白灰面,厚约3厘米~5厘米。外墙宽约35厘米~40厘米,墙体内寓含有等距离同样大小的柱洞,外墙外见有用红烧土护坡;隔墙直接建于居住面上,宽约20厘米~40厘米、残高20厘米~30厘米,墙体内亦寓含有间距不等、直径大小不一的柱洞;各分间内有三四组排列整齐的圆形柱洞,且与外墙墙体内之柱洞相对应。第一间建有一火塘,第二间建有一窖穴(H1)。房址内出土有陶釜、罐、钵、豆、盉及石锛、石矛等。其建造方法:先铺垫、夯打白灰面地面,挖出浅基槽和槽内、室内柱洞,柱洞比木柱径要大;然后竖立一根又一根木柱,并用红烧土及砂石等夯实加固柱基,使之不易倾倒,其间将木板、竹木棍等用藤条或草绳缠结;后又用木骨泥糊墙的办法筑起外墙和隔墙,并用火烘烤;最后,覆盖屋顶,即用木椽将室内顶梁立柱与周壁外墙柱架联起来,用藤绳扎捆紧,椽与椽之间又用木板或竹、木棍横的架接起来,将屋面作成南北两面坡式,然后铺上厚厚的草拌土或稻草并压紧。

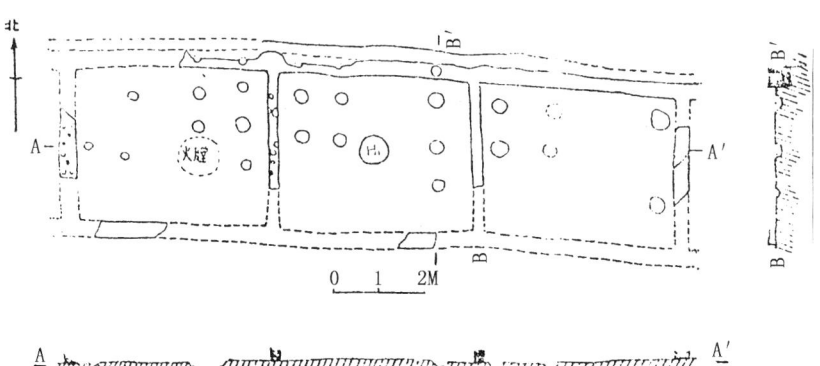

图4　东西向三连间居址(广丰社山头)

新石器时代末期阶段,赣境地区原始居民仍以稻作农业为主,只是发展较为迟缓。据古气象专家研究①,在距今4500年特别是4000年前后,长江中下游地区的古地理环境和古气候又一次发生变化,即降水量明显比前期减少,气候变得干凉,年平均温度比现在低2℃。由于温度降低和降水量减少,使流域植被覆

---

① 参见林承坤《长江、钱塘江中下游地区新石器时代古地理与稻作的起源和分布》,《农业考古》1987年第1期。

盖度降低,引起长江流域产沙量的增加,水流输沙能力小于流域产沙量,从而引起河流沉积,使长江中下游冲积平原与长江三角洲平原面积扩大。随着长江及其支流水位的下降,汛期有大部分平原不会被水淹没,从而使赣江流域的赣抚平原、吉泰平原等几大平原得以逐步形成,原始先民才有可能迁移到平原定居,因而才出现了很多平原地区的遗址。这一时期,虽然由于年平均温度和降水量比现在降低与减少,给水稻的种植带来一定影响,但从一些遗址的红烧土中发现有稻秆和谷壳标本来看,赣江流域的稻作农业仍然持续发展,只是稻作遗存的规模和数量有可能比前期减少。

我们必须注意的是,赣境地区的新石器时代末期文化,不论是筑卫城、樊城堆中层或社山头三期文化等都是渊源于自身下层文化基础之上,是从本土的新石器时代晚期文化发展而来。就以日常生活用器陶器来说,常见的鼎、豆、壶、鬶、釜、罐、盘、盉、杯、器盖、纺轮等等,虽然由于中原夏文化的南传、影响和渗透,给予土著文化打上某些中原文化烙印,但其主要器类和基本器形仍然是赣境地区新石器时代晚期陶器特征的延续和发展,也就是说,它还是以自身特色为主要内涵的原始社会末期文化。正如邹衡所指出:"在夏代,江南广大地区似乎还处于新石器时代的末期。"①

在新石器时代末期,随着社会生产力水平的提高,社会经济的缓慢发展,赣境地区原始居民的聚落形态也发生相应变化,即逐渐从母系氏族制向父系氏族制急剧转变,最后进入父系氏族社会。导致母权制向父权制转变的关键是社会生产力的发展,因为生产力的发展,促使了男女在生产中所处地位的变化,男子逐渐取代女子成为生产的主要承担者,成为家庭的主宰,于是出现了父系家长制家庭。与此同时,婚姻制度逐渐从"对偶婚"制向"一夫一妻"制过渡,妻随夫居,世系按父方计算。当然,所有这一切,都是在充满激烈矛盾与冲突的长期斗争过程中形成的。

---

① 参见邹衡《江南地区诸印纹陶遗址与夏商周文化的关系》,《文物集刊》第三辑。

第四章
新石器时代末期文化与夏文化的南渐

第二节
夏文化的南渐

中原华夏民族对南方苗蛮集团古代文化的影响,可以追溯到夏王朝建立以前,这就是历史传说中尧、舜、禹伐三苗的旷日持久的征战。自建立起奴隶制国家夏王朝之后,随着社会经济的发展,国力的增强,先进的夏文化对南方广大地域土著文化的渗透仍持续不断。

一、尧、舜、禹对三苗的征服

华夏族对南蛮集团中三苗的征服是逐步的,也是艰巨的。尧时,首当其冲的是今河南西南部的三苗部落。《吕氏春秋·召类》载:"尧战丹水之浦,以服南蛮。"《六韬逸文》:"其与有苗战丹水之浦。"[1]是什么导火线引发这场战争?郭璞注《山海经·海外南经》:"昔尧以天下让舜,三苗之君非之,帝杀之。"当然,问题并非那样简单,当有其深刻的社会政治原因。那么"丹水之浦"的丹水在哪里?学术界较一致认为应在今河南淅川县西南。杨守敬《水经注疏·丹水》按:"今丹水自商州东南流,经商南县曰丹江,又经淅川厅,又西南经内乡县,至均州东入汉。"显然,即在今南阳盆地的淅川县境一带。这次战争以三苗大败而结束,不仅三苗之君(应是三苗部落联盟的酋长)和与其串通叛乱的尧的儿子丹朱[2]被杀,而且给三苗部落以沉重打击,特别是加强了对三苗部落的控驭。《尚书·吕刑》言:尧帝得知三苗"罔有馨香德,刑发闻惟腥。皇帝哀矜庶戮之不辜,报虐以威,遏绝苗民,无世在下。"孔安国注说:"皇帝,帝尧也。哀矜众被戮者之不辜,乃报为虐者以威诛,遏绝苗民,使无世位在下国也。"尧对三苗虽名义上保留其国,但不准其后嗣担任首领,而选择效忠华夏族者为君,故实际上变成了华夏族的附庸,客观上加快了华夏族与三苗族的融合。

---

[1] 参见清孙同元辑《六韬逸文》,见孙德骐《六韬浅说》,解放军出版社1987年版。
[2] 《太平御览》卷六三引《尚书逸篇》言:"尧子不肖,舜使居丹渊为诸侯,故号曰丹朱"。又古本《竹书纪年》:"尧让天下于虞,使子朱处于丹渊为诸侯"。

舜继尧即位后，三苗开始还较驯服，但好景不长，随后又乘机作乱。此时的相互争战之地已南移到江汉地区及至长江沿岸。但这时舜对三苗的征服，似乎更换了手法，采用软硬相兼的策略，即军事征伐和德教感化相济。《韩非子·五蠹》载："当舜之时，有苗不服，禹将伐之。舜曰：'不可，止德不厚而进武，非道也。'乃修教三年，执干戚舞，有苗乃服。"对三苗部落联盟的首领，舜帝也采取区别对待即"善留恶去"的办法。《尚书·舜典》："三载考绩，三考，黜陟幽明，庶绩咸熙。分北三苗。"《正义》曰："北，背也。善留恶去，使分背也。"孔颖达更作了详细的疏证："北者言相背，必善恶不同，故知三苗幽暗，宜黜其君臣，乃有善否，分背流之，不令相从。俱徙之则善从恶，俱不徙则恶从善，言善恶不使相从，言舜之黜之，善恶明也。"这种"善留恶去"的区别对待方法，对分化瓦解三苗族确实起到了作用。对那些顽固坚持与华夏族为敌的三苗族人，舜采取断然放逐实际就是强逼外迁的措施，即如《史记·五帝本纪》所说，"流共工于幽陵"，以变北狄；"放驩兜于崇山"，以变南蛮；"迁三苗于三危"，以变西戎。而广大三苗部落的下层氏族成员，一部分善从者继续留在原地被华夏族融合，即《吕氏春秋·召类》所谓的"舜却苗民，更易其俗"；一部分可能随其首领驩兜一道被迫南迁至交、广①之地去；一部分是被迫南逃甚至渡江与古越族相融合，其中有的就逃至赣境各地，与赣地的新石器时代末期原始氏族部落相融。

华夏族对三苗的征服高潮是在大禹时，因而自然也表现得最残酷，最激烈。《墨子·非攻下》载："昔者三苗大乱，天命殛之，日妖宵出，雨血三朝，龙生于庙，犬哭于市，夏冰，地坼及泉，五谷变化，民乃大振。高阳乃命禹于玄宫，禹亲把天之瑞令，以征有苗，四电诱祗，有神人面鸟身，若瑾以侍，搤矢有苗之祥，苗师大乱，后乃遂几。禹既已克有三苗，焉磨为山川，别物上下，卿制大极，而神民不违，天下乃静。""后乃遂几"，似乎经过此次大战，三苗就此全部消灭了，即《国语·周语下》所谓的"人夷其宗庙，火焚其彝器，子孙为隶，下夷为民"。此次战争之惨烈可见一斑。禹大败三苗后，"焉磨为山川，别物上下，卿制大极"。据孙诒让在《墨子闲诂》中考证：磨与历通，"历与离同义""磨为山川，亦谓离为山川也。离与历皆分别之义"。"卿制大极"疑为"乡制四极"，乡即飨之省，"四极，指四方极远之国"。也就是说，禹征服三苗后，将原来三苗的属地及其遗民全置于夏王朝的统治之下，一些三苗统治者的子弟被贬为奴隶。恩格斯曾经指出，

---

① "放驩兜于崇山"，崇山，按《通志》载："乃在交广之间"；《太平寰宇记》："崇山驩州也。"驩州即今之越南演州及安城县一带。

第四章
新石器时代末期文化与夏文化的南渐

在奴隶制开始出现时,"公社本身和公社所属的集团还不能提供多余的供自由支配的劳动力。战争却提供了这种劳动力,而战争和相邻的几个公社集团同时存在的现象一样,都是由来已久的"①。而对一般平民则进一步强制"更易其俗",接受华夏族先进文化,最后都逐渐与华夏族融合而成为华夏的一部分。当然,还有部分三苗被迫跨过大江继续南逃,随后紧追的也有部分华夏族人进入湖南洞庭以南和赣省境内,他们先后来到古越人中间,开始了华夏与南蛮民族的融合历程。

从大禹所进行的这场"以征有苗"战争形势看,其主要交兵战场当在汉水下游的江汉地区即在大江北岸。讨伐结果,虽有所谓"卿制大极"扩及四方极远之国,但想来实际被华夏扩张和占领的当主要是汉水流域的三苗之地,即今湖北的大部分地区。考古资料也证实,在湖北境内就发现了一批夏王朝时期即二里头文化遗存,如宜都石板巷子、宜昌白庙子、郧县大寺、钟祥六合、天门肖家屋、随州西花园、江陵荆南寺等②,尤为引人注意的是,在武汉市北部的黄陂盘龙城城垣基部和王家嘴下层也发现了二里头文化③。这些都应是夏王朝的国力范围实已达江汉地区的考古学物证。

二、历史传说

必须指出的,尽管夏王朝国力范围尚未到达江南,但不排除有夏人一支或多支越过大江进入南方,特别是华夏民族南来后,其先进文化的影响力,无疑将远播及辽阔的南方及东南地区。这从古文献载及的一些历史传说中,应多少可看出一些史影。如舜晚年南巡狩"死于苍梧之野,葬于江南九嶷"之说(《礼记·檀弓上》《史记·五帝本纪》《山海经·海内经》等均有载及)。这里所言九嶷山或苍梧山,古今学者多认定在今湖南零陵、宁远县境。近年,湖南考古学者在宁远县境九嶷山进行长达三年的考古发掘,就发现有唐宋及更早期的舜帝陵庙遗址,与古文献记载相吻合,并经国家文物局专家组考察论证,认为宋代舜帝

---

① 恩格斯:《反杜林论》,人民出版社1970年版,第177页。
② 参见杨宝成主编《湖北考古发现与研究》,武汉大学出版社1995年版。
③ 参见俞伟超《先秦两汉考古学论集》,文物出版社1985年版;陈贤一《江汉地区的商文化》,《中国考古学会第二次年会论文集》,文物出版社1980年版。

陵庙是目前所知经考古发掘证实的时代最早的舜帝陵庙。[①]此外,在南方各地还留下有不少虞舜的传说,如湘潭韶山之得名,是因舜在此吹奏九韶之故;广东曲江韶石,是相传舜南巡至此奏韶乐而得名。又如禹东巡狩和葬于会稽的传说(《史记·越王勾践世家》《越绝书》《吴越春秋》等均有载)。这些古代传说,不论是舜死九嶷还是禹葬会稽等等,我们认为既不可全信,也不可不信。不能全信,是因为唐虞夏时,中原华夏族的国力范围尚未达此,至今在湖南、浙江、广东等地均未发现有二里头文化考古遗存就是明证;但是,我们又不能不信,是因为伴随着尧、舜、禹对三苗的持久战争,有一些华夏族人乘势向南向东迁徙那是完全可能的。

同样,在赣境地区,有关唐、虞、夏特别是大禹的传说也较多。《史记·河渠书》载:"余南登庐山,观禹疏九江。"在庐山最高峰大汉阳峰上有禹王崖,传说就因大禹登临而得名。至今在大汉阳峰峰顶的汉王台上,立有一高四尺余的石柱,清光绪丁亥年(1887)四月南康知府王以慜(湖南常德人)题字其上。柱北面曰:"庐山第一主峰";柱南面曰:"大汉阳峰";东面刻联曰[②]:

峰从何处飞来,历历汉阳,正是断魂迷楚雨。
我欲乘风归去,茫茫禹迹,可能留命待桑田。

在庐山紫霄峰(即上霄峰,在大汉阳峰南)上,有大禹石室,相传大禹治水时,尝登此刻字于石室中。《水经·庐山水》就曾载及:庐山有大禹刻石,"昔禹治洪水至此,刻石记功。"慧远:《庐山记略》云庐山"在寻阳南。……有匡俗先生者,出殷周之际,隐潜居其下。"《豫章旧志》载:"匡俗字君平,夏禹之苗裔也。"清代星子人曹龙树曾有诗云:

紫霄峰头有石室,鸟迹虫书神禹笔。
高傍日月锁云烟,汉武秦皇曾驻跸。
大禹茫茫疏百川,胡为到此万仞巅。
得毋当日洪水果滔天,
毋怪至今庐山顶上迸多泉。

曹氏还注释云:"好事者缒入之,摹得百余字,字奇古不可辨,只'洪荒漾予乃橇'(意思是:在混沌的远古时代,我靠登山的工具登上了庐山)六字可

[①] 见《中国文物报》2004年8月18日。
[②] 见徐新杰《庐山金石考》,《星子文史资料》第一集(内部),1985年。

第四章
新石器时代末期文化与夏文化的南渐

识。"①此外,相传大禹还登踏过今鄱阳湖入长江水道中的大孤山(鞋山),并勒石记功,据说早年曾有人见过这些勒石,但现早已不存了②。可以看出,禹登庐山和大孤山的传说,都与治水有关,而这又是大禹的另一项杰出功绩。《尚书·皋陶谟》载禹对舜说:"洪水滔天,浩浩怀山襄陵,下民昏垫。予乘四载,随山刊木,暨益奏庶鲜食。予决九川距四海,浚畎浍距川。暨稷播,奏庶艰食鲜食。懋迁有无,化居。烝民乃粒,万邦作乂。"禹为了整治水土、疏通江河这一"万世永赖"的事业,他确曾跑遍了大江南北的名山大川,而庐山、九江与被夏王朝占领的江汉地区仅一江之隔,因而大禹曾涉足江北的彭蠡,进而渡江南登庐山应该是可信的。历史学家司马迁以他极其丰富的学识和阅历相信大禹的足迹到了九江、庐山应是有道理的。

三、考古学物证

从考古学的物证看,赣境相当于夏王朝时期的新石器时代末期诸遗存,不论是社山头第三期还是筑卫城中层等都是植根于下层基础之上,是从本土的新石器时代文化发展而来,以自身土著文化内涵为主体,至今尚未发现如湖北黄陂盘龙城发现的那种典型的河南偃师二里头文化,即真正的夏文化,这就表明,此时夏王朝的国力范围尚未扩及赣。但是,引人特别注意的是,在这些新石器时代末期遗址中,都出土有少量的相同或相似于偃师二里头文化的器物(图5),如广丰社山头遗址的卷沿深腹盆、敞口深腹外饰凸棱平底盆,就与二里头二期文化的同类器相近③,袋足束颈冲天流盉与洛阳矬李遗址出土的夏代同类器相一致④;下陈遗址的白陶鬶、新余珠珊的平底觚、直内石戈等又都与偃师二里头文化出土的相同,这些考古实物例证,有力地说明夏文化的影响和渗透已达赣江流域,联系到大禹为疏导九江南登庐山的史影,有些华夏族人渡过大江南迁至赣江大地是无可置疑的。他们来到赣地后,与原有的土著先越氏族和部落交错居住,相互交往,进而相互通婚,日渐融合,并带来了华夏民族的先进文化,本来就已经进入到原始父系氏族制最后阶段的赣地先越居民,由于有了夏

---

① 参见冯兆平等编《庐山历代诗选》,江西人民出版社1984年版;周銮书《庐山史话》,江西人民出版社2005年版。
② 参见毛德琦《庐山志》第1卷、第10卷。
③ 参见中国科学院考古研究所洛阳发掘队《河南偃师二里头遗址发掘简报》,《考古》1965年第5期。
④ 参见洛阳博物馆《洛阳矬李遗址试掘简报》,《考古》1978年第1期。

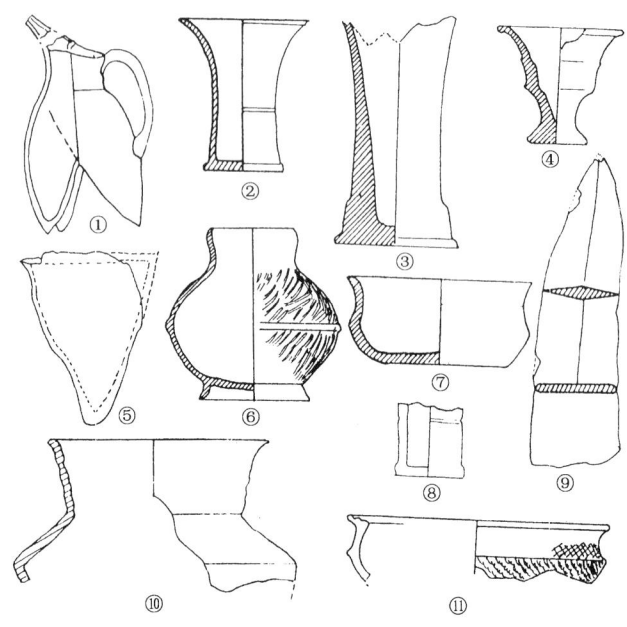

图 5　类同于中原的夏代文化遗物
①陶盉　②陶觚(新余珠珊)　③陶觚(鹰潭龙岗 H1)　④陶觚(鹰潭板栗山 H1)　⑤白陶鬶足(高安下陈)　⑥陶罐(铅山)　⑦平底盆　⑧陶觚(樟树樊城堆)　⑨石戈(新余珠珊)　⑩陶罐　⑪陶盆

人的南迁,犹如有了古代文明产生的催化剂,更加速了生产、交换和私有制的发展,并进而促使原始氏族制的最后解体,进入阶级社会。

夏文化的南渐和华夏族人的南迁是与尧、舜、禹对三苗的征服同步的。当"尧与有苗战于丹水之浦",最后以三苗大败结束,随之华夏族占据了豫西南地,从而打通了从中原进入湖北随枣走廊的通道,而通过这条通道,"直接南下则到江汉平原西部,洞庭湖区,东转通过随枣走廊,则到汉东乃至鄱阳湖区。仰韶文化的南渐、屈家岭文化及其因素的北张,中原系统龙山时期文化、二里头文化的向南推进和商周文化的大举南下,都是通过这一地区。"①

到虞舜特别是禹对三苗的空前征战后,夏王朝完全控驭了江汉广大地区,这更为夏文化的南渐东传开辟了广阔的地域空间。自此之后,不仅夏文化的南渐,就是以后商周文化进入赣境地区也主要通过此条通道。

---

① 参见何介钧《石家河文化浅析》,《纪念城子崖遗址发掘周年国际学术讨论会文集》,齐鲁书社1993年版。

第五章

商代吴城方国文明(上)

公元前1600年,成汤灭夏建立中国历史上第二个奴隶制国家商王朝,中经前1300年商王盘庚从奄(今山东曲阜县境)迁都到殷(今河南安阳市小屯村),再到前1046年周武王伐纣商代灭亡,前后历经553年左右,17代31王[①]。500多年历史,大体可分为三个时期,即早期为成汤建国至仲丁迁隞;中期为仲丁迁隞至盘庚迁都前;晚期为盘庚迁殷至纣王自焚国灭。有商一代,特别是商代晚期至西周早期是中国青铜时代最发达时期。商王为了拓疆略土,不断对四方的诸侯、方国和民族进行征伐,"南土"的铜矿资源更为商王统治者垂涎。

据现有考古资料,商文化南渐至赣境地区最迟在商代中期,即前14世纪50年代前后的商王仲丁时代,赣北九江龙王岭下层(第三层)和瑞昌铜岭矿冶遗址第11号竖井以及德安石灰山遗址第一期遗存、樟树吴城遗址第一期文化早段中出土一些类似郑州二里冈下层和上层文化的因素就是有力明证。当商文化南渐到赣境时,虽未完全吞噬本土文化,但却给本土文化打上深深烙印,特别是带来了先进的陶范铸铜技术,大大推进了当地尚较落后的仅知用石范铸造青铜工具和兵器的青铜铸造技术的发展。在文化面貌上,出现了一批经过改造变体了的商器、先周器(包括陶器和铜器)和本土文化器并存的局面,地处南国赣江中游地区的吴城方国文明开始形成。晚商时期,随着商文化影响力的日逐减弱,本土文化则愈益显示出其突出地位,吴城方国文明也进入其兴盛时

---

① 今据《史记·殷本纪》为三十一王。另据甲骨卜辞的《周祭谱》和古本《竹书纪年》则是二十九王。

期,其地域文化色彩更为浓厚,最集中体现就是樟树吴城遗址第二、三期文化和新干大洋洲商代大墓中大批青铜器群的空前发现。创造吴城方国文明的居民成分,既有夏、商时期相继南下的华夏族人,也有原居于江汉腹地的三苗后裔,但主体民族还应该是固有土地上的先越民族,而且应是古越民族的支系扬越人。

第一节
吴城文化的分期与年代

江西吴城商代青铜文化遗址是目前南方地区已发现的众多商周文化遗址中规模最大、出土物最为丰富的遗存。它的发现不仅是江西也是整个中国南方地区先秦古史研究的重大突破。早在30多年前,当吴城遗址发现之时,苏秉琦在致饶惠元的信中,就以他独具的眼力高瞻远瞩地指出:吴城商代遗址的发现"为江西乃至江南地区的考古透露一个新线索,非常重要的线索。""它在江西是首次发现,也是江南地区的首次发现。它的重要性是不言而喻的,不仅具有重要的学术意义,也具有重要的现实意义——这是打开岭南地区古文化与中原关系和该地区从原始社会到阶级社会过渡阶段的一把钥匙,更可喜的是这个遗址很有可能是一个不包括晚期遗存,而只有早期的、连续相当长时期的、属于这一独特文化类型的一个典型遗址。"[1]30多年来吴城遗址和江西乃至整个南方地区的考古发掘与研究成果,完全证实了苏秉琦的远见卓识。

一、吴城遗址与城垣

吴城遗址位于江西樟树市西南35公里的吴城乡吴城村后的丘陵岗阜上。[2]吴城村后因早年常有零星青铜器出土,故俗名又叫铜城村(图1)。据历次调查和发掘证实,吴城遗址的整个面积达4平方公里。特别是围绕吴城村而堆筑起的崇墉——商代土城,是吴城遗址的中心区。巍峨壮观的土城,前有肖江作护

---

[1] 摘自苏秉琦先生1973年11月16日给饶惠元先生的复信。引自宜春市博物馆《江西吴城商代遗址的调查发现与抢救保护》,《南方文物》2004年第2期。

[2] 樟树市成立于1988年,此前称清江县。吴城原属山前乡,2003年改山前乡为吴城乡。

第五章
商代吴城方国文明(上)

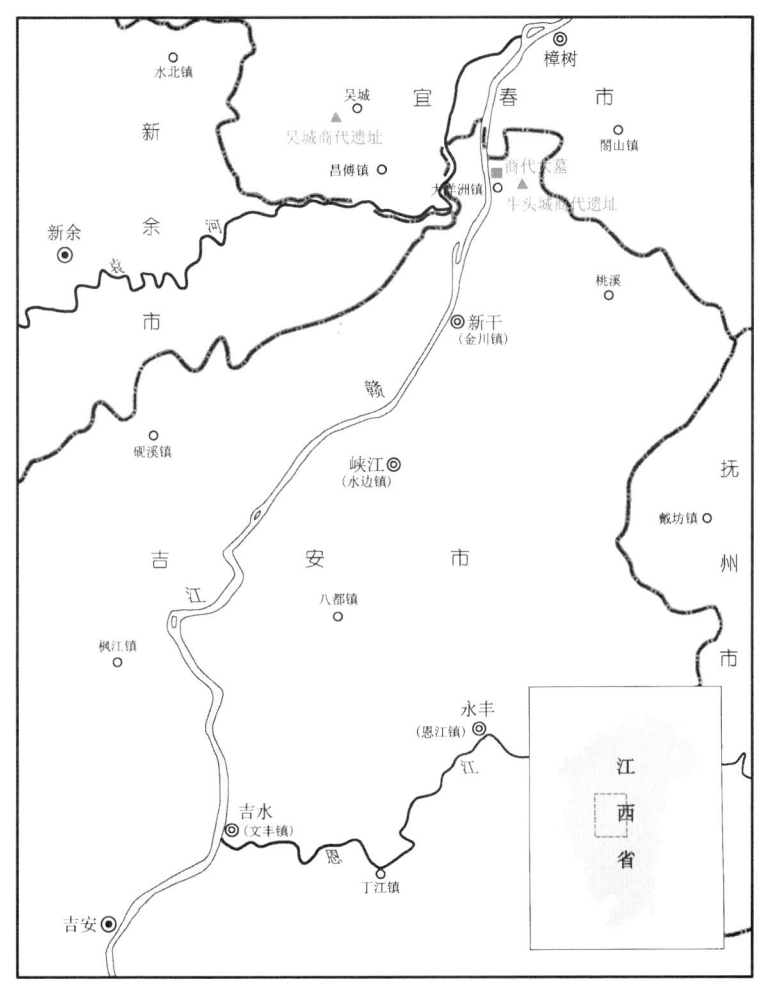

图 1　吴城遗址、新干大墓地理位置图

卫,浩渺回环;隔江对面又有律坪作案山,秀列如屏;后有三岭作主心,翠耸如画;左有马鞍山,循环拱抱;右有木鱼山,关锁水口,其形势虽不能说"天造地设",但确是人类筑城繁衍的绝好胜地。

重大考古发现往往是偶然的,但无数偶然的发现正隐含着发现的必然。吴城遗址也是1973年因兴建吴城水库而发现的。自发现起至2001年近三十年间先后对该遗址进行了十次科学调查、勘探和发掘①，共揭露面积5363平方米，清理房基3座、灰坑63个、水井3眼、墓葬23座、陶窑14座、大型祭祀广场1处及与之配套的红土台基、长廊式路面，出土有石器、陶器、原始瓷器、玉器、青铜器及铸造青铜器的石范、泥芯等相关遗物总计2000余件，发现刻画在陶瓷、石范上的文字符号计160多种。一个遗址中，出土如此之多的商代文化遗迹和遗物，不仅在江南地区首屈一指，就是在全国已发掘的商代遗址中也是为数不多的，它无疑为我们探究吴城方国的经济、文化和政治结构、文明发展程度及其与中原商殷王朝和周边地区商殷时期考古学文化的关系都提供了较丰富的实物史料。

吴城商代土城的确定，是经过1995年和2001年两次对西城墙的精心发掘才最后证实。②吴城城址平面近圆角四方形（图2），城内面积61.3万平方米。城墙周长约2860米，现残存高度约3米~15米不等，整个城址轮廓尚清晰可见（图3）。城墙一周有六个缺口，其中东南缺口与城东南的低洼地城嘴港相通，推测此缺口应为水门，东、南、西、北、东北五个缺口两侧有门垛，推测应是昔日的城门，千百年来当地老表还直称为东门、南门、西门、北门和东北门。城内地势高程较相近，根据10次的考古发掘证实，城内清理出很多商代重要遗迹，且有规律地分布于城内，形成了诸如居住区、祭祀区、制陶区、铸铜区等多个不同的功能区。

根据对西城墙的解剖资料，吴城城垣的垒筑可分两个时期，最早的城垣为吴城文化第一期晚段所筑，垣体依地势填高补低而建，只是垣体较窄且矮；到吴城文化二期早段时，再在第一期城垣基础上加宽加高而修建，即至今现存的城垣，断面呈梯形，以西城垣为例，残高3.3米、顶宽8米、底宽21米。这时的城垣由主城墙和基槽两部分组成，即筑城的方法，是采用先挖口宽12.3米、底宽6.5米、深1.9米的斗状基槽，然后用纯净生土一层层往上堆垒而成，基槽建成后，再往上堆垒垣体至一定宽度和高度，这样筑建的垣体无疑比之早期的垣体基

---

① 参见《江西清江吴城遗址发掘简报》，《文物》1975年第7期；《江西清江吴城商代遗址第四次发掘的主要收获》，《文物资料丛刊》第二辑，1978年；《清江吴城遗址第六次发掘的主要收获》，《江西历史文物》1987年第2期；《樟树吴城遗址第七次发掘简报》，《文物》1993年第7期；《江西樟树吴城商代遗址第八次发掘简报》，《南方文物》1995年第1期。

② 参见《江西樟树吴城商代遗址西城墙解剖的主要收获》，《南方文物》2003年第3期；江西省文物考古所等著：《吴城》，科学出版社2005年版。

第五章
商代吴城方国文明(上)

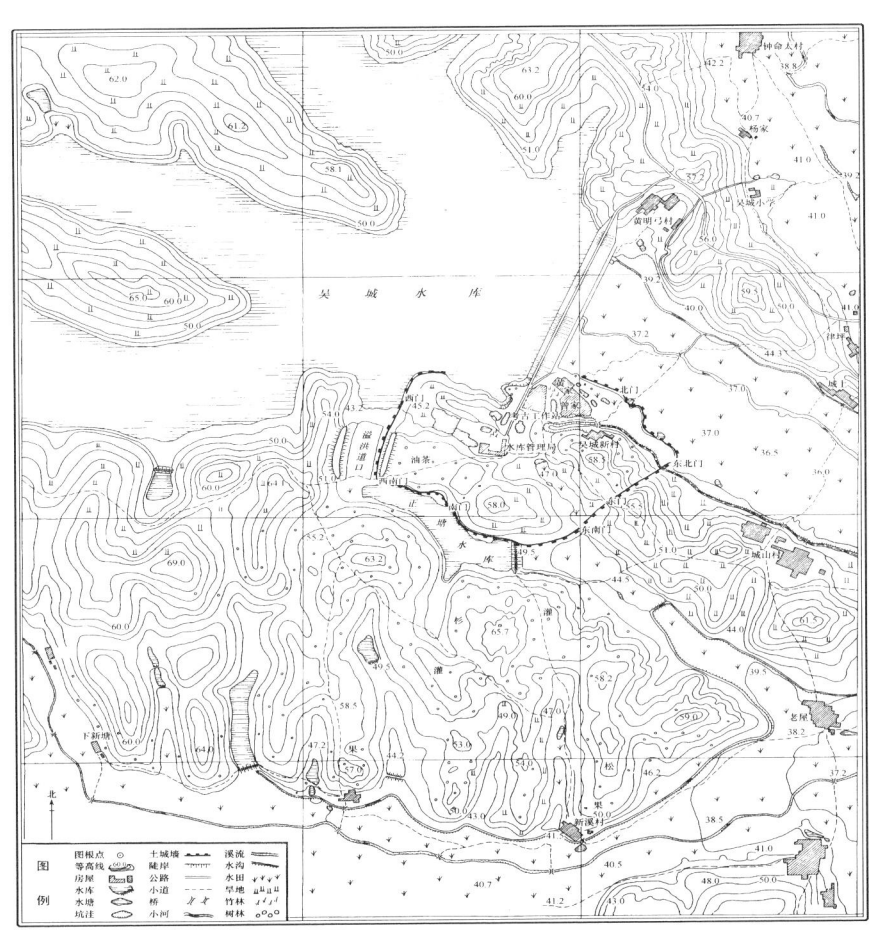

图 2　吴城城址及周围地形图

图 3　吴城北城墙

础更牢固,垣体更坚实。

在吴城文化第二期扩建城墙时,还在垣外挖有护城壕,横断面呈上大下小的斗状,上宽6.5米、底宽4.3米、壕深3.1米,壕底距地表高4.2米。两岸斜直陡峭,内岸距城垣根有3.7米的岸面,其间有一条与城壕同一走向的锅底形沟漕,上宽1.3米、沟深0.5米。推测其作用当与建筑基址中的落水功能相似,起着保护墙基和排水以及防止墙体水土流失之功用。

值得注意的是,两次解剖西城墙时,仅15平方米的城壕底部就出土人头颅骨21个,据对出土部分颅骨的鉴定结果,年龄大都为20~40岁的青壮年,有的头颅顶骨和下颌底部有明显刀砍或锐器击伤痕。据发掘者分析,当时可能发生过较大规模的攻守战,吴城城址的废弃(吴城三期早段)应和这次战争有关。

二、分期与年代

通过吴城遗址的前三次考古发掘,尤其是江西省考古工作者与北京大学考古专业师生的联合发掘,发现的遗迹、遗物相当丰富,发掘者根据文化层和遗迹的叠压打破关系以及典型器物的演变规律,将吴城遗址划分为三期,第一期相当于中原郑州二里岗上层,第二期相当于殷墟早期,第三期相当殷墟晚期至西周初期,从而最早确立了江西乃至整个南方地区青铜时代考古年代学的分期标尺。

随着发掘资料的增多和研究的深入,1978年底李伯谦首先提出了"吴城文化"的考古学文化命名,指出以吴城遗址为代表的江西商代文化是一支有自己的分布地域和自身文化特征又受到强烈商文化影响的独立的考古学文化,文中仍然主张将其分为三期(图4),只是将吴城遗址的三期划分变为吴城文化的三期划分,此外就是将三期文化的年代改订在商代晚期,也就是说,"吴城遗址和以吴城遗址为代表的吴城文化的年代基本上不超出商代"[①]。吴城文化命名的提出,在海内外学术界受到广泛重视和被多数学者所确认,它是吴城文化研究的奠基石,以后的一系列研究都是在此基础上开展的。

20世纪80年代以后,20多年来,吴城遗址进行了多次发掘,获取了更多新资料,全省商代文化的考古发现、发掘也层出不穷,面对这些丰富的新资料,周广明等在原来所分三期的基础上,仍根据其地层叠压关系与器物组合及典型

---

① 参见李伯谦《试论吴城文化》,《文物集刊》第三辑,1981年。

第五章
商代吴城方国文明(上)

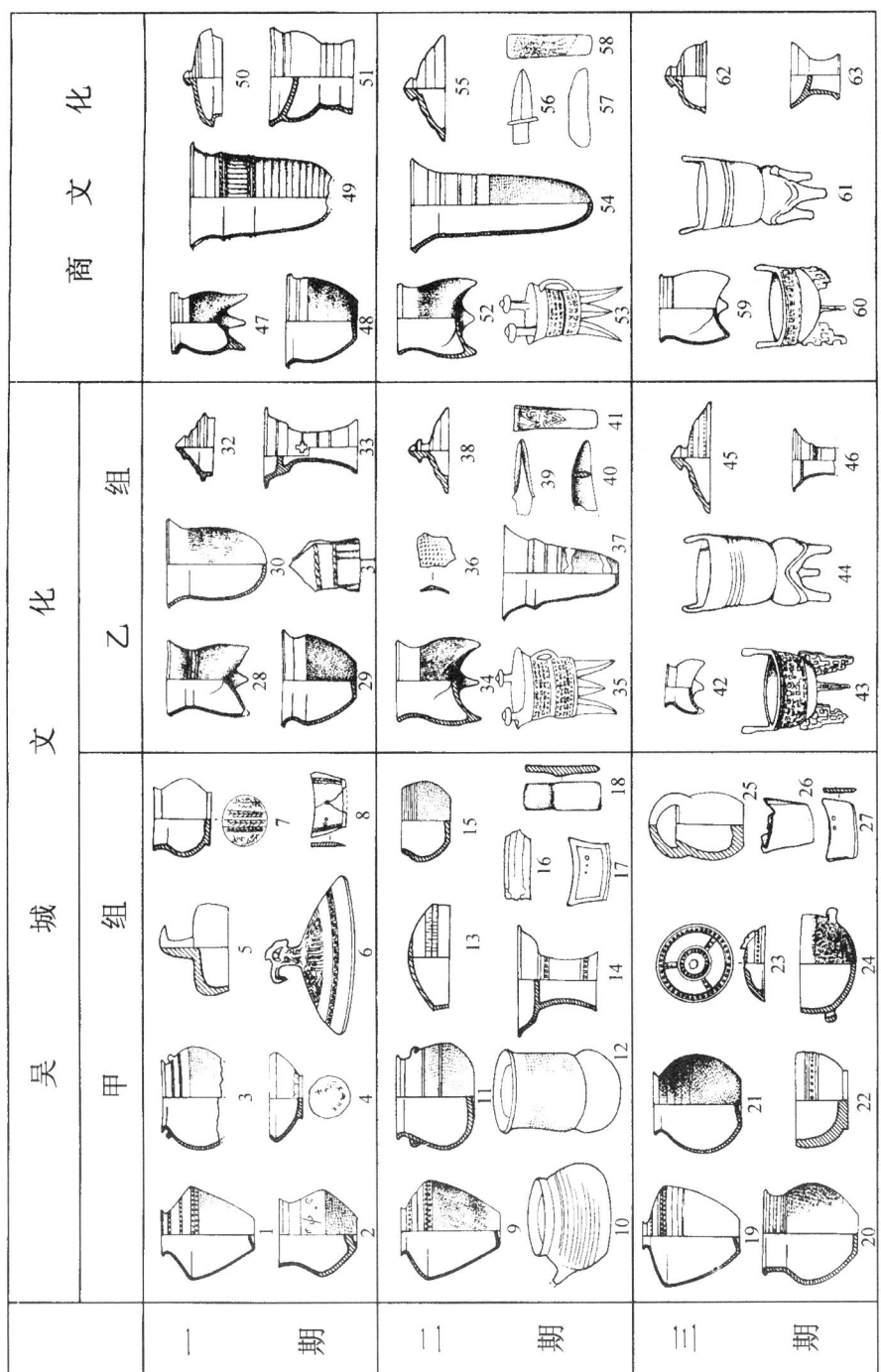

图 4 吴城文化与商文化器物比较图(据《文物集刊》第 3 辑李伯谦文附图)

器物演变之关系,将吴城遗址商代文化堆积分为三期七段①,即第一期分为早、晚两段,第二期分为早、中、晚三段,第三期分为早、晚两段,一期早段的年代定为二里岗上层一期,一期晚段的年代定为二里岗上层二期,二期早段的年代定为殷墟一期,二期中段的年代定为殷墟二期早段,二期晚段的年代定为殷墟二期晚段,三期早段的年代定为殷墟三期,三期晚段的年代定为殷墟四期。显然这样的分期是以最基础也最首要的地层学为依据的,早年我们曾将其分为三期,这是据当时仅有的发掘典型单位的地层及其打破关系而大体区分的,30年后,由于对吴城遗址的发掘面广了,发掘的遗迹、遗物也多了,因而相应于上述这些典型单位的地层和足以相比较的器物也就更为丰富,因此周广明的这样分期和断代显然更为细致,更为充实,也更具体,这无疑为江西及至南方地区青铜时代考古学的年代分期和断代提供了可靠的依据和标尺。

上述吴城遗址的三期七段分期法是仅对吴城遗址本身而言,而以吴城遗址为代表的吴城文化的分期又怎样呢?早年李伯谦氏三期分期法是否仍然可行?鉴于20多年来,赣江中、下游地区调查的吴城文化遗址和墓葬就达300余处,经正式发掘过的就有赣中地区的筑卫城遗址、樊城堆遗址、新干牛头城遗址、湖西遗址和大洋洲墓葬等;赣西地区的万载仙源墓葬;赣北地区的九江龙王岭遗址、神墩遗址、瑞昌铜岭矿冶遗址、檀树嘴遗址、德安石灰山遗址、陈家墩遗址、黄牛岭遗址、猪垅山遗址、蚌壳山遗址等。其中以九江龙王岭遗址、神墩遗址和德安石灰山遗址最具代表性,不仅有较理想的地层堆积,还发现有较多的遗迹和遗物,这为吴城文化的考古学分期和文化特征、性质诸问题的研究提供了有益的资料。正是依据吴城文化的这些新资料,彭明瀚以早先李伯谦氏的分期体系为基础,提出了吴城文化新的四期五段说②,即第一期,典型遗址和地层目前仅见于九江龙王岭遗址第一期文化,即其第三层和一号水井,年代为二里岗下层晚段;第二期,分早、晚两段,即原吴城遗址第一期,年代相当于二里岗上层一、二期;第三期,即原吴城遗址第二期,年代相当于殷墟一、二期;第四期,即原吴城遗址第三期,年代相当于殷墟三、四期。很显然,彭明瀚与李伯谦的分期法不同之处,主要是排出了早于吴城遗址一期即相当二里岗下层晚段的遗存单位,并独立称为第一期,那李伯谦原分的一、二、三期自然就延后分

---

① 参见江西省文物考古所等所著《吴城》,科学出版社2005年版。
② 参见彭明瀚《吴城文化研究》,文物出版社2005年版。

第五章
商代吴城方国文明（上）

别为二、三、四期；另外就是将第二期即原称的一期如同周广明一样分为早、晚两段，所以合称为四期五段。

从九江县龙王岭遗址第三层和一号水井①出土的遗物陶器看(图5)，陶质以泥质灰陶为主，夹砂灰陶次之，泥质、夹砂红陶和硬陶较少，尚有约11.29%的外挂黑衣陶。器形有鬲、盆形鼎、折腹罐、圈足盘和长颈罐等，其器物特征，特别是那种卷沿、束颈、高分裆、尖锥状实足鬲，与郑州二里岗下层出土的相近②，实际瑞昌铜岭矿冶遗址11号竖井出土的鬲也与此相类，而与吴城遗址一期早段的鬲稍有区别，一期早段鬲的特点是多卷沿近折，或斜折沿，多厚方唇，袋足状变瘦和足根部内敛，所饰绳纹由细趋粗，这种鬲显然和郑州二里岗上层一期鬲作风相似，此外，在吴城一期早段中还出现一种颈饰宽扁形绳索状堆纹一周、袋足上竖饰附加堆纹三条的大鬲，因此，将龙王岭第一期文化单列出来排在吴

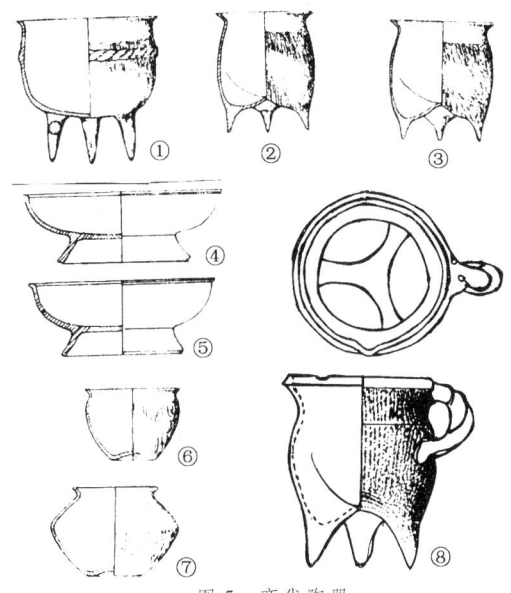

图 5 商代陶器
①陶鼎 ②③陶鬲 ④⑤陶盘 ⑥陶盆 ⑦陶罐（以上龙王岭出土）
⑧带把手陶鬲（瑞昌铜岭 11 号竖井出土）

---

① 参见江西省文物考古所等《九江县龙王岭遗址》，《东南文化》1991年第6期。
② 参见安金槐《关于郑州商代二里岗期陶器分期问题的再探讨》，载《安金槐考古文集》，中州古籍出版社1999年版；《郑州二里岗》，科学出版社1959年版。

城一期早段之前是正确的,这无疑更真实地揭示了吴城文化发展变化的阶段性,但是,是在原吴城文化所分三期之前增加一期成四期,还是仍维持原来所分三期只是在第一期的早、晚两段前增加一段而成早、中、晚三段呢?我们的意见应是后者。

考古学文化是代表一定年代界限、分布于一定地域、有一定文化特征的遗迹和遗物的共同体,[①]是一种极其复杂的时空综合系统。当这种文化变化、发展到一个阶段而表现出与前面有所不同时,可称为同一文化的某期某段。一支考古学文化在其发生、发展过程中,不仅分布范围会有所变化,文化因素也会不断发生变化,但这种发展变化有多种情况,一种是局部的或在量上有些许变化,可称之为渐变;一种是整体面貌上变化发展特别明显,可称之为突变,不论是渐变或是突变,都还是在量上而非质的变化,如果发生了质的变化,当然就应视为另一种文化。如果在同一文化中,文化因素上仅是局部渐变的话,当应是某期中的某一段,若文化因素上是整体上的突变,那就可将其定为新的一期。以九江龙王岭第一期文化来说,目前发掘面积仅150平方米,出土遗迹、遗物也不甚丰富,仅从现有资料和吴城遗址一期早段相比,都以泥质灰陶为主,夹砂灰陶次之,前者也有印纹硬陶,只是后者更多一些;前者的纹饰以细绳纹为大宗,还有少量弦纹、方格纹、错乱云雷纹、叶脉纹和附加堆纹等,后者的纹饰增加了粗绳纹、圆圈纹、S形纹、曲折纹等;器形上,后者增加了方鼎、深腹罐、折肩罐、折肩瓮、大口尊、伞状器盖等,常见的高分裆袋足鬲也仅有少许变化,而且都未见有后来较多出现的甑形器,这些都表明前者向后者的变化,尚是局部的量上的渐变,而非是整体文化因素上的突变。为此,九江龙王岭遗址第一期文化当应归属吴城文化一期,只是应排在吴城文化一期早段之前,这样吴城文化一期就可分为早、中、晚段,时代相当于中原郑州二里岗下层二期到上层一、二期,这一时期正是吴城文化的形成阶段。

至于原来所分的吴城文化二、三期,首先是依据典型单位的地层叠压关系,然后同样按照典型陶器及其组合等诸文化因素的渐变与突变来分期的。由于二期发掘的遗迹、遗物特别丰富,发现的遗址也较多,应是吴城文化的繁荣时期,而到三期时,吴城文化则开始趋向衰落,周广明氏将二期分为早、中、晚三段、三期分为早、晚两段应是合理的。这样,整个吴城文化我们认为应分为三期八段(表1)

[①] 参见夏鼐《关于考古学上文化的定名问题》,《考古》1959年第4期。

第五章
商代吴城方国文明（上）

表 1　吴城文化分期及年代简表

段期	典型遗址	龙王岭遗址	瑞昌铜岭矿冶遗址	德安石灰山遗址	吴城遗址	新干大墓	与中原相对年代
第一期	早	第一期	11号竖				郑州二里冈下层二期
	中	第二期		第一期	第一期早段		郑州二里冈上层一期
	晚			第二期	第一期晚段		郑州二里冈上层二期
第二期	早	第三期			第二期早段		殷墟一期
	中				第二期中段		殷墟二期早段
	晚				第二期晚段		殷墟二期晚段
第三期	早				第三期早段		殷墟三期
	晚				第三期晚段		殷墟四期

三、分布地域

吴城文化不仅是有其鲜明的文化特征和自成系统的完整发展系列，而且是有一定的分布地域的考古学文化。据50多年来的文物调查与发掘资料，全省范围内已发现商周遗址600余处，其中属吴城文化系统的遗存就近300处之多，主要分布在赣江中、下游及今鄱阳湖西岸一带（图6），而以赣中的樟树、新干、新余和赣北的九江、瑞昌、德安两地区最为密集。

吴城所在的樟树市境，至今发现商周遗址就达60余处，有的如吴城一样只有单纯的商代文化堆积，如胡家山遗址、蓝家山遗址、凤凰山遗址等；但更多的类型是属于下层为新石器时代晚期、中层为新石器时代末期、上层为商周或东周遗存，如已发掘的营盘里、筑卫城和樊城堆遗存。早年发掘的营盘里上层就出土有和吴城一样的直内石戈、高分裆陶鬲、瓢形和铸造铜锛、铜斧的石范等。①筑卫城和樊城堆上层的出土物中，诸如方唇、高颈、颈腹分明有折度的分

---

① 参见江西省文物管理委员会《江西清江营盘里遗址发掘报告》，刊《考古》1962年第4期。

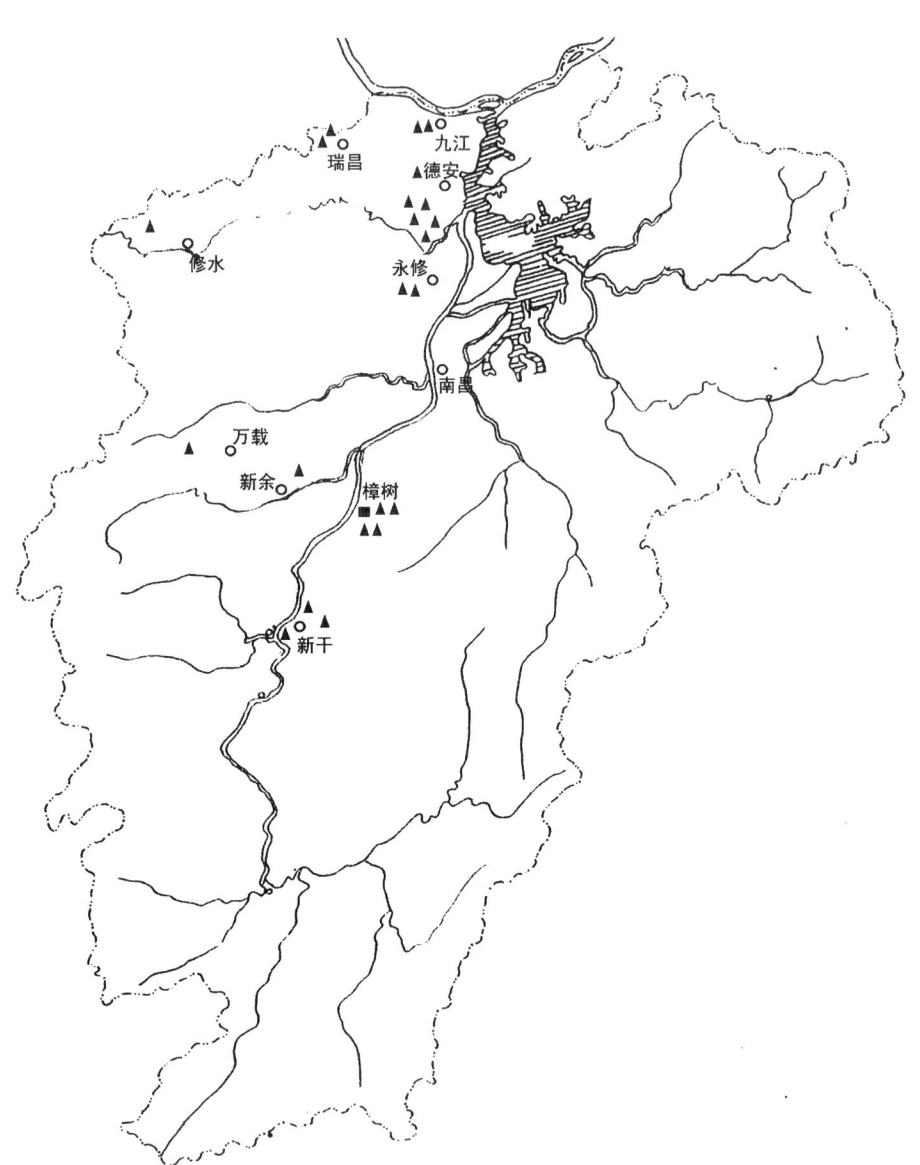

图 6　吴城文化已发掘主要遗址分布图

第五章
商代吴城方国文明（上）

裆鬲、大口尊、小口折肩罐、甗形器、伞状器盖、石范和饰圈点纹的高圈足原始瓷豆、纺轮、马鞍形陶刀等，都是吴城文化的典型器物。①

新干是发现吴城文化遗址较多且极为重要地区。诸如牛头城、湖西、马垴山、莒洲等10余处。牛头城遗址还发现有始建于商代晚期、兴盛于西周的土筑城墙，城址呈不规则长方形，且有内外两城，内城东西最长650米，南北最宽400米，面积约20万平方米；外城东西最长1100米，南北最宽600米，面积约50万平方米，仅比吴城城址面积小10万平方米左右。②从调查试掘的材料看③，包含有新石器时代晚期到商代再到西周时期的地层堆积，从出土的方唇、平折沿、高颈、颈腹有折度、分裆或瘪裆锥状袋足鬲、甗、颈腹分明的圜凹底盆形钵、浅盘喇叭形高圈足豆、深腹盆、大口尊、覆钵式器盖、子口不高或已退化的伞状器盖、带鸡冠形扉棱装饰的器盖以及直内石戈、马鞍形陶刀等都与吴城二、三期出土的同类器相同，其印纹硬陶、釉陶和原始瓷的纹样如曲折纹、席纹、云雷纹、网结纹、圆圈纹、圈点纹、剔刺纹、叶脉纹、三角窝纹、弦纹、锯齿状堆纹、水波纹等也大部分都表现出与吴城二、三期的纹饰风格相一致，只有少部分的纹样类别和风格与赣东北万年类型商文化相合，故此，牛头城遗址应属吴城文化系统的一处重要文化遗存。当然，对于牛头城址的文化内涵以及与附近的新干商代大墓和赣江西面吴城的关系究竟怎样等诸多重大问题，尚有待来日考古工作的深入开展。

20世纪80年代末期，距牛头城城址仅2.5公里许的大洋洲程家村旁，发现一座商代大墓（图7），它是至今已发现的规模最大、出土文物等级最高的吴城文化墓葬，是吴城青铜文化的有机组成部分，多年来吴城遗址中一直未曾发现的大型贵族墓葬和青铜"重器"，终于在距吴城遗址20公里外的赣江东岸发现了。该墓出土文物极为丰富，计有青铜器475件，玉器754件（颗），陶器和原始瓷器139件，其中尤以青铜器令人瞩目，其数量之多、种类之全、铸工之精、特色之鲜明，不仅为中国南方地区所仅见，就是从全国来说，在商代一个埋藏单位出土如此之多的铜器和玉器，只有中原殷墟妇好墓和四川广汉三星堆可以与之

---

① 参见江西省博物馆等《清江筑卫城遗址发掘报》，刊《考古》1976年第6期；《江西清江筑卫城遗址第二期发掘》，刊《考古》1982年第2期。
② 据江西省文物考古研究所已故研究员詹开逊给笔者提供的材料。
③ 参见江西省文物工作队《江西省新干县牛头城遗址调查与试掘》，《东南文化》1989年第1期；《新干县湖西、牛头城遗址试掘与复查》，《江西文物》1991年第3期。

图7 新干商代大墓遗物出土时情景

相比,陶瓷器如此之多则更是罕见。因此,它的发现,大大丰富了吴城青铜文化的内涵,进一步改变了人们长期以来对中国南方古代文明发展进程的认识,因为它以无可辩驳的事实证明,远在3000多年前,赣江流域就有一支与中原商殷文化关系密切的土著青铜文化,有着一个富有鲜明地域特色、在一定意义上又可以与中原商殷文明媲美的发达的方国文明。正如李学勤所言:"新干商墓的重要性在于以往大家为传统观念所束缚,把古代的南方设想为蛮荒落后,近年一系列考古发现,逐渐揭开了事实的真相,使南方的古文明史重现其应有的光辉。商代吴城文化分布的赣中、赣西北是具有相当高文化水准的地区,与中原王朝有密切的文化交通关系,这不但改变了我们对这一地区古文明的理解,也把南方以至整个商代文明的图景在很大程度上改变了。"[①]正因新干商代大墓有如此突破性重大意义,故曾被评为中国"七五"期间全国十大重要考古发现之一,新世纪之初,又和吴城遗址一同荣获20世纪全国百项重大考古发现之殊荣。

新余市也是发现吴城文化系统遗址较多地区之一,如渝水区罗坊镇的棋盘山遗址就是典型的台地型聚落中心遗存,[②]如同樟树筑卫城、樊城堆遗址一样,下层为新石器时代晚期,中层为商代,上层主要为西周时期的堆积,从中层出土的鬲、小口折肩罐、高圈足豆、直口尊、盆、釜等陶器看,明显与吴城遗址出土的相吻合。值得注意的是,在棋盘山遗址周围两三平方公里范围内,发现了12处相同的文化遗存。随着今后有计划地开展其考古发掘,必将对吴城青铜文化源流的研究有其重要意义。

---

① 李学勤:《发现新干商墓的重大意义》,见《中国文物报》1990年11月29日。
② 参见新余市文化局申报第五批省级文保单位的《棋盘山遗址》材料。

第五章
商代吴城方国文明（上）

赣江下游和鄱阳湖以西的赣北、赣西北地区是吴城文化分布的另一中心区，从目前已调查发掘的资料看，其中又以瑞昌、九江和德安等地分布最广。

德安县石灰山遗址是经过两次科学发掘的吴城文化系的典型遗存。[①]根据其地层堆积和出土陶器的变化特征，证实该遗存为单纯的商代遗址，但可分为上下两大层。两层文化的陶质、陶色和器类基本一致，以泥质灰陶为主，有一定数量的外挂黑衣陶、印纹硬陶和原始瓷，主要陶器有鬲、豆、罐、盆、器盖和甗形器等，只是器形上稍有不同；陶器装饰纹样流行绳纹、方格纹、席纹、叶脉纹、篦纹、曲折纹、S形纹、锯齿状附加堆纹、云雷纹、菱形纹、凸方点纹、波浪形刻划纹和组合纹饰等，但两层也不尽相同，如下层绳纹较粗，上层的绳纹较纤细；下层的几何印陶纹样总的显得细密，上层的印纹硬陶和原始瓷数量和纹样有所增多，凸方点纹除继续沿用外，有的演变成凸圆点纹，而且纹样总的显得宽疏，表明上下层文化有区别，在发展阶段上可分为早晚两期。从下层的瘦高体锥状袋足鬲、高锥状袋足粗绳纹附加堆纹大鬲等与吴城遗址第一期早段的相同；而上层的折沿鬲、深腹盆、折肩罐、假腹豆等又与吴城遗址第一期晚段的相类来看，说明其年代应比九江龙王岭遗存的下层稍晚，而大体与吴城遗址的第一期文化相当，即相当于郑州二里岗上层的一、二期文化时期。

此外，在德安县米粮铺与永修县江益交界处，也有着较密集的商周遗址群。从对陈家墩[②]、猪山坳、黄牛岭、界碑岭[③]、蚌壳山[④]等遗址发掘情况看，除猪山坳较单纯为商周文化堆积外，其他都普遍有着早中晚三期堆积，上层为西周时期堆积，晚或可到东周，中层一般为商代晚期遗存，下层有的为新石器时代晚期遗存。从中层出土的遗物看，尽管兼有不同程度万年青铜文化因素，特别像猪山坳表现得更为明显，说明地处赣北门户之区，多种文化都会集、交融于此，使其古代文化面貌呈现多姿多彩，但总的来看，其基本文化面貌仍应归属于吴城文化系统。

---

① 参见江西省文物考古研究所《江西德安石灰山遗址试掘》，刊《东南文化》1989年4、5期；《江西德安石灰山古代遗址发掘简报》，刊《南方文物》1998年第4期。

② 参见江西省文物考古研究所等《江西德安县米粮铺遗址发掘简报》，《南方文物》1993年第2期；《江西德安县陈家墩遗址发掘简报》，刊《南方文物》1995年第2期。

③ 参见《江西德安米粮铺遗址发掘简报》，刊《南方文物》1993年第2期。

④ 参见邱文彬等《江西德安、永修界碑岭商周遗址调查》，刊《南方文物》1993年第2期；《江西德安蚌壳山遗址发掘简报》，刊《南方文物》1994年第3期。

前已述及，九江县龙王岭遗址和瑞昌铜岭矿冶遗址11号竖井都出土有相近于吴城遗址的文化遗物，且其年代要稍早于吴城遗址第一期。此外，在瑞昌市铜岭矿冶遗址的附近，还试掘有一处檀树嘴遗址①，从出土的鬲、瓿形器、假腹豆、广平折肩罐等陶器看，也明显属吴城文化系统，这无疑对探讨铜岭矿冶遗存的主人族属等问题都是极有意义的资料。

九江县神墩遗址②，有着新石器时代晚期、商代和周代三个不同时期堆积。在商代文化层特别是发现的一口水井中，出土的器物很多，典型的有木耜和木质构件，陶器有袋足分裆鬲、带把鬲、折肩罐、假腹豆、深腹圜底罐和仿铜陶罍（图8）等。陶器纹样以绳纹居多，尚有附加堆纹、弦纹、网纹以及错乱的叶脉纹、剔刺纹和刻画纹等。上述一些典型器物和某些纹饰都是吴城遗址二期文化常见的。

尤为值得注意的是，地处赣西北的修水县山背地区，调查的37处遗址中③，第一类是下层为新石器时代晚期，上层为商周印纹硬陶遗存；第二类则为单纯

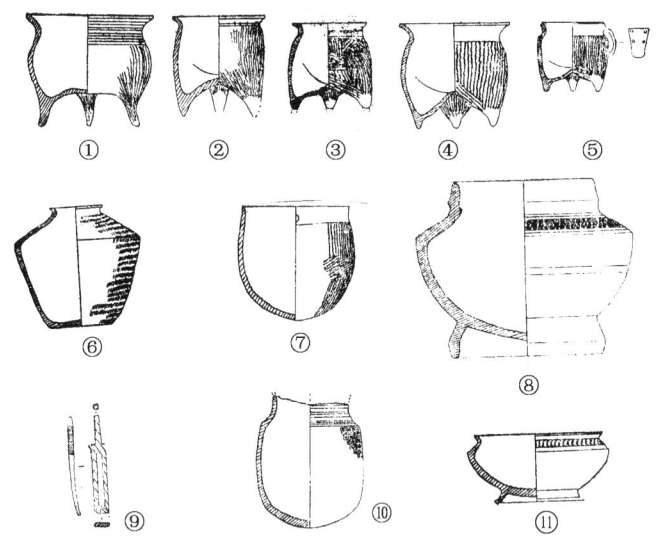

图 8　商代遗物（九江神墩）
①②③④⑤陶鬲　⑥折肩陶罐　⑦⑩陶罐　⑧陶罍　⑨木耜　⑪陶簋

---

① 参见朱垂珂等《江西瑞昌檀树嘴遗址试掘》，刊《南方文物》1994年第3期。
② 参见江西省文物考古研究所《九江神墩遗址发掘简报》，刊《江西历史文物》1987年第2期。
③ 参见江西省文物管理委员会《江西修水山背地区考古调查与试掘》，《考古》1962年第7期。

第五章
商代吴城方国文明（上）

的商周印纹硬陶遗存。这种堆积和分布情况和赣江下、中游地区是一致的。尽管上层商周印纹硬陶遗存的堆积多已冲刷殆尽，时代也有早晚，也不等量的含有万年青铜文化因素，但从地表散见的文化遗物看，诸如高颈、颈腹分明的分裆鬲、小口折肩罐、深腹圜底缸和马鞍形石刀等，都明显是吴城文化的因素。此外，如云雷纹、圈点纹、S形纹、锯齿状附加堆纹、云雷凸点纹、指甲纹和双线对角刻划纹等装饰作风甚至装饰部位都和吴城文化二期或三期一致。

赣西地区的万载县仙源①和奉新县城渡②等遗存，从上层出土的石戈、鬲、甗形器、折肩罐、敞口尊、直口尊、大口缸、马鞍形石刀等和原始瓷的胎质、釉色以及圈点纹、S形纹、锯齿状附加堆纹等几何纹样作风都颇具吴城文化特点，其中万载县仙源榨树窝遗址出土的原始瓷质的碗底上，还发现有类同于吴城遗址的文字与符号，如"五"、"网"等字。

有必要指出的是，石灰山遗存与吴城遗址在文化特征上也表现出有一些差异，如石灰山的黑皮陶比吴城盛行，而印纹陶、釉陶和原始瓷又远不及吴城发达；又如两遗址都出土有较多鬲类器，但石灰山更多的是早期鬲，而未见颈腹分明、弧裆或瘪裆的较晚形制；再如吴城遗址发现相当数量的陶文和刻划符号，而石灰山一个未见，等等。正因赣北的吴城文化与赣中的吴城文化有这种少许差异，故有的学者试着将吴城文化分别命名为吴城类型和神墩类型③，有的学者也主张分为两个类型，只是考虑德安县石灰山遗址科学发掘最早、出土遗物更丰富、器物演变更清晰，因而改神墩类型为石灰山类型④。产生这种少许差异的原因，是由于地域的不同而有类型上的区别呢，还是因时代上的早晚而处于发展阶段上的不同？我们的意见是倾向于后者，这如同九江龙王岭遗存一样，石灰山遗存一期的年代仅比龙王岭一期稍晚而与吴城遗址一期早段相当，都是处于吴城文化较早的发展阶段。如前所述，商文化的南渐最早是通过大江而后溯赣江而上逐步南渐的，因而越往北的商文化因素必定更浓，烙印更深，反之则趋淡趋浅，这样在文化面貌上的些许差异就必然的了。

吴城文化对东方无疑也有着强大的辐射力，但80年代初我们曾把赣东北

---

① 参见万载县博物馆《万载县商周遗址的调查》，《江西历史文物》1986年第2期。
② 参见胡义慈、陈文华《奉新县发现商代遗址》，《文物工作资料》1975年第5期。
③ 参见宋新潮《殷商文化区域研究》，陕西人民出版社1990年版。
④ 参见彭明瀚《吴城文化研究》，文物出版社2006年版。

万年县境的一些商代遗址和墓葬归入吴城文化范畴显然有误,①尔后大量新的考古资料证实,以万年遗址和墓葬为代表的商周文化遗存是一支既与吴城文化有密切联系又有其自身特色的土著青铜文化,它与吴城文化在不同地域并存发生、发展着,只是吴城文化的发展水平远高于万年青铜文化。

从目前已有资料看,进贤和临川一线似是两支文化的交会地区,如进贤县城墩、寨子峡等遗址②,从出土的陶器来看,诸如炊器以甗形器为主,其他如支座、高领罐、瓮、钵、带把钵(把上带刻符)等以及蝶钮和握拳形钮的印纹硬陶罐和错乱的云雷纹、叶脉纹、席纹等装饰风格都应是万年青铜文化因素;而鬲、直口尊、大敞口尊、折肩器、豆和马鞍形陶刀等则明显又是吴城文化因素。临川地区的一些遗址③,也同样表现出两种青铜文化因素兼有的情况,如横山遗址出土的甗形器、瓮、带把钵以及印纹硬陶的纹饰作风均为万年文化因素,而鬲、折肩罐、马鞍形陶刀以及器表或器底刻划有文字与符号(如↓、∧∧等)的作风等则与吴城文化雷同,该遗址出土的马鞍形陶刀就达14件之多,且器身双面有的也印有网纹、叶脉纹、方格纹或云雷纹,有的也施青黄釉,如河西一号遗址出土的1件马鞍形陶刀,陶质红色,长6.7厘米,刃宽0.9厘米,表面布满横篮纹装饰,两侧边则分别竖刻有两排叶脉纹符记,其叶脉纹图案和构图与吴城遗址出土的一件泥质黄陶盂底部的风格相近,所不同的是后者两侧刻有5个文字,中央则同样竖刻有两排叶脉纹。

吴城文化的南界目前尚不甚清楚。从目前赣南地区三次普查资料看,也发现了不少带几何印纹陶的商周遗存,甚至出土了铸造简易青铜兵器、工具的红沙岩石范,这可以于都县罗坳乡石尾遗址、仙鹅颈遗址④、寻乌县小布牛坪垴遗址⑤和赣州市竹园下遗址⑥等为代表。只是目前调查发现的遗址多,真正经过科学发掘的遗址少。其文化面貌表现错综复杂,从某些陶器如深腹盆、折肩罐、折

---

① 参见李伯谦《试论吴城文化》,《文物集刊》第三辑,1981年;彭适凡《吴城文化族属考辨》,《百越民族史论集》,中国社会科学出版社1982年版。
② 参见江西省文物工作队《江西省进贤县古文化遗址调查简报》,《东南文化》1988年第3、4期。
③ 参见江西省文物管理委员会《江西临川新石器时代遗址调查简报》,《考古》1964年第4期;临川县文物管理所《江西临川县古文化遗址调查简报》,《江西文物》1989年第3期。
④ 参见韩振飞《于都发现商代遗址》,《江西文物》1989年第3期。
⑤ 参见赣州博物馆《寻乌小布牛坪垴商周遗址发掘报告》,《南方文物》2001年第4期。
⑥ 参见江西省文物考古研究所《江西赣州市竹园下商周遗存的发掘》,《考古》2000第12期。

第五章
商代吴城方国文明（上）

腹罐和假腹高圈足豆等似有某些吴城文化因素来看，表明吴城方国文明的强大影响力也扩及至此，但从其整体青铜文化面貌看，如印纹陶中以曲折纹、复线长方格纹和与云雷纹等组合纹为代表的装饰作风，又与吴城文化面貌不尽相同，而表现出与广东石峡中层的商文化相近，那种多见的高领尊，又表明它与粤东地区商文化"浮滨类型"有一定联系。以上情况都足以说明，赣南地区的青铜文化更多的是带有岭南珠江三角洲和华南沿海地区考古学文化的色彩，因此，吴城文化的确切南界，应是今后吉安、赣州两地田野考古工作中需重点解决的课题之一。

第二节
吴城文化特征

如前所述，任何考古学文化都是具有一定时间界限、一定分布地域和一定文化特征的考古遗存的共同体，它都是在特定的历史条件和自然地理、生态环境制约下形成、发展起来的。任何考古学文化又不是孤立发展的，它和周边或较远的考古学文化必然有着程度不等、千丝万缕的联系、交流和融合。此外，考古学文化又不是一成不变的，在不同时段，其文化因素亦会有一定的变异，亦就是说，它有一个动态变化的过程。上述这些都可能给考古学文化面貌罩上一层较为复杂而非单一的重重的面纱，从而往往给人以错综纷乱和扑朔迷离的印象。吴城考古学文化就是如此，它前后延续达四五百年，分布范围又较为广泛，其文化内涵显然也是极为复杂的，为此，我们要认清一支考古学文化的真实面貌，就必须极其细心地揭去这一重重面纱，要对其文化内涵进行条分缕析，辨别出哪些是真正的主体文化？哪些是非主体的外来文化？哪些又是被吸取、改造甚或融合了的外来文化？这就是所谓文化因素分析的方法。"文化因素分析是指对考古学文化构成因素的分析，和地层学、标型学方法一样，是考古学基本方法之一。"[①]

根据文化因素分析的方法和原则，我们想从吴城文化的陶器、原始瓷、青铜器和文字符号等诸多方面进行剖析，然后总结出吴城文化有如下一些有别

---

① 参见李伯谦《论文化因素分析方法》，《中国文物报》1988年11月4日。

于中原商殷文明和其他青铜文化的独有的文化特征。

一、丰富多彩的几何印纹陶器

陶器是人们日常生活中使用最为广泛的生活用器,因而在古文化遗址中出土也最为丰富,又由于不同人群共同体的生活习俗、审美情趣、宗教信仰的差别,因而制作出来的陶器亦带上各自族群的特色。不同时空单位的考古学文化,其陶器的类别、造型和陶器群的组合都有明显差异,因而陶器很自然就成为我们鉴别考古学文化最重要的遗物,成为我们今天辨识古代人群共同体的一种外在"语言"。我们在鉴识陶器时决不能简单地只看其造型特征的相同或相似,更不能只观其器类或名称的是否相同,科学的方法应该是把第一印象的造型特征与其陶质、陶色、纹饰和制作等诸多方面综合进行比较研究,即要在总体上予以把握,这样得出的结论才能较符合历史的真实。

正是依据上述这种观点,我们对吴城文化的陶器群拟作如下的一些比较分析。

首先,从陶质、陶色、纹饰即陶器总的类别和风格看,吴城文化的陶器呈色显得多种多样,既有浅灰陶,也有红陶,甚至还有黄陶,这当然与烧造窑炉的烧造氛围相关,但它和中原商周陶器多数呈灰褐明显有别,使明眼人一看就感到这是两个截然不同的制陶工艺发展系统。尤其在吴城文化的陶器群中,有一批丰富多彩的几何印纹硬陶器,据对吴城遗址第一期文化的标准层位1974年秋T7层的统计结果,其几何印纹硬陶器占到16.28%;第二期的标准层位1974年秋ET5H4层的统计结果,印纹硬陶占21.82%;而到第三期,以标准单位1974年秋EF9H11统计,竟增多到22.58%,这其中还不包括有几何印纹的软陶器,可见多种陶系中几何印纹硬陶在吴城居民日常生活中的重要性。吴城的几何印纹陶不仅数量多,而且器物的种类也多,计有鼎、甗形器、豆、罐、盆、尊、钵、碗、盂、瓮、器盖、纺轮、网坠、陶刀等,几乎包括日常生活中的各个方面。此外,吴城印纹陶的种类也显得复杂繁缛,尤以二、三期最为繁复,其常见的纹样有圆圈纹、圈点纹、篦纹、蚕纹、曲折纹、S形纹、云雷纹、叶脉纹、凸方块纹、凸三角块带纹、水波纹、米字纹、锯齿状附加堆纹、菱形填线纹、蕉叶纹、回字纹以及各种组合纹饰等30余种(图9),这是中原商文化和先周文化中陶器纹饰所不可比拟的。

中原商殷文化中虽也烧制一些几何印纹陶,但数量普遍都少,以郑州部分

第五章
商代吴城方国文明（上）

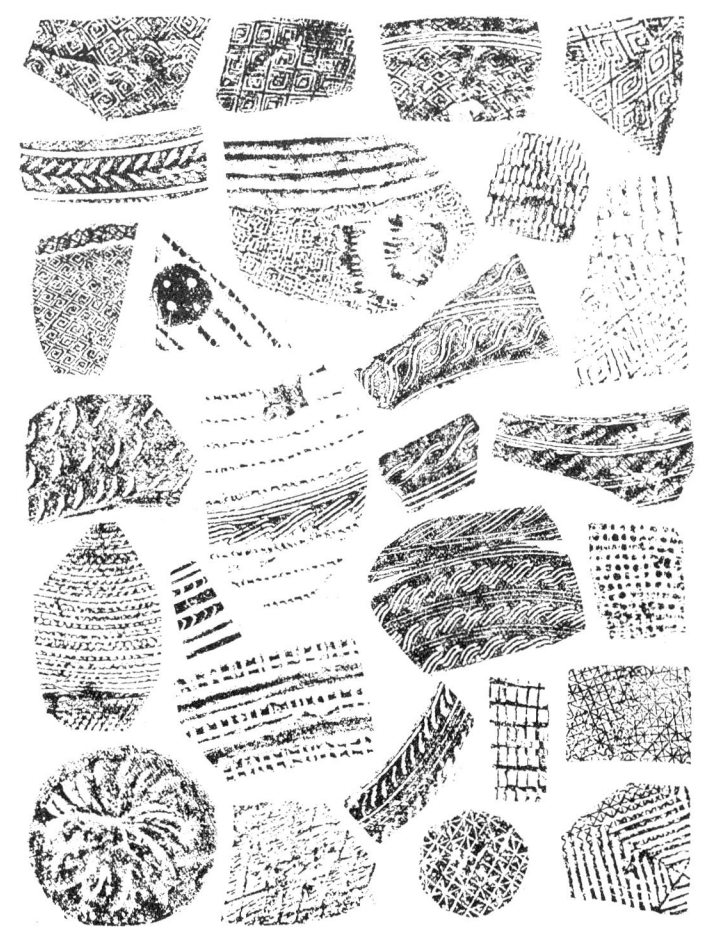

图 10　吴城文化二期部分陶器纹样

商代遗址为例，出土的印纹硬陶只占陶片总数的0.05%左右[①]，而且纹饰种类较少，主要见云雷纹和人字纹，兼有少量方格纹和轮旋纹，还出现了云雷纹和人字纹的组合纹饰。常见的器形是瓮、尊、罐等。商代晚期的印纹硬陶，在河南安阳殷墟等地也有少量出土，也多是瓮、尊、罐等类，陶色多为灰褐色，拍印的纹饰仍为方格纹、云雷纹和人字纹等，如1953年安阳大司空村发掘时，整个出土

---

① 参见安金槐《谈谈郑州商代的几何印纹硬陶》，《考古》1960年第8期。

的印纹硬陶和釉陶片只有五片①。以武功县郑家坡遗址和岸底遗址②等为代表的陕西关中漆水河流域的先周文化中,也曾出土部分印纹陶,纹样种类比之商殷文化稍多,如有方格纹、方格乳钉纹、菱形乳钉纹、重菱纹、云雷纹和叶脉纹等,但总的数量和纹样种类比之吴城仍要少得多,有的像礼泉朱马嘴遗址中印纹陶就更少。③故现在愈来愈多的学者认为,中原的几何印纹陶工艺应是在南方印纹陶制作工艺影响下烧造的。④

其次,根据对一些典型陶器的造型特征及其风格的比较分析,可将吴城文化的陶器群分为以下四组:

甲组陶器有:分裆鬲、三足甗、甑、盆、深腹罐、大口尊、爵、斝、带"十"字镂孔的假腹豆等(图10)。本组陶器的主要特点是,具有较浓厚的商文化作风,陶

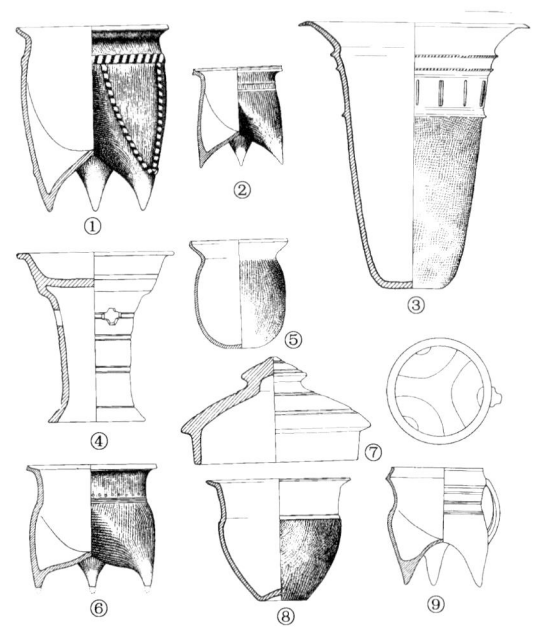

图 10 吴城文化甲组陶器
①②⑥鬲 ③大口尊 ④带"十"字形镂孔豆 ⑤深腹罐 ⑦器盖 ⑧深腹盆 ⑨斝

---

① 参见马得志等《1953年安阳大司空村发掘报告》,《考古学报》1955年2册。
② 参见宝鸡市考古工作队《陕西武功郑家坡先周遗址发掘简报》,《文物》1984年第7期;陕西省考古研究所:《陕西武功岸底先周遗址发掘简报》,《考古与文物》1993年第3期。
③ 参见北大考古系商周组《陕西礼泉朱马嘴商代遗址试掘简报》,《考古与文物》2000年第5期。
④ 参见彭适凡《中国南方古代印纹陶》,文物出版社1987年版。

第五章
商代吴城方国文明（上）

器以夹砂或泥质陶为主，只有少量灰硬陶和原始瓷，绳纹最流行，几乎每一种器物都可在商文化中找到同类的，尤其在一、二期，但只要细加比较，又无一件相同的，即都是经过改造而变体了的商器，如以鬲为例，吴城一期常见的分裆鬲，高颈，袋足足尖部分向内勾，腹足弧连成一体，实足根较短，外分裆线明显，其制法是从外一层层包粘上去的，这和商文化的分裆鬲不同，郑州商城的分裆鬲，无颈，足尖向外撇，腹足间有折度，实足根相对要高且是后加上去的；吴城二期的分裆鬲，颈更高，颈腹分明，多饰圈点纹，与商鬲的缩颈有别；吴城三期鬲的体型普遍扁小，非实用器。又如深腹罐，粗看其形体颇与郑州二里岗甚至河南龙山文化的很是相近，实际吴城的为敞口深直腹且是圜底，而郑州商器则为大口深椭圆腹且是平底。再如豆形器，吴城文化一、二、三期的演变序列较清楚，从假腹豆向真腹豆演变，这颇与中原商文化相同，但细察整个造型却有较大区别，如吴城一期的豆，圈足高且直，近底部呈小喇叭形，整体显得瘦长，上部多饰三个对称的"十"字镂孔，而二里岗的豆圈足相对低矮粗大，整体显得粗胖，一般不饰"十"字形镂孔。吴城二期的豆仍然是高圈足，少见"十"字形镂孔，饰多道圈点纹，而殷墟早、中期的豆圈足相对较矮。

乙组陶器有：联裆鬲、瘪裆鬲、小口折肩罐、高领折肩罐、大口折肩尊和折肩瓮等（图11）。此组陶器种类不是很多，特点是具有鲜明先周文化风格。[1]吴城文化折肩类的罐、尊、瓮等，整体风格为短颈、平折沿、斜直腹或弧腹，肩径一般

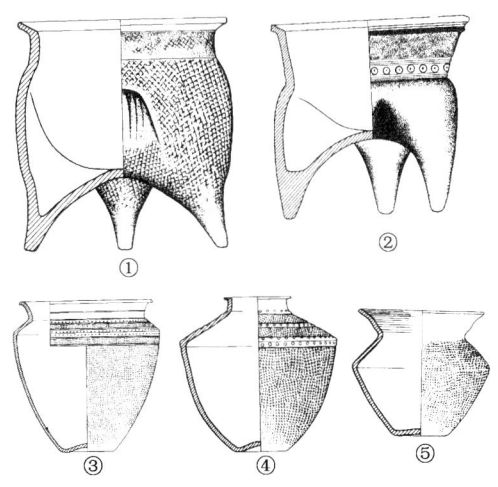

图12 吴城文化乙组陶器
①联裆鬲 ②瘪裆鬲 ③大口折肩尊 ④小口折肩罐 ⑤大口折腹尊

---

① 参见张天恩《关中西部商文化研究》，《考古学报》2004年第1期。

大于腹径,肩面较宽,底多为平凹底,而郑州商城中的折肩瓮和尊、罍等类器,其肩面均较窄,且肩径多小于或等于腹径,与吴城折肩器有较大差距,从吴城的肩径一般大于腹径的整体风格观察更接近于先周的折肩器,至于那种联裆鬲(加瘪裆)更应是先周文化因素莫属。折肩器少量出现于吴城第一期,而联裆鬲、瘪裆鬲却始见于二期早段,即相当于殷墟早期前后,此后一直流行至三期晚段,其演变规律明显。但是,如同具有浓厚商文化作风的甲组陶器经过改造变体一样,乙组陶器也是经过改造了的变体的先周器,就以小口折肩罐类器为例,虽然肩径一般大于腹径似先周文化同类器,但吴城的为平凹底,先周的则都为平底;吴城的基本带盖,先周的带盖少;吴城的多几何印纹硬陶、釉陶和原始瓷质,先周的则多为泥质灰陶,且其表面多施由方格、弦纹和绳纹组成的区段式装饰,绳纹多作麦粒状,这些又和吴城的小口折肩罐显然有别,故而也有可能吴城文化中的折肩器是土著居民分别吸取商文化中折肩尊、折肩瓮和先周文化折肩罐的特点而进行改造、创新的一种新型折肩器类。

丙组陶器有:鼎、甗形器、釜、瓿形器、带棱座豆、钵、盂、圆腹罐、高领瘦腰罐、贯耳深腹罐、直腹筒形罐、敛口罐、大口缸、鸟啄状捉手器盖、带兽形扁棱器盖、方形器盖和马鞍形陶刀等(图12)。此组陶器品类丰富,数量也多,是吴城文

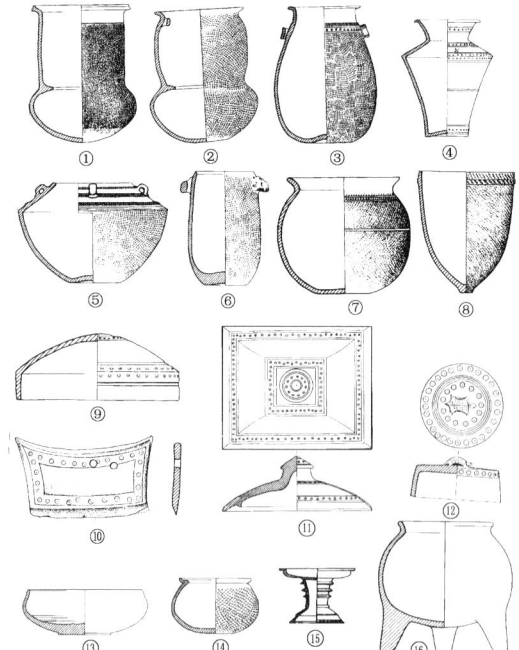

图12 吴城文化丙组陶器
①②甗形器 ③贯耳深腹罐 ④高领瘦腰罐 ⑤敛口罐 ⑥直腹筒形罐 ⑦圆腹罐 ⑧大口缸 ⑨覆钵状器盖 ⑩马鞍形陶刀 ⑪方形器盖 ⑫龟钮覆钵状器盖 ⑬钵 ⑭盂 ⑮带棱座豆 ⑯鼎

第五章
商代吴城方国文明（上）

化最基本的陶器组合，而且二、三期比一期的多，即时代愈后愈多。此组陶器特点是土著特色浓厚，是中原商文化和先周文化以及周邻地区青铜文化中所不见的，它们大部都应是赣江中下游地区古老传统陶器的继承和发展，有的在此一地区新石器时代晚期文化中就可找到其雏形，如大家公认的鬲形器是赣境地区商周时期土著居民最主要炊器，它最早就出现于樟树樊城堆遗址下层文化；带棱座豆，同样在赣境新石器时代晚期的新余拾年山、樟树樊城堆、永丰尹家坪、九江神墩和广丰社山头等众多遗址中都有普遍的发现，只是圈足座上的带棱道数和上下位置稍有发展和变异；夹砂红陶大口缸，因湖北盘龙城商代城址中出土数量较多，因而一般多认为它来源于商文化的盘龙城类型，实际它同样应是渊源于本区本土的新石器时代晚期文化，如在修水山背文化中就发现有夹砂红陶质的直口斜腹圜底缸，表饰斜向篮纹，与吴城遗址一期早段的夹砂青灰陶质的直口斜腹缸相近，同类的粗砂陶小平底大口缸在樟树筑卫城遗址下层和广丰社山头第三期文化中都曾有出土。伞状器盖，除菌状钮稍有不同外，其伞状并带高低子母口特征的器盖在樟树樊城堆遗址下层就出土多件。此外，像侧扁足盆形鼎、釜、钵、高圈足浅盘豆、平底盂及各种形式的罐形器等也都可在新石器时代古老文化中找到相同或相类的雏形。李伯谦曾经指出："尽管至今尚未发现吴城文化与当地新石器时代晚期原始文化的直接联系，但一些迹象表明，其中的主要因素可能主要是由当地的原始文化发展而来。"[①] 上举的一些线索和迹象，无疑有力证明了李氏分析的正确性。

丁组陶器有：鼎、鬲形器、高颈筒腹圜底罐、高颈圆肩削腹罐、垂腹罐、球腹罐、溜肩瓮、圆肩瓮、带把鼎、带把钵、带系罐和提梁罐等（图13），以圜底器或圜凹底以及带把为主要器物特征。本组器物的主要特点是陶器中几何印纹硬陶比例较大，但釉陶和原始瓷所占比例不大；陶色以褐灰为主，纹饰以方格纹、编织纹、凸方格纹、云雷纹和叶脉纹为主，流行双圆饼形泥钉组成的蝶形钮和三爪形钮（有的称拳握形钮），所有几何印纹，纹路不仅比甲、乙组而且比丙组的都要深，且较错乱，其装饰手法基本都为拍印，同时，陶器制作的轮制痕较为明显，大多数器物的沿部、领部或腹部都遗留下有独具特色的轮旋纹。本组陶器是赣东北地区万年青铜文化的主要陶器组合，有其自身独立发展过程和演变序列。从现有考古资料考察，那种鬲形器最早为樟树樊城堆下层原始先民所使

---

① 参见李伯谦《试论吴城文化》，《文物集刊》第三辑，文物出版社1981年版。

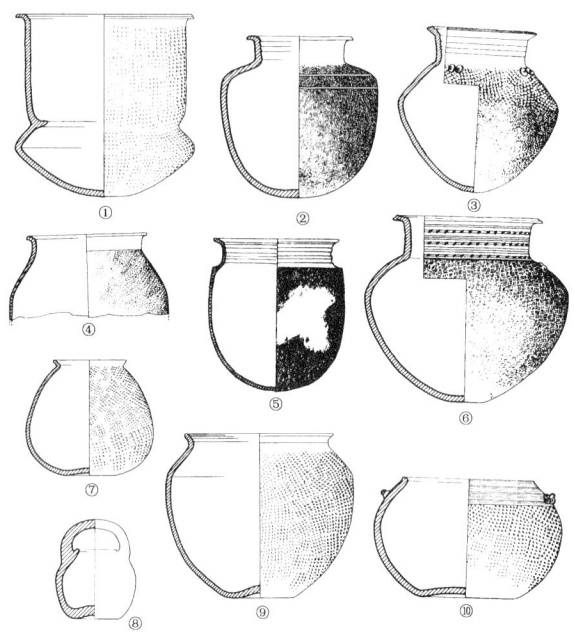

图13 吴城文化丁组陶器
①形器 ②⑤高领筒腹圜底罐 ③⑥高领圆肩削腹圜底罐 ④溜肩瓮
⑦垂腹罐 ⑧提梁罐 ⑨圆肩瓮 ⑩敛口罐

用,后为吴城文化所普遍继承,但在万年文化中不仅使用也早,而且是作为一种独有的主要炊器,尚有自身特色,口径大于腹径,轮制痕明显,因此不排除为万年文化居民独立创造的可能性。[1]那种带把鼎、带把钵等带把、带系、带鋬作风的陶器,虽有可能不同程度受到宁镇地区湖熟文化的影响,但从其陶质、陶色及印纹风格看与万年文化其他陶器完全一致,是一有机的整体。而且我们应注意到,在同处于一个地区的新石器时代末期社山头第三期文化中就曾发现有带把柄的釜形鼎等,这一迹象和线索同样表明丁组陶器当主要应是渊源于本地本土新石器时代原始文化。吴城文化和万年文化是商时期赣境地区并行发展的两支青铜文明,吴城文化中出现一些万年文化因素陶器无疑是相互交流、融合的结果。

以上四组陶器群共同构成了吴城文化的典型文化特征,但四群陶器中,以

---

[1] 参见江西省文物考古研究所《吴城》,科学出版社2005年版。

第五章
商代吴城方国文明（上）

丙组陶器群为其基本和核心，它开始出现于吴城文化一期，以后日趋增多，到二期以后不仅数量较多，而且愈益表现出其稳定性和生命力。甲、乙组陶器都是经过改造而变体了的商器和先周器，从某种意义说，它也已经是被异化、创新成了吴城文化居民常用陶器的有机组成部分，或者说成了本土丙组陶器的有机补充。甲组陶器虽经改造和变异，但在一期早、中、晚段不仅数量较多，而且显得极为活跃，尤其在赣江下游地区，似乎给人就是中原商文化的错觉，但从二期文化开始，数量日趋减少，斝、爵等已消失，其他几乎有被丙组和乙组陶器代替之势；乙组陶器中的小口折肩罐类虽在一期就已出现，但更富典型先周因素的联裆鬲和瘪裆鬲却到二期早段即相当殷墟早期才开始出现。甲、乙组陶器在吴城文化中的前后出现及其消长的变异情况和表象如实再现了这样一个史实，即从四千年前后夏文化开始南渐后，到商代中期的二里岗时期，商文化强大的辐射力已越过大江播及湘、赣地区，大大推进了吴城方国文明的形成与发展，其对赣境地区吴城方国的影响力比西边关中地区先周文化对它的影响时间要早，辐射力要强。当然，这种错综复杂的影响也是不断变化的，随着商王盘庚迁殷，政治重心的北移，对南方的影响力可能就要相对减弱，而与此相反，西方先周文化却可能乘此空隙，沿着汉水早已开辟的古道加速了对赣境地区的渗透，联裆鬲、瘪裆鬲的出现和流行就是有力明证：在属吴城文化二期的新干大洋洲商代大墓中，出土的已复原的26件陶鬲，都是联裆（加瘪裆）鬲，商式分裆鬲基本不见①；此外，出土陶器中有大量的小口折肩罐、折肩瓮、折肩尊等折肩器类，值得特别注意的是，这些折肩器都是经当地陶工的手进行改造和变异的产物，又基本都是釉陶、原始瓷或硬陶质，这同样说明先周文化进入赣江流域后，并未取代本土文化，而是很快被融合于吴城文化之中，共同推动着吴城方国文明的发展、壮大，最后使之成为赣江中下游地区的政治中心。

二、颇具特色的青铜器

属吴城文化的青铜器，目前仅在樟树的吴城（图14）、横塘和新干大洋洲等地出土，其他吴城文化系的遗址中只有少量青铜工具或兵器的发现，时代大多数属吴城二、三期。在赣江中、下游和赣西吴城文化分布区内的樟树、宜丰、新

---

① 原发掘报告中称有分裆鬲，实有误，可参见孙华《商代长江中游地区考古的新识识》，《南方文物》2000年第1期，彭明瀚《吴城文化研究》，文物出版社2005年版。

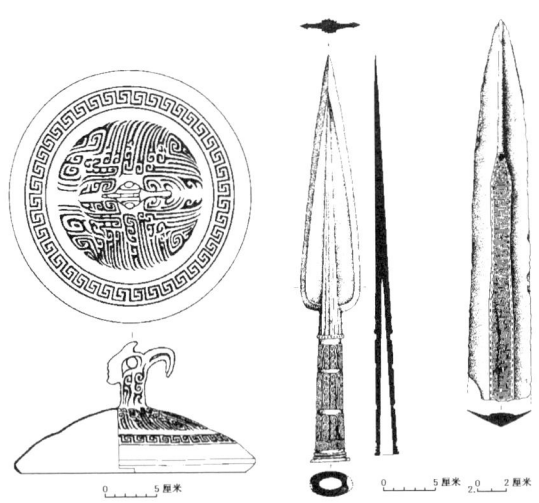

图14 凤鸟青铜器盖和矛、剑

余、新建、永修、德安等地先后零星出土有大型乐器铜铙23件[1],其中与大洋洲商代大墓出土的相类铜铙11件。但是,出土最集中、最具代表性的还是新干大洋洲商代青铜器群,不仅数量多,品类全,而且质量精,为中国长江以南地区所仅见。通过对这批铜器群的重点解剖和分析,无疑对我们探讨吴城文化的特点和文化性质诸问题都大有裨益。

根据新干大洋洲遗存反映出的基本形制、遗物的器类、分布状况、处理方式及其与其他不同考古学遗存之比较研究,发掘者初步推定该遗存属墓葬的可能性较大。同时,绝大多数学者根据新干大墓出土青铜器、玉石器特别是陶瓷器的分析以及和吴城遗址出土物相比较,并参照有关碳十四年代测定数据,推定大洋洲墓葬的下葬年代在商代晚期前段,即相当殷墟中期,具体年代大致在距今三千三百年前后。[2]

大洋洲大墓作为一个遗存单位,出土文物千余件,475件青铜器中,可分为礼器、乐器、兵器、工具和神杂器五大类。[3]

---

[1] 参见彭适凡《赣江流出土商周铜铙和甬钟概述》,《南方文物》1998年第1期,文中统计为19件,后在永修出土2件,在新建生米附近赣江边的淤沙中挖出2件,前者见徐长青《江西永修发现商代青铜铙》,《南方文物》2002年第2期;后者为笔者在一收藏家中所见。

[2] 参见李学勤《新干大洋洲商墓的若干问题》,《文物》1991年第10期;孙华《商代长江中游地区考古的新认识》,《南方文物》2000年第1期;施劲松《长江流域青铜器研究》,文物出版社2003年版。

[3] 参见江西省文物考古研究所等《新干商代大墓》,文物出版社1997年版。

第五章
商代吴城方国文明(上)

青铜礼器有鼎、鬲、甗、瓿、豆、盘、罍、壶、卣和瓒等十种计48件,乐器有大铙、镈两种计4件。从其型制特点和纹饰作风考察,这些青铜礼乐器的各自具体年代早晚跨度较大,大体分属早、中、晚三个不同时期的遗物:早期属二里岗期的数量较少,只有虎耳乳丁纹大方鼎、弦纹锥足鼎、兽面纹浅腹锥足鼎、小夔形扁足鼎、三足提梁卣等七八件;中期属相当于二里岗上层到殷墟早期之间即所谓过渡期的,有柱足圆腹鼎、兽面纹方鼎、分裆鬲、假腹簋、带门方鼎、假腹豆和瓒等十余件;晚期属殷墟早中期的数量特多,如满花的兽面纹方鼎、扁圆虎形扁足鼎、燕尾纹深腹锥足鼎、立鸟耳夔足鼎、圆涡纹柱足鼎、四羊罍、鬲鼎、方腹卣、立鹿大甗、三足甗、贯耳壶和乐器大铙、镈等,几占70%以上。在一个遗存单位居然出土不同时代的青铜重器,表明当时对青铜器的极为珍视,对祖先遗留下的青铜器仍继续使用,有的青铜器至今尚留下修补、改铸的痕迹也是重要证据。

对新干大洋洲出土的这批青铜礼乐器,粗略一观,会让你感到这都是中原商器,但只要细细揣摩,就不难发现它们之间有着比较复杂的情况:

有的器类造型和纹饰甚或装饰部位都和中原商器完全一样,即所谓殷商式,如弦纹锥足鼎、三足甗、分裆鬲、四羊罍等(图15),但数量较少。

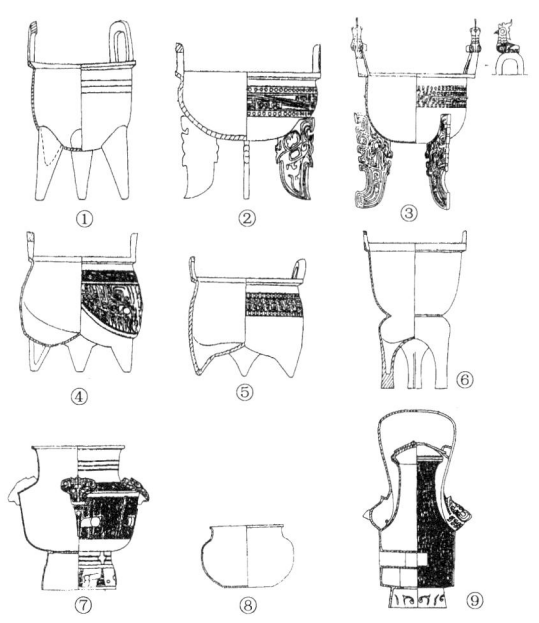

图15 殷商式铜礼器
①弦纹锥足圆鼎 ②立耳扁夔状足圆鼎 ③鸟耳扁夔状足圆鼎 ④⑤分裆鬲 ⑥三足甗 ⑦四羊罍 ⑧瓿 ⑨方腹卣

更多的情况是，基本造型是中原的，但却进行了局部的改造和加工，即所谓兼具有商文化因素和土著地方特色的"融合型"青铜器①，有的学者称为"混合型"②或"地方化了的中原型"③，如柱足圆腹鼎、虎耳方鼎、虎耳扁虎足鼎、扁虎足鼎、贯耳壶、兽面纹方鼎、鱼鳍状扁足鼎、立鹿大甗、鬲鼎、瓒、假腹簋和假腹豆等(图16)。显然，这些青铜器的形制祖型都是中原的，但有的立耳上加卧虎加立鸟加幼鹿；有的器底加三条腿，有的器底三腿加一腿变成四腿；有的变单层为双层底；有的器腹开一可以启动的小门等；在装饰特征上，有的也不同

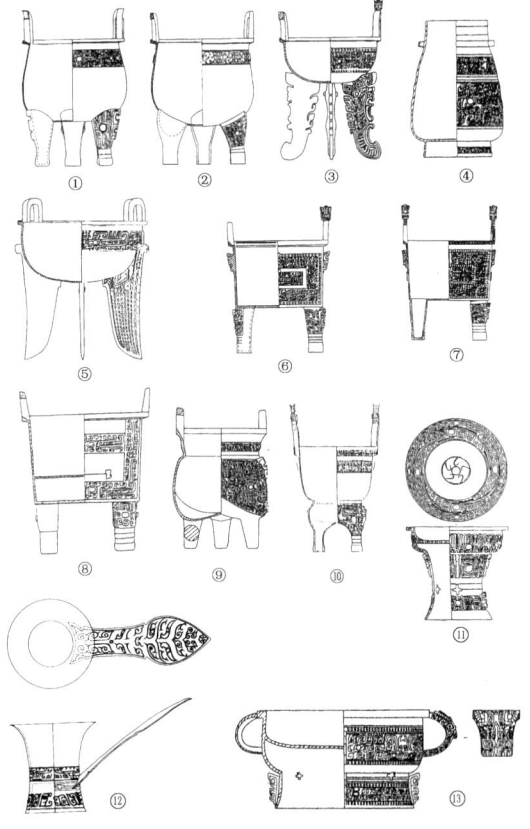

图16 融合式铜礼器

①兽面纹柱足圆鼎 ②圆涡纹柱足圆鼎 ③虎耳扁虎足鼎 ④兽面纹贯耳壶 ⑤鱼鳍状扁足鼎 ⑥ ⑦兽面纹方鼎 ⑧双层底带门方鼎 ⑨鬲鼎 ⑩立鹿大甗 ⑪假腹豆 ⑫瓒 ⑬假腹簋

---

① 参见彭适凡《江西新干出土商代青铜礼器研究》，《青铜文化研究》第一辑，黄山书社1999年版。

② 参见熊传新《湖南商周青铜器的发现与研究》，载《湖南省博物馆开馆三十周年暨马王堆汉墓发掘十五周年文集》1986年。

③ 参见邹厚本《宁镇地区出土周代青铜容器的初步认识》，《中国考古学会第四次年会论文集》，文物出版社1985年版。

第五章
商代吴城方国文明（上）

程度地变化出一些新花样,如有不少兽面纹变异为虎面羊角纹,有的扁夔状纹变化成鱼鳍状纹,特别是在一些容器上穿插和陪衬一些几何形图案,诸如方格纹、云雷纹、勾连雷纹、斜角雷纹、曲折纹、旋涡纹、蕉叶纹、鳞片纹、三角纹和燕尾纹等,其中以燕尾纹运用得最为广泛和普遍,而这种燕尾纹不仅在中原的商周青铜器上所未见,就是南方其他地区的商周青铜器上也不多见,它是商时期赣江流域广为流行的一种富有浓郁地方特色的几何图案。

此外,还有少数几种是地道的土著青铜器,即器物造型完全是赣江流域古代居民的独特创造和发明,在中原地区商文化中从未见过,如折肩鬲、三足罐形提梁卣、瓿形鼎以及乐器大铙、鎛等(图17)。那种折肩鬲造型,是铸铜匠师取小口折肩罐的上部和陶鬲下部而设计铸造的一种独特的新容器,足裆部所饰"<"字形的曲折纹,和其他陶器上出现的曲折纹一样,唯曲折纹线条较粗,它是赣境地区三千多年前广为流行的一种几何纹饰。又如三足罐形提梁卣,器身如鱼篓形陶罐,三椭圆空心锥足外撇,绳索状提梁,颈和腹部满饰宽平线条构成的兽面纹。此种卣,既不像中原商代的卣或壶,因中原的卣或壶都没有带三足的,也不像中原商代的盉,因中原的盉虽有的带三足却又都带流,我们姑且将

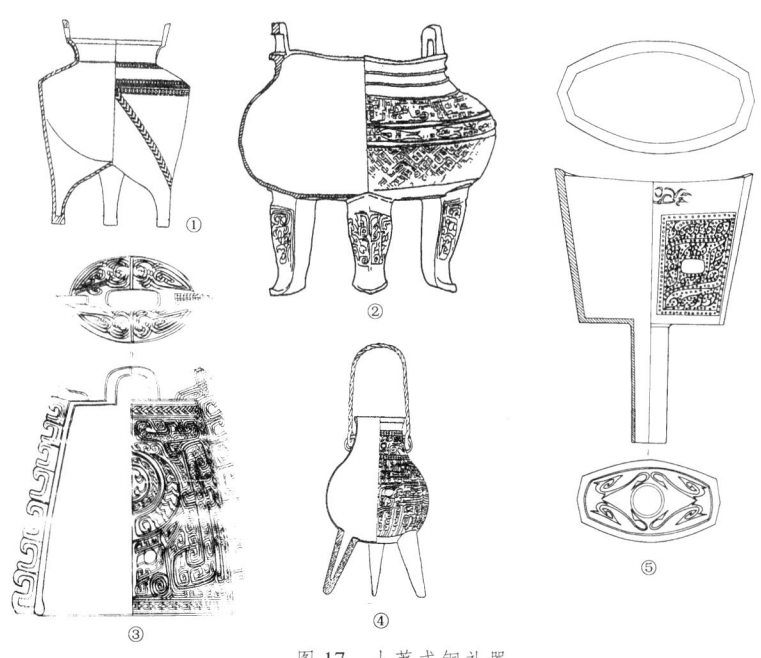

图17 土著式铜礼器
①折肩鬲 ②瓿形鼎 ③鎛 ④三足罐形提梁卣 ⑤云纹铙

其定名为卣,但腹部像鱼篓形罐,下铸三空心锥足,是南方地区特有的一种盛酒器。至于青铜质的生产工具特别是兵器,无论其形制类别和风格其土著特色就更为浓厚(图18)。

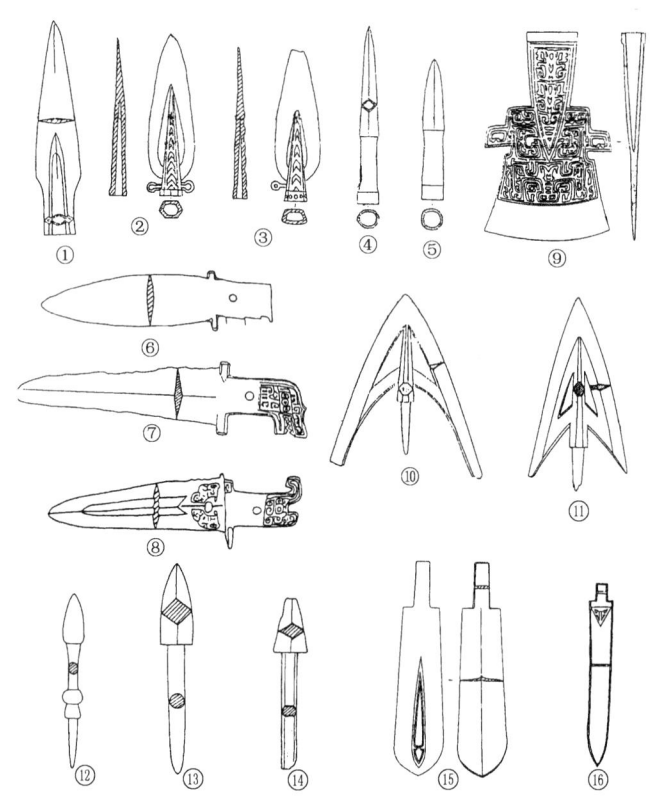

图 18　土著式铜兵器举例

①短骹矛　②③特短骹矛　④⑤异形矛　⑥琵琶状戈　⑦虎首戈　⑧鸟喙状戈　⑨带鋬钺　⑩长脊宽翼镞　⑪长脊窄翼镞　⑫无翼镞　⑬⑭无翼四棱镞　⑮宽刃剑　⑯匕首

上述三类青铜礼器中,第一类殷商型青铜器,不排除有的是通过战争征讨或双向交往等形式直接从中原传入,如新干铜器标本033号分裆圆肩鬲的一立耳侧面阴铸一"☆"族徽徽号;在两件直内戈的内部近阑处(标本115、116)铸一"▱"(释丙)字铭刻,"▱"应是中原的一个氏族,传世铜器中就有带"▱"铭刻的卣[1],

---

[1]　《三代吉金文存》卷一二。

第五章
商代吴城方国文明（上）

又如1977年小屯18号墓也曾出土有带"⧈"铭的鼎①，这些在形制上和中原完全一样又有中原氏族徽记的青铜器，无疑是中原直接输入品，但是更多殷商式青铜器应是吴城方国居民模仿中原商器在本地铸造的。第二类融合型青铜器数量特多，这一方面表明，新干大洋洲出土青铜礼器的器类和造型基本都是仿中原殷商器的，只有少数是赣江流域土著居民的独特创造；另一方面又说明，这批青铜礼器不论是第三类土著型还是第二类融合型青铜器也都是当地土著居民所铸造，而且，吴城文化居民在仿制和学习中原青铜器的铸造过程中，决不是简单的一加一或二减一的模仿，其本身就是一个创新的过程，模仿者在仿制时必定要充分地表现、融合自身民族的喜怒哀乐、宗教信仰、审美情趣及其文化传统，尤其在铸造作为礼制象征的青铜礼乐器和神器上，比如一号乳丁纹虎耳大方鼎，显然是模仿郑州二里岗商人的同类器而铸造的，但吴城居民在其方鼎上加铸两只形象生动的卧虎，使整个造型显得奇特、威严和壮观，这无疑应是铸器者某种信仰和崇拜的反映。正是从这意义上，有的学者认为融合型一类青铜器就是土著地方型青铜器，这也不无道理，"既然在器型或装饰纹样方面作了改造，注入了作器者的思想观念和审美意识，已赋予器物新的内涵，就是地方型器物"②。这样，属地方型青铜器就占了大洋洲青铜礼器的70%以上。

大洋洲青铜礼器绝大部分为本地铸造的事实，再次证明赣江流域的青铜铸造工艺尽管表现出与中原商文化的统一性，但又有其自身的一些特色，有其悠久的历史和深厚的根基。仅据现有考古资料，在吴城文化一期晚段开始就曾出土有刀、锛一类简易的小件工具和铸型石范，这表明当商代中期中原文化以空前规模向南方扩展的时候，赣江流域就已经有了简单的青铜铸造技术，但随着中原先进的陶范铸铜技术的传入，到吴城文化二期及三期早段时，吴城文化的青铜铸造技艺水平得到急遽提高和空前发展，最集中体现就是学习中原用陶范技术铸造各种青铜礼器。从吴城遗址出土一批铸造工具与兵器的石范来看，又表明当时的生产工具和武器多数可能仍是沿用传统的石范法来铸造。

总之，根据上述对大洋洲青铜礼器的定性定量分析，我们初步推论，新干大墓所反映出的文化性质决不能简单地看作是中原的商殷文化，而是属于具有浓厚地域特色的吴城青铜文化的有机组成部分，它的发现再次证明，远在3000多年前，赣江流域确曾有着一支与中原商殷青铜文明有别的土著青铜文

---

① 参见中国社科院考古研究所《安阳小屯村址的两座殷代墓》，《考古学报》1981年第4期。
② 参见彭明瀚《吴城文化研究》，文物出版社2005年版。

化,有着一个与中原殷商王朝并行发展的方国文明。从新干墓地的规模之大、出土文物数量之多、等级之高来看,墓主人可能就是吴城方国的最高统治者或其家族。

此外,大洋洲青铜群的文化属性还可从礼器的组合来看。新干出土青铜礼器中,容器的器类很多,可分炊煮器、盛食器和酒器等类,炊煮器达38件,约占容器总数的79%;盛食器2件,约占容器总数的4%左右;酒器8件,约占容器总数的16.6%。这里,不难看出,新干青铜礼器组合中,是以炊煮器最多,加上盛食器即所谓饪食器,竟占到容器总数的83%以上,而酒器很少,此第一。第二,炊煮器中又以鼎为主,达30件,约占炊煮器的79%,也占到全部容器的60%以上。第三,不仅鼎的数量最多,而且大件和厚重的较多,种类也齐全多样,诸如有锥足鼎、柱足鼎、方鼎、扁形鬲足鼎、瓿形鼎、鬲鼎等,几乎囊括了中原商殷时期"鼎"的所有品类,还有的是中原未见的。第四,很少的酒器中,只有盛酒、贮酒和挹注器,基本不见饮酒器,更不见一件中原商殷文化中常见的觚、爵、觯等酒器。

大洋洲墓地随葬青铜礼器以炊煮器为主的情况,和商殷墓葬中随葬青铜礼器以酒器为主的情况形成鲜明对比,前者似可称为"重食的组合"①,后者郭宝钧称之为"重酒的组合"②。早在商代中期的二里岗时期,随葬礼器以酒器为主的"商礼"特征就日趋明显和突出,如郑州白家庄三号墓出土的九件铜礼器中③,只有三件炊煮器(鼎),其他六件均为酒器(爵、觚、斝各二、罍一)。再如盘龙城遗址出土可复原的青铜容器186件,其中鼎、鬲类炊煮器只有27件,而酒器竟达159件,占到整个容器的86.5%④;到商代晚期的殷墟时期,不仅随葬礼器以酒器为多,且增加了很多新的酒器品种,以典型的妇好墓为例⑤,出土青铜容器210件,其中酒器的数量就有156件,器类有觚、爵、偶方彝、尊、觥、壶、瓿、卣、罍、缶、斝、盉、觯、斗等15种之多,约占容器总数的74%。这种"重酒的组合"一直延续到商末,直至西周后期,居住在洛邑的遗民仍顽固地继承着这一传统礼制,体现出殷人尚酒的生活习俗⑥。

---

① 参见彭适凡、彭明瀚《殷墟妇好墓与新干商墓比较研究》,《南方文物》1992年第2期。
② 参见郭宝钧《商周青铜器群综合研究》,文物出版社1982年版。
③ 参见《郑州市白家庄商代墓葬发掘简报》,《文物参考资料》1955年第10期。
④ 参见湖北省文物考古研究所《盘龙城》,文物出版社2002年版。
⑤ 参见中国社科院考古研究所《殷墟妇好墓》,文物出版社1980年版。
⑥ 参见杨锡章、杨宝成《殷代青铜礼器的分期与组合》,《殷墟青铜器》,文物出版社1985年版。

第五章
商代吴城方国文明（上）

不仅如此，商殷文化随葬铜礼器中以酒器类为多，酒器中又以觚、爵为最多，故有的学者又将中原这种"重酒的组合"称之为"以觚、爵为核心"[①]。这里仍以殷墟妇好墓为例，随葬铜容器件中，不仅以酒器为多，而且酒器中又以觚(53件)、爵(40件)为核心，约占礼器总数的44.3%，占酒器总数的57.4%。殷墟发现四千多座墓葬，"墓中出土的礼器以青铜器数量为多，在青铜礼器中又以觚、爵器最为常见，这两种器物往往成组出现"[②]。但是，在新干的随葬铜容器中，虽也有少量酒器，但一件觚、爵也未见，唯一只发现一件陶斝，吴城遗址也只出土一件铜斝，究其原因，当有可能是相当觚、爵一类的饮酒器被南方发达的原始瓷和陶器所替代，但更主要也是最深层的原因应是礼器组合方式不同所致，商殷是以觚、爵为核心的"重酒组合"，南方新干是以鼎为核心的"重食组合"。容器组合方式的不同，不能单纯看成是几件器类的有无，实际是因"器以藏礼"（《左传·成公二年》），它从深层透视出他们在葬制、葬俗乃至生活习俗上的明显差异，更概略地说，这正是礼制有别的真实反映。这种礼制上的不同，在两地出土的青铜乐器上也有其充分反映。中原的常见乐器是小型的铜铙和石磬，小铙在高级贵族墓中往往以三件、四件、五件的成编铙形式出土，大小也依次递减，吴城文化中则不见这类器物，而是大型的铙和镈，和中原的乐器判然有别。"礼，经国家，定社稷，序人民"（《左传·隐公十一年》）"夫名以制义，义以出礼，礼以体政，政以正民"（《左传·桓公二年》），因此，通过礼乐重器及其组合方式的比较研究，不仅可以了解墓主人的生活习尚、社会地位及其身份级别，更可反映其崇尚的礼制及文化的性质。新干大墓礼器组合方式与商殷的不同，表明墓主人不可能是"重酒"礼制的殷人。马承源指出："这些大量埋存的商器，所表现的并不是商代'重酒'的礼制，而器物布局的执行者，也不会是殷人。"[③]

必须指出的是，大洋洲随葬铜礼器以鼎为核心的"重食的组合"，不仅有别于商殷以觚、爵为核心的"重酒的组合"，而且与西周流行的以爵、觯和鼎、簋为核心的"重食的组合"也不尽相同，因为在大洋洲的随葬铜礼器中，爵、觯、簋都未发现。

---

① 参见郭宝钧《商周青铜器群综合研究》，文物出版社1982年版。
② 参见中国社科院考古研究所《殷墟的发现与研究》，文物出版社1985年版。
③ 参见马承源《新干大洋洲青铜器参观随笔》，《中国文物报》1990年11月22日。

三、难以释读而失传了的文字

文字是记录语言的符号。它可以超越时间、空间的界限,通过传达语言,来表达思想、传递信息。文字的三要素是形(符号)、音(语音)、义(语义),三者是缺一不可的。文字的发明应是导源于原始的记事方法,而原始的记事方法主要有物件记事、符号记事与图画记事三种,而不仅仅是图画记事①。三类原始记事方法中最普遍、最大量的是用于记数,如用兽头骨、石头、树枝或刻痕、结绳、契木、图画等。《易·辞》:"上古结绳而治,后世圣人易之以书契。"所谓结绳而治,就是原始的符号记事的一种方法,所谓书契就是文字,从结绳到书契正反映了从原始的记事方法到文字发明的漫长而又复杂的历史进程,但它绝非是某个圣人一朝所为,而是古代先民在自身长期的生产实践中经验和智慧积累的结晶。②

据目前已知的海内外考古和民族学资料,这三类原始记事的方法早在人类的幼年时代就已出现,到新石器时代,这几类原始记事的方法特别是图画的记事方法更是广为盛行。我国新石器时代文化中,诸如陕西西安半坡、临潼姜寨、上海青浦崧泽、台湾凤鼻头、青海乐都柳湾的陶器上都发现有刻画和画上的各种符号标记,尤其在山东大汶口文化陶器上还发现四种图形标记。江西万年仙人洞、吊桶环新石器时代早期遗址中出土的骨锥、骨笄上发现有一道道刻痕,在新余拾年山、樟树筑卫城、樊城堆等新石器时代晚期陶器上也发现有不等的刻画符号,等等。然而,上述的这些原始记事方法,不论是物件记事、符号记事还是图画记事都不能认为是文字,就是那种常见的刻画图画,尽管大部分图形将成为后来文字的前身,但图画记事本身,包括大汶口文化中的图案,严格意义上来说,都还不是文字,因为它只有表形和表意的功能,尚无充分理由证明它已具有表音的功能,只有成为形、音、义俱全的记录语言的符号,才能称为真正的文字。

我国真正文字的产生应该是在文明时代到来之际,故一般认为它是文明到来的重要标志之一。据已有的考古资料,且为学术界所公认的,目前我国最早的文字应是河南偃师夏代二里头、河北藁城台西、郑州二里岗以及江西樟树

---

① 参见汪宁生《从原始记事到文字发明》,《考古学报》1981年第1期。
② 参见郭沫若《古代文字之辩证的发展》,《考古学报》1972年第1期。

第五章
商代吴城方国文明（上）

吴城等商代中、晚期遗址发现的陶器上的文字。

据统计，吴城遗址共发现文字与符号113个，它们分别刻画在83件陶器和少量的石范上①，加上新干大洋洲和德安陈家墩等遗址发现的，吴城文化总共发现文字或符号160余个。这些文字与符号多数为单字或两字的，但在吴城遗址中也有四件器物上发现由4、5、7、12字组合成词句的。这些多字组合成词句的器物，其中属吴城文化一期早段的一件②，即刻有5个字的泥质黄陶盂，另外两件为吴城文化一期晚段，即分别刻有7个字和12个字的灰陶钵和泥质黄釉陶罐，另一件采集的刻有4个字词句的泥质灰陶钵从器形看也应为一期晚段，这就说明成词句的文字都发现于吴城文化一期（图19）。更有意义的是，除采集的外，其他三件多个字的器物都集中出土于1974秋第7号5×5探方中，其他还有11件带铭文的马鞍形陶刀，分别刻有文字11个。烧成后刻有文字的陶质遗物如此集中出土，如果没有理由证明它是陶器作坊区的话，应该是反映出主人对刻划

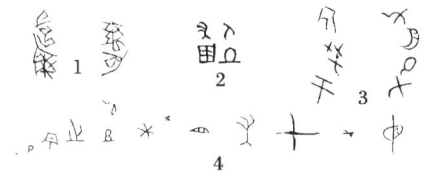

图19 成句记事类陶文拓本及摹文

---

① 参见江西省文物考古研究所《吴城》，科学出版社2005年版。
② 参见原《简报》认为同出于第五层，实误。这五个字的书写特点是带笔相连，不像另两件的多个文字都是独立分明，颇显更多原始性。

文字陶器的重现,也可想见文字在吴城文化中的成熟程度。值得注意的是,吴城文化一期发现的这批多字成句的陶文,是中原和其他地区同时期遗存中不见的,它无疑是早于殷墟甲骨卜辞的一种商代中期文字。

这些文字多刻划于器外底部,一件因圜凹底而改刻于器物肩部,而且布列规范有序,既有从右至左顺读排列,又开始出现环读书写顺序。其文字的构字特点是:结构简明,没有繁复的重叠;笔画硬朗,没有多余的波折,既有利于记忆,又方便于书写①。属吴城二期和三期的文字与符号发现有71个,占已发现文字总数的62.9%,从数量统计上看明显是比一期时发现的多了,但却没有发现一件有多字组合成词句的,都是单个的陶文或石刻文,只有少量为两个字的,这是一个很值得注意的现象。尽管如此,二、三期文字的刻琢技术却比一期有所进步,字体风格方正有力,圆润流畅,开始出现用模具压印文字的工艺,它是在制坯前拍好纹饰之后,再把器表上的纹饰刮掉,然后用模具压印上去。从模印文字看,其笔画之端正,琢制之精工,显示出高超的工艺水平,其风格与同时期的甲骨卜辞、金文相一致,显得工整、庄重。②

对吴城这批文字与符号的内容,很多学者进行了深入研究,有的学者将其分为记事性、计数性和刻符三类。计数性质的文字有35个,它们分别刻划或模印在34件器物上,经试释分为"一"、"二"、"三"、"四"、"五"、"六"、"七"、"九"等单个数字和"十五或五十"、"十六"等合文数字。刻符类共有24个,它们分别刻划20件器物上,其内容性质应多是史前那种原始刻符记事方法遗风的反映,有的是助记符号,有的是所有者自记符号,有的可能是氏族徽记。

内涵最丰富也最珍贵的是记事性类的文字,这一类文字共有54个,它们分别刻画在29件器物上,有单字的,也有多字组合在一起的,属一期的四件陶器上多字组成的词句,就是最有代表性的有形、音、义特征俱备的典型文字。从这一类的单个文字来看,一方面有的文字明显表现出与郑州二里岗、藁城台西遗址发现的陶文以及殷墟出土的甲骨卜辞相同或相近,如有、五、土、中、祖、甲、网、田等字,还有一些象形文字如齿、刀、矢、戈、目、月等。郑州二里岗T30出土肱骨上所刻"屮"字③和淅川下王岗 H34 出土陶豆豆把上刻画的"屮"字④与吴城

---

① 参见郑慧生《中国文字的发展》,河南人民出版社1996年版,第22页。
② 参见周广明等《清江吴城遗址第六次发掘的主要收获》,《江西历史文物》1987年第2期。
③ 参见《郑州二里冈》,科学出版社1959年版。
④ 参见河南省文物研究所《淅川下王冈》,文物出版社1989年版。

第五章
商代吴城方国文明(上)

发现的可谓一模一样。这些都足以说明,从商代中期开始,流行于南国的吴城文字就与中原商殷文字有着某种联系,这无疑和商中期中原商文化对南方的空前规模的扩展有密切关系。只是有的学者将吴城出土的1974秋T7⑤:46折腹罐颈部刻文中的"曱"字释为"上甲"合文,谓此组陶文是祭祀殷之先祖上甲微的记录①,实际上,该字的结构不作"田"和"⊕"形,而是"曱"形,结构完全一样的字在吴城三期的一件陶鬲上(1974秋ET9H11:10)也有发现,这就证明乃是摹写之误,当非上甲之合文。因此,据此就推定吴城文化居民与殷人祭祀共同祖先并进而证明与中原同一语言文字、属于同一文化系统的结论就有进一步研究的必要。另一方面,我们还要看到,吴城陶文有一些与商周文字截然不同,它有其自身的文字系统,它比之甲骨卜辞较多地保留着原始因素,如五(乂)、在(↓)、甲(十)、木(※)等字,在半坡彩陶器上的刻符和郑州二里岗出土的刻画文字或记号中是可以见到的。更有相当一部分字是中原所不见的,如陶钵上的"⚐"字,似是一种表示事物的图像文字。何天行认为,"⚐"字的"I"为杆,犹如船的桅杆,杆上所悬如帆物,右边是半帆的形状,它似是和南方民族如"越人便于舟"有关联的文字②。又如石范上琢刻的"⋀"字,我们认为有可能是表示干栏式建筑的图形文字,上面人字形作两坡式,且跳檐出外,是"长脊短檐"式(即干栏式)房屋的模拟,其字形结构正好与樟树营盘里遗址上层出土的干栏式建筑剖面形制相合。特别是属一期陶器上文字比较多的即5、7、12个字组合成词句的文字,除少数单个的尚可释读外,大部分目前似都难以理解其真正含义,正如唐兰所指出:"尤其是一期遗物中,灰陶钵的七个字和黄陶盂的五个字,更为突出,很可能是另一种已经遗失的古文字,到二期、三期受殷文化的影响比较深后,这种文字就不多见了。"③裘锡圭也指出,这批文字与符号"地方色彩比较浓厚,与古汉字的关系还有待进一步研究"④。

综上所述,吴城文化一期文化有着多字组合成词句的文字,而且多数文字至今难以辨识,是自成系统的南方文字,而到二、三期时,虽然发现的文字个体很多,但多是单字的,其文字多与殷墟甲骨文相同或相类,而土著的自身系统的文字少见了。这两种不同系统的文字在吴城文化发展过程中所表现出的相

---

① 参见赵峰《清江陶文及其反映的殷代农业和祭祀》,《考古》1976年第6期。
② 参见据何天行先生给江西省博物馆的来信。
③ 参见唐兰《关于江西吴城文化遗址与文字的初步探索》,《文物》1975年第7期。
④ 参见裘锡圭《解放以来古文字资料的发现和整理》,《文物》1979年第10期。

互消长的变化情况,正好与吴城文化整体发展过程中商文化因素与土著文化因素相互的消长变化情况相反,以日用陶器为主要内涵所表现的商殷文化因素,在吴城文化中是越早就越浓,到二期早段后,地方土著文化愈显活跃,商殷文化因素日趋减弱,及至三期晚段几全被地方土著青铜文化所控驭。这种相反的表征,我们只能作如是的解释:当中原郑州二里岗及其在江汉流域的据点盘龙城的商文化极力向南扩张之际,给了赣江流域的土著青铜文化以极为强烈影响,这尤其表现在日用生活用具陶器及青铜礼器的铸造上,二里岗的文字虽然也随之传入此地,但似乎并没有掀起多少浪花,因为本地早已孕育出自身的文字系统,甚至其文字的成熟及发展水平似有高于二里岗和藁城台西陶文水平,在这种情况下,土著居民自然要顽强地保留着自己的文字传统。然而,到了商代晚期,也即吴城文化的二期早段以后,虽然殷商文化的影响力相对减弱,但随着先进而成熟的甲骨文的兴起和南传,尽管吴城文字的某些因素也被殷墟第一期甲骨所借鉴和吸收[1],但相比之下,吴城文化土著文字系统总的尚显得滞后和不很成熟,从而中原系统的甲骨文字自然得以在吴城文化中广为推广,为底层的广大陶工所接受。

---

[1] 参见彭明瀚《商代青铜铸币蠡测》,《南方文物》1995年第2期。

第六章
商代吴城方国文明(下)

前已述及,赣境地处长江中游南岸,在中原夏商文明相继影响和刺激下,加速了此一地区原始氏族制解体而步入文明时代,至商代中期,赣江中、下游地区吴城方国文明开始形成,到商代晚期,吴城方国文明达到鼎盛时期。与之相应的是农业、畜牧业、手工业、渔业以及商业、交通、运输业都在原有基础上得到长足发展,尤其是农业和手工业中的铜矿采冶、铜器铸造、陶器和原始瓷烧造、玉器的琢制等门类更有其特色和水平。而从事这些经济活动的主人,既有来自中原的商民族,但更多的还是原有的土著民族,即扬越先人,他们与南来的商人一道,为赣江流域的早期开发,为创建吴城方国青铜文明作出巨大贡献。

第一节
农业与畜牧业

恩格斯曾指出:"农业是整个古代世界的决定性的生产部门。"[①]我国自古以来也是以农业为基础的国家,即所谓"民以食为天"、"国以农为本"。吴城方国的经济基础也同样是以农业为主体,这在考古发掘的出土物中得到充分证实。商代吴城方国境内的农业,已不再是新石器时代晚期那种"砍倒烧光"的原始农业

---

① 恩格斯:《家庭、私有制和国家的起源》,《马克思恩格斯选集》第4卷,人民出版社1966年版,第136页。

水平,而是进入"耜耕农业"阶段。表现在农业生产工具、耕作技术、农业管理等诸多方面都有新的发明和创造,这也是我国古代传统农业技术宝库中不可少的重要组成部分。在农业发展的基础上,畜牧业、渔业、手工业和商业交通等也随之发展,即推动了整个社会经济的快速发展,推进了整个社会文明发展的进程。

赣境地区地处长江中下游相交的长江南岸,有着较优越的农业生态环境。据自然科学家用自然科学手段对华北地区古气候的研究[①],商周时期,年平均气温比现在高约2℃,他们认为,某一区域年平均气温下降2℃,就等于将该地向北推移200~300公里,相反,若上升2℃,就等于将该地南移200~300公里。新中国成立后的考古资料也印证了这一推论。据此,在商周时期,华北地区的气候当与今天的长江流域相当,属亚热带气候;长江流域也比现在的气温要高,即大致与今天珠江流域相近,这种湿热的气候条件,无疑为以水稻种植业为主的农业生产的发展提供了良好的自然环境。

一、农业生产工具

生产工具是一个社会在一定时期生产力发展水平的物化形态,是认识该社会经济形态的一个很重要的因素。马克思说:"动物遗骸的结构对于认识已经绝迹的动物机体有重要意义,劳动资料的遗骸对于判断已经消亡的社会经济形态也有同样重要的意义。"[②]所谓"劳动资料的遗骸"相当大的重要部分就是考古发掘品中的农业生产工具,因此,它是研究和再现古代农业生产状况及发展水平的极为重要的实物资料,具有很高的学术价值。

据有的学者初步统计[③],吴城文化诸遗址出土农具总数约在2000件以上,种类繁多而又成套,制作精工而又富有特色,按工具的质料分有石、木、骨、陶和青铜五类;按工具的器类分有起土、中耕、收割和加工脱粒四类。在商代五类质料农具中,不论是中原还是南方,无疑当仍以石、木器为主,因木器易朽难以保留下来,实际运用当很广泛,但是已开始使用不等的青铜农具,尤其在南方的吴城方国,仅新干大洋洲商代大墓就出土青铜农具25件之多,这些生产工

---

① 参见周叔昆等《对北京市附近两个埋藏泥炭沼的调查及其孢粉分析》,《中国第四纪研究》1965年第1期;贾兰坡:《桑干河阳原县丁家堡水库全新纪中的动物化石》,《古脊椎动物与古人类》1980年18卷4期,程洪《新史学:一年来自然科学的挑战》,《晋阳学刊》1982年第6期。

② 马克思:《资本论》,《马克思恩格斯全集》,第23卷,人民出版社1965年版。

④ 参见彭明瀚《吴城文化研究》,文物出版社2006年版。

第六章
商代吴城方国文明(下)

具,多为实用器,其中诸如犁、锸、耙、铲等16件农具上饰有较精细的花纹,似作典礼之用,但仍是带实用性质的礼器,有的农具上铸有供插销固定之用的穿孔就是有力明证,推测应为当时方国的统治者即墓主人行"亲耕"之礼时所使用之农具。殷墟甲骨卜辞中就有商王"观耤""萑耤""王禾""省黍"的记录:

"己亥卜,贞,王往观耤"　　　　　《甲骨文合集》3420
"王其萑耤,惟往。十二月"　　　　《甲骨文合集》9500
"甲子卜,王禾"　　　　　　　　　《甲骨文合集》19804
"王勿往省黍"　　　　　　　　　　《甲骨文合集》9612

所谓"耤"指的都是农耕之事,所谓"观"、"萑"、"省"者即商王亲自巡视农田耕作甚或直接参与某项农事活动的情况。新干大墓这批农具出土时,不少都留有丝织品包裹的残迹,足见其十分珍贵。从种种迹象判断,南方青铜农具的使用似有超过中原商殷王朝之势。

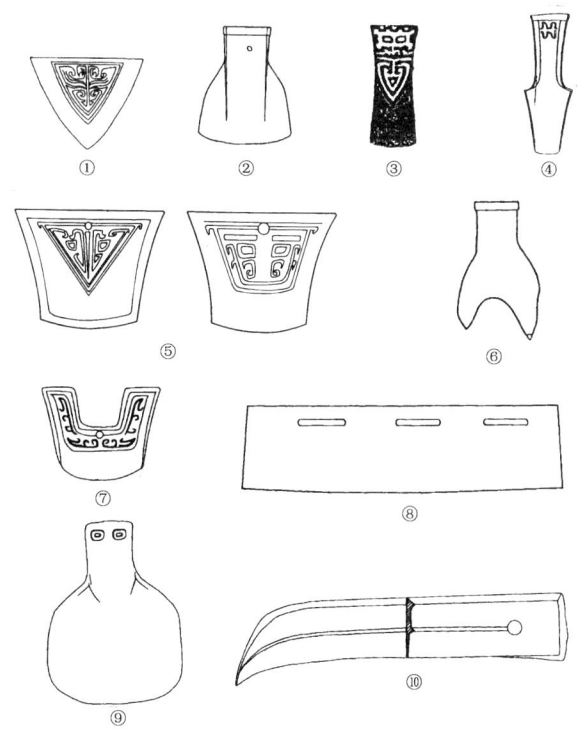

图1　吴城文化青铜农具
①犁铧　②方銎溜肩铲　③锛　④钁　⑤耙(正、反两面)　⑥耒　⑦锸
⑧铚　⑨椭圆銎溜肩铲　⑩镰

1.起土工具

主要有钁、铲、耒、耜、锸、犁铧等。斧、锛一类也出土不少,是古老的生产工具,在石器时代是原始农业开荒垦地的主要农具,但到商周时期,农业已脱离砍倒烧光的阶段,故斧、锛作为农具的作用已大为减弱,主要转为手工工具。

钁 新干大洋洲出土1件。方銎长体,銎深约为全器的四分之二强,双斜肩偏下,直体狭刃,刃口平齐。整体形似长銎有肩窄口斧。銎口加宽边。两面近銎部饰正反相对的刀羽纹,肩以上两侧边沿均饰条带状的"V"字形折线纹。通长14.8厘米、銎深7.5厘米、銎径4.4×2.3厘米、肩宽5.7厘米、刃宽2.8厘米(图1—④)。

钁是一种直銎式空首深掘或松土农具。其装柄方法是在銎的顶部銎口插入长方形木块,在木块上横凿一孔以装木柄,或直接安装树杈的弯曲木柄。《说文解字》:"钁,大锄也。"《国语·齐语》:"恶金以铸钮、夷、斤、斸,试诸壤土。"韦昭注:"斸,斫也。"《尔雅·释器》:"斫谓之斸。"郭璞注:"钁也。"故青铜钁当是"试诸壤土"的农具无疑。黄展岳将钁类分为长条形钁、有孔钁和带齿钁三种①,陈振中则认为商周时期的青铜钁均为长方体,主要有长矩形、凹形和横銎三种型制②,比照新干大洋洲的这件青铜钁,应属于长条形钁类,基本符合其诸如长身,窄刃,长宽约为三比一,侧视为等腹三角形(楔形),平口刃,顶中空,銎深约为全器的四分之三等特点,但是最大的奇特处即带双肩的特征,为中原各地所未见,它是南方地区特有的一种用以起土的钁类农具,当是源于本土新石器时代以来常见的那种双肩石器。

铲 吴城方国居民使用的铲有石、木和青铜三种质地。在很多吴城文化遗址中均有石铲出土。在瑞昌铜岭矿冶遗址的商代矿井中还出土了5件木铲③,3件长柄,只1件短柄呈尖状,铲身均较短而窄,铲面平,刃部平齐或略有圆角,但有斜溜肩、斜圆肩和方折肩等四种型制。这批木铲连柄较完整保留下来极为可贵,它既可用于矿山铲土,同样也应可用于农耕。有意义的是,那种斜溜肩木铲形制和浙江余姚河姆渡新石器时代木铲基本相近。

吴城文化诸遗存中至今还出土有13件青铜铲,根据其特征可以分为方銎方肩、方銎溜肩和椭圆銎溜肩三种型制:

---

① 参见黄展岳《古代农具统一定名小议》,《农业考古》1981年第1期。
② 参见陈振中《殷周青铜钁》,《农业考古》1986年第1期。
③ 参见江西省文物考古研究所等《铜岭古铜矿遗址发现与研究》,江西科技出版社1997年版。

第六章
商代吴城方国文明（下）

方銎方肩铲1件，南昌市郊出土。①整体呈梯形，銎部饰一周凸弦纹，刃部宽于肩部并稍带斜弧刃。长6厘米、刃宽4厘米。

方銎溜肩铲1件，新干商代大墓出土。②铲体梯形，方銎直通铲体近刃部，銎口带箍，刃微弧。出土时，銎内残留大量朽木，器身包裹着多层丝织品。通长14厘米、肩宽8.8厘米、刃宽10厘米（图1—②）。

椭圆銎溜肩铲11件，新干商代大墓出土。铲体较宽近圆形，銎口带箍，銎伸入铲体中上部，平刃微弧。其中一件銎部正面还阴铸长方双目，形成简化的人面（图1—⑨）；另10件銎口部饰一周连珠纹。

上述青铜铲仅新干大墓就出土12件，比中原殷墟妇好墓还多出5件，其中方銎方肩铲在中原地区颇为流行，而椭圆銎溜肩铲，特别是带目形纹和连珠纹装饰作风的铲在殷商文化中未见，这是吴城方国居民新铸制的一种用以起土的铲形器。

耒 目前只发现青铜耒一件，新干大墓出土。椭圆銎，銎口有箍，双扁齿，一齿锋因长期使用而稍残。通体素面。通长12.7厘米、齿距8厘米（图1—⑥）。

耒是一种最古老的挖土工具，它是由石器时代用来挖掘植物的尖木棍发展而来，后发展演变成双齿。最早的耒和耜一样应是木制的，即《周易·系辞》："神农氏作，斫木为耜，揉木为耒"，只是不易保存下来，但据考古资料，在距今七千年前的河北武安磁山遗址的坑壁上就发现留有似斧和木耒的痕迹，此后在陕西西安半坡、庙底沟、三里桥、山西陶寺以及河南偃师二里头和安阳殷墟等一些遗址和墓葬中，都发现有在坑壁或墓壁上留下双齿耒的遗痕，说明商周时期的中原地区，双齿木耒仍在继续使用。吴城文化遗存中目前虽只发现有青铜耒，而且是至今商代所见唯一的一件青铜耒，尚未发现有木耒的遗痕，但应不排除在农耕中也有较多使用。

耜 至今已发现青铜耜和木耜各一件。此件青铜耜，新干大墓出土。三角銎宽体式，平面为梯形，平肩，刃微弧，正面中部拱起，背面平齐，銎正中有一穿对通，正背双面均饰由勾连云纹和方目组成的简体兽面纹，唯正面的呈三角形，背面为梯形。长11.1厘米、肩宽14.4厘米、刃宽9.6厘米（图1—⑤）。据《周礼·考工记》载："匠人为沟洫，耜广五寸，二耜为耦。一耦之伐，广尺深尺谓之畎。"该书成书于东周时期，当时的尺度，据传1931年在河南省金村古墓中出一铜尺，

---

① 参见彭适凡《江西先秦农业考古概述》，《农业考古》1985年第2期。
② 参见江西省文物考古研究所等《新干商代大墓》，文物出版社1997年版。

现藏南京大学,铜尺长23.1厘米,五寸则合11.55厘米,则耜广五寸即刃端宽度为11.55厘米,新干出土青铜耜的尺寸基本与之相近。

木耜一件,九江神墩商代水井出土,①直柄,双平肩,体中空成两齿但前端不分而呈方形。通长88厘米。

新干青铜耜是至今发现年代最早的铜质耜,为我们正确了解这种农具的状况和使用方法提供了极为可贵的资料。早年,吴城遗址曾出土一完整单扇的耜范,②制作相当精细,灰白色粉砂岩质,身近梯形,微弧刃,中脊凸出,短柄呈扁椭圆,形制与新干出土青铜耜基本相同。该耜范近刃部一端,其侧有浅凹槽,近柄端两侧也有斜形凹槽,那是为了使双扇合范扣口紧密而制作的。耜长17.5厘米、宽13厘米、柄长4厘米。石耜范的出土,不仅证明青铜耜等工具为本土所铸,而且它可用来多次重复地进行批量生产,说明青铜耜在吴城方国境有着较为广泛的使用。

耜和耒是两种不同农具,但东汉许慎《说文解字》则把耒和耜说成是一种农具,即所谓:"耒,手耕曲木也。"而耜是"耒端木也。"给后世造成较多的混乱。徐中舒经过深入研究后指出:"耒与耜为两种不同农具,耒下歧头,耜下一刃,耒是仿效树枝式的农具,耜为仿效木棒式的农具。"③这样的区分是完全正确的,正好与《管子·海王篇》所云"耕者必有一耒、一耜、一铫"的记载相吻合,而新干出土的青铜耒和耜又正好以实物证明了这一区分的正确性。

耜和耒一样最早也应是木质的,即所谓"斫木为耜,楺木为耒"(《周易·系辞》),木耜不易保存下来,也容易磨损,后就改用动物的肩胛骨或石头制作耜刃绑在木柄上,成为骨耜或石耜④,如浙江河姆渡遗址就出土过6件木耜和170多件骨耜,这种骨耜绑上木柄,在南方水田中使用,功效较高。

那么,商周时期青铜耜的使用方法如何?新干出土的青铜耜和九江神墩出土的木耜正好为我们提供了完满的答案。新干的青铜耜,即"耜下一刃"是金属刃,必须装上木柄才能使用;九江神墩木耜,"耜下一刃"为木质方形刃,也就是说,木耜自柄至刃端都为木质,而青铜耜除柄为木质外刃端还嵌进一金属耜

---

① 参见江西省文物工作队《江西九江神墩遗址发掘简报》,《江汉考古》1987年第4期。
② 参见江西省博物馆等《江西清江吴城商代遗址发掘简报》,《文物》1975年第7期。原简报称为钺范,至1989年新干大墓出土青铜耜后,才证实非钺范而应是耜范。
③ 参见徐中舒《耒耜考》,《农业考古》1983年第1、2期合刊。
④ 参见陈文华《农业考古》,文物出版社2002年版。

第六章
商代吴城方国文明（下）

头，所不同的仅是后者多一金属耜头，如果将两者合二为一即为完整的青铜耜，但现在神墩出土的并无金属耜头，说明商周时期青铜耜和木耜是并存使用的，在赣境地区同样被广泛地应用在挖土和整地上。

锸 青铜锸3件，早年南昌市李家庄仓库清理废铜时发现1件[1]，后新干大墓出土2件，均为宽体凹字形。新干的两件有稍许不同：一件凹口銎较深，下部较浅，弧刃，双肩稍耸而外侈，正面拱起成弧度，背面平齐，銎口正中一穿对通，双面近銎口周围饰粗犷的阳线勾连云纹，长11.5厘米、肩宽14.8、刃宽11厘米（图1—⑦）；另一件凹口銎较浅，下部较深，圆角平刃，口甚薄，正面拱起，背面平齐，銎口正中一穿对通，无装饰，长13.1厘米、肩宽14厘米、刃宽11厘米。这种凹字形锸在河南罗山蟒张后李商代墓中曾有出土。[2]

锸是商代新出现的一种农具，特点是直插式，古代写成臿。《释名》："臿，插也，插地起土也。"最早的锸也有木制的，与耜差不多，它是在木制的锸刃端加上金属套刃，就成了锸，这和青铜耜的装法一样，故很容易与耜相混，许慎在《说文解字》中，既把耒与耜不分，又将耜与锸相混，他说："耜，锸也。"徐铉注："今俗作耜"。至今还有不少学者认为锸就是耜。实际，锸与耜还是有区别的，主要是指金属套刃形制的不同。锸自商代出现后，发展于战国，特别兴盛于汉代，且多为铁锸。《汉书·沟洫志》云："举锸为云，决渠为雨"，说明锸在兴修水利取土中发挥着极其重要的作用。

犁铧 青铜犁铧2件，新干大墓出土，均为等腰三角形宽体式，正面中部拱起，背面平齐，三角形銎，两面均以三角形为框，内饰状若简体式兽面的勾连云纹或目纹，犁面与犁背夹角均约10度，其中一件长10.7厘米、肩宽13.7厘米、銎高1.9厘米；另一件的銎部正中一穿对通，双面纹饰更规整流畅，长9.7厘米、肩宽12.7厘米、銎高1.6厘米（图1—①）。

这是目前仅有的两件经过考古发掘有明确出土地点和确凿年代的商代青铜犁铧，早年，山东济南曾在废旧品库房中拣选出一件铜犁铧[3]，李学勤认为应是商代之物。

犁铧是农业生产最重要的起土农具，它最早起源于新石器时代晚期的石

---

[1] 参见彭适凡《江西先秦农业考古概述》，《农业考古》1985年第2期。
[2] 参见河南省文物工作队《河南罗山县蟒张后李商周墓地第二次发掘简报》，《中原文物》1981年第4期。
[3] 参见中航《济南发现青铜犁铧》，《文物》1979年第12期。

犁,也呈三角形,只是有的称破土器,尤以南方出土较多。石犁上钻有圆孔,可装上木柄,即木质的犁架,然后靠人力牵引。新干的三角形青铜犁铧,应是渊源于南方新石器时代晚期的石犁,它的发现,确凿地证明商代已铸造和使用金属犁铧,只是因未发现木质犁架,故具体犁架结构不详。有的学者研究①,像新干出土的犁面与犁背夹角为10度的犁铧,在南方水稻田中耕作,所需牵引力仅为2.6~7.8公斤,在一个人的正常拉力范围之内,也就是说,这种犁的出土,并不能说明当时已产生牛耕,只能作为产生了犁耕的证据,而且这种犁耕也是很原始的,因为它还没有与之配套的犁壁,只能松土、破土,不能翻土,不能有效提高精耕细作的程度,因而还不是严格意义上的犁耕。但是,不管怎样,商代青铜犁的发现,比之原始石犁应是一大进步,这比之用耒、耜翻地工效明显要高。《淮南子·主术训》载:"一个蹠耒而耕,不过十亩。"而《汉书·食货志》则载:"亩五顷,用耦耕,二牛三人。"有的学者作了比较研究②,百亩为顷,其耕作效率为500÷3=166.6亩,用犁耕是耒耕的166.6÷10=16.66倍。贵州黎平县侗族有木牛,即人拉犁耕,据宋兆麟民族学调查的结果,③用犁耕即使是人挽犁,其功效也比耜耕提高功效一倍。新干青铜犁铧的发现,当然只能说明当时的耜耕农业中已出现犁耕,这种犁耕也只是用人力挽犁,尚不能证明已有牛耕,但正如陈文华所指出,新干铜犁的发现,"虽然没有犁架出土,仍不明其具体结构,但从铜犁铧的形制观察,已和后代的铁铧犁相类似,因此,推测其犁架结构应和西汉画像石上的框形犁相似,早已摆脱了石犁的原始状态。尽管目前还无法确定商代是否使用牛耕,但青铜犁的出现为以后铁犁的使用开辟了道路,因而在我国农具史上占有重要的地位。"④

2.中耕农具

商代吴城方国的居民,已经懂得田间管理对增加农业产量的重要性,因而自然会有锄草、松土等中耕作业,当时中耕的农具,除手工或是利用一些竹、木、石器之外,已开始使用青铜农具。只是,至今吴城文化诸遗存中出土中耕工具甚少。

---

① 参见季署行《"石犁"辨析》,《农业考古》1992年第3期。
② 参见杨升南《商代经济史》,贵州人民出版社1992年版,第169页。
③ 参见宋兆麟《木牛挽犁考》,《农业考古》1984年第1期。
④ 参见陈文华《农业考古》,文物出版社2002年版,第87—88页。

第六章
商代吴城方国文明（下）

铲 大型铲用来翻土，小型铲则用来中耕除草和松土之类。《释名》："铲，平削也。"铲又称为划，《广雅》卷一四载："划，古文铲"。《齐民要术》卷一云："养苗之道，钼不如耨，耨不如划。划柄长三尺，刃广二寸，以划地除草。"说明铲也是一种用来中耕除草的工具，尤其是那种较小型的铲。前述新干大墓中出土的13件青铜铲，当然主要还是用来作起土的工具，但是有些特别是较小型者必定也曾作除草中耕之用。就是在今天有的农具仍是一器多用，何况三千多年前的古代。

锄 锄是横斫式农具，目前只发现石锄1件，德安石灰山遗址出土，呈上窄下宽的扁平梯形，宽弧双面刃，长13厘米、刃宽8厘米。同铲一样，大型锄用于起土，小型锄则用来锄草松土。《释名·释用器》："锄，助也，去秽助苗长也。"

3.收割农具

吴城方国居民的收割农具有刀、镰和铚三种，除铚目前只发现铜质的外，刀、镰类都有石、陶和铜质的。

刀 是最多见的一种收割农具，在吴城文化的诸遗址几乎都有不等的出土，质地有石和陶两种：

石刀，种类有带柄和不带柄两种，以不带柄的最多。不带柄的形制有长方形、半月形、梯形、马鞍形和梳形诸种，多数的近背部有一个或两个穿孔，多直刃也有微弧刃和凹刃的。

例一，有柄石刀，吴城遗址出土。前长条形，体大，宽扁，前端残，平背，双面刃，刃由于使用磨损而弯曲不平，尾部略宽，柄端粗糙，但器体磨制光滑，残长22厘米、宽8.5厘米、厚0.7厘米。

例二，马鞍形石刀，吴城遗址出土。器身较长，平背稍凹，刃略窄于背，近背中间有两小孔，孔由双面钻成，背长7.4厘米、厚0.4厘米、中宽3.5厘米。

石刀基本是从新石器时代的石刀、蚌刀等延续和发展而来，其形态保持有相当的原始性，这些不同型制的石刀，当然有的还兼作切割和刮削之用，但主要仍应作为掐取稻穗的农具。安志敏经过细心研究，认为即使长方形或半月形石刀，也不能一概认定都是农具，"应该根据刃部的变化来推断"，"大体说来，直刃的是农具，也可兼作切割用；凹刃的是专作农具用；凸刃的则作切割用"[①]。这当然不无道理，因直刃特别是凹刃更有利于割取禾穗，凸刃的则效力较差，但古代

---

① 参见安志敏《中国古代的石刀》，1955年《考古学报》第10册。

恐难以绝对区分,故笔者认为这些石刀的主要功能还应和农业生产有关。

陶刀,吴城文化各遗址均有出土,仅吴城遗址就出土近200件。①形制均呈马鞍形,与马鞍形石刀相类,刀背内凹,两侧内倾,多单面直刃或微弧刃,也有少量凸弧刃,多双孔,有泥灰硬陶质的,也有釉陶和原始瓷质的,有素面的,也有在双面刻画或压印方格纹、圈点纹和叶脉纹等纹样的,有的还刻有文字与符号。

这些马鞍形陶刀,基本都是模制而成,说明其消耗量较多而需要批量生产。从已发现的马鞍形陶刀绝大部分都在中间断成两截来看,它们不可能是一般的装饰品,而应是实用的工具,有的学者认为是一种制陶的手工工具②,但从普遍穿孔需要固定缠紧在手指以及如此讲究坚硬来看,用来作为一种掐取稻穗的农业工具是完全可能的。此种马鞍形陶刀,不仅形制特别,而且质地、装饰讲究,在商代的中原及其他地区甚少见到,它应是南方吴城方国独具特色的一种典型收割农具。

镰 有石镰、陶镰和青铜镰三种:

石镰 是从新石器时代晚期的石镰发展演变而来。樟树吴城和筑卫城、樊城堆上层以及修水山背上层等都有少量出土。形制有长条形、新月形、拱背凹刃形和不规则形四种,多双面刃,也有单面刃,有带孔的,也有无孔的。

陶镰 目前只在吴城遗址出土2件,形状与石镰基本相近,但值得注意的是,如同马鞍形陶刀一样亦为模制,这就表明,尽管目前发现的陶镰甚少,但实际上应和马鞍形陶刀一样也是当时广为使用的一种收割农具。

青铜镰 仅在新干大墓出土5件,为薄体长条形无齿镰,后端较宽,前锋下勾,单面直刃,背部有隆起的背,近内端有一穿,正面器身有凸起的中脊,刃部有明显的使用痕迹,一般通体长20厘米、宽4.1厘米、厚0.1厘米(图1—⑩)。

铚 只发现青铜铚1件,新干大墓出土。长方体,体甚薄,两边直,刃微弧,近背脊部有并排的长条形穿三个,通体素面,沿脊部有明显的一条把柄夹持痕迹,长20.5厘米、宽5.2厘米、厚0.2厘米(图1—⑧)。

铚是从石器时代的长方形多孔石刀演变发展而来的,是商代新出现的一种青铜农具,从新干出土这件铜铚脊沿的把柄夹持痕观察,其装柄方法也如同长方形多孔石刀一样,把柄与刃部成平行方向,和铜镰的把柄与刃部成垂直方

---

① 近年整理的《吴城》正式报告中只92件,加上樟树博物馆和其他单位的以及历年破损者合计近200件。

② 参见王杰《石刀陶刀小议》,《考古与文物》1980年第4期。

第六章
商代吴城方国文明（下）

向不同，故有的学者认为实际就是铜刀①，这也有一定道理，但考虑此件铜铚形体较大，其功能绝非一般手工工具，而应与农产品收获有关，故还是称铚为好，以区别于一般的石刀或铜刀。《说文解字》："铚，获禾穗镰也。"《释名·释用器》："铚，获禾铁也。铚铚，断黍穗声也。"说明铚确实是与收割禾穗有关的农具，功能犹如掐取禾穗的短镰一样。

综观吴城方国居民使用的农业收割工具，特点是大量盛行陶刀（主要是马鞍形）和陶镰，还有就是青铜镰和铚，石镰较少，陶刀和陶镰一般多是掐取稻穗，而铜镰装柄使用则都是割取禾秆，这比之用陶刀、陶镰和石镰，在收割功效和技术上都是一大进步。吴城方国收获工具上的这种特点与中原殷商文化表现出较大差异，殷商王朝大量使用的是石镰，当然也有少量青铜镰，如在1929—1933年在殷墟发掘的七处灰坑中，出土石镰就有3640件，仅在一个灰坑中就出土444件②，这固然反映出殷商农业经济相当发达，需要大量的收获工具，但也说明青铜的珍贵，尚少用于铸造农具。

4. 加工农具

谷物是需要加工脱壳或磨碎后才能食用的，故从远古时代起，原始居民就懂得用石棒在石块上将野生的植物果核或野生稻谷碾磨脱壳，江西万年县仙人洞新石器时代早期遗存中就发现有粗糙的石磨盘和磨棒。《易·系辞下》："神农氏没，黄帝尧舜氏作……断木为杵，掘地为臼。"说明原始时代的先民还发明了木杵和地臼来加工野生谷物。商代吴城方国的居民，稻谷的加工工具当然更趋成熟，但目前只在吴城遗址中发现有石杵和石臼。

石杵2件，一件为不规整长圆锥体，上细中粗，顶为圆锥形，下端作圆凸形，剖面呈扁圆形，长11厘米，最大直径3.1厘米；另一件作不规则方柱体，上小下大，顶端微尖，下端为大圜底，器表粗糙，长7.2厘米、宽2.8厘米。

石臼一件，仅存一部分，体扁圆，臼周边圆弧，中间有一圆窝，臼窝深2.8厘米，臼窝底不平，残厚5.7厘米，臼窝直径8厘米，臼周边宽约7.4厘米。

二、农作物种类

水稻是吴城方国居民最主要的农作物，此外，还兼种粟、桑、麻等。

1. 水稻

---

① 参见杨升南《商代经济史》，贵州人民出版社1992年版，第150—155页。
② 参见石璋如《第七次殷墟发掘：E区工作报告》，《安阳发掘报告》第4期。

正如前面第二、第三章所述,自距今12000年前的新石器时代早期万年仙人洞、吊桶环的原始居民开始将野生稻驯化成人工栽培稻后,历经距今6000年到4000年的新石器时代中期、晚期到末期,赣境地区的原始先民始终以稻作农业为主要经济活动,诸如在新余市拾年山、修水县山背、九江县神墩、湖口县文昌洑、史家桥、永丰县尹家坪、靖安县寨下山以及樟树市樊城堆、萍乡市大安里、大宝山等数十处新石器时代晚期或末期遗址中都发现有稻秆或稻谷壳的遗痕,说明水稻种植业从新石器时代以来一直是江西地区古代居民的传统农业,这种传统农业到距今三千多年前的商代吴城文化时,又得到了相当发展。

首先,从考古出土实物证据看,尽管过去我们在吴城遗址历次发掘中,有如全国其他地区一样,较少甚至没有运用有效的植物考古学手段,如浮选法,有意识地去发现和获取植物遗存,但还是在吴城文化的一些遗址中发现了稻作农业的遗痕,如在九江县神墩遗址清理的商代二号水井,井内堆积分上下两层,在下层灰褐色淤泥层即距井口6.50米以下,发现有很多木、竹棍、烧土块和燃烧过的稻谷壳等[1];又如在德安县米粮铺陈家墩遗址的一座长方形地面建筑遗迹中,发现有使用掺稻壳的木骨泥墙残迹。[2]

其次,从吴城遗址及吴城文化诸遗存中出土有大批农业生产工具看,诸如数百件带穿的马鞍形陶刀,无疑是用来掐取稻穗的工具,特别是新干县大墓出土的这批青铜农具,尽管有16件器表饰有花纹,但还应该都是实用农具,犁铧、耜、耒、锸、铲等的銎部截面分别为纯三角形或椭圆形或方形,以便于安装把柄,犁、耜、锸的銎口较浅;镰、铚上设穿,便于系绳捆扎柄把,此外,多数的器身都留下使用痕迹,如耒的双齿都磨损严重,致使两齿长短不一。这些铜质农具,特别是像翻土的耜、犁铧、锸等,对于土质坚硬、高低阔狭不等的江南水田泥耕功效更高,对于水稻的种植作用更大。

2.粟

粟,通俗称谷子[3],即粟,属禾木科狗尾草属,去掉皮壳后籽粒小因而又称为小米。古籍上所称禾,有广、狭两义,广义是泛指所有谷类作物,如南方的水稻也有称禾的,但狭义的禾应是粟的专称。粟是耐逆性很强的谷物,抗旱、耐瘠、耐盐碱,黄河中下游地区是以粟和黍为代表的北方旱作农业发源地之一,它们的种植

---

[1] 参见江西省文物工作队等《江西九江神墩遗址发掘简报》,《江汉考古》1987年第4期。
[2] 参见江西省文物考古所等《陈家墩遗址第二次发掘简报》,《南方文物》2000年第3期。
[3] 参见万国鼎《五谷史话》,中华书局1961年版。

第六章
商代吴城方国文明(下)

历史都很悠久,特别是粟,远在距今七八千年前的河北武安磁山仰韶文化早期遗址中就有大量炭化粟的发现,到商代,更是中原地区广为种植的主要农作物,在甲骨文中,就有多条记载禾即指粟这种农作物的,如:

  盂田禾释,其御。吉。刈。 《甲骨文合集》28203
  智田禾延释。   《甲骨文合集》28283
  甲子卜,王禾。   《甲骨文合集》19804

商人除主要种植粟外,还有黍、水稻(秜)、小麦和高粱等农作物,在甲骨文中都有记载。考古发现证实,小麦这种农作物是外来品,最迟在距今4500年前后就已传播到我国甘青地区[①],同样,水稻也是外来品,最迟在距今五千年前就已传播到了黄河中下游,所不同的是,小麦是从欧亚草原地带由西向东逐步传过来的,而水稻则是直接从长江流域引入的。到夏、商时代,商人不仅种稻,而且稻谷在商代的经济生活中可能占有着很重要地位。早在20世纪40年代胡厚宣就曾断言"黍与稻者乃殷代最普通之农作物"[②],60年后的今天,赵志军根据对殷商时的自然生态环境及农作物的生长习性和规律,正确地指出,如果将黍换成粟,胡先生的"这一推断是非常正确的。"[③]

  前已述及,很早以来,黄河与长江两河流域就有着密切的交往,通过夏文化的南渐和商文化的扩张,更推动了两河流域的经济、文化交流,既然中原古代居民能将江南(含赣江流域)的稻作文化带到北方,那必然也会将中原的主要粟类旱作物带到南方。当然至今在江西尚未发现有考古学上的物证,但值得注意的是,在同处江南的湖南地区却发现带有粟类农作物品种铭文的青铜器,这就是著名的湖南宁乡黄材寨子山出土的"人面方鼎"[④],该鼎高达38.5厘米,鼎四面以四个人面作为主要装饰,鼎内壁铸有"大禾"两字铭文,有的释为"禾大",禾者,就是指粟即小米,"大禾"和"王禾"的组词方法一样,"王禾"是商王亲临种禾之地;"大禾"则是指铸鼎那一年"禾"获得大丰收,故铸此富有南方特色的青铜大鼎,以作纪念。湖南带"大禾"铭文青铜方鼎的发现,证明商时期的湖南地区,虽以种水稻为主,但也种谷子,长沙马王堆一号汉墓中就出有小米

---

① 参见李璠等《甘肃省民乐县东灰山新石器遗址古农业遗存的新发现》,《农业考古》1989年第1期。
② 参见胡厚宣《卜辞中所见之殷代农业》,《甲骨学商史论丛》第二集上册,成都齐鲁大学国学研究所,1945年印。
③ 参见赵志军《关于夏商周文明形成时期农业经济特点的一些思考》,《华夏考古》2005年第1期。
④ 参见高至喜《商代人面方鼎》,《文物》1960年第10期。

饼，①同样也可佐证，商时期吴城方国居民虽以栽培水稻为主，但也可能已兼种一些粟类旱作物。

3.桑、麻

考古资料证明，中国是世界上最早发明蚕桑的国家，早在距今五六千年前的新石器时代的原始先民就已经掌握了种桑、养蚕和缫丝的技术。②3000多年前的商代时，不仅中原商殷王朝中心地区的蚕桑、丝织业有着较快的发展和较高的纺织技术③，就是地处南方的吴城方国，其蚕桑和丝织业也有一定的发展水平。以新干县大洋洲出土的青铜器为例，就有相当一部分青铜器出土时还明显附着有不等的丝麻织物或织物印痕，据对其中的一件方内铜钺(标本335)表层选用红外线光谱法测定，结果表明为真丝，也即蚕丝；对其他诸如三足甗、方銎溜肩铲等16件织物痕迹的检测结果，均为蚕丝平纹绢④，其密度不等，每平方厘米经纬线有18×16、16×10、45×44、64×14、85×25、32×8多种。有的铜器上包裹的纺织品竟有数层之多。用丝麻织物包裹贵重的物品随葬，看来既是中原商人的葬俗，也是吴城方国的王者贵族的葬俗之一。

考古资料也证明，我国早在5000年前的新石器时代晚期就已懂得种植大麻，商周时期，大麻的种植更为普遍，并已成为人们的主要衣着材料，殷墟妇好墓出土的青铜礼器表面附有纺织物的有50件，经鉴定，其中有约10件为丝织物(图2)，有10件为麻织品。新干大洋洲出土的青铜器中，有的如两件长骹双环耳铜矛(标本92、93)，双环耳之间至今尚保留着固柲的麻绳，麻绳两端各自横向穿系而过，然后分别斜向骹端与木柲相扎，通身尚留有丝织品包裹痕。这些都表明商代的赣江流域，麻织品的使用也较广泛。

图2 留有织物印痕的青铜矛

---

① 参见高至喜《湖南商周农业考古概述》，《农业考古》1985年第2期。
② 参见夏鼐《我国古代蚕桑丝绸的历史》，《考古》1972年第2期；陈文华：《中国考古图录》，江西科技出版社1994年版。
③ 参见胡厚宣《殷代的蚕桑和丝织》，《文物》1972年第11期。
④ 参见沈筱凤等《新干商代大墓青铜器附着织物鉴定报告》，《新干商代大墓》附录八，文物出版社1997年版。

第六章
商代吴城方国文明(下)

此外,在九江县神墩商周遗址出土过炭化的菱角和葫芦,德安县陈家墩遗址出土过炭化的菱角,说明商代的赣境地区已经种植葫芦和菱角等经济作物。

三、畜牧业的发展

随着农业经济的快速发展,吴城方国的畜牧业经济活动也相应有所发展,但由于相关考古资料出土太少,故至今尚难以对方国境内的畜牧业发展情况作出全面评估,目前只能根据零星资料作一些初步推论。

从全国来说,考古资料证实,从新石器时代起,牛、羊、猪、狗、马、鸡等所谓"六畜"就已被史前先民普遍饲养,"在北方,新石器时代,最早和最主要的家养动物是猪、狗和鸡;在南方是猪、狗和水牛"①。有的认为:"北方的氏族部落主要驯养了黄牛、羊和马,南方的氏族部落驯养了水牛、鸭和鹅。"②从一些零星考古资料来看,吴城方国境内家畜家禽种类主要有牛、羊、猪、狗和鸡等。

如在新干大墓出土的一件乐器青铜镈上,器身两面中央均饰浮雕式牛角兽面纹,双牛角根粗尾尖,各自向上内卷,弯曲度大,几乎连成一圆圈,从角的特征看,显具南方水牛的特征(图3)。同样,在新干大墓出土的另一件青铜大瓿上,其下部鬲体也饰有四组浮雕式牛角兽面纹,双牛角横斜上翘,上饰鳞片纹。再如,在湖口县下石钟山商周遗址出土过一件原始瓷质的牛塑艺术品,③釉呈褐色,体长9.2厘米、宽3.9厘米、腹宽2.5厘米。双

图3 青铜镈

---

① 参见周本雄《中国新石器时代的家畜》,《新中国的考古发现与研究》,文物出版社1984年版,第197页。
② 参见宋兆麟等《中国原始社会史》,文物出版社1983年版,第266页。
③ 参见杨赤宇《下石钟山泛舟岩发现古文化遗址》,《江西历史文物》1983年第4期,报告中称为红陶牛塑。后在正式调查报告中更正为原始瓷质牛,江西省文物工作队等:《湖口县下石钟山遗址调查记》,参见《江西历史文物》1985年第1期。
④ 参见王令红《石钟山泛舟岩遗址出土的动物骨骼》,《江西历史文物》1985年第1期。
⑤ 参见江西省文物管理委员会《江西清江营盘里遗址发掘报告》,《考古》1964年第4期。

眼鼓突,头部皮下垂,尾短齐股,虽角和前腿残断,但形象为牛无疑,而且据动物学家鉴定,应是黄牛而非水牛的形象。①

我国饲养家猪有着近万年历史,就以赣境地区来说,早在五千年前的樟树樊城堆新石器时代晚期遗存中就发现有陶塑猪饰。到商代吴城方国时期,在樟树营盘里遗址上层出土一件锥形猪头形器盖②,尖嘴、怒目,灰褐陶质,下有较高的榫口,高7厘米、盖沿径5厘米。此外,在新干大墓中也出土了若干猪牙,特别是在湖口下石钟山泛舟岩遗址中发现有猪的下颌骨10余段,还有单个牙和上颌骨残片,经动物专家鉴定为家猪无疑,"泛舟岩的猪的年龄组成以一两岁的个体为主,在总共八个(最少个体数)中的有六个,它们生长到人们所期望的大小时候,即被宰死了"③。这些都表明吴城文化中家猪饲养已较普遍,猪是当时方国居民最重要的肉食来源。

狗是人类在动物界中第一个"伙伴和朋友",人类把个体较大的狼驯化为较小的狗也是在一万年以上。商代赣境地区目前仅在湖口下石钟山泛舟岩遗址发现有家狗的左下颌骨一段和下面第一臼齿,表明三千多年前,狗也是吴城方国居民的狩猎伙伴。

商周青铜器上流行用羊首作装饰,反映养羊业的兴旺发达。新干商代大墓出土的青铜器中,除出土一件羊角兽面器外,用羊首或羊角作圆雕或浮雕装饰的就有四五件之多(图4),诸如四羊罍、假腹簋和乳丁纹虎耳大方鼎等。这些青铜器,造型奇特,铸造精美,地方特色浓厚,应是本地铸造无疑,这也从一个侧面反映出吴城方国养羊业的发达。

我国家禽的饲养历史中,鸡的驯养历史要比鹅、鸭相对要早,

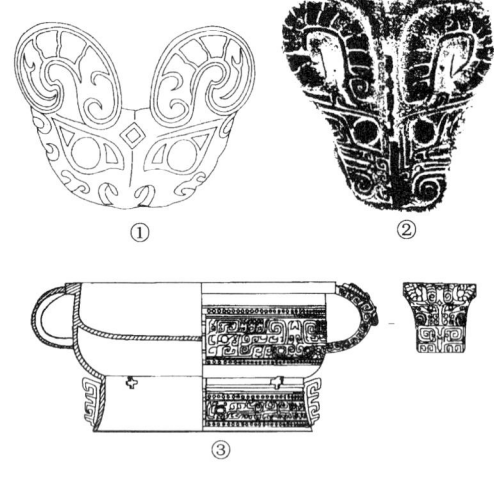

图4 青铜器上的羊首纹
①羊角兽面 ②四羊罍之羊首 ③假腹簋

---

① 参见王令红《石钟山泛舟岩遗址出土的动物骨骼》,《江西历史文物》1985年第1期。
② 参见江西省文物管理委员会《江西清江营盘里遗址发掘报告》,《考古》1964年第4期。
③ 参见王令红《石钟山泛舟岩遗址出土的动物骨骼》,《江西历史文物》1985年第1期。

第六章
商代吴城方国文明（下）

考古资料证明,早在距今八千年前,我们的原始先民就已将鸡驯化。①江西万年仙人洞新石器时代早期遗存中发现过野鸡的遗骨,②因而先民们就有可能将其逐步驯化成家鸡。到新石器时代晚期,考古资料证明家鸡已成为原始先民最主要家禽, 江西樟树筑卫城中层新石器时代末期地层中就曾出土一件鸡冠状纽硬陶器盖,造型写实,栩栩如生③,所以,到商代吴城方国时,其养鸡业当更为普遍,在樟树营盘里遗址上层就出土圆雕陶鸡两件,都系陶塑艺术品,其中一件较完整,体扁平空心,背部有三镂孔,头昂起作张口鸣叫状,眼由小圆圈压成,腹平无腿,长6厘米,高3厘米。

上述一些考古资料,虽然表明三千多年前的吴城方国居民已有较发达的家畜家禽饲养业,但也必须看到,其畜牧和家禽饲养业的规模和水平比之中原商殷王朝却显滞后。中原商代的经济活动中,畜牧业已发展成一独立的重要经济部门,殷墟甲骨文中,记载商王及其臣僚贵族大量使用牛、羊、猪等畜产品进行祭神活动,动辄就是数十,数百,乃至数千头,可见畜牧业的发达程度,这些对南方吴城方国来说都是无可企及的。

第二节
手工业

在农业发展基础上,吴城方国的手工业也得到长足发展,而其中青铜冶铸业和陶瓷烧造业不仅是当时最重要的手工业部门,而且是当时最先进科学技术的代表,也是吴城文化社会生产力发展水平的重要标志。

一、青铜冶铸业

商代,是我国青铜时代的大发展时期,而青铜器的铸造必须以铜矿资源为首要的必备条件。长期以来,我们只能从有关史籍和志书的记载中得知,赣鄱地区这块"物华天宝"的富饶土地上,蕴含着极丰富的有色金属矿藏,自古以来

---

① 参见董希如《我国古代养鸡概述》,《农业考古》1986年第1期。
② 参见江西省文物管理委员会《江西万年大源仙人洞洞穴遗址试掘》,《考古学报》1963年第1期。
③ 参见江西省博物馆等《清江筑卫城遗址发掘简报》,《考古》1976年第6期。

就是铜、锡矿的著名产地。到20世纪80年代瑞昌铜岭矿冶遗址发现以后,大量的考古学物证不仅印证了古代的文献记载,而且证实远在商代中期,赣境地区就已有采铜炼铜的规模生产,从而将我国采铜炼铜的历史向前推移了三四百年。

铜岭矿冶遗址位于赣北瑞昌市夏畈乡铜岭现代矿山内,距长江南岸的码头镇仅六公里。该遗址自1988年发现后,前后经过五次科学的发掘[1],揭露采矿面积达1800平方米,冶炼区面积600平方米,清理出竖井103口,巷道19条,露采坑7处、冶炼炉2座,储水井数口,以及铜、竹、木和陶质的工具和生活用器400余件。此外,经调查,采矿区面积达4万平方米,炼渣分布面积达数万平方米,遗址中的炼渣堆积最厚处达3米余,当地人称为"铜石坡",有的延绵数十米,估计有30万吨以上炼渣。铜岭矿冶遗址开采的年代从商代中起一直延续到战国时期,是目前中国发现时代最早的一处矿山,遗存时代之早,延续时间之长,保存之完整,内涵之丰富为世所罕见。

1. 采矿技术的先进性

铜岭铜矿开采的方法分为两大类,即露天开采(简称露采)和地下开采(简称坑采)。这两种方法往往相互结合使用。

露采法是指在矿区矿脉露头处开掘,去掉表土,挖出矿石的采矿方法。

坑采法是指在矿体上沿矿脉凿井向下的采矿方法。这种方法的优点是为了减少剥离大量废石,有效地采掘矿体,但是在操作过程中,又容易产生塌方、积水等危险,还需要解决提升、运输、照明、通风和排水等问题,要解决这些问题,必定要经过较长期的摸索和经验积累才能实现,这一采矿方法的出现,是采矿技术变革和进步的标志,但是,值得注意的是,铜岭遗址从商代中期起就已采用露天开采为辅,地下开采为主的方式。[2]

地下开采法又有单一开采法(或称竖井开采法)和联合开采法两种。

单一开采法,应用较多,至今已发现的商代竖井就有48口。这种开采法犹如新石器时代晚期以来就已流行的凿井技术一样,直接在矿体上向下掘井,直到矿石采完为止。一般井筒断面呈矩形,净空面约70×90平方厘米,深不到4米。竖井位置均在白云质灰岩上层的孔雀石部位,其特点是矿藏浅,矿层薄,故孔

---

[1] 参见江西省文物考古研究所《铜岭古铜矿遗址发现与研究》,江西科学技术出版社1997年版。

[2] 参见刘诗中《中国先秦铜矿开采方法研究》,《中原文物》1995年第4期。

第六章
商代吴城方国文明（下）

雀石采完也就终止。可见浅井并非表明开采方式的简单，而恰恰反映这是一种因地制宜、视矿藏情况而选择的较合理的开采方式。

联合开采法，是一种较复杂的综合开采方式，具体又可分为两种：

一种是由露天槽坑到竖井的联合开采法，是边探矿、边开掘的有效方法。以遗址考古地一号槽坑和J11竖井的开采过程为例，先在地表开挖半地穴式露天槽坑，长7.6厘米、宽1.4厘米、深0.56厘米，槽坑两边打木桩作为挡土墙板。为了追踪富矿，继而在槽坑尾端向下开挖井筒。

另一种是由竖井到斜巷再到平巷联合开采法。如遗址考古地J14与X1贯通，其开采工作线从山脚顺矿体至山腰，先在地表向下开凿浅竖井，而后在井底往东开挖阶梯状斜巷，长约1米，再沿阶梯向山腰开挖平巷，平巷清理至10余米处未见尽头。巷顶距地表深4.27米，平巷高1.36米、宽0.8米。从至今已揭示的这种综合性开采方法来看，虽然规模较小，而且井多巷少，井巷不深远，空间也狭小，巷道只能容人蹲坐作业，自然工效不可能很高，但必须看到，由竖井底部开挖平巷或斜巷，工程量小，运输也容易，反映最迟在三千多年前，铜岭的矿工就已创建了自己特有的早期采矿技术体系，并已粗具规模，这是件很不容易的事。

由于铜岭矿体位于白云质灰岩和泥质粉砂岩的接触带内，正是破碎带和构造角砾发育的部位，岩体坚固性差，属不良地质条件区，围岩比较松软，因而井巷开挖至一定深度后，如何防止塌方？如何做到通风、排水？又如何将矿石提升上来？这些即使在今天也都是技术上的棘手难题，商代铜岭的居民是怎样解决这些难题的呢？

第一，用木架支护工艺来防止塌方。考古资料证明，商代中期的井巷支护工艺就已经规范化，以后结构不断改进，逐步形成了木架支护具有抗顶压、侧压和地鼓的综合能力。这种支护形式后代文献称为"架镜"①。

首先，对竖井的支护。商代中期的竖井支护就已采用标准型式，即由井框和背棍组成完全支护结构。井框内由4根圆木吻接成矩形，其中2根直径8厘米，表面不经加工的圆木为横木，另2根两端砍削成碗口状托槽的圆木为内撑木，内撑本比横木的直径稍大，以免劈裂。横木两端嵌入围岩内。井框相间而置，组成井筒的护壁。井筒断面均为70×90平方厘米或80×92平方厘米。同一矿井中的

---

① 参见吴其浚《滇南矿厂图略》。

支扩框木规格统一,均为预制件,支护时在井下装配。装配时,将碗口结构的内撑木装在同一壁,呈"同壁碗口接内撑式"的支护形式(图5)。商代晚期竖井的支护结构大体与中期相似,不同的是在4根撑木的基础上,另加2根碗口接半圆形内撑木,以增加井框的内撑力,并在框架与背棍间涂上一层草筋泥以防泥沙从背棍的缝隙间落入井中(图6)。

其次,对平巷的支护。采用排架式结构。每副框架断面呈矩形,由1根顶梁、2根立柱和1根地栿组成,框架间距60厘米~80厘米,商代中期采用碗口接排架式支护方式,与同期竖井支护方式相近,即顶梁、地栿为直径8厘米、立柱为直径9厘米、长78厘米~84厘米的圆木。立柱两端砍削成碗口状托槽,以支撑顶梁和承接地栿。顶梁与围岩间的顶棚采用直径3厘米、长100厘米~160厘米的椽子间隔铺设。巷道两壁有少量中粗木棍支护。商代晚期则采用开口贯通榫接排架式平巷支护。铜岭X1平巷支护高1.36米、宽0.8米。立柱为圆木,直径约10厘米、长140厘米,柱足为圆周截肩单榫,柱头为开口贯通榫,下凹处宽4厘米,顶梁两端为单榫与柱头贯通榫接,地栿两端有卯眼承接柱足榫,组成框架(图7)。顶棚和巷背密排小木棍,并敷以树叶和草,做成棚子,使井下作业更为安全。

上述考古材料表明,商代中期瑞昌铜岭矿冶遗址的支护技术已达到较高水平,主要表现在支护木已注意选用质地坚硬、无木结、无纽纹的栎木、楠木;设计和施工规范化,从而提高了井巷的支护工效;采用杆件

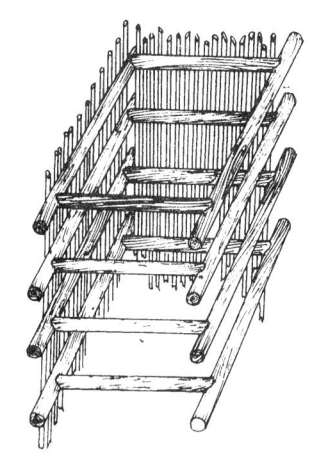

图5 商代竖井"同壁碗口接内撑式"支护复原示意图

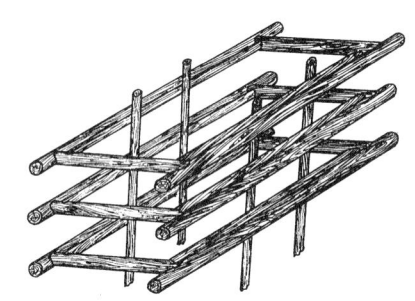

图6 商代竖井"同壁碗口接内撑加强式"支护复原示意图

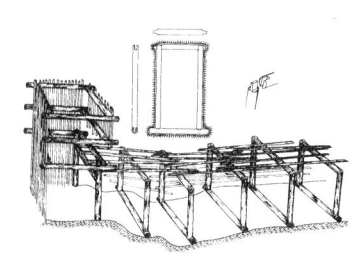

图7 商代平巷支护示意图

第六章
商代吴城方国文明（下）

组成方框支护井巷，杆件间碗口接点的结合效应仅适用于当接点的接触面在发生挤压应力时才能结合牢固，这种节点结构，是针对井巷围岩变形产生的挤压力而设计的，这一技术设计既符合维护控制压力的要求，又充分考虑到了井下安装、施工方便等的实际需要。这是在长期采矿实践过程中逐步摸索出来的一种适用于松软围岩地质条件下作业的井巷支护技术，它具有重量轻、加工易、架设便等优点，加以古矿区森林茂密，材质丰富，是经济合理的支护形式。瑞昌铜岭商代木支护技术是迄今为止世界上发现最早的采矿安全设施，是吴城方国居民的伟大创造和发明，也是对世界古代文明的重要贡献。

第二，铜岭商周时期的井巷已具有一定的深度，自然要考虑通风排水的问题。

通风：主要采用自然通风，并辅以人为制造风流。人工辅助通风主要是将开掘废弃的巷道用粘土碎石等填塞，既可减少运输量和增加采掘深度抗压能力，又有助于空气流动。

排水：设施有疏水沟、排水槽。排水槽是利用树干刳成，槽最宽0.6米，拼接成数十米水槽。

提升：已发现多种形式的提升方法，古矿区内出土的商代木滑车（图8），是迄今世界上所见最早的早期提升机械。滑车由整木加工，长43厘米、径42厘米，两侧各有5个对称凸块，既可作扳手，又可防止绳索在转动过程中脱离滑车。它的轴孔中间部位直径大，直径较下的两端形成了滑动轴承，这种结构减少了轴承与轴的摩擦面及摩擦阻力，与现代轴承设计原理相一致，表明商代这种滑车已具有灵便、完备的特点，其滑动轴承的设计已达到较高水平。① 尤其是滑车两

图8　木滑车及其使用示意图

---

① 参见刘诗中《中国先秦铜矿》，江西人民出版社2003年版，第141—142页。

端各有一个径向与轴承相通的侧孔,孔口仅30毫米×25毫米,显然这两个孔不适合于装手柄,很可能是用来加注润滑剂(油脂)的,以分减摩擦力,延长轴与轴承的使用寿命。从轴承摩擦呈油光的痕迹来分析,该滑车使用了润滑剂。据《诗经》记载,西周时期就已用动物油作润滑剂,但中国人开始使用润滑剂的时间可能要比西周更早,瑞昌铜岭出土的滑车就是很好物证。

第三,井巷开凿技术。开挖数十米深的矿井,井筒四壁必须垂直,才能较准确地安装木框架预制件。如何保证开掘的竖井四壁垂直或基本垂直?这一定备有简单的测量工具,否则,铜岭矿工们绝不可能开出如此规范的矿井。1993年,瑞昌铜岭邻近的德安陈家墩遗址商代水井中出土了三件木质测量工具:木觇标墩和垂球[1],正好填补了铜岭矿山出土物的空白。商代陈家墩的居民用此来定位挖掘水井,而同时期的铜岭矿工则用此来定位开挖矿井。

木觇标墩系用一段带杈的圆木制成,顶端锯成平面,顶面居中位置上有直径0.4厘米的孔洞一个。墩高15厘米,平面径15厘米。垂球形制似现在小孩儿玩的陀螺,以小圆木制成,上圆下尖,圆顶平面正中心有小洞孔一个,垂球顶面径4.5厘米,高7.2厘米。这两件木测量器的配套使用方法,大体应是这样:先在井口定位,往下掘进一段后,在井口支撑木架中心点用准绳系上垂球,测准中心,将垂球下放,在井筒平面上移动觇标墩直至墩面准星与垂球尖端定准中心,然后移开木觇标墩,又继续下挖,如此循环使用定点线,校正准星(图9)。由于有了这种较准确的定点定位测量工具,矿工们才能向深部地层规范化挖掘。这两件测量工具的发现有着极其重要的意义,它从此解开了古代水井和矿井既深且直又如此规范之谜,它是目前世界上发现的最早的测量定位工具。

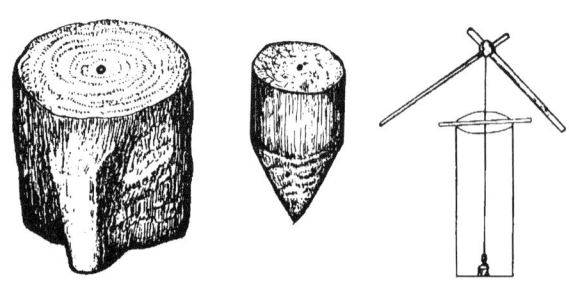

图9 木觇标墩、垂球及测量使用示意图

---

[1] 参见江西省文物考古研究所等《江西德安县陈家墩遗址发掘简报》,《南方文物》1995年第2期。

第六章
商代吴城方国文明(下)

铜岭商周古铜矿的丰富文化遗存,较全面地反映了商周时期的采矿技术,整个铜岭矿山的开采从小到大,由浅至深,从露采到单一井巷再到联合井巷开采,特别是井巷支护技术,形成了一套自身发展的完整的采矿工艺序列,地方特色鲜明。同时,早在商代就已在落矿、出矿和地压管理等技术上达到了较高的水平。

2.冶铸技术的两重性

吴城方国的居民在掌握先进采铜技术的同时,还不断改进和提高自己的冶铜和铸铜技术水平,特别是当商代中期中原商王朝的势力南渐至赣地以后,带来了中原先进的泥范铸造技术,则加速了吴城文化青铜铸造技艺的发展,至今在吴城文化分布范围内,出土了数量较多、种类繁复、造型奇特、纹饰绮丽的青铜器,其中尤以新干大墓出土最多,它集中代表了吴城方国的青铜冶铸技术水平。

(1)江西商代青铜器的发现

据文献记载,从魏晋时代开始,江西地区历代都有零星青铜器的出土,据笔者初步翻检共达24次[1],计87件,分别出土于南昌、丰城、武宁、修水、吉安、吉水、瑞金、南康、鄱阳、宜黄、进贤、上高、高安、奉新、樟树、分宜等16个县市,基本布及江西全境,但主要集中在赣中、赣西和赣西北地区。器类有鼎、觯、盆、钟、镈和剑、戈、矛等,而以铜钟特多,仅记载就有17次,计69件,占到历史上出土青铜器总数的81%以上。[2]这些历史上出土之青铜器,真正能推定其年代的只有春秋时期的者减钟、徐王义楚觯三器和能原镈等。其他都因无铭文,大多可能都是两周时期遗物。

新中国成立后,随着考古事业的不断开展,江西各地出土商周青铜器日趋增多,不仅地层清楚,且多和古文化遗址和古墓葬伴出,这就为出土青铜器的断代提供了科学依据。我们在20世纪70年代末初步统计,全省各地出土的青铜器为240余件[3],其中属商代的青铜器53件(图10)。80年代以后到现在发现的青

---

[1] 参见彭适凡《江西出土商周青铜器的分析与分期》,见《江西先秦考古》,江西高校出版社1992年版,第53—58页。

[2] 参见彭适凡《赣江流域出土商周铜铙和甬钟概述》,《南方文物》1998年第1期。

[3] 参见彭适凡《江西出土商周青铜器的分析与分期》,《中国考古学会第一次年会论文集》,文物出版社1979年版。该文把新干中棱水库坝基出土的所谓五件列鼎和甗、鬲、镈等计11件青铜器时代定为西周早期,近年来有学者考证为商晚器是正确的,见李朝远:《江西新干中棱青铜器的新认识》,载《长江流域青铜文化研究》,科学出版社2002年版,第216—224页。

铜器更是猛增,其中除1989年新干大墓集中出土商代青铜器475件外,仅见于报道的尚有:1982年德安石灰山遗址出土青铜锛1件,1983年万载株潭出土青铜铙1件,1984—1986年九江神墩遗址出土青铜镞2件,1985年宜丰天宝乡出土青铜铙1件,1985年和1987年遂川枚江洪门先后出土提梁卣和蝉纹青铜鼎各1件,1988—1992年瑞昌铜岭矿冶遗址出土青铜锛3件、凿1件,1993年德安陈家墩遗址出土青铜铙1件,1993年吴城遗址第八次发掘出土青铜凿和削各1件,1993年吴城遗址正圹山采集青铜斧1件,2002年永修燕坊四联出土青铜铙2件,等等,这样80年代以前和以后全省总共出土商代青铜器为545件,主要出土于赣江

图10 乐器青铜铙(靖安出土)

中、下游即赣中、赣西和赣北地区,与历史上出土青铜器的地区大体吻合。这些商代青铜器,特别是新干大洋洲集中出土的这批青铜器,不仅对研究吴城方国的经济、政治、文化、礼制及其信仰和崇拜,而且对揭示吴城方国的青铜铸造技术和水平都提供了极其珍贵资料。

(2)冶铸技术的两重性

第一,两种不同的合金成分:红铜与青铜并存

人类在创造物质文明过程中,自然界蕴藏的铜是最先被人们发现和使用的金属。从世界范围来说,这种最早发现的铜,一般是指红铜,即自然铜,也即纯铜,红铜的硬度较低,其布氏硬度仅35度。人们从开始认识和利用自然铜,到有意识人工开采铜矿与冶炼铜,此间经历了一个相当漫长的过程。

青铜是人类较早发明的合金之一。所谓合金是指两种或两种以上的金属,经过高温使它们熔合在一起而成为性能不同的另一种金属,就是合金。一般铜与锡的合金称锡青铜,铜与铅的合金称铅青铜,铜与铝的合金称铝青铜,铜与铅、锡合金称为铅锡青铜。中国商周时期的青铜,主要是锡青铜或铅锡青铜,古称金或吉金。

青铜的优点是比红铜硬度高,熔点低,器表光泽度要好,抗腐蚀性也强。实

第六章
商代吴城方国文明(下)

验证明,红铜的熔点为1084.5℃,若加入15%的锡,熔点就降低到960℃,若加入25%的锡,熔点更降低到810℃;如果红铜中加10%的铅,熔点要比红铜降低43℃,若加20%的铅,熔点可降低83℃。红铜中加锡可以大大增强合金的硬度。有关科研部门对殷墟妇好墓出土的青铜器做过合金成分和硬度测定[1],得出红铜中加锡与合金的关系是:铜锡合金中含锡量在11%~15%,维氏硬度约为107度,含锡量在15%~18%,维氏硬度为136度;含锡量在19%~21%,维氏硬度为161度。这就是说,含锡量越高,硬度也愈高,但是也相应带来一定的副作用,即在增强硬度的同时,也使合金变脆,易折,若加入一定的铅,则可克服易脆折的缺陷,而且可以提高熔液的流动性,增加满流率,使铜器表面光洁,纹饰清晰,还可提高合金的韧性。但是,加铅在增强合金流动的同时,对硬度又产生影响,含铅量越大,硬度越低,如合金中含锡量在11%~15%的话,若加入3%~6%的铅,则维氏硬度就会由107度降低至99度。这些数据充分说明,在铜器铸造过程中,纯铜、锡与铅的合金比例的配备极为重要,同时也反映其配料技术的复杂性。

吴城方国境内出土青铜器的合金成分,包括铜岭矿冶遗址铜矿石和铜渣的合金成分,早年我们曾请河南洛阳725研究所化学室和江西有色冶炼加工厂中心实验室[2]以及中国科技大学彭子成先生等[3]分别对部分标本作过科学检测和分析。中国科学院自然科学史研究所苏荣誉等还专门对新干大洋洲出土的20件青铜器标本作了合金成分分析[4]。综合这四个科研单位对数十件样品的测试,其合金成分大体可以分为两大类或称两个系统:

第一类,红铜类,即器物用纯铜铸造,基本不加锡与铅。如洛阳725研究所和江西有色冶炼加工厂对新干中棱水库坝基出土两件铜鼎的测试,其含铜量分别为98.87%和96.47%,均不含锡,只一件含0.03%的铅;再如洛阳725研究所对吴城遗址出土的一件鼎足(属三期)采样测试,其含铜量为98.87%,对吴城遗址采集的一件铜残片检测,其含铜量为99.13%。彭子成等对吴城遗址出土的一

---

[1] 参见中国社科院考古研究所《殷墟妇好墓》中附录《妇好墓铜器成分测定报告》,文物出版社1982年版。

[2] 参见彭适凡等《江西早期铜器冶铸技术的几个问题》,《中国考古学会第四次年会论文集》,文物出版社1985年版。

[3] 参见彭子成等《铜岭诸古矿铜料去向的初步研究》,附表,载《铜岭古铜矿遗址发现与研究》,江西科技出版社1997年版,第140—148页。

[4] 参见苏荣誉等《新干商代大墓青铜器合金成分》,《新干商代大墓》,附录五,文物出版社1997年版,第243页。

件铜鼎的测试,其含铜量为98.77%,不含铅,只含锡0.71%。这些纯铜器类,如中棱水库坝基出土的铜鼎,器壁普遍较薄,或厚薄不匀,器表显得粗糙,沙眼较多,除表面有一薄层铜绿外,内心多呈紫红色。这些红铜器的发现告诉我们,商代吴城方国青铜文化铜铸制品中,还有相当部分是用红铜即纯铜铸造的,它的发现,对于我们了解吴城青铜文化的内涵、性质及正确评估吴城方国青铜文明发达程度及水平等都有重要意义。

第二类,青铜类,即在红铜中加入锡、铅成二元或三元合金。如江西有色冶炼加工厂中心实验室对樟树三桥横圹出土的二号鸟形扁足鼎残片的测试,含铜量为71.52%,锡量为1.94%,铅量为2.87%,与中原同期青铜器的含铜量基本相近。特别是彭子成和苏荣誉等对新干大墓出土青铜器的测试结果,其结论基本是一致的,即其青铜合金成分都属于铜—锡—铅三元合金,锡含量高者在20%以上,铅含量在10%以下,属于典型的中国青铜时代的青铜合金体系,和中原以及盘龙城的青铜器的合金成分相当一致。这类青铜器胎质普遍较厚,纹饰清晰,器表较光滑洁净,有的至今仍乌黑闪亮即所谓的"黑漆古"。据上海工业大学陶德华用Auger电子能谱对新干大墓出土不锈的铜修刀和尖首铜刀检测分析结果[①],证实这类不锈青铜器的表层均含有高量的锡,并含有少量的铼和稀土元素等杂质。不仅如此,有的单件青铜器还能根据其不同部位对硬度、光洁度的要求不同,采用不同的合金比例,如苏荣誉对四羊铜罍本体和肩部的附饰羊首的分别检测结果(图11),本体含铜75.58%、锡18.44%、铅4.73%;而羊首含铜75.23%、含铅5.84%,而一点不含锡,也就是说,本体属铅、锡青铜,羊首则为铅青铜,很显然,羊首是一装饰件,通体满施花纹,为了增强铜液的流动性,使之铸

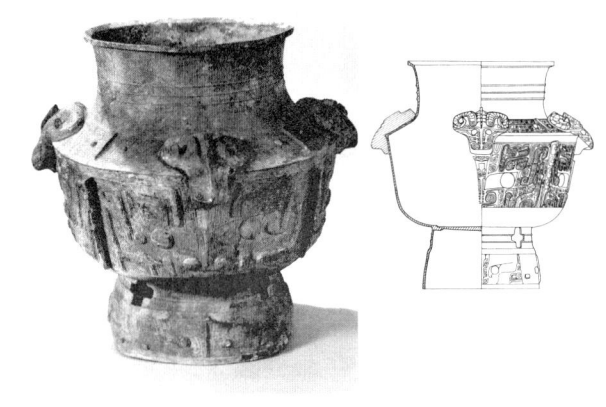

图11 四羊罍

---

① 参见陶德华《新干商代大墓尖首铜刀和铜修刀碎片测试报告》,《新干商代大墓》附录七,文物出版社1997年版,第251—252页。

第六章
商代吴城方国文明(下)

出后纹样精美,故分铸羊首时只在红铜中加铅用铅青铜的比例配方。这种不同部位因要求不同而采用不同合金比例的做法,和四川广汉三星堆出土的一件铜罍的做法一样[1],该铜罍因腹部要铸以精致花纹,故加铅量达到16.28%(圈足含铅量为4.52%),而承重的圈足,因系素面,只求硬度要高,故有意识地多加锡,含锡量达到10.4%(主体腹部含锡量仅为8.56%)。这些都说明,到商代,在中原先进冶铸技术的影响下,长江流域的一些重要方国所在地,工匠们都已逐渐认识和初步掌握了铜、锡、铅三元金属的各自性能,从而推动了各方国青铜铸造业的发展与繁荣。

吴城方国境内上述两类不同合金比例配备方法即红铜器与青铜器并存的情况,是商殷时期的一种奇特现象,红铜器是冶铸技艺处于原始落后阶段的表征,两类铜器的并存,实际就是落后与先进共存。这种奇特现象的出现,我们只能作如是解释:三千多年前的吴城方国古代居民,在铜铸工艺中,还浓厚地保留着古老的红铜制作工艺传统,表明其冶金术渊源甚古,根基深厚,但最迟从商代中期起,由于中原先进冶铸技术的传入,使吴城的工匠们开始懂得在纯铜中加入一定的锡后,就可以改变金属性能的道理,特别到商代晚期,吴城方国的青铜文化面貌大为改观,即以新干青铜器群为代表的第二类青铜工艺,完全可以和中原殷商王朝出土的青铜器相媲美。

第二,两种不同的型范工艺:石范与陶范并用

吴城方国铜器铸造工艺中,一个很独特的地方就是其型范工艺,石范与陶范并用,特别是石范出土数量之多,出土地点之广,不仅在中原地区罕见,即或周边一些方国也为数不是很多。

"型"是指模,即所想要铸成的器物的样子;"范"是指从模上翻下来的器物外表壳。《荀子·疆国篇》所言"型范正,金锡美,工冶巧,火齐得"的"型范正",就是指铸造金属器物的内模与外范。

外范有两种,即石范和泥范。吴城遗址中,出土的陶范很少,大量的是石质铸型即石范,只惜使用后多已破碎,据初步统计约有300余扇,较大块的有100多块,大部分都是铸造斧、锛、凿、刀、戈、矛、镞、耜之类工具、武器的范(图12)。

吴城遗址中,除出土大量石范外,还出有一批型芯,又称为内范。铸造容器的器身、带圈足的底、带銎的工具、兵器等中空而有壁的铸器,都要有芯心才能

---

[1] 参见曾中懋《广汉三星堆二号祭祀坑出土铜器成分分析》,《四川文物》1991年第1期。

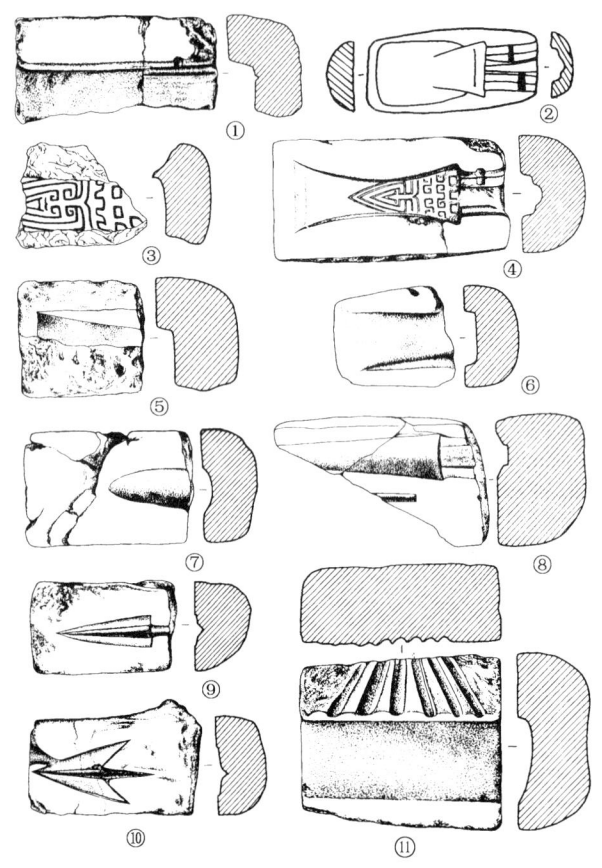

图 12 吴城文化石范

①③④⑤⑥镞范 ②铲范 ⑦矛范 ⑧匕首范 ⑨⑩镰范 ⑪车马饰残范(除 2 系德安出土外,余均吴城遗址出土)

铸造。铸造时芯心和外范间的距离,就等于壁的厚度。吴城出土的内范有陶质和石质两种。芯壁上往往附有一层薄薄的铜痕,有的因高温关系而色呈焦黑。

此外,和石范伴出的除大量铜渣、木炭外,还有一批铸器时的装嵌附件或工具,且多为陶质,如有的上部为长方体,双面作人面形,中间凸脊似鼻,两侧椭圆镂孔似目,鼻下为一圆柱状把手。又如中空呈管状的陶管,一端较粗,另一端较细,中间为一圆形穿孔,粗的一端周缘有三个外凸的泥钉,一般长5厘米~12厘米,管径1.5厘米~2.2厘米,孔径0.5厘米~1厘米不等。此种管状附件出土数量特多,其上也往往附着铜渣和烧灼变黑现象,有意义的是,此种管状铸件在

第六章
商代吴城方国文明(下)

安阳殷墟也有出土。[①]

特别值得注意的是,此种石质铸型,在江西全境特别是吴城文化区内的众多遗址中都有普遍发现,据不完全统计,总计约28件,即1956年樟树营盘里遗址出斧、锛范各1件,1977年樟树筑卫城遗址上层出土斧范1件,1978年樟树樊城堆遗址上层出土有镞范和不明器类范各1件,1979年乐平高岸岭遗址采集残石范2件,1980年赣县白鹭圆背岭遗址出土石斧范1件,1980年樟树樊城堆遗址出土锛、镞等石范共6件,1981年永修新祺周绍溪山遗址采集石范1件,1982年上高鹭鸶岭遗址出土锛、镞范各1件,1982年横峰舒家山遗址出土石范1件,1982年万载垴上遗址出土石范1件,1982年德安石灰山遗址出土锛、镞范3件,1992年德安米粮铺猪山垅出土石范1件,黄牛岭遗址出土石范2件,1992年德安米粮铺袁山遗址出土锛范1件,1993年德安陈家墩遗址出土铲范2件,等等。综观吴城及全境各地出土的这些石质铸型,给我们这样一些初步认识[②]:

1.选用琢制石范的石料都较松软,常见的为红色粉砂岩质,只有少数系灰白色粉砂岩和青砂岩质。石范的琢制工序是:先琢磨坯体,再凿刻铸型;若需装饰花纹,则先用木炭之类描绘出轮廓,再镌刻出阴纹。两扇石范扣合铸器时,外面必须用绳索捆扎,以免浇注时松动变形。

2.每扇石范的正面琢磨扁平,背面要琢磨圆润光滑,既不能有棱角,也无凹窝。有的在一端刻有直浇口或椭圆形浇口杯,以便于注入铜液和排气;有的在一端的两侧刻有很浅的纵凹槽或横凹槽;有的在一端的两侧又刻有纵、横凸棱;有的在一端的两侧刻有乳丁式的凸起,有的却又刻有浅窝似的榫眼,这些应该都是双扇合范子母榫口相合的记号,以便铸器时扣口紧密,固定双扇的位置。有的石范上还刻有"↓"的记号,那可能是灌铸铜液以及放置合范方向的指示记号。

3.石范的组合,单范少,基本都是两扇的双合范,两扇以上的组合范也不见。石范的种类基本都是农具、工具、兵器和极少的车马饰范,至今尚未发现有铸造容器的石范。

4.从已发现的一些刀范和镞范的铸型来看,有的已经从一范一器发展到

[①] 参见中国社会科学院考古研究所《殷墟发掘报告》(1958—1961),文物出版社1987年版。

[②] 参见彭适凡《江西商周青铜器铸造技术》,《科技史文集·技术史专辑》,第9辑,科学出版社1982年版,第38—44页。

一范上可铸两器或多器。

泥质陶范至今发现较少,吴城遗址中只出土数件残块,有一块上面印有云雷纹,这种云雷纹陶范,很可能是在陶模上翻下来的。引人注目的是,在新干大墓中也出土了一扇高岭土质的蝉纹锛范(图13)。

图13　蝉纹陶锛范

如前所述,吴城文化中,在合金配备方法上红铜与青铜并存;在型范工艺上石范与陶范并用,一般来说,红铜与石范、青铜与陶范是各自相对应的,也是密切相连的。大抵古代人们在发现红铜初期,制作简易的工具或武器,是把烧软的铜块放在石头上敲打成型。后来在实践中发现,如果在石块上凿刻出一定的凹槽,再灌进铜液,就可以铸成器具。于是,石范应运而生。从铜器产生的历史考察,最早使用的铸型应该是石范,石范铸造是青铜时代的初始阶段。

石范有很多不可克服的弱点,如不耐高温,不宜雕镂纤细而繁缛的花纹,只能用来铸造工具、武器或体型较小、花纹简易的容器。随着青铜时代社会经济的发展,人们对铜器的需要日趋增多,特别是对铜器的质量要求越来越高,石范已经不能满足生产发展的要求,因此,人们逐渐创造出先作模后用泥质翻范(陶范)的新工艺。这种新式铸型优点很多,一经出现,就较快取代石范,成为铸造青铜器的主要铸型。如果说石范铸造是青铜时代的初始阶段的话,陶范铸造则是青铜时代的发展阶段。

从石范铸造发展到陶范铸造,一般也就相当于从红铜发展到青铜铸造。但其间不可能截然分开,犹如新石器时代还保留不少打制石器,商代还使用不少磨光石器一样,旧技术是慢慢消失的,新技术是逐渐推广的,所以,即使青铜文化达到相当高的发展阶段,人们偶尔也有用石范铸作青铜兵器或工具的例子,

第六章
商代吴城方国文明（下）

如在安阳殷墟苗圃北地铸铜作坊遗址中就发现一扇长方形石范[①]；山东邹县一处商代晚期遗址中也发现残石范一扇[②]。当然，这仅仅是个别例子，只能看成是古老原始的传统铸型工艺孑遗的反映。

但是，吴城方国境内石范与陶范铸型并用，与中原殷商文化中偶尔使用一两件石范的情况完全不同，它大量使用石范作铸型，并铸作一部分红铜器，反映出南国这一地区金属铸造工艺的原始性和独特性，当它的早期冶金术正沿着石范技术的轨迹向前发展的时候，特别是到商中期时，突然传入了先进的泥范铸型技术，这无疑为吴城方国的早期金属铸造业带来新的生机，从而加速了铜器铸造技艺的革新和发展，进而促进吴城方国文明的形成。但是，正由于其原有金属铸造技术的落后和独特，尚没有具备全盘接受先进的陶范铸造青铜器的条件和基础，因而只能一方面继续沿用自身固有的石范铸造红铜器的工艺传统；另一方面又学习、借鉴中原先进的泥范技术铸造精美的青铜器，即采用石范与泥范并用、红铜与青铜并存的落后与先进的两种办法。此外，石范也有它的一些优点，如可以多次使用，不易变形，取材方便，浇注过程中容易散热等，对于铸造那些成型容易和工艺简单的工具、兵器来说，还是比较适用的，石范本身的这些优点，也使得它在中原陶范技术传入后仍顽强地延用下来。

上述吴城文化的铜器工业中，红铜与青铜并存和石范与陶范并用的局面，是在三千多年前特定时空环境和条件下，形成的一种特有的青铜文明发展模式，它既不同于长江上游的四川广汉三星堆蜀国青铜文明，更不同于高度发展的中原商殷青铜文明，它是有着悠久历史文化传统和浓厚土著特色的吴城方国青铜文明，它不是中原商殷文化的全盘移植，更不是中原商人在南方建立的一个据点。试想，如果是殷人的一支南下建立起的一个文明中心的话，那为什么还要继承中原早已淘汰了的石范铸造的古老而又落后的工艺？湖北盘龙城是商王朝为了掠夺江南的铜锡资源在江北建立的一个军事据点，为什么盘龙城遗址中不见石范铸作工艺？其间文化主人族属的不同、文化传统的差异是很明显的。

第三，半地穴式的熔铜竖炉

要用铜料铸造红铜器或青铜器，必须先熔铜。熔铜与冶炼是不同的两回

[①] 中国社科院考古研究所：《殷墟的发现与研究》，文物出版社1985年版。
[②] 参见王言京《山东邹县又发现商代青铜器》，《文物》1974年第1期。

事,但它们之间又有密切的联系。吴城方国居民是如何先熔铜后铸造的呢?

吴城遗址历次发掘清理了7个与青铜冶铸有关的灰坑,这些铸铜遗迹虽均似灰坑形状,但其出土的包含物中都有与冶铸相关遗物,如石范、陶铸件及大量的炭渣和红烧土块等。以1974年第13号探方6号灰坑为例,平面呈圆形,坑口和底径均2米,深0.40米~0.60米。底部平整,四壁平直,整个坑西部稍高,东部稍低,由西向东倾斜,坑底中部又有一平面呈半扇形小坑,直伸至西南壁,小坑深0.24米,小坑底部有一层厚约0.05米的红烧土堆积,往上是灰土与红烧土相间断的堆积共计八层,四周坑壁上贴附着厚约0.05米~0.08米的烧土壁,壁上附着一层铜渣。坑内出土物较丰富,生产工具有石刀、石凿、陶网坠、陶纺轮以及大量砺石和石范、泥芯等。所出陶片有泥质灰陶、泥质黄陶、泥质红陶和硬陶等,而以泥质灰陶居多。从其陶片口沿观察,器形多为鬲、豆、罐、盘、盆、缸和钵等,仅复原出完整的陶鬲计6件。坑中还伴出有大量的铜渣和木炭碎屑以及2块铜片,这些现象无疑应与冶铸遗迹有关。

根据这种圆形坑炉的特点,我们认为似可称为半地穴式竖炉。圆坑由西向东倾斜,很可能是铜烙化或炼出后通过的"流道"。在古代,用木炭作为还原剂从氧化矿中炼铜,或用木炭作燃料将铜熔化,两者是有区别的,但上述吴城发现的这一圆形坑炉,作为熔炉或炼炉都有可能性,但从坑炉内外堆积中均未发现有铜矿石来看,作熔炉的可能性更大。

据现有考古资料,商周时期各地熔铜的方法不尽相同,郑州商代中期多用外涂草拌泥的大口尊和原始绳纹陶钵;湖北盘龙城商代中期采用的是陶胎坩埚;宁镇地区湖熟文化中则常见厚胎陶钵和挹灌铜液的勺类。商代后期安阳殷墟的熔铜方法除陶质熔铜器皿外,主要有土炉式的熔炉和土坑式的熔炉两种,后一种类似于吴城的半地穴式熔炉。安阳殷墟苗圃北地铸铜作坊遗址中发现的土坑式熔炉五座[①],形状有圆形和椭圆形两种,直径约一米左右,坑深在0.3~0.59米之间,在坑壁上都抹有一层草泥,草泥朝内的一面都被烧成了烧流,呈褐色或红蓝色。坑内出土有大量铜渣、炭粒和陶片等物。为此,上述吴城的这种熔炉方法,应该是从中原引进的。

第四,先进而又颇具特色的陶范工艺

吴城方国的陶范铸造技术水平,无疑应以新干大洋洲出土青铜器群为代

---

① 中国社会科学院考古研究所:《殷墟发掘报告》(1958—1961),文物出版社1987年版,第29页。

第六章
商代吴城方国文明（下）

表，从新干大墓中出土有一件蝉纹锛的陶范来看，不仅表明墓葬中的青铜容器，是大批工具和武器，似乎都是采用陶范铸造的。据苏荣誉和华觉明的研究，该器物群的铸造工艺上有如下一些方法和特点[①]：

1. 分铸铸接法

此种方法又可分为两种，即后铸法和先铸法[②]。先铸法是先铸好部件，然后在灌铸器身时，把已铸好的附件嵌入范中和器身铸接；后铸法是先铸好器身，再将附件之范嵌上与器身铸合。不论是先铸法还是后铸法，都是分两次以上铸成，而非"一次浑铸"，所以统称为分铸法。大洋洲青铜器群中绝大部分容器都是用分铸铸接法成形的。以鼎为例，所有耳上的附饰都是用分铸铸接的方法成形，特别是鼎腹部的扉棱都是先铸成形后再铸接于鼎上的。典型代表如新干大墓标本8乳丁纹虎耳大方鼎(图14)，首先铸鼎底，同时铸出与四足相对应的铸接孔，鼎底为一平板铸件，对开分型，上下2块泥范组成铸型；次铸鼎腹四壁，鼎壁沿四角分型，由4块侧范、1块底范和1块腹芯范组成铸型；再于鼎底上铸造四足，四足皆对开分型，由2块侧范、1块足端范和1块足芯组成铸型，鼎足成型时也实现与鼎底的铸接；最后是铸鼎耳的卧虎饰，卧虎的铸型由迎面1块范、虎身对开分型的左右各1块范与腹内芯组成，虎成形时实现与鼎耳的铸接。

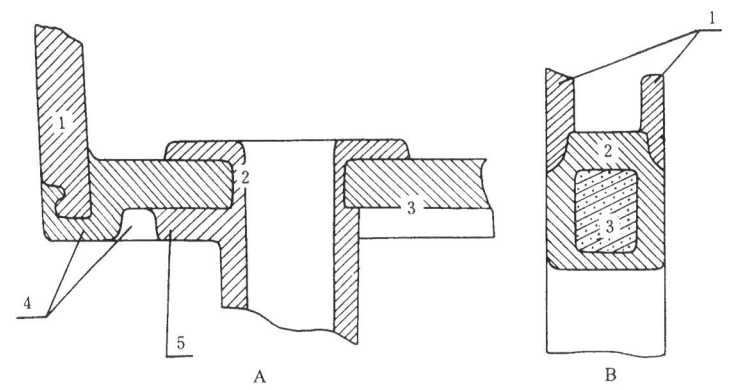

图 14　乳丁纹虎耳铜方鼎铸接结构
A.四壁、底和足的铸接结构(1.四壁，2.足，3.底，4.底部"田"字形凸起加强筋，5.足根凸起)　B.耳与附饰铸接结构(1.附饰，2.耳，3.耳内泥芯)

[①] 参见苏荣誉等《新干商代大墓青铜器铸造工艺研究》，《新干商代大墓》附录九，文物出版社1997年版，第257—300页。

[②] 参见华觉明等《妇好墓青铜器群铸造技术的研究》，《考古学集刊》第1集，1981年。

1975年樟树三桥横塘出土的虎耳虎形扁足鼎和乌耳乌形扁足鼎，如同新干青铜器群中的同类器一样，也都是采用分铸铸接法成形的。以横塘的那件虎耳虎形扁足为例，耳上的卧虎饰、腹部的镂孔扉棱和三条腿都是先分铸，然后与鼎腹铸接的。程序是先将鼎腹与鼎耳一次性浇注，后在耳上装上虎的泥范(1块迎面范、2块对开的腹范和1块腹芯)铸型铸成卧虎，最后装上足的泥范(每足2块泥范和1块泥芯)浇注于鼎底的预铸接榫上。至今腿的根部与腹部相接处尚有清晰的分铸痕迹，浇注耳上的卧虎时，由于范的配合不严密，结果其铜液流淌至耳的上半部，形成一薄薄的铜层。

2. 浑铸法

即以泥范块范法将多块范、芯紧密扣口，然后一次浇铸而成，故又称浑铸法。大洋洲青铜器群都是用泥范块范法铸造成型的，其中有一部分容器特别是工具、兵器和杂件是用浑铸法一次铸成。每种器物所需之泥范，要根据器物的大小和复杂程度来决定。工具、兵器等多采用双面范；大而复杂的容器，其泥范则至少3块以上，甚至更多。

以标本3圆涡纹柱足圆鼎为例，此鼎沿三足外侧中线分型，由3块侧范、1块底范和1块腹芯组成铸型。腹芯自带双耳内芯，并与三足芯为一体。此鼎从二足端倒立一次性浇注而成。

不仅青铜器有的浑铸成形，就是成分为红铜的也一次浑铸成形，如新干中棱水库坝基出土的几件红铜鼎，从其颈、腹、足的铸缝来看，腹部是采用3块腹范、1块底范、1块腹芯的铸型，足则对开分型，用2块侧范、1块泥芯作铸型，然后一次浑铸成形，铸成后，体内或足、耳部的泥芯，多自行取出或剔去，有的也予保留，以填实附件的中空部位，还可起到加固的作用。这是用先进的泥范块范法铸造落后红铜器的代表性事例。

3. 分铸与浑铸综合法

即在一件器上，有的部件采用分铸铸接，而有的或主要部位则又采用浑铸成型，如以新干大墓标本47提梁方腹卣为例(图15)，不仅器形较为少见，工艺也十分复杂，是商代青铜铸造工艺的杰出代表。虽卣盖、提梁和卣腹以及蛇形饰也是各自独立分别铸造，但卣腹则是浑铸成形。蛇形饰一端销于盖而另一端挂于提梁的鼻上，提梁与卣腹的配合间隙十分窄小，当是卣腹铸造成型后，再使提梁成型的。提梁鼻有明显的铸接痕，是先铸成形的，因此，铸接提梁时既要与卣腹套接，又要与鼻铸接。盖面对开分型，盖由2块面范和1块泥芯组成铸型。

第六章
商代吴城方国文明（下）

蛇形饰为片状，形虽不规则，但易于对开分型，由相同的2块范组成铸型。提梁鼻也是由2块泥范组成的铸型。卣腹肩部的两环耳为开槽下芯法铸造成型，即在卣腹的相应泥范上开槽（或者翻制出槽），然后将泥芯放在槽上，在浇注卣腹时环耳也就形成了。卣腹为浑铸成型，腹部沿四角分型，4块侧范（其中2块范上安置有环耳芯）、1块腹芯、1块十字通道泥芯、1块夹底范和1块圈足芯组成铸型。圈足内有隔断形成双层底，因此，圈足泥芯应是由两段合成的。提梁两端龙头的双角高耸，当系范作纹饰，龙头对开分型，左右各1块范，在提梁上合拢，于提梁中央分为两段。提梁铸型由4块龙首范（并延长其中2范与底范组合）、1块底范（自带龙首内芯）和泥芯上穿孔形成与卣腹半圆形环耳套接的横担组成。卣盖由口沿倒立浇注，蛇形饰和提梁鼻的浇注方式任意，腹由圈足底沿倒立浇注，提梁从中央正立浇注。

4.大量使用铜芯撑

芯撑又称"支垫"或"垫片"，是指铸造青铜器过程中，在组装泥范铸型时，为了固定内外范、控制器壁厚度、避免浇注时内范偏位或外范错位而特别在内外范之间的适当部位放置的一种支撑材料，这种支撑的材料有泥钉和铜片。铜垫片无疑比泥钉的固定性能要好，而且用泥芯撑浇注成形去除泥范后，还要多一道将泥芯撑的孔洞进行补铸的工序，所以泥心撑一般多见于早期，铜芯撑则较晚出现，铜芯撑的使用是青铜器铸造工艺上的重大进步，是中国3000多年前之所以能铸造出精美华贵而又气势恢宏的青铜器的一个重要保证。

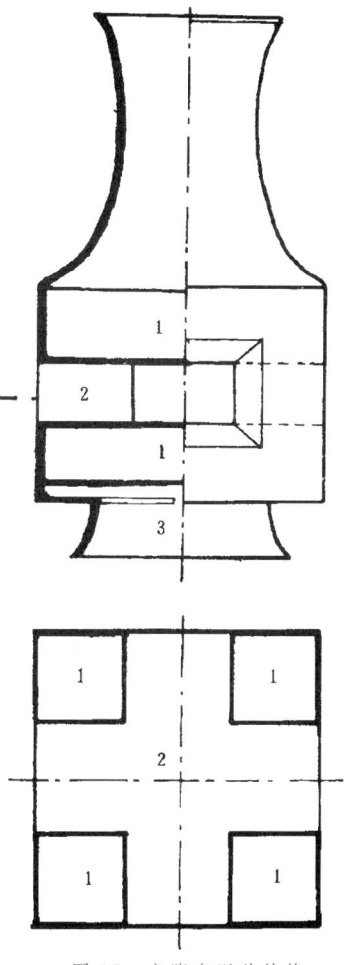

图15　方腹卣泥芯结构
1.卣腹泥芯　2."十"字通道泥芯
3.圈足泥芯

新干青铜器群容器中，普遍使用了芯撑，除相当郑州二里岗期商代中期的几件早期青铜器上尚保留有泥芯撑或两者兼有之外，其他大部分容器都是铜芯撑，偶尔兼有少量泥芯撑，而且每件器上的铜芯撑数量特多，这是新干青铜器群在铸造工艺上的一大特色。如标本42新干大墓假腹豆底部，有个自带泥芯撑的补块；标本6弦纹锥足圆鼎上竟使用两重6个铜心撑；标本兽面纹立耳方鼎，底部四预铸孔自带泥芯撑，而耳部又置设有铜芯撑，即两者兼用；又如标本12兽面纹虎耳铜方鼎，底部在两足之间置有4个铜芯撑，铜芯撑的表面至今尚可看到纹饰，当是打碎的旧铜器碎片；标本1兽面纹柱足圆鼎，其纹饰带下竟放置三重铜芯撑，最上一重竟有15个，底范的外侧也设置有一重铜芯撑，每足根的内侧可见到2个铜芯撑，且排列有序；标本38四足大甗，上部甑收腹处可见一周铜芯撑，计16个，多呈方形，尺寸约16×16毫米，只是两足之间设有个泥芯撑，至今尚见有补铸痕。值得注意的是，前三件都是早于殷墟的商代中期器，使用泥芯撑的频率较多，有的两者兼而用之，但有的也全用铜芯撑；后三件都商代晚期器，大量盛行铜芯撑，只是偶尔兼用少量泥心撑。

据早年有关科技史专家的检测研究①，在郑州二里岗时期的青铜器群和湖北盘龙城出土的青铜器中，直至现在只发现个别铜器使用过芯撑，且所发现的是使用了自带泥芯撑，而不是使用铜芯撑。到商代后期，特别是殷墟出土的大批青铜器中，只是个别器物使用了铜芯撑，芯撑的使用量也很少，直至西周时期，如宝鸡虢国墓地青铜器上才普遍较多地使用铜芯撑②。因而有的学者推论："目前的资料说明铜芯撑的使用南方可能早于北方，有理由认为铜芯撑可能起源于中国南方某些地域，尔后这种工艺才传播到了中原地区，成为中原青铜器铸造中的一个关键工艺。"③近年来，有的学者进一步对盘龙城二里岗期青铜器进行检测结果，认为盘龙城同样比较普遍地使用了铜芯撑，是这一工艺的较早实例，④因而有的学者据此又推论："大洋洲青铜器群使用铜芯撑，可能是向盘龙城学习的结果。"⑤这种推论是完全可能的，因为在吴城文化中，整个泥范铸

---

① 参见周建勋《商周青铜器铸造工艺若干探讨》(硕士论文)，转引自苏荣誉《新干商代大墓青铜器铸造工艺研究》，《新干商代大墓》附录九，文物出版社1999年版，第296页。
② 参见苏荣誉等《中国上古金属技术》，山东科学技术出版社1995年版，第181页。
③ 参见苏荣誉等《新干商代大墓青铜器铸造工艺研究》，《新干商代大墓》附录九，文物出版社1997年版，第296页。
④ 参见胡家喜《盘龙城遗址青铜器铸造工艺探讨》，《盘龙城》附录七，文物出版社2001年版，第181页。
⑤ 参见彭明瀚《吴城文化研究》，文物出版社2005年版，第136页。

第六章
商代吴城方国文明（下）

造工艺，包括熔铜的半地穴式熔炉以及泥范块范法铸造过程中使用的嵌附件陶管等都是向中原向盘龙城引进的，但是，中原郑州二里岗和殷墟时期的青铜器上少见铜芯撑的事实，又不能不让人考虑是否有另一种可能性，那就是，当商代中期，中原商人南下带来先进泥范铸造技术（包括泥芯撑技艺）后，南方的盘龙城以及吴城文化的工匠们，发现铜芯撑的优越性更多，加以南方铜料多，铸工们很容易就地取材，因而流行将一些破碎的铜片用来作为垫片使用，而中原的铜料资源一直显得珍贵、紧张，破碎的铜块还需要收集回炉熔化再铸，这应该是商后期殷墟青铜器中较少见铜芯撑的一个重要原因。

二、陶瓷烧造业

赣境地区自12000年前的万年仙人洞、吊桶环先民发明早期条纹陶和素面陶后，历经新石器时代中、晚期数千年的发展，到商代，陶瓷烧造业发生了巨大的变化，无论从陶器种类、器形演变、质地水平、制作工艺、装饰纹样，或是烧造技术等等诸方面都有了较大的发展和提高。正如在前一章所介绍的那样，成功地烧制出几何形印纹陶和原始青瓷，是吴城方国和南方同时期的古代居民取得的两项突破性的技术成就，它是3000多年前先进制陶术的代表，其技术和产品源源不断输入邻近地区，给邻近地区文化的发展和文明的进步产生巨大影响，与此同时，也传入到中原地区，使中原地区发达的陶器制造业满园春色，锦上添花。

1.分别精选陶瓷原料

陶瓷的基本原料是黏土，黏土是一种含水铝硅酸盐矿物。它的主体化学成分是SiO_2、Al_2O_3和水，此外，还有少量的Fe_2O_3、K_2O、CaO、NA_2O等夹杂物质。我国幅员辽阔，各地黏土所含化学成分和各种夹杂物质不同，黏土本身的可塑、结合、烧结和耐火甚至操作诸性能也很不一致。有的黏土性能较差，不宜制陶；有的性能适中，可烧一般陶器；有的典型黏土如高岭土瓷石、多水高岭土和蜡石等，是烧造精细瓷器的良好原料。能否制陶或制瓷，关键在于原料是否具有较好的成型性能和能否易于烧结。

在人类发明陶器初期，制作陶器一般是就地取料，如江西万年仙人洞出土的早期陶器，含石英颗粒较多较大，说明这些砂粒是黏土固有的，未经人工筛选，通过对仙人洞附近红壤土的化学组成与早期陶片的化学组成的检测结果非常相近来看，当时的原始先民就是就地采用当地的红土制陶。到新石器时代中期以后,从很多实验结果来看,我国南北各地的原始先民就初步懂得选择泥土来烧造陶器,如在黄河流域,仰韶和龙山文化中的红陶、灰陶和黑陶就不是一般的黄土,而是经过选择的红土、沉积土、黑土和其他黏土。[1]南方包括赣江流域地区的情况也大体如此。据李家治对南方一些新石器时代至汉代陶胎的化学组成的数据分析来看[2],时代愈往后,所选择的制陶黏土中,Al_2O_3(三氧化二铝)所含的比例就愈高。万年仙人洞早期陶器的含量为27.7%,崧泽文化一般为18%~19%,良渚文化为21%左右。Al_2O_3的增多,提高了黏土的耐火度,加上窑炉技术的改进,使烧成温度逐渐提高,如新石器时代早期万年仙人洞早期陶器的烧成温度都是在740℃~840℃之间变动,而到新石器晚期的马家浜文化崧泽期、良渚文化和江西的山背文化、筑卫城文化时陶器的烧成温度已接近1000℃了。

也就在新石器时代晚期,即距今五六千年前,我国南方一些地区包括赣江流域开始出现拍印有真正几何形图案花纹的印纹陶器,我们称之为早期几何形印纹陶[3]。

到距今4000年左右,也即新石器时代末期,南方地区拍打几何形纹样于陶器器表的装饰艺术得到初步发展。以赣境地区为例,这一时期的文化可以樟树筑卫城中层、樊城堆中层、高安下陈遗址以及广丰社山头文化第三期为代表,这时开始出现少量火候较高的几何形印纹硬陶片、羊角式把手、鸡冠形纽盖以及极少量的釉陶和白陶等。釉陶和白陶的出现,说明筑卫城遗址中层所处时代的制陶技术,从选料、淘洗、揉泥、作坯以至烧窑等方面都比新石器时代晚期有明显提高。

上述赣境地区自新石器时代晚期以来制陶技术上的成就,无疑为商代吴城方国几何形印纹陶的发展和兴盛以及原始瓷的创烧打下深厚的工艺基础。

冶陶,原料的选择是第一步,而从冶陶到烧瓷的转变,原料的选择与精选则更是陶瓷工艺上的重大突破之一[4]。经现代化学方法的多家检测表明,吴城方国的居民在新石器时代晚期以来对陶土已有初步认识基础上,已进一步懂得选用不同的黏土、瓷土可以烧制成软陶、硬陶和原始青瓷来,即选用一般可

---

[1] 参见周仁等《我国黄河流域新石器时代和殷周时代制陶工艺的科学总结》,《考古学报》1964年第1期。
[2] 参见李家治《我国古代陶器和瓷器工艺发展过程的研究》,《考古》1978年第3期。
[3] 彭适凡:《中国南方古代印纹陶》,文物出版社1987年版,第35—55页。
[4] 李家治:《中国古代陶瓷科学技术成就》,上海科技出版社1985年版,第11页。

第六章
商代吴城方国文明（下）

塑性好的易黏黏土只能烧制软陶；选用介于一般黏土和洁白瓷土之间的黏土就可烧出温度比软陶更硬的硬陶器；选用洁白的瓷土，就是含Fe_2O_3很低的高岭土就可烧出原始青瓷。赣境地区这些不同黏土和瓷土各地都有广泛分布，1995年吴城遗址发掘中，在制陶区发现了成片的瓷土[1]，这是当年冶陶的遗物，是吴城工匠们用瓷土烧制原始青瓷的极好物证。

多年来，有的学者认为，印纹硬陶的胎泥原料和原始瓷一样，都是一种难熔黏土和耐火黏土，即所谓"碎屑岩类耐火黏土"[2]。上海硅酸盐研究所测定两者在化学组成分布图上，"商代硬陶和印纹陶以及汉代水波纹陶的组成点已和原始瓷的组成点混在一起"[3]。

但是，根据我们对几何形印纹硬陶的外表、断面观察以及全面理解所有至今已测试的胎料化学成分数据来看，无论软陶还是硬陶，大部分都与原始瓷的质态不尽相同，应属于陶的系统。

首先，从外表和断面观察，几何形印纹软陶既有红陶，也有灰陶；硬陶多紫褐色或灰褐色；而原始瓷大多为灰白色，只有极少数为纯白微带黄色，或灰带黄色。呈色的不同，当然与胎内含所含铁（Fe）、钛（Ti）等夹杂元素多少及窑内火焰气氛的差异有关。

其次，从南方各地出土商周陶瓷胎料的化学组成来看，尽管三氧化二铝的含量大体一致，但印纹硬陶的平均含铁量明显要比原始瓷的含铁量要高。据早年轻工业部陶瓷工业科学研究所对江西地区从商到春秋战国的七件印纹陶标本的测试结果看[4]，其Fe_2O_3的含量，就有五件标本在3%以上，新干中棱水库坝基出土的印纹硬陶含量达5.12%。这里，我们不妨集中比较一下九江磨盘墩下层出土的三件标本的测试数据：1号为印纹红软陶，2号为印纹硬陶，3号为原始青瓷，它们的Al_2O_3含量，分别为17.88%、18.35%和16.25%；Fe_2O_3的含量则分别为5.59%、3.59%和2.03%，其烧成温度也依序提高，分别为1040℃、1200℃和1310℃。可见，江西地区几何形印纹陶和原始青瓷的胎料成分也主要表现在Fe_2O_3含量的不同。尽管目前科技界还没有一个按化学成分划分陶、瓷土的绝

---

[1] 参见江西省文物考古研究所等《江西樟树吴城商代遗址第八次发掘简报》，《南方文物》1995年第1期。

[2] 参见朱江《江南地区印纹硬陶质态问题》，《文物集刊》第3辑，文物出版社1981年版，第93页。

[3] 参见李家治《我国古代陶器和瓷器工艺发展过程的研究》，《考古》1978年第3期。

[4] 彭适凡：《中国南方古代印纹陶》，文物出版社1987年版，第391页。

对标准,但是,南方各地印纹硬陶中含铁量一般比原始瓷偏多的客观事实,正表明它们之间的胎料成分并不完全相同,何况印纹陶还应包括相当数量的印纹软陶,其胎料和原始瓷更有本质上的不同。

应该看到,印纹硬陶中的Fe_2O_3含量,比之新石器时代的一般红陶或灰陶中的含量已相对减少,这说明商代吴城方国的居民除已能选择一种瓷土烧制出原始青瓷外,还能选择一种质量介于一般黏土和瓷土之间的黏土烧制出大量的印纹硬陶器。

2. 多种拉坯成型技术

在选择好胎料并进行拌水、揉制和陈腐后,即可开始拉坯成型。吴城方国居民陶瓷器的成型方法,概括起来,大致有手捏法、泥条盘筑法和模印法三种,以泥条盘筑最为普遍。

第一种,手捏法。是新石器时代以来传统而简单的成型法。一般多用在小型器物的成型上,其特点是器形不甚规整,胎壁厚薄不一,甚或凹凸不平。还有就是用于器物的把手、器耳或器足等附件上,如大量鬲足的下端,都是用手捏法一层层包裹上去的。

第二种,泥条盘筑法。是商代广为流行的制陶方法。此法多是在陶车上进行的,且多采用慢轮。在很多印纹陶的罐、缸、瓮、尊的口沿上,常常可以见到一道道基本平行的同心圆纹;在肩部或腹部往往出现多道细密而又平行的弦纹;某些印纹硬陶的造型是那样圆正规整、比例均匀对称,这些都应是在陶车上留下的工艺遗痕。

这里,试以小口折肩罐为例,再现其成型的全过程。

先将已炼好的泥块放在陶车上压平,修成圆饼形,圆饼四周的断面修削成倾斜状,即圆饼的面径大于底径,这就是器底,然后用右手执直径约2~3厘米不等的泥条,以左手掌为依托,将泥条挤压成泥片圈接在器底四周的斜面上,从而形成了一圈下接器底高约4厘米的器壁。当第一圈盘好后,再用手在上沿捏成内高外低的斜面,作为接塑第二圈的接口,然后在第一圈的泥条外侧盘塑第二圈器壁,接着用同样的方法依序向上盘塑,直至器口。然后加接器口,口沿盘接好后,即用工具将唇沿压平,并修削颈部,有的可能就用粗布蘸水将口沿及颈部抹平,至此,小口折肩罐的"粗坯"基本制成。剩下一项就是圜凹底了,圜凹底制作是待坯晾干后,将其放在双膝上,左手托着内底,右手执着蘑菇状陶印模在外底中间向内挤压,最后形成圜凹底。至此,一件小口折肩罐的泥坯就算制作成形了。

第六章
商代吴城方国文明(下)

第三种,模制法。是指用预制好的范模制作陶器的方法。一般多用来制作比较简单造型的工具如马鞍形陶刀或少量的陶镰等。吴城遗址曾出土过一件马鞍形陶刀范,硬陶质地,上面阴刻一周圈点纹,正好与出土的马鞍形陶刀合范。模制法比较简单,代价又低,适用于批量生产,吴城方国境诸遗址中普遍都出土有马鞍形陶刀,特别是吴城遗址就出土数百件之多,这样消耗大量的陶制工具只有用模制法才能满足社会生产之需求。

3.精心拍印纹饰

在一件陶器拉坯成型后,不论器表装饰与否,都必须对器物进行通体拍打,最早用来拍打的工具多为木制。当右手执木拍在器表拍打时,左手必须持垫在内壁衬托,使之不易变形。这种内垫有石质的、陶质的和原始瓷质的,且都是素面,形状有蘑菇状、方柱状、圆柱状、葫芦状和圆饼状等种。

坯体经过拍打后,就可进行拍印纹饰的工序了。一般是从上到下拍印,在右手执模拍印纹饰的同时,左手也必须持垫在内壁相应地托住,所以器物内壁往往留下托垫的凹窝。至今吴城文化遗址中发现的印模只有石印模和陶印模两种,可能有相当部分印模是木质的,如在新干大洋洲墓葬出土的一件小口原始折肩瓮和大口折肩尊的肩部就分别刻有"—□"、"—||||"带柄木拍的图案,因为木质印模刻纹容易,又较耐用,只是历经数千年早已腐朽不存。印模的形状也多样,目前只发现有蘑菇形、长方形、近方形等数种,模面均较平整,表面阴刻有云雷纹、方格纹和曲折纹等。实际吴城方国居民用来制陶的印模一定很多,模面纹样种类定会丰富,因为在吴城文化发展最兴盛的二、三期时,几何形纹样的种类最多达三十余种之多。

吴城文化的陶器上,尚有一些非几何形的纹饰,这些纹饰有的则不是用印模拍印的,如一些器物的颈或肩部常见的细密凹弦纹、锥刺纹和篦点纹等,很可能是用一种竹工具戳刺和刻画的。常见的圆圈纹和圈点纹,多是沿用新石器时代以来传统的做法,即利用南方盛产的空心小竹管直接压印而成。

4.多种施釉工艺

在坯体拍印装饰工艺完成后,如有的器物上需要施釉,就必须在入窑炉烧造之前加一道施釉工序。如果是在印纹软陶或印纹硬陶器上施釉,烧出来的成品因器表有一层薄薄的光亮釉层,我们称之为"釉陶";如果是在用瓷土作胎的成品上施釉,我们今天则称为"原始瓷",正如罗宏杰所建议的那样"将以瓷石为原料制胎,并施有釉的商周时期的陶瓷产品称之为原始瓷器;而与印纹硬陶胎体组成相同的那部分带釉器物(由富Fe_2O_3黏土配制而成)则应称为釉陶"[①]。

商代吴城方国陶工们施用的釉,如同南方其他一些地区的一样,都是一种用天然磷酸碳矿物配合黏土做成的石灰釉,铁是釉的主要着色剂,氧化钙(CaO)是釉的主要熔剂。吴城商代釉陶和原始瓷的呈色多为青黄色或米黄色,也有少数系酱褐或茶叶末色。其施釉的方法,大概有刷釉、浸釉和荡釉等,从吴城商代陶瓷器表面的釉层普遍较薄推测,器表主要采用刷釉的方法;有的器物内壁上也施釉,可见也已经运用了荡釉的工艺。

赣境地区,早在筑卫城中层的新石器时代末期阶段就已产生最早期的所谓"天然釉",只是那时的"釉"不是人工有意所为,而是随着窑炉技术的改进,窑室温度的提高,涂抹在陶胎上的化妆土在高温条件下与燃烧过程中产生的草木灰有机结合而自然形成的,景德镇窑工称之为"爆汗",在高温下窑壁上形成的光亮面,则称为"窑蜡"或"窑汗"。商代吴城窑工们在釉陶和原始瓷上所施的人工釉,是在新石器时代末期以来那种"天然釉"的启迪下,经过长期的不断实践和发展最终创制而成的。从天然釉到人工釉是制陶技术上的一个重大转折,而商代吴城的窑工们已完成了这一转变,取得了创烧原始瓷的重大成就。

5.先进窑炉技术

入窑烧造是陶瓷制作的最后一道工序,也是最关键的一道工序,因为陶器质量的好坏和原始瓷能不能烧成和陶瓷烧造温度有极为密切的关系,而温度的提高,除了胎料本身内在的因素外,主要是有赖于窑炉的不断改进和烧造技术的提高,所以一般把窑炉看作是反映窑业技术进步最敏感的指示器。

吴城遗址中大量几何印纹硬陶和原始瓷器的烧造温度,经测试的结果,印纹硬陶烧造温度多在990℃~1190℃左右,原始瓷器为1150℃~1200℃,也就是说,印纹硬陶的烧成温度已和原始瓷接近,但是,要达到这样高的烧造温度,关键就是窑炉结构的改进。

吴城文化系统诸遗址至今已发现的窑炉共计15座,其中修水山背养鸭场上层1座[②]、吴城遗址有14座[③]。从窑炉形状来看,可分为圆形、圆角三角形、圆角方形和长方形四类,如从焰型来分,则可分为升焰式窑、半倒焰窑和平焰窑等,

---

[①] 参见罗宏杰、李家治《试论原始瓷器的定义》,《考古》1998年第7期。
[②] 参见江西省文物管理委员会《江西省修水山背地区考古调查与发掘》,《考古》1962年第7期。
[③] 江西省文物考古研究所等:《吴城》,文物出版社2006年版,第74—86页。

第六章
商代吴城方国文明（下）

以升焰式窑最多。吴城遗址发现的窑炉都集中分布在肖江南岸数千平方米范围内的丘陵山坡上，形成一个大型窑场。

第一种，升焰式窑。是指火焰通过窑箅上升至窑顶然后通过烟囱喷出而烧成陶器。目前仅吴城遗址就发现10座。

例一，吴城遗址发现（1974Y1），圆形窑，属吴城文化二期。窑体呈上小下大的覆钵状。窑残高0.8米、窑膛最大径0.97米、底南北长1.10米、东西宽1米，偏东有一火门，无火膛，也无火道。门墙残长0.15米、高0.6米、宽0.55米，在火门处保留有较多的木屑，在火门下部尚留有0.10厘米左右高的陶泥烧结块，可能为封门土坯，窑壁略呈弧形，上部内倾，下部略外凸，厚0.03米，窑底呈椭圆形，上铺一层陶泥，圆形拱顶，顶

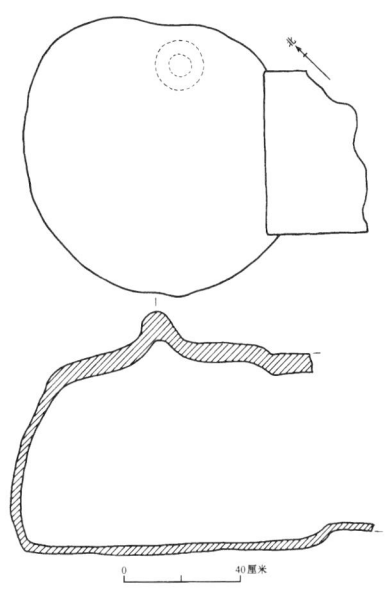

图16　升焰式圆形窑平、剖面图

壁厚0.06米，窑顶上偏东有一圆形烟囱，烟囱内径0.15米、厚0.02米~0.03米（图16）。

例二，吴城遗址发现（1987Y1），圆角方形窑，亦属吴城文化二期[①]。窑炉由火道、火膛和窑室组成。窑长4.60米、宽（窑室加火膛）3.20米、窑壁残高0.70米~1.05米。火道五个，自南至北各宽0.45米、0.40米、0.50米、0.45米、0.44米，窑床底高出火膛底10厘米，火道底近平但斜连窑床和火膛底，形成火道。窑室在火膛的东侧，南北长4.40米、东西宽1.10米，窑东、南、北三壁均向内倾斜度，残存最高壁处开始出现内弧，当是窑顶开始起券拱起处。烧土壁厚0.12米，已烧结成青褐釉层。火膛保留南、北两窑壁，西壁已破坏，东壁由四个孔墩和五个火道口组合，将窑室隔于东侧。火膛南北长4.60米、东西宽2.10米、窑壁残高0.70米~0.90米、烧土壁厚0.09米，火膛呈砖红色。火膛壁残留最高处，也开始出现内弧起券。火膛东面四个孔墩，自南至北残高0.50米、0.62米、0.40米、0.45米，每个孔墩约0.50米见方，呈圆角方柱形。窑内堆积分两层，有大量烧土块、炭块以及印纹软陶、印纹硬陶和原始瓷残片等，说明印纹硬陶和原始瓷是混合装烧的。

[①] 参见黄水根等《吴城商代遗址窑炉的新发现》，《南方文物》2002年第2期。

第二种，半倒焰窑。是指火焰经过火道进入窑室冲向窑顶之后又折向下而从底向外喷出而烧成陶器。如吴城遗址发现的一座(1975T1Y1)[1]，圆形窑，属吴城文化二期，已残，只剩窑室和火道两部分，火膛已遭破坏。窑室呈上小下大之覆钵状，窑膛最大径东西1.4米、南北1.3米，窑底圆形，基本平整，南北1.3米、东西1.25米，火道向南，呈斜坡状，口宽0.46米、长0.6米，在窑室东壁底部有三椭圆形孔，孔径0.1米，应为出烟孔。从火道呈斜坡状来看，似属横穴窑型，但出烟口在东壁底部，属半倒焰窑范畴，比出烟孔存顶部的升焰窑要进步得多。当火焰经过火道进入窑室冲至窑顶之后，又折向下，这样火焰来回升降，导致了窑内温度的升高。

第三种，平焰窑即龙窑。目前只在吴城遗址发现4座。以1986Y6为最典型[2]，属吴城文化二期，长方形(图17)。保存基本完好，北偏西68度。窑头在西北，窑尾在东南，窑头被破坏，窑床残长7.50米，窑尾南北宽1.07米，窑头残宽1.01米，窑壁残高0.10米~0.20米，厚0.06米~0.28米，整个窑炉面积约8平方米。窑头至窑尾的水平高差为0.13米，坡度为1.7度。北壁设有九个投柴孔，一字形排列，由西向东各宽0.36米、0.32米、0.40米、0.32米、0.42米、0.42米、0.42米、0.32米、0.28米。南壁内侧中段，在原烧土壁上有一层加抹的泥层，长1.10米、厚0.10米，表明此窑曾多次修补使用。窑内堆积丰富，除烧土块、炭屑等外，出土印纹软陶、印纹硬陶和原始瓷计50片，尚有一件残石器。

龙窑是从升焰式窑发展演变而来，即从平底的升焰式窑演变为有倾斜度

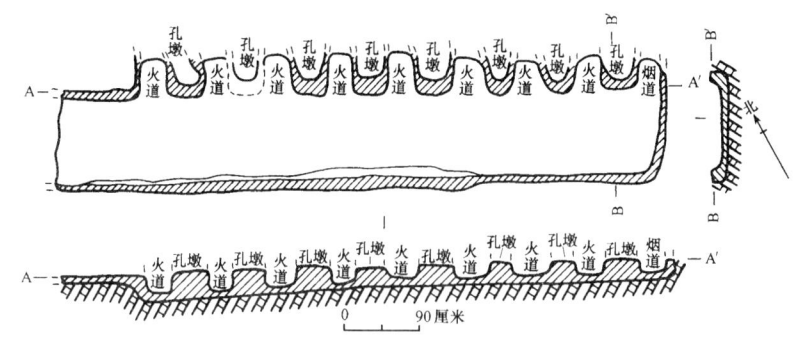

图17 平焰窑龙窑平、剖面图

---

[1] 参见许智范《江西清江吴城遗址第四次发掘的主要收获》，《文物资料丛刊》第二辑，文物出版社1977年版。

[2] 参见李玉林《吴城商代龙窑》，《文物》1989年第1期。

第六章
商代吴城方国文明（下）

的平焰式窑，这种窑不仅窑室长、空间大，从而容量大，而且由于有倾斜度，形成一种抽力，能大大提高窑室温度，再而又独创了分段投柴、依序烧熟的方法，为解决分段烧成的难题作出了革命性的探索，尽管至今发现的龙窑倾斜度还较小，投柴孔也只设于一侧，表现出相当原始性，但它已从传统的升焰窑发展到平焰式窑，这是中国窑炉技术史上的一大突破，不仅在当时的江南地区，即使在整个中国大陆都堪称先进。它是吴城方国居民的一项伟大创造，是对中国窑业技术发展的重大贡献。

三、琢玉业

除冶铸工业和陶瓷烧造之外，吴城方国境内，其他诸如玉器琢制、竹木加工、丝麻纺织、漆器制造和建筑业等也都有较快的发展，特别是琢玉业更是商代除中原商王朝以外方国玉器制作业的代表。

新干商代大墓除出土大批青铜器外，堪与青铜器媲美的是各种精雕细琢的玉器饰品[①]，总计达754件（颗），其中属大件或完整器者为25种计75件（串）。属礼器的琮（图18）、璧、环、瑗、玦和璜等；属仪仗兵器的有戈、矛、铲等；属装饰品的有镯、蝉、蛙、鱼形坠、柄形器、勒、笄形坠饰、侧身羽人佩饰、神人兽面形饰件

图18　玉琮

以及项链、长管、串珠和水晶套环等。那件侧身羽人佩饰，更是玉器中的绝品，她作侧身蹲坐状，"臣"字目，大耳，钩喙，头顶鸟形高冠，鸟尾敛并后卷成一孔，再以掏雕技法琢出三个相套的链环，双臂拳曲于胸前，膝弯曲上耸；腰背至臀部阴刻出鳞片纹，两侧各琢有羽翼，腿部也琢出羽毛。整个羽人的套环用一块璞料圆雕而成，有机地把人、兽、鸟集于一身，想象丰富，构思巧妙，她是3000多年前吴城方国土著居民固有传统精神风貌的反映，同时，也反映出他们高超的琢玉工艺水平。

[①]　江西省文物考古研究所等：《新干商代大墓》，文物出版社1997年版，第141—159页。彭适凡：《新干古玉》，台湾典藏艺术图书公司2003年版。

第三节
商业

商代,随着农业、畜牧业、手工业的快速发展,社会分工的进一步扩大以及城邑的逐步兴起,商业往来以及相关的交通道路也有所发展。后来历史上,把做买卖和交易的行业叫做"商业",把做买卖的人称做"商人",都是渊源于此。

中原商殷王朝的商业贸易及交通道路的发达情况,地下考古资料和见诸甲骨文的材料颇多,吴城方国的这方面资料相对较少,只能根据仅有的零星的材料作些初步推断和分析。

一、社会分工扩大与城邑兴起

马克思曾经指出:社会分工"是商品生产存在的条件"[1]。列宁也指出:"社会分工是商品生产的基础。"[2]早在新石器时代晚期,农业与手工业的开始分工就导致了原始交换的产生,到商代时,由于社会分工的扩大,更促进了商业贸易的进一步发展。有关文献史料就给我们提供了很有说服力的材料。《管子·轻重戊》云:"殷人之王,立帛牢,服牛马,致远,以为民利。"《尚书·酒诰》中载及西周初年周公规劝从殷都迁往妹土即卫国附近的庶民道:"小子惟一妹土,嗣尔股肱,纯其艺黍稷,奔走事厥考厥长。肇牵车牛,远服贾用,孝养厥父母;厥父母庆,自洗腆,致用酒。"意思是告诫殷遗民要专心住在卫国,专心致意地种植黍稷,勤勉地奉事你们的父兄。农闲之时,赶着牛车载上多余的农产品到远方去做生意,赚取钱财,以孝养父母,父母高兴,你们办好丰盛的膳食,可以痛快饮酒。可见商周之际,中原地区商业贸易的发达。

吴城方国商业贸易的发展同样是社会大分工深化的结果。吴城居民的农业和手工业都很发达,不仅这两大产业间已形成固定的分工,而且在手工业中,又有青铜采冶业、铸造业、制陶业、琢玉业、纺织业、建筑业、竹木业、漆器业

---

[1] 《马克思恩格斯全集》第23卷,人民出版社1972年版,第55页。
[2] 《列宁选集》第1卷,人民出版社1972年版,第161页。

第六章
商代吴城方国文明（下）

和煮盐业等众多行业部门，每一行业内部又有较细的分工。仅以铸铜业为例，制模制范的"工"人与浇注的"工"人有分工，而制陶范的和琢制石范的又有分工，只有这样专业化，才能保证铸品的质量和技术水平的不断提高。

随着社会大分工的扩大和商业贸易的发展，因而相继出现了人口较为集中的城邑。在中原王都所在地，至今发现属商代早期的城市遗址有河南偃师尸乡沟商城，大多数学者考证为是汤都西亳所在地，城址四周有夯土城墙相围。城址平面呈长方形，南北长1710米，东西宽1240米，城区面积为190万平方米，共有7个城门供出入[1]。属商代中期的城址有郑州商城，即商王仲丁迁都的所谓隞。城址平面也呈长方形，北垣长约1690米，西垣长1700米，南垣和东垣均长1870米，城区面积约为317万平方米。商代遗址范围达25平方公里[2]。以安阳小屯为中心的殷墟，是商代后期盘庚迁都后的王都，其城市规模比郑州商城必然大得多，据近年发掘的洹北花园庄商城看，其城内面积就达470万平方米[3]。

与此同时，王都周边一些地区即所谓"四土"也相继形成了诸多方国，这些方国也建立起大小不等的都城，诸如长江上游的四川广汉三星堆古城，是商中期古蜀国鱼凫族或杜宇族的方国都城，该城北面以古雁江作屏障，东、西、南都用土坯筑砌有城墙，城址东西长1600~2100米，南北宽1400米，城区面积约224万~294万平方米[4]。至于湖北盘龙城，是商代中期商王朝在长江边上建立起的一个城市，实际是一军事据点，它直接受中原商王朝的管辖和控驭。它不仅夯筑有城垣，还发现了大型宫殿基址，城垣南北长约290米，东西宽约260米，城内面积为75400平方米[5]。

地处长江中游的南方吴城方国是商王朝周边地区众多方国之一。正如前面所介绍的，吴城方国也已形成都邑，也垒筑有城墙，城墙始筑于吴城文化一期，即商代中期，到吴城文化二期即相当殷墟文化第一期时，开始大规模加宽加高，形成一座雄伟壮观的方国都城城址。城址平面呈圆角四方形，城墙周长约2860米，城内面积约61.3万平方米，辟有东、南、西、北、东北五个城门。整个

---

[1] 参见赵芝荃、徐殿魁《偃师尸乡沟商城的发现与研究》，《中国古都研究》第3辑，浙江人民出版社1987年版。参见赵芝荃《二里头遗址与偃师商城》，《考古与文物》1989年第2期。
[2] 参见河南省博物馆等《郑州商城遗址发掘报告》，《文物资料丛刊》，1987年第1辑。
[3] 参见中国社科院考古研究所《河南安阳市洹北商城的勘察与试掘》，《考古》2003年第5期。
[4] 参见陈德安等《蜀国早期都城初露端倪》，《中国文物报》1989年9月5日。
[5] 参见湖北省博物馆等《盘龙城一九七四年田野考古纪要》，《文物》1976年第2期。

吴城遗址的分布面积达4平方公里。

从城邑的规模来看,很显然,吴城都邑不仅比同时期的中原商王都郑州商城小五倍,比商代后期的洹北商城小八倍,比商代早期的偃师尸乡沟商城也小三倍多,而且比长江上游的三星堆方国古城也小四倍多,但值得注意的是,它比隔大江相望的湖北盘龙城古城却要大八倍多,比商代中期的山西东下冯商城大六倍,比垣曲古城大五倍多[1],比商代晚期的陕西青涧李家崖据说是鬼方的都城要大九倍[2]。所以,吴城方国的城市规模比之中原商王都明显要小,到商代晚期,只有中央王都城区的八分之一,但与中原王朝以外的方国都城相比却还居于中上的规模。尤引人注目的是,就在距吴城古城20公里外的赣江东岸还有一座规模与之相近的牛头城古城,城邑分布如此密集,这在商王朝以外周边方国中至今尚未发现。

城邑的规模大小和居民人口的数量是紧密相连的。林沄根据《战国策·赵策三》赵奢所述"古者四海之内分为万国,城虽大,无过三百丈者,人虽众,无过三千家者"的人口密度推算,指出依古代一尺合0.23米,城垣300丈的周长应为690米,则城的面积为476100平方米,城市人口3000家,其人口密度大体为每户占地160平方米左右[3]。按这照这个计算方法,吴城古城面积61.3万平方米,则城内有居民3831户,以平均一家五口计,则总共有人口19156人。新干牛头城内城面积20万平方米,则城内有居民1250户,人口6250人,外城面积50万平方米,则有居民3125户,人口15625人。两个古城郊外还有不少居民点,仅吴城遗址面积就达4万平方米,遗址所在之清江盆地尚有同时期遗址64处[4],整个吴城文化系统遗址从赣江中游到下游基本延绵不断,仅据目前调查就有200余处,据有的学者统计,若以每一遗址50人计,各村落人口数超过1万人,故吴城古国人口数应该在3万人以上[5]。实际远不止于此,因为,仅吴城和牛头城两个古城人口加起来就有近3.5万人,加上两古城附近及整个吴城文化系统诸遗址的万余

---

[1] 山西垣曲古城平面略呈平行四边形,城内面积约为125000平方米。参见佟伟华《垣曲古城商代前期城址》,《考古学年鉴》(1986),文物出版社1988年版,第94—95页。

[2] 陕西李家崖古城平面呈不规则长方形,城内面积约为67000平方米。参见张映文等《陕西青涧李家崖古城址发掘简报》,《考古与文物》1988年第1期。

[3] 参见林沄《关于中国早期国家形成的几个问题》,《吉林大学社会科学学报》1986年第7期。

[4] 参见李玉林等《江西樟树古遗址的类型》,《考古》1992年第4期。

[5] 参见彭明瀚《吴城文化研究》,文物出版社2005年版,第228页。

第六章
商代吴城方国文明（下）

人，则吴城方国境内的居民总数至少应在5万人左右，远远超过商王朝时期周边各方国2.1万人的平均值①。

二、商品贸易的发展

社会分工的扩大和城邑的形成导致了商品、交换和商人的产生，商业贸易的发展。商代的商业贸易主要集中于城邑和水陆交通要道上的集镇进行。据文献记载，中原商代的城邑中都设有"市"、"肆"一类的商贸场所。《帝王世纪》载殷纣王大造宫室"七年乃成……宫中九市，车行酒，马行炙"（《太平御览》八三引）。据说姜太公在未辅佐周文王前，曾在朝歌做过卖牛肉的生意，还在孟津渡口卖过酒，即所谓"吕望之鼓刀兮，遭周文而得举"（《屈原·离骚》）；"师望在肆昌何识，鼓刀扬声后何喜"（《屈原·天问》），这里所讲吕望、师望均指姜太公。孟津自古以来就是黄河渡口，历史上就是重要城镇，可以想见当年商贸活动之盛。

吴城方国境内的商品交换也很活跃，这主要表现在境内的集市贸易和境外的边贸往来。

首先，从境内的集市贸易来看。吴城和牛头城古城，它们分别居住着1万余居民，其中当然包括一批不劳而食的王侯贵族，尤其是吴城，有近2万名居民，又是方国的政治、经济、文化中心，从现有考古资料来看，就已揭露出居住区、制陶区、铸铜区和祭祀区等，想来城中也应有类似中原殷都"市"或"肆"一样性质的商品交换场所。作为统治者奴隶主贵族，他们所需要的产品，主要是通过剥削和掠夺方式取得的，即由方国君王直接驱使奴隶们进行的各种产业生产和一些自由民以赋税的形式向统治者缴交，但城邑内还居住着大量自由民和劳动者，他们以农业生产或某种手工业为业，尤其是大量手工业工匠，从事的某种手工业生产也不是完全为了自用，而是为了交换或出售，又由于他们不从事农业生产，其粮食和农副产品全有赖于将自己制造的手工业产品拿到集市上去交换。以制陶业来说，吴城城区内的制陶区就集中发现窑炉14座，陶瓷如此批量生产，绝不仅仅是满足城邑内侯王贵族的需要。

吴城和牛头城城邑郊外的居民，主要从事农耕生产，闲时捕鱼狩猎和经营一些家庭副业，但陶瓷制品（包括收割用的马鞍形陶刀、陶镰，捕鱼用的陶网坠

---

① 参见宋镇豪《夏商人口初探》，《历史研究》1991年第4期。

以及捻线的陶纺轮等生产工具)、食盐和小件铜制品等都得依靠在"市"、"肆"的贸易场所通过交换求得,尤其是陶瓷器是普通居民必需的生活用器,而陶瓷器又不是每家每户都有技术和能力烧制的,只有仰赖于市场;再如食盐,自古以来就是人类藉以维系生命生存之物,故对其不仅深为珍惜,甚至把其作为"神"(盐神)而崇拜,有的学者考证:新干大墓出土的四足大甗,立耳上的双鹿,一雌一雄,一阴一阳,都是源于人类对盐的崇拜,表明生命的维系和繁衍离不开盐①。江西盐矿规模大,储量多,而清江就是当今两大岩盐矿床之一,想必商代吴城方国的居民就已经识别和开采,但掌握开采权的自然是方国统治者,而广大自由民和劳动者只能在市场上购买。

至于赣江下游一带吴城方国境内的居民,他们之间的商品交换活动同样频繁,除重要的食盐和小件青铜铸品只有到清江盆地和方国的政治、经济和文化中心的吴城都邑去购买外,其他很可能各居民点之间就可交流。瑞昌铜岭的矿工常年在矿坑采矿或冶炼,不可能又从事农耕,其粮食和陶瓷等日用品只能依靠市场。铜岭遗址中出土了很多如铜锛、铜斧、铜凿和陶鬲、陶罐以及竹筐、木桶、木铲等生产工具和生活用器,不可能由矿工自己制造,也只有到集市上去购置,以保证矿上采冶业的顺利进行。

其次,从境外的商贸往来看。地处南方的吴城方国不仅与中原商殷王朝有密切交往和频繁的商贸活动,而且与周边甚至较远的方国之间也有一定的联系和交流。前已述及,中原夏商文化对吴城文化的影响和传播很早就已开始,但这种交流是双向的,中原先进的如块范法铸铜和琢玉等技艺传给了吴城,而吴城的几何印纹硬陶和原始瓷的烧造技术又传给北方,伴随着技术、文化的交流,也必然带来各自特色产品的交换与流动,而其间从事这种商贸活动既有官方的又有民间的,而且民间的商贸往来可能更多更广。

新干大墓出土一批精美玉器,据地质专家检测和鉴定②,这批玉器的材料除少部分系就地就近取材外,那种透闪石质软玉类,如玉管、玉柄形饰、玉笄等,质地细嫩滋润而透明,色泽柔和光亮而绚丽,据检测,一部分是来自新疆的和田玉或陕西的蓝田玉;那件叶腊石材质的侧身羽人佩饰,当是取材于浙江青田一带;而大量的绿松石饰品则应来源于湖北的郧县、竹山地区。又据该墓出

---

① 参见周广明《新干青铜器群立鹿造型意义探赜》,《龙虎山崖葬与百越民族文化》,吉林人民出版社2001年版,第134—136页。
② 江西省文物考古所等:《新干商代大墓》附录一〇,文物出版社1997年版,第301—307页。

第六章
商代吴城方国文明（下）

土的铜器和陶器中，尚有勾卓、长条形刀和瘪裆、联裆陶鬲等"先周式"器物分析，给我们提供了一个极重要信息，吴城方国居民很早以来不仅和江汉地区，而且和陕南地区就有着一定商贸往来，和田玉料很可能就是通过陕南而间接购得的。①这些都有力地证明了从陕南汉中地区经汉水到大江后进入赣江流域的这条古道很早就已开通，成为沟通东西的商贸交流的重要之路。

三、货币

商品交换最早是采取以物换物的实物交换形式进行，也即双方用直接的产品相互交换，但后来由于社会分工的更趋专业化以及商品数量和种类的增多，商品交换的发展，就势所必然要出现用一般等价物作媒介来进行交易。这正如马克思所说："随着进入交换过程的商品数量和种类的增多，就越来越需要这种形式（即交换物独立的价值形式——引者注）。问题和解决问题的手段同时产生。如果不同商品所有者的不同商品在它们的交易中不和同一个第三种商品相交换并作为价值和它相比较，商品所有者拿自己的物品同其他种种物品相交换、相比较的交易就决不会发生。这第三种商品由于成为其他各种商品的等价物，就直接取得一般的或社会的等价形式。"②显然，这"各种商品的等价物"的第三种商品就是货币。

中原地区商代广为流行的货币是贝币即海贝，这不仅有古代典籍记载为据，而且有大量考古物证，如1966年山东益都苏埠屯商墓中出有海贝3990枚③；1976年殷墟妇好墓中出土海贝6880枚④。就是一般平民墓中也有贝币的出土，少者1枚，多者数百枚，如1969—1977年殷墟西区发掘939座墓中⑤，就有336座墓出土海贝，共出土2467枚，可见在中原王都地区贝币使用范围之广，流通面之大。值得注意的是，到商代后期，中原地区还开始出现仿海贝的青铜铸币，如1953年安阳大司空村商代14号墓出土1枚、第312号墓出土2枚，3枚形制完全相

---

① 参见彭适凡《新疆和田玉石输入江南始于商代考》，《中国新疆第二届和田玉石学术研讨会论文集》2006年（待刊）。
② 《马克思恩格斯全集》第23卷，人民出版社1972年版，第106—107页。
③ 参见山东省博物馆《山东益都苏埠屯第一号奴隶殉葬墓》，《文物》1972年第8期。
④ 中国社科院考古研究所：《殷墟妇好墓》，文物出版社1985年版。
⑤ 参见中国社科院考古研究所安阳工作队《1969—1977年殷墟西区发掘报告》，《考古学报》1979年第1期。

同①;1969—1977年安阳殷墟西区第620号墓出土铜贝2枚②等。这种青铜铸币,虽然至今尚出土较少,但是它的出现有着深远的社会意义,正如著名钱币专家朱活所指出:我国金属铸品的开始出现,不是在战国时期,更不是在秦国首先出现,而是在"商代后期,黄河中游的洹河岸边的商都首先出现"③。有必要指出的是,四川广汉三星堆古蜀国境也流行贝币,如一号祭祀坑出土的龙虎尊内盛海贝62枚,两件青铜人像内盛海贝62枚;二号祭祀坑的青铜尊和罍内盛海贝4600枚,同出有玉石贝1枚和铜贝4枚④。

然而,地处南国的吴城居民并没有如同四川古蜀国那样也使用贝币,考古资料证明他们使用的是一种金属斧币,根本不见贝币。

1989年新干商代大墓出土17件青铜手斧,均长柄,圆弧刃,扁平体,素面无纹,其中只有标本401的双面刻画有文字或符号,一面的柄部中间铸一阳文"田",另一面对应处为阳文"〰"(图19)。通长13.3厘米~16.6厘米,刃宽4.6厘米~6.2厘米。平均重量321克。这批青铜手斧,原报告曾作为手工工具,实应是一种特殊商品即金属货币⑤。其理由如下:

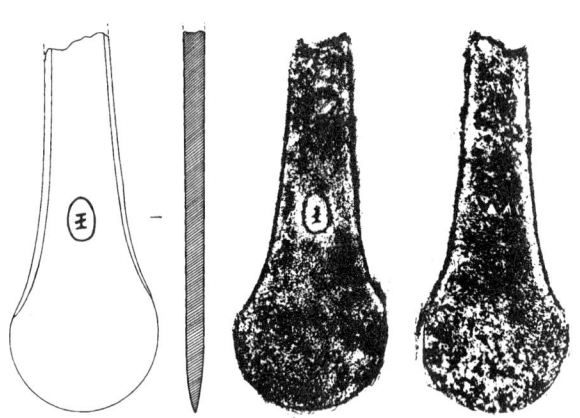

图19 手斧形铜货币及其正反两面拓本

---

① 参见马得志等《安阳大司空村发掘报告》,《考古学报》1955年第9册。
② 参见中国社科院考古研究所安阳工作队《1969—1977年殷墟西区墓葬发掘报告》附表,《考古学报》1979年第1期。
③ 参见朱活《商代铜贝》,《古币新探》,齐鲁书社1984年版。
④ 四川省文物考古研究所:《三星堆祭祀坑》,文物出版社1999年版,第50、419页。
⑤ 参见彭适凡等《江西新干商墓出土一批青铜生产工具》,《农业考古》1991年第1期。

第六章
商代吴城方国文明（下）

第一，从这批手斧的外形特征看，17件手斧，形状基本一致，只是刃部稍有一点差异，其中11件的刃部弧度大于180度，另有5件的刃部弧度小于半圆，其重量厚薄也相差不大，有的手斧其形体特征和厚薄重量几乎完全一致，表明它们是在同一范模中进行批量翻制的。此外，上部无銎不可安柄，扁平的柄部又不宜手握；下部弧形刃部均未曾开锋，厚钝不适于切割，更未见使用磨损痕迹，因此，这些外形特征似不可能作为工具使用。

第二，从标本的双面铸刻的字符看，"田"应是"贝"字之象形。椭圆形的外圈是海贝的轮廓，中竖为其突脊，三横画则象两侧齿纹。反面对应处的"〰"符应是用绳将贝穿起成一串之意。商周时期中原地区流行的贝币，多数在背部饰有小孔以串绳，主要便于计数也方便携带，当然，吴城方国的青铜斧既无孔也不便穿，那反面"〰"的真实意义是一串，正、反两字符合文就是一串贝，那一串贝就是一"朋"。商周甲骨文、金文中常见有赐贝多少"朋"或有赏贝若干"朋"，然后"用作"某器的记载，说明"朋"是贝的计量单位。如：

　　庚戌□贞，易多汝又贝朋。　　　　　《甲骨文合集》11438
　　……征不死，易赐贝二朋。一月。　　《甲骨文合集》40073
　　壬申，王赐亚鱼贝，用作母癸尊彝。　《亚鱼鼎铭》①
　　划赏小子大贝二朋，用作父己尊彝。　《续殷文存上》62.1
　　丙午，王赏戍嗣子贝二十朋，在阑宗，用作父癸宝鼎。《戍嗣子鼎》②

商晚铜器铭文中还有赏赐一百朋或二百朋的，那无疑是重赏。至于多少枚贝为一朋，历来说法不一，归纳起来，大体有说二贝的，五贝的，十贝的，甚至二十贝的，但王国维考证，贝5枚为一系，二系为一朋，一朋包括10枚贝。③从甲骨文和金文中"朋"字的形体结构像并排的两系形来看，王说是可信的。如以王说为据，则新干大洋洲出土的手斧，每件即等同一串贝，也即一朋10枚币，用它可以作为购买土地、资料和各种生活日用品的支付手段，无疑具有货币的职能。

第三，从古代文献记载来看，斧形器在古代确曾作为货币使用，如在《易经》中就有这样的记载："九四，旅于处，得其资斧"（《周易·旅卦》）；"上九，巽在

---

① 参见中国社科院考古研究所安阳工作队《安阳殷墟西区一七一三号墓的发掘》，《考古》1986年第8期。
② 中国社科院考古研究所：《殷墟发掘报告》(1958—1961)，文物出版社1987年版。
③ 参见王国维《说珏朋》，《观堂集林》卷上。

床下,丧其资斧"(《周易·巽卦》),这里很明显谓斧为"资",说明西周时期斧币仍然是较重要的流动货币。再如西周金文中有一"賮"字,字出"公贸鼎"。器主名"賮",字公贸。"賮"字字书所无,然字从贝,必与商贸有关。但它的含义,历来未有确释。据邵鸿考证①,此字正可与新干大洋洲那件手斧的铭刻"㠭"相互发明,"它是賮字最为形象的现实体现,说明賮字当指斧币,换句话说,它们可以命名为'賮'(賮);反过来,大洋洲的这批青铜手斧实为斧币也就得到了又一确切证明"。

第四,从考古资料看,铜斧作为金属货币新干的也非孤例。早在20世纪50年代湖南宁乡曾出土一件商代晚期青铜瓿,其内就贮藏有青铜小斧224件②。其大小基本一致,铸锋犹在,也未曾有使用的痕迹,且个体较小,故作为生产工具的可能性实小,而作为财富的象征即金属货币的可能性大。

值得讨论的是,中原商代的贝币,主要是海贝,多是从台湾、海南和西沙群岛等地,甚至从更远的阿曼湾、南非果阿湾等地而取得,为什么商王朝要费如此巨大财力、物力到遥远的南海地区采贝,而南方的吴城方国和宁乡的古方国距南海更近却舍贝而改用金属铸币?这想来应和商代北方铜料紧缺而南方铜料较为丰厚有关。

用海贝作货币,古今中外民族史上都有过,先是用天然海贝,然后向金属铸币发展,这是货币发展变化的一般规律。在商品发展的初期,货币形式究竟固定在哪种商品上,马克思说:"有两种情况起着决定的作用。货币形式或者固定在最重要的外来交换物品上,这些物品事实上是本地产品的交换价值的自然形成的表现形式;或者固定在本地可以让渡的财产的主要部分如牲畜这种使用物品上。"③中原和巴蜀地区之所以选择海贝作为货币,显然是因为海贝是当时"最重要的外来交换物品",这即马克思所指的第一种货币形式;而南方赣江和湘江流域选择的青铜斧币,则是马克思所指的第二种货币形式。海贝因系交换而来,当然显得珍贵,加以较为坚硬,不易破损,又大小基本相等,即具有"均质性",可以随意分合,这些都符合货币的要求,但是,它虽产自异域,其本身并无价值,而青铜则是固态金属,本身就价值大、体积小、质地均匀,是最理想的铸币材料。到晚商时期,中原商王朝虽也开始铸造少量青铜铸币,但终因

---

① 参见邵鸿《新干大洋洲所出商代斧币考》,《南方文物》1995年第2期。
② 参见高至喜《湖南宁乡黄材发现商代铜器和遗址》,《考古》1963年第12期。
③ 《马克思恩格斯全集》第23卷,第107页,人民出版社1972年版。

第六章
商代吴城方国文明（下）

铜料全要仰赖于南方，有限的铜料又要铸造大量的礼器和兵器，以满足"祀与戎"的要求，故货币还只能大量延用海贝。而南方吴城方国掌握了瑞昌铜岭等诸多铜矿采冶权，铜料资源丰富，因此选择"固定在本地可以让渡的材产"铜料铸造金属货币那就很自然的事了。至于其金属货币铸成手斧形，这可能和石斧类是南方古代先民最常用的一种工具有关。很有可能这一地区在此之前，斧头曾一度充当一般等价物这一角色，一旦铸币产生，人们就自然选择大家熟悉的斧头这一物品的形作为新产生的货币的外在形式，与战国时期的刀币、布币分别铸成生产工具刀、铲的形体道理相同。①

第四节 吴城方国居民及民族

吴城方国的居民成分及其族属，长时期以来分歧较大，归纳起来主要有下面几说：一说是依据吴城遗址出土刻画在釉陶纺轮上的"雀"符号，推论可能是一种带鸟的部族，其寓意或许就是"亚雀"是"亚雀"的缩写，进而认为可能就是与殷商王朝有密切关系地处南方的"亚其"和"亚雀"方国或人物②；二说认为是百越族的一支干越③或扬越④；三说认为是由江汉地区南迁而来的"三苗"⑤；四说认为是夏商时期被迫南迁的夏人支系虎氏和戈氏⑥等。之所以有如此分歧，一是没有确凿的文献记载，二是考古发掘资料的局限，目前只能各自依据已有的考古资料作一些初步推论，这些探索性研究无疑对于问题的最终解决是有裨益的。

据近些年来的研究，并综合一些学者的意见，我们认为，吴城方国居民的结构大致包括赣江流域的土著居民（或称原住民），尚有夏代以来被迫不断由

---

① 参见彭明瀚《商代青铜货币蠡测》，《南方文物》1995年第2期。
② 参见李家和《从吴城遗址看江西的商文化》，《江西师院学报》1980年第4期。
③ 参见徐心希《试论新干大洋洲青铜器群的族属及相关问题》，《南方文物》1994年第2期。
④ 参见彭适凡《江西吴城青铜文化的再探讨》，《华夏文明》第3辑，中国社会科学出版社1990年版，第305页。
⑤ 参见商志醰《试论吴城遗址及其有关问题》，《文物集刊》第三辑，文物出版社1981年版，第147—145页。
⑥ 参见彭明瀚《商代虎方文化初探》，《中国史研究》1995年第3期；《商代赣境戈人考》，《南方文物》1996年第4期。

江汉地区南迁的"三苗",以及商王朝初年迫于商人的追剿而南迁的夏人支系虎氏和戈氏等。但必须指出的是,其主要的居民仍应是原住民,原住民的族属应是渊源于本土的百越族系的一支扬越先民。

一、三苗、虎氏、戈氏

根据文献记载和古史传说,我国上古民族可以分为三个大的族群,三苗则是对上古时期与华夏和东夷并立的一个部落集团的总称。关于三苗的分布地域和华夏族尧、舜、禹对其不断的征讨过程,在第三、四章都有详细考证和阐述。

三苗或称苗蛮集团,如同后来的"百越"一样,也是种别繁杂。所谓"三"者,表示多也。郭沫若在《中国古代社会研究》中说:"古人数字的观念以三为多,三为最神秘。"[1]从这个意义上说,所谓"三苗"者,"南蛮"者,实是对当时南方少数民族的泛称。伴随着华夏民族尧、舜、禹先后对三苗族群的持续征讨,结果是"放驩兜于崇山,以变南蛮;迁三苗于三危,以变西戎"(《史记·五帝本纪》)。实际上,三苗败后,一部分被华夏族融合;一部分迁徙至西北与当地羌人融合;更多的是被迫渡江南逃,其中有的可能随其首领驩兜一道被迁至交、广之地,有的可能就越过大江进入赣江流域各地,与赣境的新石器时代晚期以来的原始氏族部落先民相融合。到商代吴城方国时期,三苗族早已融合到吴城文化中,成为吴城方国居民的有机组成部分。

虎氏本是甘青高原的古老氏族,后随黄帝族一道东迁至华北平原,成为黄帝的胞族之一。夏被商汤灭后,虎氏已建立方国,并成为商的属国,卜辞有"虎氏"(《善斋藏片》)、"虎八百"[2]。虎氏还担任过商的虎侯,"受王命建国畿外,守御边疆,名之曰侯"[3]。说明当时虎方与商王朝的关系尚好,而此时虎方的地域,正如丁山所考证,"当在今虎牢、中牟、新郑三角地带"[4]。刘节也认为,虎方"当在河洛之南"[5]。但是,后来虎方与商王朝的关系闹翻了,随后为商所迫,只好"向东南迁到淮北,即在商丘以南"[6]。商王武丁时期,有一条卜辞记载:"贞,令望乘眔(及)举途虎方,十一月。"(《甲骨文合集》6667)"途"有征伐之义,即武

---

[1] 郭沫若:《中国古代社会研究》,人民出版社1977年版,第23页。
[2] 董作宾:《殷墟文字甲编》3017,1940年。
[3] 吴泽:《中国历史大系》第三编《殷代社会的政治构造与家族制》。
[4] 丁山:《殷商氏族方国志·虎氏、虎方》。
[5] 刘节:《古史存考·周南召南考》。
[6] 何光岳:《南蛮源流史》,江西教育出版社1988年版,第416页。

第六章
商代吴城方国文明(下)

丁任命望乘及举族侵伐虎方。由于商对虎方的不断征讨,虎方不得不继续南迁至今湖北汉水荆楚一带。①更有的学者根据湖南出土有虎卣和古文献中楚地有虎乳小孩的记载,以及赣江与湘江流域青铜器上出现较多虎纹的情况,推定商周时期存在着虎方向长江中游地区移民的问题。②彭明瀚更从吴城文化中大量出现虎的装饰而认定:"商汤灭夏,有一支虎氏追随夏桀南逃,在赣鄱地区定居下来,与这里的土著居民一起创造了灿烂的吴城青铜文化。"③虎方南迁至赣江流域的时间,是在夏末商初抑或商代中、后期,当然尚可研究,但在吴城青铜文化中,大量的虎形象成了吴城文化青铜器装饰艺术的母题却是一点也不夸张,不仅出土有国宝级的伏鸟双尾虎这样的神物,作为青铜重器的方鼎和圆腹鼎上,或双耳上铸有圆雕卧虎,或腹部铸有虎首兽面纹,或三扁足铸成变体虎形,而且,在有的兵器如戈首铸成虎头,大钺上铸出龇牙咧嘴的虎口,甚至其普通生活用具炭箕的鋬部两侧也铸上虎纹,等等,虎形象如此高频率地出现在吴城文化青铜器上,这在全国同时期的青铜器上是罕见的,因此,不排除有一支虎方移民到赣江流域的可能性,只是,从吴城文化中虎形象的开始出现约当郑州二里冈上层时期,故虎方的南迁时间最早应在商代中期,也正是吴城方国的形成时期。

戈氏,本是氐羌集团中的一支,早年从甘青高原迁到黄河中下游一带定居下来,夏初,成为夏王国的同姓封国。商灭夏后,作为夏遗民的戈国曾臣服于商王国,甚至还有联姻的情况,说明关系之密切。戈方的最早地望,据《左传·哀公十二年》记载"宋、郑之间有隙地焉,曰:弥作、顷丘、玉畅、嵒、戈、锡。……宋平元之族自肖奔郑,郑人为之城嵒、戈、锡"。邹衡推定戈地似乎又更接近于郑,这也许是戈族的老家。④

从大量有关戈器铭文青铜器的出土,有力印证了商代确有戈方国的存在。据邹衡统计,带"戈"铭青铜器有160多件,记明出土地点的仅19件。近年来,各地不断有戈器出土,有学者重新统计仅有明确出土地点的就达44件,大部分为商代晚期,只有少数为西周早期器,且主要分布在四个地区:陕西泾阳区、河南安阳区、洛阳区和湖南湘江中下游区⑤。戈铭铜器在湘江中下游地区的出土,应

---

① 参见刘鸿《盘龙城与商朝的南土》,《文物》1976年第2期。
② 参见刘敦愿《云梦泽与商周之际的民族迁徙》,《江汉考古》1985年第2期。
③ 彭明瀚:《吴城文化研究》,文物出版社2006年版,第233页。
④ 邹衡:《夏商考古学论文集》,文物出版社1980年版,第246、321页。
⑤ 陈晓华:《戈器、戈国、戈人》,岳麓书社1999年版,第191—196页。

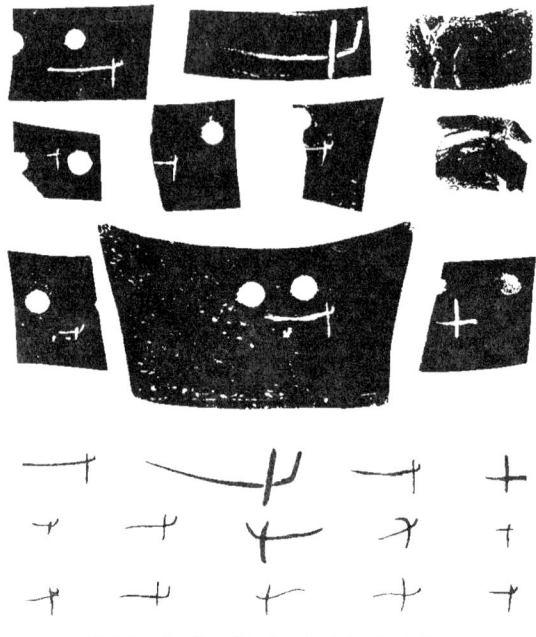

图20　陶器上带"戈"文字拓本及摹文

是戈人南迁的实物例证。

值得注意的是,赣境地区至今虽未发现带"戈"铭的青铜器,但在吴城文化的一些陶器或原始瓷上,却刻画出象形文字的"戈"字(图20),一般都刻在小口折肩罐、折肩瓮或尊的肩部或马鞍形陶刀上,尚未发现有刻在器底的,其"戈"字形态与铜器上的族徽"戈"铭没有区别。据彭明瀚统计,赣境地区发现的带"戈"文陶瓷器共有33件。[①]近年来,又不断有新的发现,据我们初步统计已发现37件,其中吴城遗址10件、新干大洋洲23件、陈家墩1件、角山3件。目前全国各地发现有带"戈"族徽陶器的尚有河北藁城台西遗址一例[②]、河南安阳一例[③],因此,吴城文化中带"戈"族徽的陶瓷器如此集中出土,这在全国是独一无二的。从这些带"戈"字的陶瓷器来看,时代都为商代,而且主要在商代中、后期,说明中原的戈人,确有一支在商代中期前后越过大江,分别进入湘江中下游和赣江的中下游,与当地土著民族相融合。吴城文化中陶瓷器上的"戈"徽记号,应是

---

① 参见彭明瀚《商代赣境戈人考》,《南方文物》1996年第4期。

② 河北省文物考古研究所:《藁城台西商代遗址》,文物出版社1985年版,第90—98页。

③ 高明:《古陶文汇编》,中华书局1990年版。

第六章
商代吴城方国文明（下）

戈人参与烧制陶瓷器时民族感情的自然流露，也是古史上戈氏族迁徙至赣江流域的历史印记。

二、扬越

从现有考古资料证实，赣江至鄱阳湖地区远从40万年前就开始有人类在此开拓、生息、繁衍，此后，历经新石器时代，当时的土著民族，从广义来说属于"苗蛮集团"，但并非三苗，实应属于南方古越族的范畴。那么商代吴城方国的主要居民是何种民族？其发达的青铜文化的主要创造者是谁？

"越"民族的历史悠久。可能就在中原夏王朝开始衰落之际，南方的"越"民族就开始兴盛起来。据《逸周书·伊尹朝献》记载，商汤之时，奴隶出身的伊尹管理四方部族，东方就有沤深等九夷十蛮，"越沤剪发文身，请令以鱼皮之鞞，鲲鲡之酱，鲛盾、利剑为献。"这里，讲的"沤深"、"越沤"都系指古越族而言，说明越族的出现最迟在商代。

商周时期的越族，种别就很繁多，社会习俗与文化特征也并不完全一致，如据《竹书纪年》载，周成王二十四年（前1092年）"于越来宾"。又如《逸周书·王会解》记载周成王二十五年大会诸侯于洛邑时，四方贡献方物的就有"东越海蛤；欧人蝉（鳝）蛇，蝉蛇顺食之美；于越纳（鲉），姑妹珍；且区（瓯）文蜃；共人玄贝；海阳大蟹；自深桂、会稽以鞭皆献。"后来有所谓"百越"之称，实是由来已久。又据《竹书纪年》记载，周穆王"三十七年，伐越，大起九师，东至于九江"。这更具体说明直至西周初期的赣江流域仍是越族的活动区域，说明吴城方国的主要居民（包括瑞昌铜岭商代铜矿的主人）应是古越民族。那么，商周时期活跃在赣江流域的古越族究竟属哪一支呢？我们认为当以扬越为是。

据《吕氏春秋·恃君览》载："扬汉之南（高诱注：扬州汉水南），百越之际（高诱注：越有百种）。"但古文献中，"扬越"的最早出现见于《史记·楚世家》：周夷王时，楚君熊渠"甚得江汉间民和，乃兴兵伐庸、杨粤（即扬越——笔者），至于鄂。"对于"扬越"的地望，历来就有歧说。归纳起来有以下几种：

第一，汉水中游说。罗香林氏称："楚人略地，本循汉水顺流而南，故先庸，后扬越，后至鄂。扬越界庸鄂之间，则其最早的地望当在汉水流域中部。"又说："鄂即今武昌，庸在今湖北竹山县，扬越在庸鄂之间，其地非汉水中游一带莫属。"[①]何光岳支持罗说，并具体指出："应在今沔阳、潜江一带。那里有一条洋

---

① 罗香林：《中夏系统中之百越》，独立出版社1943年版，第51、106页。

水。公安县东北有洋港,是西周晚期扬越分布之地。"①刘美崧认为,应在"今湖北秭归县西至川东奉节一带的长江沿岸,这也就是越章王的分封地"②。

第二,扬越即百越说。程思泽称:"百越又谓之扬越。"③蒙文通云:"《楚世家》所谓扬越者,即楚熊渠所封越章王之地,汉为丹阳郡,古属扬州,本有越人,故称扬越。"④蒙默先生进一步论证说:"古之所谓'扬越',实与诸书所称'百越'同义……自会稽至于交趾七八千里,古皆谓之百越,也就是扬越,其地域是相当广阔的。"并明确指出,"古代扬越的范围虽然广阔,然而罗香林氏指为'扬越'的'汉水中游',确实并不包括在内"⑤。

第三,扬越即江西豫章说。陶维英著《越南古代史》认为"扬越"即楚熊渠所封越章王之地,而越章王封地是西汉后的豫章郡⑥。

第四,认为"扬越当时棲处于今湖北汉水下游的江汉地区和湖南、江西等地"⑦。

从现有的考古资料并参照有关古文献分析,上述诸说中,笔者基本支持第四种观点。也就是说,西周文献中开始出现的扬越,虽指一定地域即江汉地区的扬越族人,但当时扬越的地望不仅包括江汉地区,而且还包括鄂东南以及湖南和江西的大片地区,其东界大体以鄱阳湖为界,鄱阳湖以南的赣北、赣西北以及赣江西岸都系古扬越族人的分布范围。

《史记·楚世家》载:当周夷王之时,楚"熊渠甚得江汉间民和,乃兴兵伐庸、杨粤,至于鄂。熊渠曰:'我蛮夷也,不与中国之号谥。'乃立其长子康为句亶王,中子红为鄂王,少子执疵为越章王,皆在江上楚蛮之地。"按,"庸"即庸国,据《左传·文公十六年》所记及杜预注,其地域在"今上庸县",即今湖北竹山县境。"伐庸",即向其西南用兵。"鄂"也即鄂国,其地域,历来主张为今湖北之鄂城和武昌一带,有的更具体说是大冶县境之鄂王城。笔者曾考证过此"鄂"国地望,认为绝不可能是鄂城或大冶县之鄂王城,而应在"江上楚蛮之地"的汉水下游

---

① 何光岳:《百越源流史》,江西教育出版社1990年版,第77页。
② 刘美崧:《试论江西古代越族的几个问题》,见《百越民族史论集》,中国社会科学出版社1982年版。
③ 程思泽:《国策地名考》卷16。
④ 蒙文通:《越史丛考》,人民出版社1983年版,第4页。
⑤ 蒙默:《扬越地域考》,见《百越民族史论丛》,广西人民出版社1985年版,第121页。
⑥ 陶维英:《越南古代史》,科学出版社1959年中译本第378页。
⑦ 傅举有:《关于湖南古代越族的几个问题》,见《百越民族史论集》,中国社会科学出版社1982年版。

第六章
商代吴城方国文明(下)

一带去寻找①,武昌县境正与之相合。唐魏王李泰《括地志》云"武昌县,鄂王旧都。今鄂王神即熊渠之子也"。此说当可信。"杨粤"(即扬越)既非地名,也非国名,而是指越民族的支系扬越。且这里称熊渠所伐的"扬越"地望,应该是距楚地较近,介于"庸"、"鄂"之间,即在汉水流域之中游。楚熊渠在对其西南的"庸"用兵之后,又挥兵南下,东进征讨与之相近的汉水中游即江汉地区的扬越人,一直进军到汉水下游的"鄂"地即武昌县境,这是顺理成章的事。熊渠在征服庸、鄂和扬越地后,即先后封长子为句亶王(今江陵),中子为鄂王(鄂国旧地,武昌境),少子为越章王,本即章王,因封在汉水中流的扬越故地,故冠之曰"越章王"。何光岳考证"建都于今安陆县的章水、章山之间"②。

必须指出的是,西周晚期熊渠所讨伐的是分布于汉水流域中游一带的"扬越",而"扬越"人并不仅仅分布于此,汉水下游的"鄂"地也是扬越的范围。从鄂东南—赣西北—赣北(鄱阳湖以南)这一广阔地区至今发现的考古学文化诸如大冶上罗村③、阳新和尚垴④、通城尧家林⑤以及九江磨盘墩、神墩⑥等代表性遗址所反映出的文化面貌,既与西周文化不尽一致,与鄂西江汉地区的楚文化也明显有别,而是一种有着浓厚地区特色的新的文化区系类型。这种非周、非楚的文化区系类型无疑就是扬越文化。也就是说,扬越分布范围的东界,大体可至鄱阳湖以南的赣江流域两岸及其以西地区。同样,从有关考古资料看⑦,整个西周时期,除湘西部分地区外,湖南的大部分也属于扬越的分布范围。

应当提出的是,地处这一地域的大冶铜绿山、阳新港下和瑞昌铜岭三大古铜矿遗址,不仅始采于商代的铜岭古矿遗址主人为扬越,就是时属西周的阳新港下和大冶铜绿山古矿遗址的主人也系扬越。从现已揭露的有关三处遗址的采冶技术来看,从露采到坑采,从采矿的方法、工具以及矿井的通风、排水、照明、提升等,都表现出大体一致性。其差异在于,井巷使用的木支护形式各有特

---

① 彭适凡:《"吴头楚尾"地带铜矿年代及其族属考》,见《江西先秦考古》,江西高校出版社1992年版,第193页。
② 何光岳:《百越源流史》,江西教育出版社1990年版,第85—94页。
③ 参见《大冶上罗村遗址试掘简报》,《江汉考古》1983年第4期。
④ 参见《阳新县和尚垴遗址调查简报》,《江汉考古》1983年第4期。
⑤ 参见李龙章《鄂东南崖穴试掘新石器时代遗址》,《江汉考古》1982年第1期。
⑥ 参见江西省文物工作队《江西九江县沙河街遗址发掘简报》,《考古学集刊》第2集,1982年;《九江神墩遗址发掘简报》,《江西历史文物》1987年第2期。
⑦ 参见吴铭生《从考古发现谈湖南古越族的概貌》,《江汉考古》1983年第4期。

点,大冶铜绿山主要流行榫卯式接头,而瑞昌铜岭和阳新港下主要盛行卡口式接头①,在采冶方法上的某些局部差异,并不足以否定长江中游带上的铜绿山—港下—铜岭三大铜矿遗址文化传统上的共性。商、西周时期,它们都被牢牢掌握在此一地域的扬越族人手中,成为古扬越人的一个重要经济支柱,也自然成为中原商周王朝和西方荆楚统治者做梦都想征服掠夺的主要对象。

有的学者主张,周夷王时,楚王熊渠"兴兵伐庸、扬越,至于鄂"的"鄂"即今之鄂州,自此长江中游的大冶铜绿山、阳新港下和瑞昌铜岭等铜矿也必落入楚人之手。实际熊渠时代,楚的征伐"至于鄂",此"鄂"在今之武昌县境,即所谓"武昌即鄂"②,尚未抵及今大冶铜绿山一带。1993年山西曲沃北赵晋侯墓地发掘的六十四号墓中出土一套八件楚公逆编钟,其上的铭刻为我们提供了极有意义的实证。铭曰:

"唯八月甲午,楚公逆祀厥先高祖考、大工、四方首。楚公逆出,求厥用祀四方首,休,多擒。鎉䗅内乡赤金九万钧,楚公逆用自作龢燮锡钟百□。楚公逆其万年用,保厥大邦,永宝。"③

据李学勤先生考释④,"鎉䗅"是人名或族名,前一字见于《说文》,今音同"钦",后一字即《说文》"蚍"字篆文本字,从"毗"从"虫",这里省去了作为声符的"比"。笔者认为,此"鎉䗅"不仅是人名,且应是这支越族人(扬越)首领的名字。"内乡"读为"纳享",意为进献。显然,铭文之意为:八月甲午这一天,楚公逆对祖先、父亲以及先世大臣和四方之神,举行用人首祭祖的庆典。为获得祭祖四方所需的首级,楚公逆出征,结果多有擒获,扬越族人首领鎉䗅只好进贡了九万钧铜,楚公逆于是用以铸造了数百件铜钟。

楚公逆,孙诒让早已考定为《史记·楚世家》的熊咢,后王国维、郭沫若都予以肯定。熊咢在位九年,即位于周宣王二十九年(前799年),卒于周宣王三十七年(前791年),距楚王熊渠已逾六世。从他即位之年算起,距熊渠弃位也已六十年。六十余年后,楚王熊咢发兵东征,才获胜利。这里需要指出,尽管熊咢东讨取得了重大胜利,但还只是迫使扬越族人妥协献铜,并未完全占领其辖地。"鎉䗅"族人虽暂时屈服,进贡了九万钧铜,说明一定还有更多的铜控制在自己手

---

① 刘诗中编著:《中国先秦铜矿》,江西人民出版社2003年版,第102—123页。
② 王国维:《观堂集林》卷第18,《王国维遗书》第3册,上海古籍书店,1983年版。
③ 参见山西省考古研究所等《侯马—曲村遗址北赵晋侯墓地第四次发掘》,《文物》1994年第8期。
④ 参见李学勤《试论楚公逆编钟》,《文物》1995年第2期。

第六章
商代吴城方国文明（下）

里,还有相当实力与周、楚抗衡。试想,楚王熊咢都尚未完全染指大冶铜绿山一带铜矿,更何况六十多年前的楚王熊渠?

此外,据《左传·昭公二十三年》载:"若敖、蚡冒至于武、文,土不过同。"周制"方百里为同"。楚王蚡冒(前757—前741年),其卒年距熊咢末年五十年,到文王(前689—前677年)时距熊咢已一百多年,正处于两周之际,这时的楚国虽自称"大邦",却不过是一个方圆百里的小国,楚王若敖、蚡冒时,还只是"筚路蓝缕,以启山林"(《左传·宣公十二年》)。当时的楚国尚只限于"江上楚蛮之地",不仅未曾征服今鄱阳湖—赣江流域及洞庭湖区的扬越,就是今鄂东大冶一带的扬越也未完全征服。

所以,商周时期的赣鄱大地上,尽管早在夏代就有"三苗"族人南来,商时期又继续有中原的虎、戈等氏族的部分移民迁徙至此,他们南来赣境后,带来夏、商先进的中原文化特别是陶范铸铜技术,他们与原住民交流融合,共同推进了赣境地区青铜铸造业的发展,促进了吴城方国的加速形成,但他们并不曾也不可能改变和吞噬掉本地固有的历史文化传统,更不可能消灭掉众多的世世代代在此生息、繁衍的土著的古越先民,也即古越民族的支系扬越人,他们是吴城方国的主要居民,是吴城文化的主体创造者。

第七章
商代万年文化

从地形地貌和水系特征来看，赣境地区以今天鄱阳湖为中心大体可以分成七大区系，即赣西北修河区、赣北湖区、赣东北饶河和信江区、赣东抚河区、赣西区、赣中区(赣江中游区)和赣南区(赣江上游区)。据前所述，商代时期，在赣江中、下游区和赣北湖区主要分布着以樟树吴城都邑遗存为代表的方国青铜文明，它是当时赣地的经济、政治、文化和礼仪中心。那么，赣境其他地区有否青铜文化？与吴城方国文明关系又是怎样？据现已发现的商周文化遗址及考古发掘资料来看，赣南甚至赣东地区的青铜文化面貌都不甚清楚，只有赣东北的饶河和信江水系，不仅发现有大批商时期的青铜文化遗址，而且从已发掘的多处典型遗址看，遗址面积大，内涵也丰富，其文化面貌虽表现出与吴城文化有某些相同，但却有着自身的浓郁特色，尤其是在日用陶器的组合和陶器制作技术上，都表现出自成一体，因最早发现的是万年县陈营镇的肖家山、送嫁山、西山等地的墓葬和中合乡的斋山遗址，过去的研究一般多称为万年类型商文化[1]，近年来，有的学者称为万年文化[2]。

---

[1] 参见李家和等《江西青铜文化类型综述》，《江西省考古学会成立大会暨学术讨论会论文集》1986年(内部)。

[2] 参见彭明瀚《赣江、鄱阳湖地区商代文化的区系类型》，《考古》2004年第3期。

第七章
商代万年文化

第一节
万年文化的分期与年代

一、分布地域

据全省三次文物普查和近年来配合基本建设的考古调查与发掘资料，赣东北地区至今已发现的商时期古文化遗址达百余处，它们多集中分布于饶河和信江两岸的河谷阶地、河口冲积平原以及近河的二级台地上，发现有商文化遗址的县市包括上饶、婺源、德兴、玉山、广丰、万年、余干、弋阳、横峰、铅山、鄱阳、鹰潭、余江、贵溪、景德镇、浮梁、乐平和都昌等。其中经试掘或发掘的有万年肖家山、送嫁山、西山的8座墓葬[1]、万年斋山遗址[2]、鹰潭角山窑场[3]、乐平高岸岭遗址[4]、玉山归圹坞遗址[5]、都昌小张家遗址[6]、浮梁燕窝山遗址[7]和婺源茅坦庄遗址[8]等(图1)。

都昌县的小张家遗址很值得注意。从该遗址出土遗迹、遗物分析，虽某些方面也有吴城文化因素，如半地穴式房基F1、F4与吴城遗址和德安石灰山的T9F2[9]完全一样；出土遗物中的锥状足弧裆型鬲与吴城1974年秋第三号探方出土的编号1的鬲基本相同[10]；几何印纹陶中的规整云雷纹、圆窝纹及其风格等也

---

[1] 参见江西省文物管理委员会《江西万年县古文化遗址调查记》，《考古》1960年第10期；《一九六一年江西万年遗址的调查和墓葬清理》，《考古》1962年第4期。
[2] 参见江西省文物工作队等《江西万年类型商文化遗址调查》，《东南文化》1989年第4、5期。
[3] 参见江西省文物考古所等《江西鹰潭角山窑址试掘简报》，《华夏考古》1990年第1期；李荣华等：《鹰潭角山发现大型商代窑址》，《中国文物报》2001年3月21日。
[4] 参见乐平县文物陈列室《乐平县试掘高岸岭遗址》，《江西历史文物》1981年第1期。
[5] 参见江西省文物考古研究所等《玉山双明地区考古调查与试掘》，《南方文物》1994年第3期。
[6] 参见江西省文物考古研究所等《江西都昌小张家商遗址发掘简报》，《南方文物》1999年第3期。
[7] 参见杨军《江西省浮梁县东流燕窝山商周遗址发掘》，《中国考古学年鉴》(2005年)，文物出版社。
[8] 参见江西省文物考古研究所等《江西婺源县茅坦庄遗址商代文化遗存发掘简报》，《南方文物》2006年第1期。
[9] 参见江西省文物考古研究所等《江西德安石灰山商代遗址试掘》，《东南文化》1989年第4、5期。
[10] 参见江西省博物馆等《江西清江吴城商代遗址发掘简报》，《文物》1975年第7期。

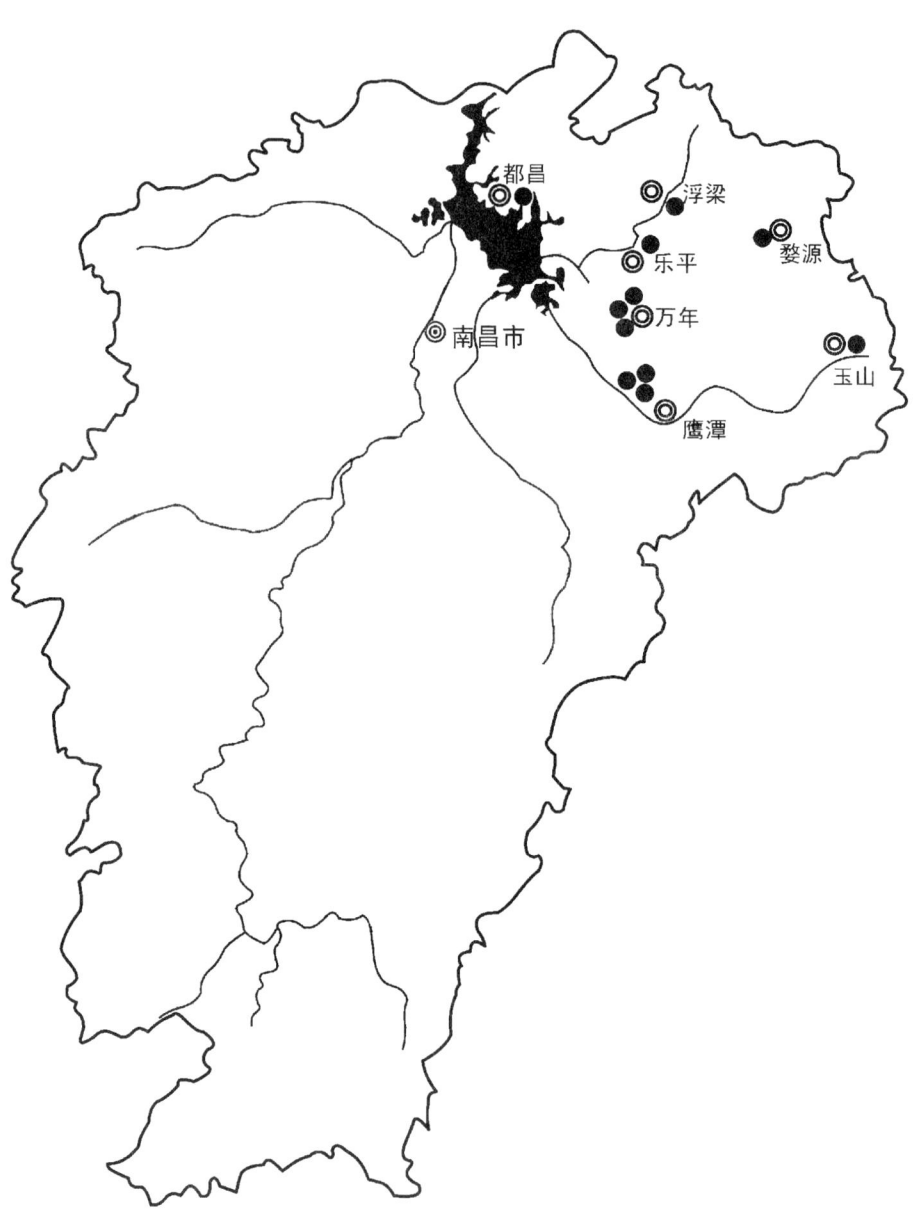

图1 万年文化已发掘主要遗址分布图

第七章
商代万年文化

多与吴城文化相近，但从小张家遗址所出土文化遗物所反映出的主体文化面貌看，无疑应归属于万年类型文化，如以甗形器、鼎为主要炊器，器形以圜底器和三足器为主，罐肩部流行单圆饼或双圆饼装饰风格与万年肖家山、斋山等地的风格完全相同，等等。小张家遗址地处鄱阳湖北岸，北与彭泽、湖口相邻，西与西北界星子和九江市，素来我们都认为赣北地区是中原夏商文化南下的必经通道，因而受中原商文化影响最为强烈，文化性质也多归属吴城文化，但是，小张家遗址发掘恰恰证明，商时期的万年文化不仅仅局限于赣东北地区，而且其影响力一直扩展至赣北地段，与吴城文化有可能呈交叉插花之势。

有的学者通过对抚州市西郊豺狗包、鱼骨山、雷劈石、棋盘垴、羊角坡等商代遗址的调查①，认定该批遗址同属万年类型商文化范畴，也就是说，万年文化的南界已达赣东抚河地区。从该批遗址采集的遗物判断，其陶器特别是几何印纹硬陶的器类和作风，诸如甗形器、盔形钵、敞口钵、敛口钵、筒形钵、带把捏流平底钵、三足盘等，确与万年文化中角山窑址出土的相近；在印纹陶纹饰和装饰方法上也与万年文化有诸多相同之处：如一些罐上先拍印上云雷纹，再在其上压锯齿状线纹，使云雷纹痕深，表面粗糙给人以不清晰之感；在一些罐沿及钵、盂类器内外，普遍有轮旋纹，在器物口沿及底部，往往有刻画符号等。但是，综观这批遗址所采集的遗物，有一点值得我们特别注意，那就是该批陶瓷器的器类和作风上，虽没有鬲等炊器，但诸如侈口束颈尊、直口高领尊、折肩尊、折肩罐、圆腹罐、折腹罐、深腹盆和模制马鞍形陶刀等，都与西部吴城文化的同类器相同或相近，特别是较流行折肩和圜凹底作风更接近于吴城文化，而有别于万年文化，说明吴城方国文明对东部抚河地区的强大影响力。联系到早年我们在临川地区发现的如横山遗址，河西一、二号遗址，青泥脊山遗址等②，都表现出两种青铜文化因素兼有的情况，甚至有的遗址还更多地表现出与吴城文化相同的因素，如有的马鞍形陶刀的两侧分别刻画叶脉纹符记以及部分陶罐口沿内刻画有"↑"、"〰"一类文字符号等，笔者认为，从目前仅有的调查资料看，赣东抚河地区是吴城方国文明与万年文化的交会地区，或如赣北湖区一样，是两支青铜文化交叉插花之地，在未曾大规模发掘有典型遗址并出土有大量遗物确证之前，暂不宜将赣东抚河区划属万年文化范畴。

---

① 参见江西省文物工作队《江西抚州市西郊商代遗址调查》，《考古》1990年第2期。
② 参见江西省文物管理委员会《江西临川新石器时代遗址调查简报》，《考古》1964年第4期；临川县文物管理所《江西临川县古文化遗址调查简报》，《江西文物》1989年第3期。

二、分期与年代

前已述及,万年类型商文化遗址最早是在上世纪60年代发现的,自80年代初发掘鹰潭角山窑场后,有的学者就进行深入比较研究,指出角山窑场属万年类型商文化,并将其分出早晚两段,即万年肖家山等墓葬和斋山遗址为早段,角山窑场为晚段,并对两段出土遗物特征作了详细分析①。此后,随着考古工作的广泛深入开展,经过科学发掘的万年类型商文化遗址日趋增多,1998年发掘的都昌县小张家遗址②,是一处面积达2万平方米、地层堆积为2.5米、文化遗迹、遗物较为丰富的山坡遗址,通过精心发掘,不仅证实其文化内涵属万年文化范畴,而且根据遗迹的相互迭压关系和陶器的演变组合,将其分为早(第一期)、晚(第二期)两期。2004年冬到2005年春,婺源县茅坦庄③和浮梁县燕窝山遗址④的发掘,是多年来赣东北地区第一次较大规模的科学发掘,发掘的收获大大丰富了万年商代文化的内涵。浮梁县湘湖燕窝山遗址,是景德镇东郊一处重要的商周遗址,它有着从商代中期至西周早、中期再到西周晚期和春秋四个时期的堆积,出土完整和可复原器物达130余件,陶质分夹砂、泥质和原始瓷三类,有大量几何印纹硬陶,从最下层第一期的灰坑H1、H13出土的陶器造型及纹饰作风看,当属万年文化范畴。婺源茅坦庄遗址系较单一的商文化遗存,清理的遗迹有灰坑、灰沟和半地穴房基三类,出土大批文化遗物,仅完整和可复原的陶器就有100余件。从这批陶器的器类和几何印纹陶纹饰作风看当与万年文化大体一致,但观其某些文化特征和陶器装饰手法的相对原始来看,其年代似要比万年肖家山墓葬和斋山遗址略早。为此,根据近年来上述一些考古新发现,我们拟将赣东北饶河、信江水系的万年商文化分为早、中、晚三期,并对三期的文化特征和相对年代作一初步分析和推论。

第一期。以婺源茅坦庄遗址为代表。目前也仅发现这一处。

出土石质生产工具有平面呈长方形、梯形有段石锛和常形石锛,有的锛背

---

① 参见李家和等《江西万年类型商文化研究》,《东南文化》1990年第3期。
② 参见江西省文物考古研究所《江西都昌小张家商代遗址发掘简报》,《南方文物》1999年第3期。
③ 参见江西省文物考古研究所《江西婺源县茅坦庄遗址商代文化遗存发掘简报》,《南方文物》2006年第1期。
④ 正式发掘报告尚未发表,只在《中国考古学年鉴》(2005)见有一简讯。有关材料承燕窝山遗址发掘主持人杨军先生热情提供。

第七章
商代万年文化

微弧,还有双肩石铲和平面呈圆形、半圆形、梯形、长条形的各类石刀等,联系到出土一件瓢形器的口部发现有数百粒碳化的稻米,表明该地区商时期已有相当发达的稻作农业经济。同时,石镞和石网坠的大量出土,又反映出渔猎经济在当时的经济生活中仍占有重要地位。

陶器的陶质陶色以夹灰硬陶和泥灰硬陶的数量最多,约占整个出土陶片的70%以上,少见釉陶,不见原始瓷,尚有一定数量的黑衣陶。器类有瓢形器、钵、釜、鼎、盆、瓮、缸、桶、罐、鬶(报告称斝)、纺轮、网坠、支座等,以罐(高颈罐、矮颈罐、束颈罐)、钵(敛形钵、直腹圜底钵、直腹平底钵、束颈钵、折肩钵、带把钵)、桶和瓢形器的数量最多(图2)。带耳器和带环器特别是用泥团捏成外凸的捏手将其粘贴在器物口沿边缘以及立耳的作风非常盛行。耳均为内附耳。几何印纹陶纹样有云雷纹、水波纹、席纹、绳纹、方格纹、篮纹、叶脉纹和一些组合纹饰,以叶脉纹、席纹和绳纹最为普遍。

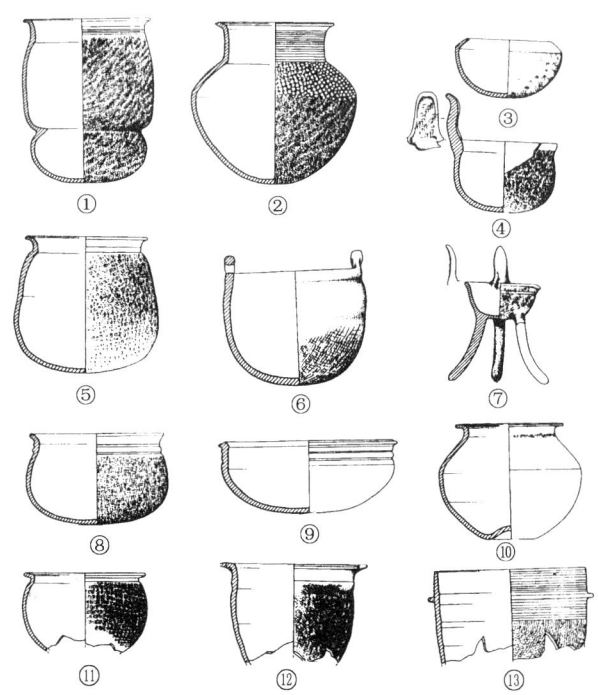

图 2 万年文化第一期陶器
①瓢形器 ②高颈罐 ③敛口钵 ④带把钵 ⑤釜 ⑥双环桶 ⑦带把鼎
⑧束颈罐 ⑨圜底钵 ⑩矮颈罐 ⑪束颈罐 ⑫捏手深腹盆 ⑬缸

此期的年代,约在商代早、中期,相当于郑州二里岗上下层之际,也即相当于赣江中下游地区吴城文化一期的早、中段。

第二期。可以万年肖家山等墓葬、斋山遗址、都昌小张家遗址第一期和浮梁燕窝山遗址第一期为代表。乐平高岸岭遗址似也可归入此期。

石质生产工具有长条形弧刃石斧、有段石锛、常形锛(其中有背微弧者)、长方体铲、长方形弓背三孔和马鞍形双孔石刀、扁菱形石镞和石钻等。陶质生产工具和兵器有长方形或马鞍形刀、长方形印章式带纹拍、蘑菇状陶垫、靴形支座、梯形和算珠形纺轮以及双肩弧刃穿孔仿铜钺(系明器)等。

陶器的陶质陶色以泥质或夹砂质的灰色硬陶为多,红陶少见,尚有少量釉陶和原始瓷器。器类主要有甑形器、鬶(原报告称斝)、鼎、釜、罐、缸、瓮、三足盘、豆、钵、盂、杯、器盖、碗等,以罐(包括大口罐、高颈罐、矮颈罐)、钵(有盆形钵、敛口钵、带把钵)和甑形器为大宗(图3)。陶瓷器上装饰纹样以云雷纹、凸方

图3 万年文化第二期陶器
①②附耳甑形器 ③甑形器 ④高颈罐 ⑤带角状把手鼎 ⑥⑮溜肩圆腹罐
⑦⑧鬶 ⑨垂腹罐 ⑩大口罐 ⑪带把钵 ⑫盂 ⑬钵 ⑭缸 ⑯陶钺

第七章
商代万年文化

点纹和凸圆点纹最为多见,此外,尚有绳纹、篮纹、方格纹、席纹、曲折纹、叶脉纹和菱形纹等。最富特色的是在罐肩部,广为流行蝶形纽和握拳形纽(或称爪形纽),蝶纽多用小型单圆饼或双圆饼粘贴成,有的往往粘贴于环纽两端,既起装饰作用,又使纽更加固定。此期的陶瓷器上,开始发现有在一些罐、钵、瓮的颈、肩或口沿或底部刻画有不同的符号,据统计总数近30个,这些刻符应是计数或标记性质的符号。

此期的年代,约当商代中期或略偏晚,即相当于郑州二里岗上层二期到殷墟一期,也即相当于吴城文化一期的晚段到二期的早、中段。

第三期。可以鹰潭角山窑址群(包括角山、板栗山和童家山)、都昌小张家遗址第二期为代表。

石质工具有斧、有段锛和常形锛、铲、长方形和马鞍形石刀、石矛、石镞和石网坠等。都昌小张家遗址第二期文化中出土一件原始瓷质的"牛"塑品,带褐釉,尾部及腿虽残,但仍形态逼真(图4),这是至今江西境内发现最早的"牛塑"艺术品,它让人们有理由相信,"牛"已是当时人们饲养的一种牲畜,甚至有可能在稻作农业经济活动中不同程度地开始使用牛耕。角山因系窑场,故出土大量陶质制陶工具(图5),主要有支座、花纹陶拍和陶垫等,支座均为圆柱状体,有的顶端呈猪头状,有的在上部一侧按半环形把手,有的则在两侧施以捏窝,有的一侧斜削出一平面,以便于置放陶器。陶拍有长把扁长方体和锥体伞形两种。陶垫均为蘑菇形。

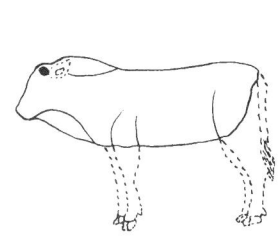

图4 原始瓷质"牛"塑品

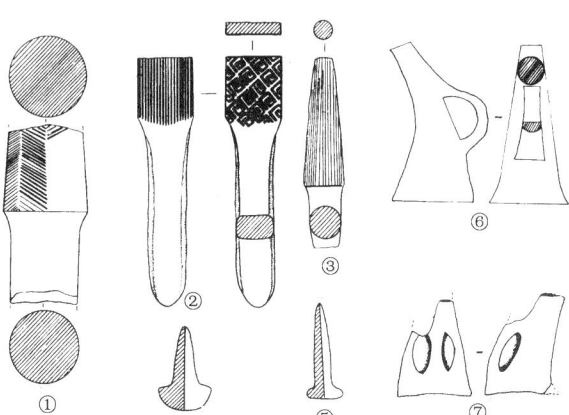

图5 万年文化制陶工具(角山)
①③伞状陶拍 ②扁长方形陶拍
④⑤陶垫 ⑥⑦陶支座

陶器质料有灰色硬陶和红陶,两者各占一半左右,尚有一定数量的釉陶和原始瓷(图6)。器类主要有甗形器、鼎、鬶(原称斝)、罐、爵、壶、瓮、尊、豆、三足盘、带把钵、盉、把杯、大口缸和器盖等,以罐(大口罐、圆腹罐、长颈罐、中颈罐、矮颈罐)、三足盘和钵(盔形钵、敛口钵、带把钵、提梁钵)为大宗。综观整个陶瓷群流行三足器和圜底器,少见平底器。陶器装饰纹样以云雷纹和篮纹及其组合纹最为多见,其他尚有方格纹、菱形纹、曲折纹、席纹、叶脉纹、绳纹、轮旋纹和漩涡纹等,开始出现少量S形纹,尚未发现有第二期万年斋山遗址中那种常见的凸方点和凸圆点纹。

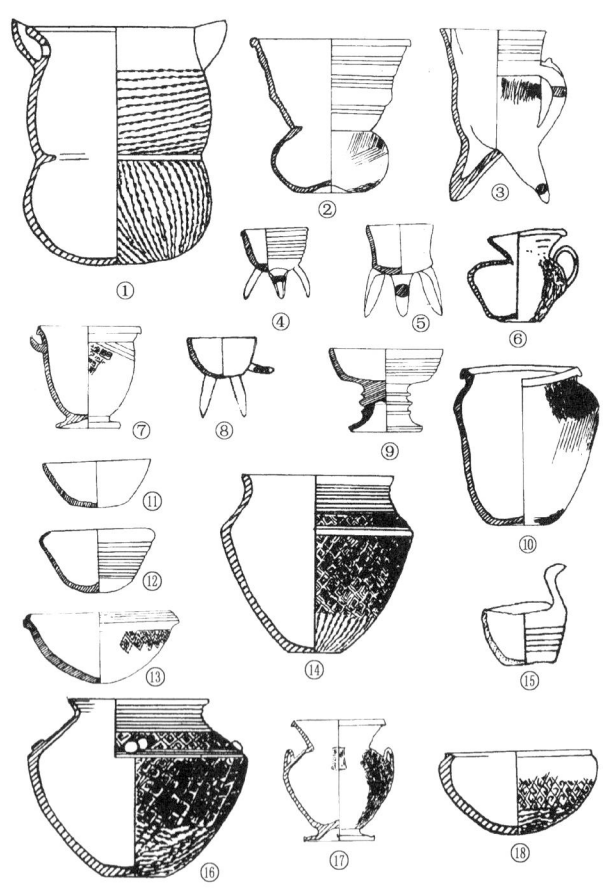

图6　万年文化第三期陶器
①带附耳甗形器　②甗形器　③鬶　④⑤钵形鼎　⑥带把罐　⑦尊　⑧带把鼎
⑨豆　⑩瓮　⑪⑫⑬钵　⑭侈口折肩罐　⑮带把钵　⑯敞口折肩罐　⑰四系壶　⑱钵

第七章
商代万年文化

此期的陶瓷器和制陶工具上特别流行用指甲或竹、木硬器刻画各种陶符,据初步统计,仅角山窑址四次发掘就发现了2500余个个体,近250种,其数量之多,是国内商时期遗存中罕见的。这些刻符多是陶工们急就之作①,其内容绝大部分为表数类,即记数符号,尚有一些是标记名号类,即指陶工或制陶家族、氏族使用的专门标记名号,只有极少数是文字符号类,类同于吴城文化中的陶文和石刻文字,如"↓""廿""十"或"乂""屮""乄"等,显然是受到吴城方国文明影响的结果。特别值得提出的是,据有的学者比较研究②,角山的这些大量记数法采用的是用五基数进位,其最基本的记数符号为")"和"丫",")"代表1,"丫"代表5,然后用累加方法重复使用基本符号,即如")))丫"为9,两个"丫"即为10。商周时期,黄河流域早已广泛使用十进位值记数法,而在万年文化中却使用着含有初步位值概念的五进制记数符号,也是至今世界上所知最早的之一,它的发现无疑为中华文化增添了新的光彩。

此期的年代,约当商代晚期,即相当于殷墟二、三、四期,相当于吴城文化的二期晚段到第三期。

上述万年文化的三期,其总的文化面貌是一致的,而且基本是一脉相承连续发展着的,只是由于时代的早晚,加以又处于不同的地域,因而在某些文化特征上反映出发展演变过程及其少许差异:

首先,从广泛使用的陶瓷器器类来说,一期中常见的双环桶,到二、三期基本不见;那种豆形器,一期基本不见,二期开始少量出现,到第三期广为盛行,且形式有竹节形豆把、高喇叭形豆把和矮喇叭形豆座多种;三足盘在一期不见,二期开始出现,到三期则较多发现。

其次,从某些器类的发展变化来看,其演变轨迹清楚,如以主要的炊器甗形器为例,一期的甗形器,都为侈口,上腹较直深,有的腹虽稍鼓但基本仍较深,均束腰,圜底,有的带内附耳;二期的甗形器,多为敞口,斜直腹,腹也较深,束腰,圜底,也有内环耳和带外包耳的;三期的甗形器,进一步演变成大敞口,虽也斜直腹较深,但束腰下多为扁圆体,且由圜底多变为圜凹底。再以带把鼎为例,一期的为侈口,浅斜腹,圜底,三足细高稍外撇,把立于口沿;二期的为敞口,深斜腹,圜底,三足较短且外撇,壶嘴形或扁平形把手已从口沿下移至腹侧;三期的为侈口,浅弧腹,圜平底,三锥足更外张,特别是把手更往下移,有的

---

① 参见李家和等《角山刻画符号初步研讨》,《江西历史文物》1987年第2期。
② 参见廖根深《角山商代记数符号分组研究》,《江西历史文物》1987年第2期。

甚至下移到腹下部。

第三，在陶瓷器外表装饰作风上，虽然三期的几何形印纹陶纹样种类都较多，但一期广为流行的是叶脉纹、席纹、绳纹和篮纹等；二期更多见的是云雷纹、凸方点纹和凸圆点纹；三期则以云雷纹、篮纹、绳纹及其组合纹运用最普遍，很少见凸方点和凸圆点纹。在一期的装饰手法上，给人感觉是显得较为原始，如特别流行用泥团捏成外凸的捉手然后粘贴在器物的口沿，同时，还有较多的立耳作风，这似应是往后二、三期即万年和角山遗址出现较多的带把器和把手下移的先声；二期比之一期不仅出现有较多的带把器，且把手普遍下移，而且在罐肩部开始广为盛行用单圆饼或双圆饼粘贴成的蝶形纽以及握拳纽作风；到三期时，带把器比之二期又大为增多，但罐肩部的蝶形纽和握拳形纽已开始不见或少见。

第四，在陶瓷器的质地上，虽三期都基本以泥质或夹砂质的灰色硬陶为主，但细分类尚有少许区别，如一期就尚有一些黑衣陶，二、三期则基本不见，特别是，一期只见到一、二片釉陶，至今尚未发现有原始瓷；二期开始出现少量原始瓷和釉陶，到三期时，釉陶和原始瓷的数量明显增多，当然比之吴城文化，不仅数量要少，质量也要差。

第五，陶瓷器上发现大量刻符，是万年类型文化的一个重要特征，但三期的发展演变也是明显的，一期至今基本尚未发现，二期开始出现，而到三期时，不仅发现的数量大增至2500余个，而且不同的刻符达250余种，有少数还粗具形、声、义的刻画文字。

第二节
万年文化与邻近考古学文化关系

据前所述，万年文化是商时期分布于赣东北饶河、信江水系的一支土著青铜文化，从已揭示的相关考古资料看，它又不是孤立的，它与周边邻近地区的考古学文化有着不同程度的交流和影响，尤其与赣江中下游地区的吴城方国文明有着更为密切的关系和文化交流。

第七章
商代万年文化

一、与吴城文化的关系

通过前述万年类型商文化诸特征的分析,使我们清楚看到,万年文化是商时期在赣东北地区与吴城文化并行发展着的另一支土著青铜文化,它与吴城文化有着鲜明的不同特色:

首先,从日常生活中广泛使用的陶瓷器来看,陶器的组合就明显有别,万年文化的陶器组合是甗形器、鬶,各种高颈与矮颈的溜肩罐、圆肩罐、圆腹罐、筒腹罐、圜底瓮、带棱座豆、盉形钵、带把钵、带把杯和盂、三足盘、支座等,不见吴城文化中常见的鬲、袋足鬶、假腹豆、折肩尊等;吴城文化的陶器组合则是鬲、袋足鬶、假腹豆、小口折肩罐、大口折肩尊、折肩瓮和伞状器盖等,不见万年文化中多见的带把器和三足盘、支座等。陶瓷的质地,万年文化特别到三期阶段,主要有灰色硬陶,尚有一些釉陶和原始瓷器;吴城文化除以灰陶为主外,尚有一定数量的红陶、黑衣陶、硬陶,釉陶和原始瓷虽在各期中逐渐增加,但总的要比万年文化为多,且釉色更青,质量更好。在制陶工艺上,虽然当时慢轮拉坯成型工艺已被广泛使用,但在运用程度和具体操作上,两者并不相同,以最多见的罐类器为例,万年文化多是慢轮拉坯一次成型,故口颈部分普遍留有密集的轮旋纹,且多为溜肩、圆肩、圆腹和筒腹的作风;吴城文化则多采用分别成型,然后再将肩、腹部粘接成一体,故多形成折肩或折腹的作风,为遮掩粘接之痕,往往又在粘接处上下再戳印一周圆圈纹或圈点纹,既增强美感又使折肩更为突出。几何印纹陶器是两支文化普遍共有的,但也存在一定差异,万年文化中的几何印纹陶特别是硬陶相对较多,几何印纹的纹样种类却较少,且印痕一般较深,也较错乱,给人是一种粗犷之美(图7);吴城文化中的几何印纹陶总的数量虽相对较少,但几何形的纹样种类则丰富繁杂,且印纹规整,印痕较浅,给人则是一种纤秀之美。两者印纹陶的这种不同特点,无疑是和其不同的印纹陶制作工艺有关。万年文化用来拍打纹饰的陶拍有带长把的扁平长方体、长方形印章式和圆锥伞状体三种,且印痕普遍较深,加以用弧度较大的蘑菇形陶垫,这样拍印出来的器表纹饰自然显得印痕深的外观效果,器内壁则留下一个个圆形垫窝痕,又省去用手抹平这道工序,故必然凹凸不平,胎壁厚薄不均;吴城文化采用的多是弧度较小的三角形、扁管状和中空圆锥状陶垫,故而器内壁一般较平整,器壁厚薄也较均匀,即或偶尔用蘑菇形陶垫,也多用手将其抹平。吴城文化至今尚未发现带几何印纹的陶拍,但想来其印模纹饰一定纤细规整且

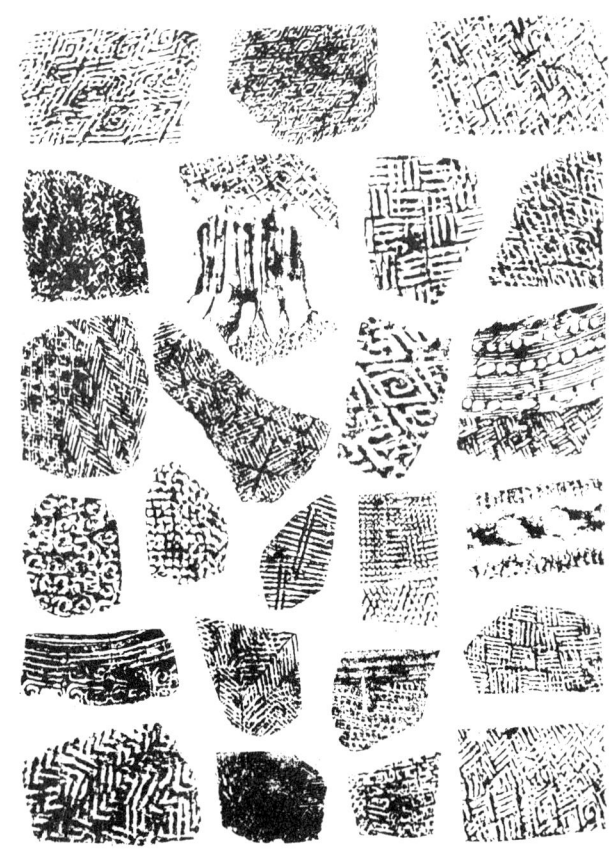

图7　万年文化二期部分陶器纹样

刻痕较浅。以上这些,都足以说明,无论是陶土的选炼或加工技术、快轮制陶技术的发达程度,抑或印纹陶的装饰制作技法、釉陶和原始瓷的烧制技术以及窑炉的形制结构等,吴城文化都比万年文化更趋先进。

其次,从当时先进生产力青铜铸造技术水平看,万年文化至今只出土有一两件商式铜鼎和仿铜陶钺,虽在乐平高岸岭遗址出土过石范,说明有可能会铸造简易的兵器或工具之类,但其青铜铸造工艺水平的落后和不发达是显而易见的;吴城文化则不然,从出土有大量铸造工具和武器的石范和青铜容器来看,说明其青铜铸造工艺水平已相当发达。再联系到吴城遗址已发现有大规模的商代城墙,城区内又分别发现有居民区、铸铜作坊区、冶陶区以及祭祀礼仪广场等遗址,这些又都有力证明这是商时期在长江以南地区最先建立起的一

第七章
商代万年文化

个方国文明,而吴城城址正是这一方国文明经济、政治和礼仪的中心,也就是说是一都邑遗存。

人们或许要问,赣江中下游的吴城文化与赣东北的万年文化,同处于长江中游南岸,都在一个大的地理单元内,为什么文明化进程竟出现如此差异?我们认为,一个最主要原因就是因为赣江中下游自远古以来就是中原通往岭南地区的重要之途,夏、商文化的南渐,最先也就在这一地区,从而促使了此一地区原始氏族制的最早解体,加快了其文明发展进程,给吴城文化打上深厚的商殷文化烙印,而地处赣东北的万年文化,偏离南北主要通道较远,受到中原商殷文化的影响较小,自然烙印也就较浅,更多的是保留着自身固有的土著文化传统,因而文明化程度比之吴城文化低下那就不足为怪了。

当然,尽管两支文化有其鲜明差异,文明化程度也相距较大,但这并不排除它们之间尚有其密切往来和交流,在文化面貌上也曾表现出某些共性,特别是由于商周时期,古彭蠡泽尚在江北,今之鄱阳湖水面仍是辽阔的□阳平原,故从当时的地貌和地形考察,也不足以阻挡和影响吴城文化与万年文化之间的交流,突出的表现是,两支青铜文化中都有着丰富的几何形印纹陶器,万年文化中那种常见的瓿形器和带蝶形钮、握拳形纽的高颈罐、圆肩罐、溜肩瓮、钵等装饰风格的印纹硬陶器,几可在吴城文化的所有遗址中都可见到。1986年,在吴城城址郊外茶树林发掘的一号墓中[①],出土可辨明的陶瓷器达21件之多,其中属吴城文化体系的有袋足鬲、大口尊、直口尊、罐、仿铜圆陶鼎、假腹豆、盘等计16件,而属万年文化体系的则有瓿形器、饰凸方点纹罐等5件,竟占到整座墓葬出土陶器的24%,这虽是一座型墓葬的情况,但亦可窥见其一斑。

两支青铜文化之所以表现出这样或那样一些共性,我们认为,其根本原因是创造两支青铜文化的主体居民都应是古先越族人,它们有着共同的文化传统,但又由于古先越族群很古以来就支系繁杂,正如前面第三、第六章所分析的那样,创造赣江中下游地区新石器时代晚期的筑卫城文化和商殷时期吴城方国文明的主体居民是古先越族群的一支扬越人;而创造赣东北地区新石器时代晚期的广丰社山头文化和商殷时期万年文化的主体居民则应是古先越族群的另一支干越人。

[①] 参见江西省文物工作队等《清江吴城遗址第六次发掘的主要收获》,《江西历史文物》1987年第2期。

二、与周边诸考古学文化关系

江西地区与江浙地区和闽江流域的文化联系,远在新石器时代晚期就已开始,不仅如广丰社山头文化,就是地处赣西北的山背文化和赣江中下游的筑卫城文化都与东方的良渚文化和闽江下游的昙石山文化有着一定的交往和联系。商周时期,万年文化所处的赣东北地区,其北部分布的青铜文化是以宁镇、江淮之间和皖南为范围的点将台——湖熟文化[1];其东部太湖地区继良渚文化之后的青铜文化是马桥文化[2]和浙江地区的高祭台类型文化[3];东南部的闽江上下游地区的青铜文化是白主段类型[4]和黄土仑类型文化[5]。据现有考古资料分析,周边的这些青铜文化,虽都在不同程度上受到夏商文化和东方岳石文化等的影响和浸润,但它们都是在各自相对独立的地理单元内,在自身固有的新石器时代晚期文化基础上孕育和发展起来的。万年文化与邻近周边诸青铜文化,自然有着广泛的联系与交流。

据现已发现的考古资料证实[6],北部的点将台——湖熟文化的具体分布范围是,东至江苏武进孟河,西抵皖南九华山以东,北临与宁镇山脉相对峙的江北蜀岗丘陵地带,南至天目山、黄山以北。而属万年文化第一期的婺源茅坦庄遗址东北距黄山仅百余里,该遗存中的圜凹底矮领罐、盔形钵、带把折肩钵就与湖熟文化二期的同类器相近[7]。以鹰潭角山窑场为代表的万年文化第三期阶段,大量的带把器、带鋬器,如带把鼎、带把罐、带把钵、带鋬尊和提梁钵等,虽有的是渊源于茅坦庄一期文化并在此基础上发展演变而来,但也不排除有的是受到湖熟文化三期陶器作风的影响。

---

[1] 参见张敏《宁镇地区青铜文化研究》,见《长江流域青铜文化研究》,科学出版社2002年版,第252—277页。
[2] 参见宋建《马桥文化的编年研究》,见《长江流域青铜文化研究》,科学出版社2002年版,第305—320页。
[3] 参见牟永抗《高祭台类型初析》,见《浙江省文物考古研究所学刊》,科学出版社1993年版,第7—15页。
[4] 参见林公务《福建光泽先秦陶器群的研究——兼论"白主段类型"》,《东南考古研究》第3辑,厦门大学出版社2003年版,第177—192页。
[5] 参见福建省博物馆《福建闽侯黄土仑遗址发掘简报》,《文物》1984年第4期。
[6] 参见刘建国等《论湖熟文化分期》,《东南文化》1989年第1期。
[7] 邹厚本主编:《江苏考古五十年》,南京出版社2000年版。

第七章
商代万年文化

长江下游太湖地区的上海马桥青铜文化，和以鬲、鼎为主要炊器的湖熟文化不同，它是以鼎和袋足甗为主要炊器的，但万年文化中的某些器形如圜凹底的矮领罐、微凹底高领罐、盔形钵、三足盘、深腹盆和捉手器盖等都与上海马桥四层出土的同类器相似。①婺源茅坦庄遗址出土的三细长外撇足浅腹带把鼎，除带把特征外，与上海金山亭林中层出土的很是一致（原报告称三足盘）②。太湖地区南岸浙江地区的马桥文化分布情况尚不十分清楚，有的学者早年曾指出江山肩头弄二、三单元是以几何印纹硬陶为代表的一种青铜文化③，后来在进一步考古发掘基础上，又认定淳安进贤高祭台遗址是一种青铜时代文化类型④，引人注意的是，在高祭台遗址出土的甲种原始瓷罐的肩部，也发现有三组成双配置的小泥饼装饰，这无疑和万年文化二期盛行的蝶形纽作风有着相通关系。在高祭台类型乙类原始瓷的装饰上，甲类上那种成双配置的小泥饼装饰已演变成更多的S形堆饰，这又和万年文化三期即鹰潭角山的陶瓷器作风类同。

赣东北古余汗（干）地区是古代中原通往东南沿海地区的重要通道，秦始皇统一中国后，曾发五十万大军分五路征略岭南，其中第五路就是所谓"结馀汗之水"⑤。这条古道，远从新石器时代就已开辟，到商周时期，尤显得重要。从目前江西地区的吴城文化和万年文化与周邻的湖熟文化、马桥文化等关系来看，似与东南部闽江流域的关系更为密切，文化上相互交流和影响的因素也表现得更为突出。据福建考古学者的研究⑥，至今分布在闽江上下游的青铜文化主要有两个类型，一个是以闽西北山区光泽白主段墓葬为代表的白主段类型文化；一个是闽江下游以闽侯黄土仑墓葬为代表的黄土仑类型文化，两个类型青铜文化都大体分为早、晚两个发展阶段，其中早期阶段都相当于商代中晚期，基本都是以甗形器为主要炊器的青铜文化，它们的陶器群中，有的都可在西边

---

① 参见上海市文物管理委员会《上海马桥遗址第一、二次发掘》，《考古学报》1978年第1期。《马桥1993—1997年发掘报告》，上海书画出版社2002年版。
② 参见孙维昌《上海市金山县查山和亭林遗址试掘》，《南方文物》1997年第3期。
③ 参见牟永抗等《江山县南区古遗址墓葬调查试掘》，《浙江省文物考古所学刊》，文物出版社1981年。
④ 参见牟永抗《高祭台类型初析》，《浙江省文物考古研究所学刊》，科学出版社1993年版，第7—15页。
⑤ 《淮南子·人间训》。
⑥ 参见林公务《福建境内史前文化区系类型初论》，《跋涉集》，北京图书馆出版社1998年版，第98—113页。

的万年文化和吴城文化中找到其相同或相似器,以光泽池湖遗址出土物为例①,这是近年来福建发掘的一处最重要也最典型的白主段类型遗址,其中1式甗形器明显类同于万年文化二期墓葬出土的,Ⅱ式甗形器、Ⅱ式鼎(或称盘形鼎)、圆腹罐、长腹罐、Ⅰ式三足盘、Ⅱ式壶、折肩尊、器盖等(图8)都与鹰潭角山窑场出土的同类器相近,有的同样见于吴城文化的二、三期。此外,在陶系上普遍以夹砂或泥质的灰色硬陶器为主,且大部分是几何形印纹硬陶,其快轮制陶技术和陶瓷器的种类、装饰风格及至在陶器上刻画记数符号等诸方面,都表现出与万年文化有较多的相类似,说明商周时期,它们之间应同属于一个大的文化区系,即先越民族区,也即后来所称的百越文化区。

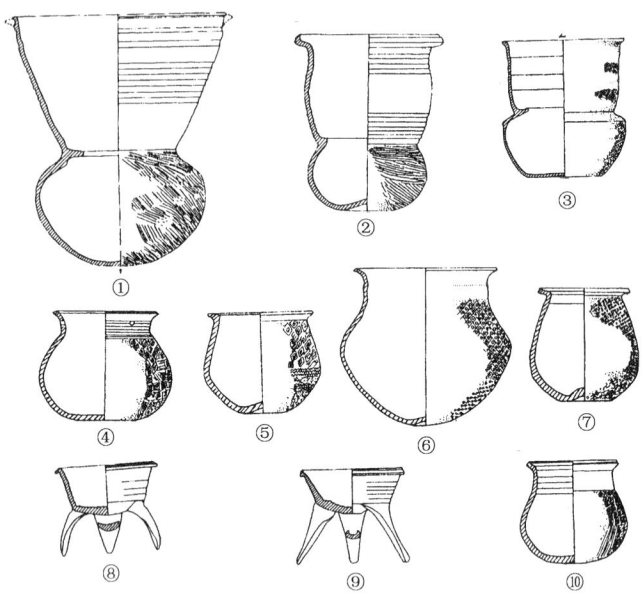

图8 闽西北商文化白主段类型陶器举例
①②③甗形器 ④⑤⑥圆腹罐
⑦⑩长腹罐 ⑧⑨盆形鼎

---

① 参见福建博物院《福建光泽池湖商周遗址及墓葬》,《东南考古研究》,第3辑,厦门大学出版社2003年版,第1—28页。

第八章

西周时期中央王朝对赣境地区的影响和统治

公元前1046年,周武王率军大举东征,并在商殷奴隶们的"前徒倒戈"配合下,经过牧野之战,终于推翻商朝,建立起周王朝。周朝王都在今陕西西安附近的镐京;后又在今天河南洛阳建立起第二个王都,统称洛邑。在周平王以前,周的都城先后在丰、镐,都在洛邑之西,故史称西周。西周的统治中心依然在北方,重要封国有卫、鲁、齐、宋、晋、燕等,但统治范围已逐渐扩展至长江以南地区。

西周时期的江西,从吴城都邑遗址的形成、兴盛和衰败的历史看,恰恰也就在商代晚期或西周初年,由于殷纣王的自焚国亡,吴城方国都邑也在一次空前的攻城战中而衰落下来,其原因至今我们还无法知晓。但北方周人的政治力量在西周初年即已扩及赣北甚至赣中地区那是肯定无疑的。新干中棱水库坝基上的所谓"列鼎"墓葬,虽时代有可能推前至商代晚期[1],但从牛头城其遗址本身所表现出强烈的西周文化因素看,诚如我们当年所推测的那样"这一地区很可能是西周的一个方国"[2]。如果这一推定无误的话,是否吴城的政治、经济、文化的中心地位已转移到牛头城,吴城方国被牛头城方国所取代,当然,这些都寄希望于今后大量的考古工作和新材料来证实。这里,我们只能依据一些考古资料,拟对西周时期赣江流域的文化面貌作一初步分期和分析。

---

[1] 参见李朝远《江西中棱青铜器的新认识》,见高崇文、安田喜宪主编:《长江流域青铜文化研究》,科学出版社2002年版,第216—224页。

[2] 参见彭适凡《"吴头楚尾"辨析》,见《江西先秦考古》,江西高校出版社1992年版,第268—279页。

第一节
西周文化遗址及分期

两周时期的文化遗存[①],江西境内分布密集,至今已发掘或经调查试掘确定较为重要的,有南昌市青山湖台山嘴、安义县铜锣山、九江县神墩、磨盘墩、湖口县下石钟山、永修县梅棠曲尺塘、临川县河东大塘山、茶子山与丁家山、清江县筑卫城、樊城堆上层和彭家山、新干县牛头城和赵家山、万年县雷坛、铅山县曹家墩、萍乡市彭高、赤山和宣风河下、靖安县高湖、蔡家山、高安县消水洞、定南县历市镇北山、进贤县寨子峡等等。现根据发掘或调查的出土物,试作如下分期。

一、西周早期遗址

以湖口县下石钟山、萍乡市宣风河下及九江县神墩遗址及樟树山前彭家山等遗址为代表。

下石钟山遗址,从调查采集的遗物看,是商末至周初遗址。出土有打制石器、大量的兽类骨骼及陶器。其中陶瓷器的时代特征明显可辨(图1)。如:

鬲,敞口、折沿、颈稍短、腹壁较直、低裆,与那种高颈、高裆,以及颈部饰一周连锁状附加堆纹的商代晚期鬲明显有别。

甗形器,圆唇,宽平沿,束腰且偏下部,口沿部附有对称穿孔,其外加罩一对外包耳,耳与口平。多数器身饰粗绳纹,也有的素面无纹。是这一时期的主要炊器。

罐类中,多见敞口、短颈、圆腹、平底器,肩部有对称的蝶形钮,有的还以小圆饼装饰。

印纹陶器的纹样种类较多,有叶脉纹、S形纹、云雷纹、勾连雷纹、凸浮雕兽面纹、菱形雷纹、曲折纹、指甲纹和圆圈纹等。那种凸浮雕状勾连雷纹和回字纹的组合纹饰与江苏句容、溧水、金坛西周早期墓中的陶器纹饰相同。至于凸回

---

① 参见江西省文物工作队等《湖口县下石钟山遗址调查记》,《江西历史文物》1985年第1期。

第八章
西周时期中央王朝对赣境地区的影响和统治

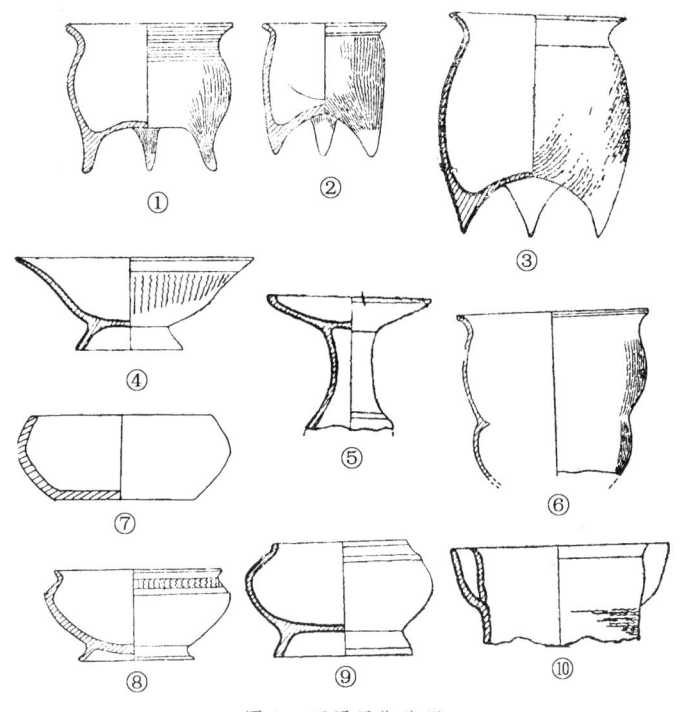

图 1 西周早期陶器

①②③陶鬲 ④盆 ⑤高圈足豆 ⑥瓿形器 ⑦钵 ⑧盂 ⑨簋 ⑩附耳瓿形器(①②⑥⑧神墩出土;③⑤⑨⑩下石钟山出土;⑦彭家家山出土)

字纹和曲折纹的组合纹、方格菱形纹、凸方格纹以及各种填线纹等,都是长江下游江苏、安徽、浙江等省西周早期陶器上常见的装饰。

神墩遗址曾先后进行两次科学发掘①。遗址包含新石器时代晚期—商代—西周三个不同时期的文化堆积,其中②C层为西周前期的堆积。②C层出土的遗物,陶瓷器有鬲、瓿形器、甗、罐、盆、瓮、尊、盂、豆、钵、器盖等。青铜器有铜镞等。其典型器物,以陶鬲为例,高领袋足鬲少见,较多的是低裆鬲、高锥状足鬲、高颈外撇足鬲和浅腹瘪裆鬲等。瓿形器,敞口,斜折沿,束腰处偏下,内腰处有的置三角形垫块,也有的置一圈内沿,作用都是承托箅子。其特点与湖口下石钟山出土的相近,唯附耳的少见。豆类器有喇叭形粗圈足大盘豆、深腹杯形豆等。陶瓷器及印纹陶纹样以细绳纹为主,还有勾连雷纹、云雷纹、网结纹、菱形

---

① 参见江西省文物工作队等《江西九江神墩遗址发掘简报》,《江汉考古》1987年第4期。

纹、S形纹、凸回字纹、菱形回字纹以及云雷纹与叶脉纹的组合纹等。

这里还发现相当于②C层时代的一些文化遗迹,如窖穴、水井等。水井上部椭圆下部方形,东西口径3.3米,南北径3.5米,深7.95米。井壁齐整,不见脚窝(图2)。井中出土两件打水木桶,系用整木刳成,平口,稍圜底,两侧斫出两方耳,口径22厘米、高13厘米。还出土大量的竹木棍和竹编织器残件等。陶器有陶鬲、鼎、瓿形器、罐、豆、盂等。从井底种种迹象分析,井底部似有一套滤水设施,先在井底台子架上大木棒,再用几根中型木棒交叉置于第一层大木棒上,又用小木棒交叉置于第二层中型木棒上。三层木棒都用绳索扎紧,组成三层斜井字框架,然后在其上盖两层竹席,细席在下,粗席在上,竹席上再置比井底略小的圆竹框,框内压石块。从这座水井的结构及周密的滤水设施看,当为我们探讨西周

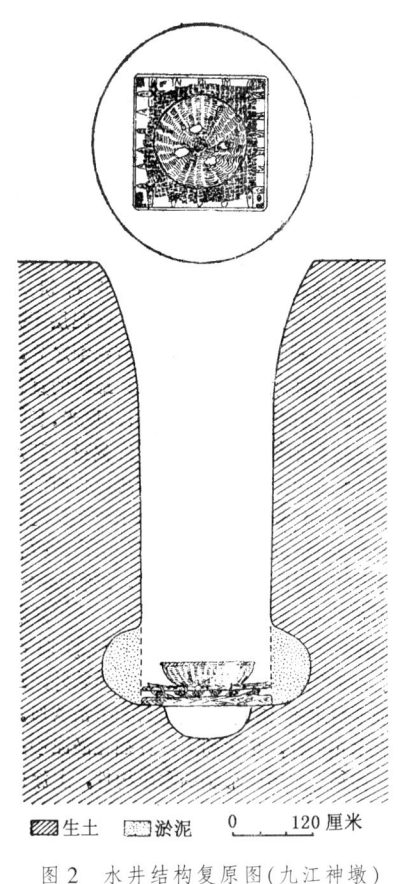

图2 水井结构复原图(九江神墩)

时期赣江流域古代居民的生产科技发展水平及生活习俗等提供了极有意义的资料。

樟树彭家山遗址是一处典型的西周早期遗存[①],其石器制作水平相当高超,陶器器形品种较为单一,主要为罐类,尚见少量的瓿形器、鬲、豆、钵、壶等,纹样装饰较为单调,主要拍印方格纹、长方格纹、网格纹等,颈部刻画竖直条纹也颇具特色。从出土遗物看,该遗址既有类似吴城文化三期的黄色硬陶折肩罐、小平底敛口钵、大口尊和马鞍形石刀等,但大多数器物却不同于吴城文化,尤其是罐类器口沿的内钩唇作风、折肩直腹特点以及较粗率的器表和单一的

---

① 参见江西省文物考古研究所等《江西樟树彭家山西周遗址发掘简报》,《南方文物》1999年第3期。

第八章
西周时期中央王朝对赣境地区的影响和统治

方格纹风格等。值得注意的是,彭家山西周遗址北距吴城遗址只有两公里,因此,它的发现,对于研究吴城文化衰落后这一地区的文化面貌有着重要意义。新余市南安赵家山遗址①也应属于这一时期的同类遗址。

二、西周中、晚期遗址

以九江沙河街磨盘墩下层和神墩②B、②A层,清江筑卫城上层和樊城堆上层,定南北山、进贤寨子峡和万年雷潭诸遗址为代表。此外,全省各地发现这一时期的遗址较多,但多属地面调查。

九江沙河磨盘墩遗址有着上、下两层早晚不同时期的堆积②。两层出土的陶片,能复原者甚少,但据统计,以夹砂和泥质红陶为主,约占70%,次为夹砂质、泥质灰陶,约占14%,砂质和泥质黑皮陶约占10%,硬陶、釉陶和原始瓷约占5%。此外还有少量白陶。

从出土器物与文化特征看,两层的区别明显。如下层出土的爵、直口缸、伞状器盖(子口已退化)、细把高柄竹节豆以及少量凹底器等,上层均不见。下层出土的两件矮圈足青釉瓷豆,在盘外壁附有小圆饼装饰,是很有时代特征的原始青瓷器,与皖南屯溪、苏南等地西周中、晚期土墩墓出土的瓷豆非常接近。因此,磨盘墩遗址下层年代主要应为西周中、晚期。上层已出现少量铁器,陶器上的拍印纹饰也不如下层那样丰富,如战国时期流行的米字纹、蕉叶纹、重回字对角交叉纹等,在上层也较为少见。因此,磨盘墩遗址上层年代不可能晚至战国,当为春秋中、晚期。

神墩遗址②B、②A层从出土遗物看,似为西周中、晚期文化遗存。

樊城堆遗址是有着从新石器时代晚期到商代再到西周三个时期堆积的典型遗址③,它与吴城遗址同处一条水系,相距只五公里余,限于当时的认识,原报告将该遗址只笼统分为上下两层文化,下层为新石器时代,上层时代定为西周。实际樊城堆上层,内涵丰富,自然层位较多,将其出土遗物加以区分排比,还可作进一步分期,其中有许多与吴城遗址所见十分近似,如陶器中的马鞍形陶刀、凹刃锛、鬲、假腹豆、尊形器、高颈蝶形钮罐、高颈广肩束腰平底罐,陶器上刻画的文字符号,以及几何形印纹陶纹样中的圈点纹、S形纹、锯齿状附加堆

---

① 参见胡海燕《江西新余赵家山商周遗址调查》,《南方文物》2001年第3期。
② 《九江县沙河街遗址发掘简报》,《考古集刊》第2辑。
③ 《清江樊城堆遗址发掘简报》,《考古与文物》1989年第2期。

纹等,因此樊城堆②D、②C层有可能相当于晚商的吴城三期文化,而②B、②A层当为西周文化(相当于西周中、晚期)。

从九江磨盘墩下层出土的器物看,当时居民使用的炊器有鼎、鬲和甗形器等。其中甗形器比前一期(西周早期)不仅数量增多,而且造型变化多样:以口沿说,有敞口宽折沿的;有敞口窄折沿的;还有直口窄沿的。以束腰部位说,有束腰明显的,也有不明显的。以附耳说,形式更加复杂,有外包耳、内包耳、内贴耳、贯耳、半环状横耳及直立方耳等。个别的甗形器还附有三短腿。这些,都充分说明甗形器已是当时人们广为使用的一种炊器,因而其造型得以大大丰富和发展。

另外,从出土的大批器足看,当时人们也使用相当数量的鼎、鬲。鼎类,其器足多呈高、矮锥状,也有一些鬼脸式。鬲类,其器足同样以高、矮锥状为常见,还有圆柱状平足尖和乳状尖足等。值得特别注意的是,在不少高锥状足鬲的外侧刻有一纵沟,一般简称为带槽鬲或刻槽鬲,这正是区别中原鬲与土著鬲的重要标志。

这一期的盛食器主要有罐、瓮、豆、杯、缸、盘、壶、爵、钵、碗、盆、碟和器盖等。豆类器中,除继续沿用前期灰陶那种高、矮喇形圈足豆和杯形豆外,还出现更多的硬陶豆和青釉瓷豆,反映了原始青瓷制造业在西周中、晚期得到进一步发展。磨盘墩下层出土的一件矮喇叭形圈足瓷豆,盘内饰轮旋纹,外壁有数道弦纹,内外施青黄色釉,釉色均匀莹亮,堪称我国古代商周时期原始青瓷中难得的珍品。

这一时期的几何形印纹陶纹样,依然丰富多彩,种类达三四十种之多。吴城类型遗址中较多的圆圈纹、圈点纹和S形纹等基本消失,那种常见的云雷纹、叶脉纹或曲折纹等虽还继续沿用,但在风格上已有明显变化,由过去的纤细、规整和致密,而变得大块、粗疏和草率。其他像前期流行的菱形纹、菱形凸棱纹、凸方格纹、凸回字纹、漩涡纹、菱形填线纹等几何形纹样更是盛极一时。那种高浮雕式宽带兽面纹和凸方格、凸回字纹的组合纹饰,此时也得到充分发展,由于这些纹饰普遍显得浑厚、粗壮和突出,因而使人产生一种立体浮雕感的效果,也相应带来一种神秘的色彩。有意义的是,在不少这一时期遗址中,还发现有压印或刻画"田"字图案的印纹陶器(图3)。

在今整个苏南以及浙北和皖南的部分地区较广泛地分布着一种无圹穴的土墩墓,这种土墩墓的文化面貌,具有自身的鲜明特征,时代从西周到春秋晚

第八章
西周时期中央王朝对赣境地区的影响和统治

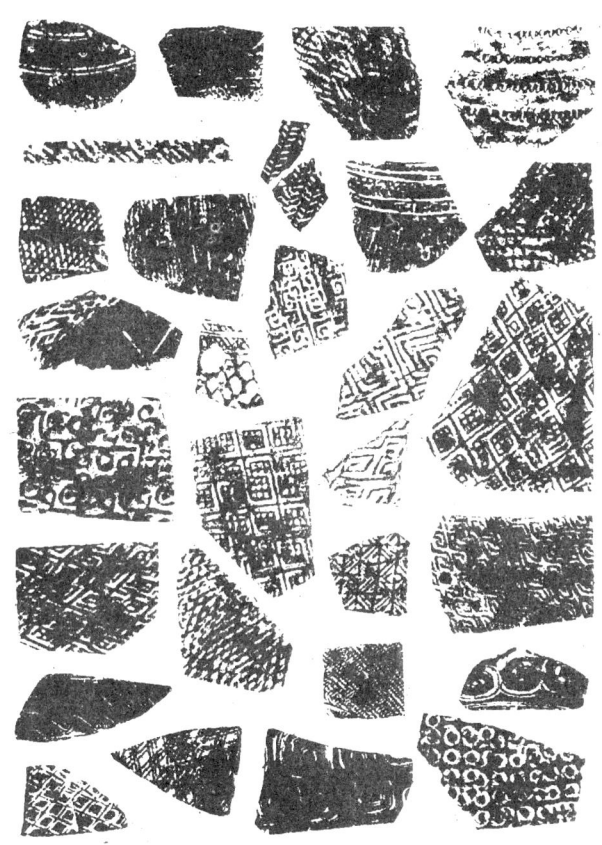

图3 西周中、晚期陶器纹样

期,江苏考古界同志把它分为五期,即一、二期相当西周早、中、晚期,三期相当春秋早期,四、五期相当春秋中、晚期[①]。赣境地区至今虽只在上饶、玉山等少数地区发现这类墓葬,但在已发现的相当土墩墓一、二期的西周中、晚期遗址中,却发现不少与之相同或相近的文化因素。如九江磨盘墩遗址下层出土的几何形印纹陶,就有不少装饰纹样诸如凸方格纹、回字凸块纹、云雷纹、菱形回字凸菱纹、菱形回字纹、回字填线对角纹、浮雕式宽带兽面纹以及宽带兽面纹与凸方块的组合纹等,都与江苏溧水、高淳、句容等地西周土墩墓出土的几乎完全一样,那种曲折纹与皖南屯溪西周墓出土的斜勾相连几何形纹也相类似。可以

[①] 参见南京博物院《江苏南部土墩墓》,《文物集刊》第5辑。

注意的是,与磨盘墩下层相近的西周中、晚期遗址,在古余汗县境的今属万年县的雷潭也有发现。①从已采集的标本看,三十多种繁缛的几何形纹样都表现出与九江磨盘墩下层基本一致,当然,磨盘墩和雷潭遗址之间各自也有一些特点,但它们总的文化面貌是一致的,它们在文化特征上表现出与苏南土墩墓的某些相近,似可说明,大约西周时期,它们和苏南、浙北以及皖南部分地区是自成一个文化系统,同属于一个古代百越族系的文化,即属于百越族中的干越,和分布于太湖—杭嘉湖地区及其东南的於(于)越,它们共同构成了商—西周时期"百越"族中的两大支派。试想,西周至春秋时期,如果此扬州—姑苏—余汗(干)地带的大江南北不是一个民族活动着,其考古学遗存则不可能如此相同,其物质文化面貌也不可能这样相近。

第二节
西周文化对赣地影响的加剧

西周中、晚期,随着中原文化对南方文化影响的加剧,江西地区的青铜文化面貌更深地打上中原文化的烙印,虽还保留着浓厚的地方特点,但西周文化的因素明显增多了。

一、青铜器上的中原烙印

这主要表现在诸遗址和各地零星出土的青铜器上,不仅形制和纹饰较多地仿自中原,而且铸铜技术也更多地采用陶范铸造,少用石范铸造。仔细观察江西各地出土的西周中、晚期青铜器,大体可以分为三类:

第一类,造型、纹饰或铭文等风格与中原地区完全相同,有的可能就是中原传过来的。

如鹰潭出土的甬钟②,表面呈碧绿色,甬中空与腹腔相通,甬上有干有旋,枚呈圆锥形,钲间呈长方形,旋上饰阳线卷云纹,舞部饰阴线卷云纹,篆间饰斜角双头夔纹,隧部两组卷云纹,在有干的一面右鼓部饰一鸾鸟图形,背面鼓部及篆间则饰云纹。通高35.8厘米,重13.5公斤。这件甬钟从形制和纹饰考察,与

---

① 参见刘林《万年县雷潭遗址调查》,《江西历史文物》1980年第2期。
② 参见薛尧《江西出土的几件青铜器》,《考古》1963年第8期。

第八章
西周时期中央王朝对赣境地区的影响和统治

陕西扶风强家村出土的师㝬钟和蓝田出土的应侯钟都很类同,时代约当西周中期。

第二类,造型和纹饰风格基本与中原地区一致,却又不同程度地表现出一些地方特色。

例如1962年萍乡市郊彭家桥河边出土的二件甬编钟①,形制、纹饰完全一样,唯大小不同。分别通高41厘米和38.2厘米,重10公斤和8.5公斤。甬中空与腹腔相通,甬上有干有旋,钟面共有圆枚18个,枚作圆锥形,钲体、钮间和篆部四周均用凸起的细小乳丁作界边,钲间呈长方梯形,旋部饰兽面纹,午部饰勾曲纹,篆间饰云雷纹,与现今所知甬钟中年代最早的陕西宝鸡竹园沟BZ七号墓出土三件甬钟的两件完全相同,时代都约当西周早期的康王、昭王之时。但萍乡甬钟舞部上的勾曲纹,则明显具有赣地文化特点,在中原地区出土的甬钟上一般不见。

第三类,造型、纹饰风格基本都明显具有土著特色,是典型南方土著式青铜器。

例如1976年南昌市李家庄废旧品仓库收集到的一件铜铙②,甬中空与腹腔相通,有弦无干,栾长和铣间宽度相等,于口沿略向内钩起,舞部弧曲下凹,两侧有铸孔各一,钲部两面共饰规整的对称乳丁36枚,枚短呈圆锥状,枚和篆占钟体面积之大部,隧部狭窄,中间饰卷云纹,其两侧和钲上部两侧各铸一对称的昂首龙纹,龙头作三角形,通身有毛。舞部无纹饰,于和篆间饰云雷纹,钲间窄长饰叶脉纹。通高39.9厘米,重9公斤。此种大铙,诸如乳丁扁矮,头部呈圆锥形,乳丁和篆占钲体面积之大部,隧、鼓部狭窄,特别是隧部和钲上缘两侧各铸一爬行龙纹以及钲间饰叶脉纹等装饰作风,明显是南方地区独有的风格,在中原地区根本不见。相近的铜铙目前只见于南方的广西灌阳县仁江钟山出土的一件③和湖南省博物馆收藏的一件④,特别是美国芝加哥美术馆收藏的一件⑤更与之相同。其钲间所饰叶脉纹和赣境地区商周几何形印纹陶上流行的同类纹饰完全一致,其时代当为商末至西周早期。

---

① 参见程应林《萍乡市发现周代甬钟两件》,《文物工作资料》(内部),1963年第1期。
② 参见彭适凡《赣江流域出土商周铜铙和甬钟概述》,《南方文物》1998年第1期。
③ 《广西出土文物》,文物出版社1978年版。
④ 参见高至喜《论中国南方商周时期铜铙的型式、演变与年代》,《南方文物》1993年第2期。
⑤ 参见陈梦家《西周铜器断代(五)》,《考古学报》1956年第3期。

上述三类铜器中,以第一、二类居多,第三类较少。可以看到,在周人势力不断影响和推动下,鄱阳湖—赣江流域的青铜冶铸技术有了较快提高,西周礼乐制度也逐渐传入,因而才有可能出现较多的像甬钟一类的青铜乐器。仅我们粗略统计,历史上江西境内的南昌、分宜、武宁、宜黄、上高、吉安、高安、丰城、进贤、樟树以及赣南等11个县、市,曾出土青铜乐器达70余件。新中国成立以来,又先后在萍乡、宜春、宜丰、靖安、万载、新余、鹰潭、南昌、新建、乐平、横峰、樟树、新干、吉安、吉水、永新、德安、永修、修水、武宁等20余个县市出土了商代青铜铙23件,西周青铜甬钟、纽钟等乐器10余件。尽管有的甬钟在纹饰风格上表现出了一些地方特色,但其基本造型与中原完全一致,这无疑应是受到了西周礼乐制度影响的结果。

二、文化面貌渐趋一致

这主要表现在许多遗址出土的陶器上。这一时期印纹陶仍然相当发达,但从西周晚期始,已呈减弱的趋势。以九江磨盘墩遗址为例,印纹陶的纹饰种类虽有30余种,但主要的是绳纹和间断绳纹,竟占到整个印纹陶纹样的73%以上,这与中原地区同期遗址流行的陶器纹饰大体一致。其他许多曾经流行的几何形纹饰,总的来说比商代和西周早期明显减少。与此同时,像那种带"⊞"、"⊞"、"囲"(田)字的几何形纹饰陶片,不仅在磨盘墩遗址发现,而且在江西的很多西周中、晚期遗址,诸如清江筑卫城、樊城堆、奉新西坰里、修水普垇上、宜丰同安太平垴、棠浦东皮岭、上高泗溪鹭鸶岭等遗址都有出土,特别是修水普垇上西周遗址,同时出现几种不同形式的"田"字组成的花纹更是少见。这种"田"字图案的出现绝非偶然,它应是中原的西周"井田"制度在赣江流域也得到逐步推行的曲折反映。至今在赣南山区的西周遗址中尚未发现这种"田"字花纹,或许表明"井田"制的威力在这里还显得较为微弱。

从赣江流域发现的一些西周中、晚期遗址来看,其文化面貌已开始渐趋一致。如果说在商代或西周早期,各地的文化面貌尚有一些差异的话,那么到西周中、晚期,这种差异已渐趋消失,基本融合为一体了。这不仅反映在如前所述的一些青铜器上,而且在日用陶器上也可看出。诸如那种高锥状足鼎、高矮锥状足鬲、圆柱状平足尖鬲、高锥状足外侧带槽鬲、内外附耳或贴耳的甗形器以及矮圈足豆、高细喇叭形豆等,都是各地较普遍流行的器皿。又如各地出土的印纹陶纹饰,大体都表现出一致性,那种大型粗放的带状变体兽面纹、仿铜器

第八章
西周时期中央王朝对赣境地区的影响和统治

式样的云雷纹、回字变体纹、勾连雷纹、曲折纹以及凸方格纹、凸方块纹、凸回字纹、菱形凸菱纹等与曲折纹的组合纹饰,几乎所有西周遗址中都可见到。这些纹饰的一个共同特点是,仿铜器花纹的纹饰相对增多,凸浮雕式特别盛行,总的纹饰风格已不像吴城青铜文化那样严谨、规整和致密,而变得随意、松散,且大块的较多,犹如大笔头画那样,显得浑厚粗壮,活泼有力。有必要注意的是,这些纹饰不仅流行于江西省境内的西周遗址中,在长江下游的苏、浙、皖等地的西周遗址和墓葬中也常可见到,这就说明,到了西周中、晚期,文化融合的大趋势不仅出现在赣江流域,而且已在更大范围内扩展。

第三节 西周王朝在赣境的统治据点

从前面所揭示的诸多考古资料来看,最迟到西周中期,西周王朝的政治版图已达江西境内,而且很有可能有一个受封于中央王朝的方国政权,只是这一方国政权的名称,在文献记载中难以找到,目前,只是在考古发掘和出土文物中为我们提供了一些线索。

一、应

1955年余干黄金埠出土一件西周青铜甗,甗内壁有"应监作宝尊彝"铭文,故称"应监甗"(图4),经郭沫若考定,认为:"此甗,据其花纹形制与铭文字体看来,乃西周初期之器,作器者自称'应监',监可能是应侯或应公之名,也可能是中央派往应国的监国者。"①此后,众多学者开展研究,有的支持应监人名说②,有的则主张这里的应监不但不是应公或应侯本人,反而可能是"监视应公或应侯"的西周王朝下派的官吏③。李学勤也对"应监

图4 应监铜甗内壁铭文拓本

---

① 参见郭沫若《释应监甗》,《考古学报》1960年第1期。
② 参见周永珍《西周时期的应国、邓国铜器及地理位置》,《考古》1982年第1期。
③ 参见耿铁华《应监甗考释》,《东北师大学报》1981年第6期。

甗"进行了研究,并提出了与众不同的大胆新说,他认为:该甗铭中之"应"非姬姓应国之"应","应监"也未必是姬姓应国的监,"在康、昭之世,应国之君当如金文所见称'应公'、'应侯',不会称为'应监',也没有由朝廷专派应监的理由。相反的,如果甗铭的'应'在江西北部,当时属于边远,周公定东夷之后,在其地置监,则颇合情理。"①近年来,刘正对众说一一进行分析和驳议,他认为应监既非人名,也不是西周王朝下派"监视应公或应侯"的官吏,因为这和西周自作器铭文的通例不相符合,"西周自作器铭文的通例一般是在铭文中点出作器者的氏名或职名的。这里的'应'是氏名,职名是'监'。"②因而他主张"应监当是西周王朝从应国王室中选出的下派到江西余干地区的出任监国的应氏嫡系子孙"。但是,他也不同意李学勤的江西也有应国的主张,认为"此说恐怕和对应国的古代文献记载以及现今出土文物的地点多有不合"。我们知道,出土"应监甗"的余干县,系古余汗县地,位于今鄱阳湖畔,是赣鄱境内最早被开拓的地区之一,也是很早以来南北交通,尤其是中原通往东南浙、闽各地的必经之地。周公平定东夷之后,在南国的边远之地设监,以加强其控制,对此,刘正和李学勤的观点是相通的。至于对"应监"的解释,当然不能排除系指周王朝选用应氏子孙前往南方监国的可能,但笔者认为,这里的"应监"之应,系指地名,而且就是古之余汗地是完全可能的。因为,西周铜器铭文中,除"应监"之外,尚有"句监"(《句监鼎》)、"荣监"(《荣监甬》)和"艾监"等称,"句监"是指句地之监国者,"荣监"是指荣地之监国者,"艾监"是指艾地之监国者,既然"句监"之句、"荣监"之荣、"艾监"之艾都系指地,那为何"应监"之应不能指地?如"应监"之应有可能也系指地的话,而这件"应监甗"又出土在江南的余干而非河南的平顶山地区,那就完全有可能如李学勤所考证的,西周初年古余汗地区有一非姬姓的方国,或也就称应国,和河南地区的应国仅是同名而已。在西周时的封国中,这种同名异地的例子就不乏其例,如"艾"就有两地,据程廷柞《春秋地名辨异》考证就有齐地的"艾"和吴地的"艾"。

二、艾

李学勤还进而考证1981年陕西扶风沟原出土的铜饰件上的铭刻"艾监",也如"应监"一样,是西周晚期周王派往"艾"地之监。此"艾"应是江西省境的古

---

① 参见李学勤《应监甗新解》,《江西历史文物》1987年第1期。
② 参见刘正《江西所出应国铜器铭文研究》,《南方文物》2006年第2期。

第八章
西周时期中央王朝对赣境地区的影响和统治

地名,见《左传》哀公二十年,在今修水县西。关于春秋时期的"艾"地,据程廷祚《春秋地名辨异》考证有二,一是齐地,"隐公六年,公会齐侯盟于艾";二是吴地,"哀公二十年,吴公子庆忌出居于艾"。《逸周书·世俘解》:"庚子陈本命伐磨,百韦命伐宣方,新荒命伐蜀。乙巳,陈本命新荒蜀磨,至告擒霍侯,俘艾侯小臣四十有六,禽御八百有三两(辆),告以馘首。"宋罗泌《路史》:"艾,商侯爵,有艾侯鼎。"黄长睿《钟鼎遗文》:"商,艾侯鼎铭云:维元祀,王命艾侯作鼎,曰锡尔侯,丰尔稼穑,使尔子子孙孙永保用享。"这些文献及铭刻中所称之"艾侯",当是齐地之"艾"无疑,是周王朝在中原所封之侯国。至于陕西出土铜饰件上铭刻"艾监"之"艾",当有可能为吴地之"艾",是周王朝派往边远之地即今赣西北修水县境的统治者。如是,则可据出土青铜器证明,西周时期的赣鄱地区,至少有两个以上受命于中央王朝的地方政权,也可能就是被封的方国,即赣东北的"应国"和赣西北的"艾国"。如果加上新干牛头城是一方国的话,那至少有三个,只是牛头城方国目前仅是一推论,尚待进一步发掘证实。

---

① 参见李学勤《应监甗新解》,《江西历史文物》1987年第1期。

第九章
东周时期"吴头楚尾"的江西(上)

公元前770年,周平王被迫东迁,王都由今天西安附近的镐京东迁至今天的洛阳附近,自此之后,到公元前222年,共500多年,史称东周。东周时代又可分为春秋和战国两个阶段,以公元前475年为界。平王东迁后,周王室日趋衰微,而诸侯国空前膨胀,它们之间相互争雄、称霸兼并,以致出现"挟天子以令诸侯"的局面。当时参与争霸的有晋、齐、秦、楚、吴、越等诸侯大国以及众多的如鲁、卫、宋、郑、陈、许、蔡、徐等小国。此后,韩、赵、魏三家分晋,从而出现了齐、秦、楚、燕、韩、赵、魏七国争雄的战国时期。

从上不难看出,春秋战国时期,中国的南方地区主要存在三个比较大的诸侯国,即东部江浙地区的吴国、越国和西方的楚国,而江西地区正处于这三个诸侯国疆域的交接地带,是它们相互争夺、辗转角逐极为激烈的地区,所以,虽然赣鄱地区始终未能成为某一诸侯国的中心所在,但此一时期也并非平静,同样卷入了当时历史的漩涡。当时,江西地区的政治归属,尤其是赣北包括赣西北和赣东北地区,随着吴、楚、越各自进入赣境时间的不一,随着它们各自力量的消长,其界域也不断互有变异,前人论述,流行的话就是"吴头楚尾"或"楚尾吴头",如《方舆胜览》载:"豫章之地,楚尾吴头。"朱熹《铅山立春诗》中云:"雪拥山腰洞口,春回楚尾吴头。"清代顾栋高则用一句很形象的话说就是"犬牙相错"。

既然春秋战国时期江西的政治版图一直谓之"吴头楚尾",那么,这一漫长的550余年间,江西全境究竟具体归属怎样?吴、楚势力究竟何时伸入赣境?它们各自分界在哪里？这都是一些错综复杂的问题，也是千百年来史家想凭文献解答而又无法解答的问题。直到20世纪40年代吴宗慈主编《江西古今政治地理沿革总略》（江西通志馆铅印本）中还说："春秋时，东部一隅（秦汉余汗县地）属吴外，全部皆为吴之西境，楚之东境，其界域不可考。"

近数十年来，随着考古事业的发展，大量的古遗址和古墓葬的被发现，这无疑为探讨春秋战国时期江西政治归属问题提供了重要资料，大大有助于我们逐步梳理清这些问题。

第一节
楚人东进与"吴头楚尾"格局的形成

所谓"吴头楚尾"，当然主要系指赣北地区而言，具体包括洪州（南昌）、江州（九江）、饶州（鄱阳）等地。对赣北这些地区，春秋战国时期的归属问题，历来学者也是众说纷纭，莫衷一是，但概括起来，大体有三种说法：

第一，属吴说。如：

《元和郡县志》云"江州，春秋吴之西境"；

《太平寰宇记》云"洪州，春秋时吴地，战国属楚"。

第二，属楚说。如：

《史记·货殖列传》云"江南豫章、长沙，此南楚也"；

《水经注》云"赣水又北迳南昌县故城西，于春秋属楚"；

《通典》云"洪州，春秋战国时并属楚"；

《史记·正义》云"江南，指洪、饶等州，春秋时为楚东境也"；

《元和郡县志》云"洪州，春秋时楚之东境"；

《文献通考》云"洪州、江州，春秋属楚"；

《方舆胜览》云"隆兴府、饶州，春秋属楚；南康军，春秋时吴楚之地"。

第三，吴楚说。如《太平寰宇记》引张僧鉴《浔阳记》云"九江府，春秋时为吴之西境，楚之东境"。

由于唐、宋以来学者所持意见的歧异，因而在后来的一些地方志书中，在阐述各府、州、县的历史沿革时，也是各有所从，基本不出上述的范围。

持第一说者，如《大明一统志》载，江西"禹贡荆扬二州之域，天斗分野，春

第九章
东周时期"吴头楚尾"的江西(上)

秋属吴,战国属楚";康熙二年《南昌郡乘》载,"洪州先属吴,次属越,后属楚";明正德《袁州府志》载,"袁州府,禹贡扬州之域,春秋属吴,战国属楚";同治九年《靖安县志》载,"春秋时属吴,越灭吴属越,楚并越属楚"。其他诸如《上高县志》、《宜春县志》、《清江县志》、《新淦县志》等都有相同内容的记载。

持第二说者,如乾隆五十四年《南昌府志》引《通典》的话说,"洪州,春秋战国时并属楚"。

持第三说者,如明嘉靖《九江府志》云"春秋为吴楚地"。清光绪《江西通志》云:"南昌府,春秋时楚之东境,吴之西境。""袁州府,春秋时为吴楚地。""南康府,春秋时为吴楚地。""九江府,春秋时为吴之西境,楚之东境。"

上述三说,吴楚说是在不能确断是属吴还是属楚情况下一种比较含混笼统的说法。或吴或楚,虽是从总体而言,但其结论似过于简单化了。我们知道,春秋一代近300年,荆楚和勾吴的势力伸入江西境内的时间先后不一,何况大越的故界也较早延伸到赣东北境,因此,对鄱阳湖周围及赣江下游地区春秋时代的具体归属上还应作具体分析。

一、西楚东进历程

西楚,原是周成王时封在"楚蛮"荆山一带的小国,到西周晚期楚王熊渠时,"甚得江汉间民和,乃兴兵伐庸、杨越,至于鄂"(《史记·楚世家》)。说明这时楚的势力已经拥有西起江北庸地(今湖北竹山县),东达汉水下游的鄂国地区,之间相距数百里,至于南北之范围,史籍虽未载及,但绝不可能仅限于长江两岸一狭长地带,所谓"江上楚蛮之地",在西南面似应抵达湖北的清江流域和湘西北的澧水流域;在东南则应达洞庭湖以北和湘东地区,湖南考古工作者分别在湘西北澧县周家溪和湘东北湘阴晒网场发现的西周晚期遗址,明显具有楚文化因素就是有力证据。① 湘东北与赣西北紧相毗邻,是否当时楚的势力已跨越幕阜山脉到达赣西北境,目前尚难以断定,有待今后考古资料去证实。

目前较有把握的是,至迟到春秋中期以后,楚国的势力已达赣西北境。楚成王时(前671—625年),楚对南方的扩张掀起了一个高潮。《史记·楚世家》:"成王恽元年,初即位,布德施惠,结旧好于诸侯。使人献天子,天子赐胙,曰:'镇尔南方夷越之乱,无侵中国。'于是楚地千里。"就是通过这次大规模的战

---

① 参见何介钧《湖南商周时期古文化的分区探索》,《湖南考古辑刊》,岳麓书社1984年第9期。

争,楚国的南疆已扩展到了洞庭湖以南的湘中包括今之长沙、宁乡等地。这里所称"夷越之乱"的"夷越"应是指洞庭湖以南即湘、资水中下游地区的古越族,看来似也包括赣江下游即赣西北、赣西地区的古越族,正是在这次"镇尔南方"扩地千里之际,楚的势力也同时推进到了赣西北即今鄱阳湖以西地区,所以,司马迁说江南豫章、长沙并属南楚是有一定道理的,只是应作注曰:乃春秋中期之后,长沙和豫章才为楚之南疆。

那么,从春秋中期以后到春秋晚期,也即到公元前504年以前,吴国疆域有否可能扩展到鄱阳湖以西地区来呢?如果从当时吴、楚之间的交战形势考察,这种可能性是不存在的。整个公元前6世纪100年间,"吴与楚的战争,辗转拉锯,异常激烈,其战场时而在楚邑,时而在吴地,虽然楚军有时也曾一度直插吴之腹地,但总的看,这一期间吴与楚争逐的重心还是在江淮,开始在皖北,然后逐渐转到皖中和皖东南地区"[①]。自公元前513年,吴灭徐后,标志着吴的国力日趋强大,因而更集中力量西向伐楚,吴王阖闾在伍子胥、伯嚭和孙武等谋划下,曾先后发动了几次攻楚大战,先后攻占过居巢(皖巢县东北五里)、钟离(皖凤阳县)、六(皖六安县)、潜(皖霍山县东北)、州来(皖寿县)一直打到楚国首都(湖北江陵),但当时进军路线主要仍在江北。

直到阖闾十一年(前504年),"吴王使太子夫差伐楚取番"(《史记·吴太伯世家》)前后,吴对楚用兵的重心才逐渐转移到江南。《史记·索隐》:"番,昔潘,楚邑名,子臣即其邑之大夫也。"对此次战役,《左传·定公六年》记载得更为详细:"四月己丑,吴太子终累败楚舟师,获潘子臣、小惟子及大夫七人,楚于是乎迁郢于鄀。"按番,即今之鄱阳县,地处鄱阳湖之东岸,既然是"伐楚取番",说明在此之前,鄱阳县已经是楚的疆域,那么鄱阳以西的大片地区则更应是楚的疆域无疑,所以,《史记·正义引括地志》云:"饶州鄱阳县,春秋时为楚东境"是有根据的。近年,婺源县博物馆在县东北浙岭山顶上发现一块书有"吴楚分源"四个隶体大字的界碑(图1),碑身高大,气势雄伟,虽该碑系清代云湖詹奎所立,但此地为吴楚分源之传说却由来甚古。今从吴楚争战的形势考察,这一地带为吴、楚之分界处当是完全可能的,只是,其时代应该就在春秋中期到末期(如具体说即公元前504年之前)这一期间。

据此,我们认为,至迟从春秋中期起到公元前504年,鄱阳湖以西包括今之

---

① 参见彭适凡《春秋徐国南疆析疑》,《江西社会科学》1982年第2期。

第九章
东周时期"吴头楚尾"的江西(上)

图1 "吴楚分源"碑

九江、南昌等地都属于楚的范围,即所谓"南楚"之地。

又据《史记》卷六七所载,春秋晚期,鲁国有个武城人(今山东嘉祥县南)叫澹台灭明,字子羽,是孔丘的弟子,但因长得丑陋,孔子瞧不起他。后来,他遍游海内,积极传播儒家学术思想,也曾"南游至江",游至长江流域楚国各地,当然也来到古代之南昌,从学弟子达三百余人,由于子羽的名声越来越大,孔子闻之则大为感叹:"吾以言取人,失之宰予;以貌取人,失之子羽。"

此外,唐、宋以来的一些文人诗词中,多把南昌的西山称"楚山",豫章水称"楚水"等,如唐代李绅《过钟陵》诗中云:"江对楚山千里月,郭连渔浦万家灯";宋代王安石吟咏洪州城里新落成的物华楼诗云:"千里名城楚上游,江山多在物华楼。"明代王直《咏澹台墓》诗中也云:"高风千载动延津,还有孤坟楚水滨。"等等。

上述有关子羽和楚水、楚山等种种传说和纪念建筑物,恐怕不能全看成是无稽之谈,它应是从一个侧面反映了一定的历史真实。

不仅如此,我们还认为,至迟从春秋后期起,随着楚的势力在湖南地区的不断南进,也自然伸进到赣境的宜春、萍乡等赣西地区,1973年萍乡市郊芦溪高楼楚式铜鼎的出土,就是有力物证。该铜鼎缺盖,带子母口,口沿外侧有一周凸棱,腹较深,双附耳,马蹄形腿,且外撇,器腹中部有一浅凸弦纹,弦纹上下满布蟠虺纹。除三足外,全器均乌黑发亮,几可鉴人,唯三足色呈灰绿,表面有灰色粉状物,显然器身与器足系不同合金成分铸成。口径19.6厘米、通高26厘米(图2)。这种带子母口深腹铜鼎是典型楚式鼎之一[①],与安徽寿县蔡侯墓出土的1式鼎[②]以及

---

① 参见高崇文《东周楚式鼎形态分析》,《江汉考古》1983年第1期。
② 参见安徽省博物馆《寿县蔡侯墓出土遗物》,科学出版社1956年版。

湖北当阳金家山235号墓出土的铜鼎①很相近,其时代都为春秋晚期。

二、吴、越西扩及楚、吴、越势力的界定

据《史记·吴太伯世家》记载,周太伯与其弟仲雍同奔荆蛮,自号勾吴,所谓"荆蛮"者乃指古越族聚集之地。勾吴最初立国的地点,一种说法当在今无锡东南梅里。

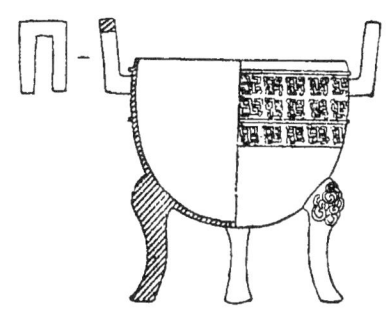

图2 附耳蹄足"楚式"铜鼎(萍乡)

"太伯起城周三里二百步,外郭300余里,在西北隅,名曰故吴,人民皆耕田其中。……太伯殂卒,葬于梅里平墟。"(《吴越春秋·吴太伯传》)。说明当时勾吴疆域主要在太湖东北,以后逐渐与周围其他部族展开斗争,才得以逐步发展,到公元前六世纪前期吴王寿梦时,巫臣由晋使吴,教吴用兵乘车,使吴叛楚,于是"蛮夷属于楚者,吴尽取之。是以始大,通吴于上国"(《左传·成公七年》)。自此,吴国疆域得以迅速扩展,只是扩张的方向主要是北和西,目前尚未发现有文献和地下出土物能证明当时吴的国力已伸进到赣北或赣东北地区。

及至春秋晚期,吴、楚用兵的重心移到江南以后,吴的疆域才得到空前的发展,以南境和西南境来说,自公元前504年,夫差"伐楚取番"之后,"楚国大惕","楚惧吴兵复往,乃去郢徙于鄀",也就在这次吴夺取了楚之东面重镇"番"之后,吴乘楚大败退之机,尽占江南之楚地,今之赣北九江、修水(古艾国)、南昌甚或赣中樟树等地都在这时一度为吴所占,正因这时赣西北的修水等地为吴所据,所以三十年后,即哀公二十年(前476年)"吴公子庆忌骤谏吴子曰:'不改必亡',弗听,出居于艾,遂适楚。"(《左传》)杜预注:"艾,吴邑,豫章有艾县。"既然"出居于艾",当然已是"吴邑","遂适楚"又说明这里是吴的边境地区,离楚境当是很近了。《大清一统志》:"艾县旧城,在义宁州西,本春秋吴邑。"这里所指"本春秋吴邑",应是指春秋晚期最后三十年间的事,在前504年"伐楚取番"前无疑这里还是楚邑。

南昌以南的樟树、新干地区,从出土文物来看,此时当也已入吴的版图。

---

① 参见高应勤《当阳赵家湖楚墓分类和分期》,见《中国考古学会第二次年会论文集》,文物出版社1982年版,第46页。

第九章
东周时期"吴头楚尾"的江西(上)

1974年樟树市临江镇出土一件铜盥盘[1]，体身厚实，颜色翠绿，古锈斑驳。口径42.7厘米、通高18厘米（图3）。平折沿，方唇，稍斜折肩，平底，有三短足，尚有两兽面环耳，惜已残损。器身外壁满施规整的花纹：唇上沿外侧饰阴刻纤细的雷纹；颈部饰突起的浮雕蟠虺纹；折肩两面均阴刻纤细的雷纹，上下又各饰一道绳索状的堆纹；腹部主题纹样为蟠虺纹，近底饰

图3 铜盥盘（樟树临江）

三层重叠的垂叶三角云纹，底部中间镌有一铭记"⟨⟩"。全器规整精美，纹样繁缛紧凑。无论其造型或纹饰和清末同治年间山西代州蒙王村出土的"攻吴王夫差鉴"以及1955年安徽寿县蔡侯墓出土的"吴王光鉴"都很相似，所以，都应该是春秋晚期吴国器。所不同的是，后两件体型较大，大口广圆腹，故称鉴，而临江出土的这件，体型较小，当应称盥盘。再联系到清代乾隆年间，临江镇曾出土过吴国"工𢧵王"编钟十一件，这就更有力说明，古代清江地区于春秋晚期确曾有过备有"金石之乐"的吴国贵族在这里活动过。

进入战国以后，鄱阳湖以西的赣江下游地区的归属，历代学者较一致认为"属楚"，这基本是正确的，更确切地说，战国早期属越，中期以后则属楚。

自吴王阖闾11年"伐楚取番"之后，赣江下游地区一度全被吴所占领，但是，时间并不很长，就在庆忌奔艾后的第三年，即公元前473年，越国就把吴灭了，吞并了吴国全部领土，自然也包括赣江下游甚或中游地区，至今在赣北、赣西地区留下的有关越王的遗迹或传说，大概都属于这时期的事。

这些地区零星出土的文物，也提供了明显的实物证据。例如1955年清江樟树农校发现的一座战国早期墓中，出土了一件窄平沿双环竖耳铜鼎，浅腹，三扁足外撇。口径20厘米、通高23.5厘米。其造型与春秋末年的江苏六合程桥

---

[1] 参见陈柏泉《春秋铜鉴》，《文物工作资料》（内部）1975年第3期。

墓①以及丹徒粮山②、苏州城东北出土的铜鼎③相同，是吴越地区流行的一种较早期的"越式鼎"。又如1956年上高县塔下村出土过三件战国早期铜鼎④，鼎体为浅腹，附耳，坦底，三扁足外撇，有的带子母口，拱盖，盖中为一环钮，其造型与江苏句容下蜀出土的⑤相近，都是具有典型"越式鼎"的风格。

2007年靖安水口乡李洲坳发掘的东周时期的同穴多棺合葬墓亦充分说明了这一问题。

据《中国文物报》2007年8月3日载李政《江西靖安李洲坳东周墓葬发掘现场实录》一文所述，该墓是一座原有封土堆的大型土坑竖穴墓。墓穴南北长14.5米，东西宽11.3米～11.7米，墓口至底部深约3.5米。墓室东边近南壁有一斜坡墓道，宽约3.2米，残长5米。坑中依序排列有47具棺木，除主棺较大外，其他棺木大小基本一致。墓中的尸体普遍用丝织品或竹席直接包裹，且有不同的等级，即用丝织品的棺内不见竹席，有竹席的则无丝织品等。

从至今已开启的棺木出土的文物来看，总数达650余件，有纺织品、竹木漆器、玉石器、青铜器、原始瓷器、铁器、金器及人骨架等。

众多的出土物和现象是前所未见的，具有非常重要的学术价值。如纺织品种类多，尤其是那件锦缎密度每平方厘米高达240×10根的朱砂双色织锦，虽经两千多年的浸泡和泥沙的腐蚀，至今仍纹理分明，色彩鲜艳，反映了当时的缫丝、印染、织造技术均已达到很高的水平。出土的竹木漆器有竹席、竹扇、竹笥、竹梳、竹刀、竹勺、木梳、木篦、木剑、漆盒等，其中一件竹扇，用精细的竹篾编成人字形花纹，保存十分完好，是目前中国发现的年代最久、保留最完整的扇类实物证据。在主棺上发现的圆形金箔饰物，直径达30厘米，表面用錾刻技法装饰出三圈龙形纹饰；外围环以双层陶制装饰品，其上刻精美的云雷纹。这一饰物造型独特，工艺考究，是目前国内发现的同期最大的金器饰物，为其他墓葬所罕见。至于墓葬中发现的保存最早的人脑髓组织和头骨、头发等，通过多学科的合作和多种科技手段的运用，将可能获得更多重要的信息。

靖安李洲坳特殊的同穴多棺的埋葬方式，是目前中国考古发现年代较早，

---

① 参见《江苏六合程桥东周墓》，《考古》1965年第3期。
② 参见《江苏丹徒出土东周铜器》，《考古》1981年第5期。
③ 参见《苏州城东北发现东周铜器》，《文物》1980年第8期。
④ 参见薛尧《江西出土的几件青铜器》，《考古》1963年第8期。
⑤ 参见《镇江地区近年出土的青铜器》，《文物资料丛刊》1981年第5期。

第九章
东周时期"吴头楚尾"的江西(上)

合葬棺木数量最多的一坑多棺墓。由于发掘工作尚未最后完成,诸多问题尚待进一步研究。但是,从已揭示出的仅用丝织品或竹席包裹尸体的葬俗来看,从出土有大量纺织品、成套的纺织器材和丰富的竹木漆器以及部分遗物如铜鼎、原始瓷器等形制纹样的比较分析,它与赣东北龙虎山悬棺葬中出土的同类器相似,似亦表现出某些越族文化特征。

但是,越国占据赣江下游甚或中游地区的时间主要是在战国早期,后来楚国复又强盛起来,也许就在越国政治中心北移的情况下,楚又悄悄西进收复了春秋末年被吴先后夺去的土地,其中当然也包括了赣江下游地区。

近年发现的一些考古资料,也同样证明自战国早期以来,楚文化在鄱阳湖以西的赣江下游地区仍有其深厚的影响。如武宁县石门战国早期墓出土的遗物中[1],诸如三叉状的铜矛墩、铜盉和铜剑等就明显具有楚文化特色,又如九江县沙河战国早期大王岭遗址出土的大量楚式鬲腿等[2],同样都显现出楚式风貌。

谭其骧推测"自鄱阳湖迤西迤北之地,在楚怀王初年若不在楚国版图之内,便当系楚、越两国的瓯脱之地"[3]。今以地下出土文物证之,鄱阳湖的迤西迤北地区,至迟到楚怀王时,已入楚国的版图。

位于"番"之南面的古余汗县地,即今上饶的信江流域,春秋战国时的归属怎样?同样各持异议:有持吴说的,如光绪《江西通志》卷一载:广信府"春秋时吴地,战国属楚。"同治《余干县志》:"余干古扬州域,春秋时属吴,后属越。"有持楚说的,如同治《上饶县志》:"广信府,禹贡扬州之域,春秋时属楚,昭王十二年吴伐楚取番,勾践灭吴又属越。"也有主张属越说,如康熙二十二年《弋阳县志》:"按旧志称邑地属吴,吴灭属越,越灭属楚,以予考之,不尽然也。"[4]认为一直到汉武帝平定闽越时,余汗一带都属于越地。

从古余汗县境的万年、余干、贵溪等地至今发现的西周晚期至春秋时期的文化遗址,其几何印纹陶器的某些造型与纹样表现出和苏南地区有些相近因素来看,说明它们之间曾有过密切的文化联系,同属于古越族的一支干越族系,但这一带,是否很早以来就是古干国或吴国的疆域范围,目前尚无确凿的

---

① 参见彭适凡《武宁战国墓葬的清理》,《文物工作资料》(内部)1976年第4期。
② 参见《江西九江县沙河街遗址发掘简报》,《考古学集刊》第2辑,1982年。
③ 参见谭其骧《鄂君启节铭文释地》,《中华文史论丛》第2辑,1962年。
④ 康熙二十二年《弋阳县志》由知县谭瑄主修,故简称谭志。该志已佚,今引自同治十年《弋阳县志》卷一。

资料可证。相反。绍兴越国兴起后,倒可能最先是属越的范围。《越绝书·越地传》载:"大越故界,浙江至就李,南姑末、写干。"就李即槜李,今浙江嘉兴县西南七十里;姑末,即姑蔑,今浙江龙游县北;写干即余干。

吴国的疆域抵达余汗地区的时间当有可能是在春秋后期,也许就在公元前504年吴夺取了"番"之后,继续南进而一举占据了余汗地,特别是夫差二年(前494)吴败越于夫椒(今太湖洞庭西山),吴军更乘胜南下入越,迫越求降于吴。这次吴势力的推进,可能包括今赣东北上饶地区的大部分属县,所以在这些地区至今还遗留有春秋晚期有关吴王活动的遗迹和传说,如《太平寰宇记》卷一四〇歙州婺源县条下载:吴村在县西七十里,谓"昔吴王为越所灭,勾践流其三子,而长子鸿处此,死因焉,遂名葬处为吴山"。光绪《婺源县志》卷六三也载:"吴山里,在县东六十里,因其地有吴太子墓故名。"

但同样为时不久,越很快恢复了旧疆。《吴越春秋·勾践归国外传》载,勾践七年(前490年)自吴返国,厚贿吴王夫差,夫差因而"赐之以书,增之以封,东至于句甬,西至于槜李,南至于姑末,北至于平原,纵横八百里"。很可能这时的余汗地区重又返归越统治。到越灭吴后,已经进入战国初年,越国曾经西进抵达赣北和赣西北地带,以后由于楚的复兴,越重又退回到余汗以东的老巢,直到公元前306年前后①,楚灭越,才全部归楚。谭其骧推定,战国时期"越的西界似不可能超过今鄱阳湖东岸"。恐未必完全符合历史真实,从前已引述的有关出土文物资料来看,不能否认,战国初期,越的西界曾已进入赣西北地区。

赣南(古虔州)地区,春秋、战国时的地望,志书中一般都采用《太平寰宇记》和《十道志》的说法,云:"春秋时属吴"。如明嘉靖《赣州府志》卷一载:"赣古扬州域,春秋隶吴越(始隶吴,吴灭隶越),战国属楚。"同治《信丰县志》卷一也转引《十道志》云:"春秋属吴地。"但有的如光绪《江西通志》则笼统云:南安府、赣州府"春秋时属吴楚地,战国属楚"。还有的如《舆地广记》则认为虔州"春秋时系百越之地"。其他诸如同治《兴国县志》也采"百越之地"说。

赣南地区,地处赣江上游,与岭南相接,离政治中心都较远,从吴、楚、越相互争战以及它们各自的扩张历史分析,特别是从赣南地区至今已发现的一些

---

① 参见杨宽《战国史》,上海人民出版社1957年版。又据河北中山王墓出土的铜鼎(《河北省平山县战国时期中山国墓葬发掘简报》,《文物》1979年第1期)铭刻中云:"昔者,吴人并越,越人修教备信,五年复吴,克并之至于今",此鼎铸于齐破燕之后,即公元前314年以后。铭刻说"克并之至于今",说明当时越国尚存,故该鼎铭文证明楚灭越当在公元前314年之后,与杨说前306年左右相合。

第九章
东周时期"吴头楚尾"的江西(上)

古文化遗址诸特征来看,春秋时期,不仅吴的国力未曾到达赣南,就是西楚和东方越国的疆域也未能扩张至此,概称之为"百越之地"当应符合历史实际。

及至战国初年,越灭吴后,不仅赣东北的上饶地区和赣东的抚州部分地区属越,就是赣南的一部分地区想也已并入越的范畴。《史记》张守节《正义》注为:战国时,"永、郴、衡、潭、岳、鄂、江、洪、饶并是东南境,属楚也。袁、吉、虔、抚、歙、宣并越西境,属越也"。这里所讲江(州)、洪(州)、饶(州),大致就是现在的九江、南昌和鄱阳等地区,也就是赣北、赣西北和赣东北的部分地区,属楚地。实际上,还有袁(州)即赣西的部分地区也应属楚。这里所讲吉(州)、抚(州)、虔(州),即现今的吉安、抚州和赣南地区,属越地。必须指出,张氏的这种疆域划分,主要指战国早、中期情况。到楚悼王命吴起为相"南平百越"之后,特别是楚灭越后,则赣境地区无疑应全部归楚。上海博物馆收藏的战国古印中,有一方刻有"上赣君之证铱"五字的古印①,"铱"字,亦作"铱",系"玺"的古字,此"上赣君"印玺应为赣江上流之君长印(图4),也就是说,战国时期,楚国势力已扩及赣南,并可能在此设置君长,以加强其统治。

图 4 "上赣君之证铱"印

第二节
扬越与干越民族的分布及融合

赣境地区的土著民族,商周时期,正如第六章所分析的那样,都是先越民族的分布范围,大体赣江流域两岸及其以西为古扬越的分布区,也即商代吴城方国或西周的牛头城方国区;赣江流域以东特别是赣东北和赣东则为古干越的分布区。春秋、战国时期,江西地区的主要居民成分仍然是属于百越民族。《吕氏春秋·恃君览》载:"扬汉之南,百越之际。"说明百越民族分布在长江、汉

---

① 上海博物馆:《上海博物馆藏印选》,上海书画出版社1979年版,第2页。

水以南地区。《汉书·地理志》颜师古注引臣瓒的话说："自交阯至于会稽,七八千里,百越杂处,各有种姓。"这就是说,南及越南北部,北至江浙、苏南、皖南的广大南方地区都分布着古越民族,只是由于支系繁多,故称百越。江西自然包含在此一区域之内,其居民显然也是由百越族人构成。

从全省各地发现的古遗址和古墓葬资料看,北到九江,南抵赣南龙南、寻乌,东至贵溪、上饶,西及萍乡、宜春等地,都出土有具有明显古越民族文化特征的遗物,其中最有代表性的遗物就是几何形印纹陶器和原始瓷器,它是越文化与楚文化及中原其他诸侯国文化最重要的区别之处。这说明东周时期江西的土著民族依然是古越民族,而且,依然延续商周以来的传统,赣江流域的两岸及以西为扬越,赣江以东包括赣东北、赣东地区则为干越。

一、扬越

根据古籍记载和考古资料,商周时期,今湖北、湖南及赣西地区当以扬越人为主要居民,其居住地当在汉水下游的江汉地区及湘、赣部分地区。吴城方国的主体居民就是扬越民族。对扬越民族的源流、分布及其名称的变异等情况在第六章中已有较详细阐述。

到东周特别是春秋时期,这一地域基本仍是古扬越人控制着。鄂东南及湖南地区的考古资料证实,这一时期,江汉流域及湘南等地的扬越人不但开掘有铜绿山铜矿,还铸造有越式铜鼎、靴形钺以及印纹陶等众多越人特有的器物。湖南益阳、旧市等地的墓葬、遗址出土物都证明了扬越人的存在事实。[1]

江西考古材料也提供了实物证据,如在高安太阳墟[2]和宜春市郊下浦[3]都发现有无圹穴春秋墓葬。宜春下浦墓是埋在河床的鹅卵石上,墓坑四周、底部及封土均为大小不同的鹅卵石,有木棺和木椁,这种较奇特的葬式是南方地区古越民族的葬俗之一,它与皖南屯溪、苏南句容以及赣东北上饶[4]、玉山[5]等地流行的土墩墓基本相近,但又有稍许差别,如前者尚有较浅的墓坑,而后者则

---

[1] 参见傅举有《关于湖南古代越族历史的几个问题》见《百越民族史论集》,中国社科出版社1981年版。
[2] 参见江西省文物工作队等《高安太阳墟春秋墓》,《江西历史文物》1986年第2期。
[3] 参见李科友《宜春春秋墓族属考》,见《江西古代文明探索》,江西科技出版社1998年版,第42页。
[4] 参见上饶县博物馆《上饶县马鞍山西周墓》,《东南文化》1989年第4、5期。
[5] 参见江西省文物考古研究所等《玉山双明地区考古调查与试掘》,《南方文物》1994年第3期。

第九章
东周时期"吴头楚尾"的江西(上)

没有墓穴,直接在平地上用卵石堆筑起坟,这种葬式的基本相近,表明它们都属于百越族大的族团,稍许差异又说明它们之间支系的不同。从出土的遗物看,诸如盂形鼎、高撇足钵形鼎、提梁浅腹外撇足鼎、铲形钺、扁茎无格短剑、刮刀(有的称篾刀)以及带圈点纹印纹陶器、原始瓷器等,都是典型的"越式"文化遗物。同类的青铜器在清江三桥黄阁里、上高塔下村等地也曾有出土。有意思的是,1990年3月瑞昌县桂林乡也出土了盂形铜鼎和附耳蹄足钵形铜鼎各一件,其形制和高安、宜春出土的完全相同。这些青铜器、兵器以及印纹硬陶器和原始青瓷器,尤其是常见的盂形鼎和蹄足钵形鼎,更是典型的"越式"铜器(图5)和陶器,与湖南湘潭、衡阳、资兴、耒阳和广东等地出土越式器完全相同,这些都说明高安、宜春、樟树和瑞昌等地春秋墓反映出的显然不是楚人而是越人的文化风貌,因为楚墓多葬一套或几套仿铜器的陶器,春秋楚墓的陶器是鬲、盆或钵、罐的组合,而这些在此墓中均未曾发现。至今在江西全境,春秋时期的楚文物发现较少,春秋时期特别是早期的典型楚墓尚未发现,这些都足以表明春秋一代,尤其是早期,整个今之鄱阳湖到赣江流域依然是越族控制着,西楚的势力尚未抵及赣境。

二、干越

赣东北、赣东乃至赣南部分地区,从商代万年文化起至西周,也一直是属古越文化范畴,但非扬越,而是属古越的另一支干越。东周时期,这一地域仍然属干越,较普遍盛行的悬棺葬俗就是干越族人的主要葬俗之一。

关于"干越"问题,自颜师古注汉书改"干越"为"于越"后,史家、注家和有关志书都各有从违,这个笔墨官司打了一千多年,一直打到现在,争论的主要问题,一是先秦诸子书中载及的是"干越"还是"于越"?二是对"于越"的理解。

对第一个问题,清代学者中,主张"于越"说的,如考据学家王谟在《江西考古录》卷一中指出:"古称于越,并无所谓干越也,本以於越为于越,故以馀於为馀于,及伪馀于为馀干,并伪於越作干越,古今地理沿革讹谬类多如此。"主张"干越"说的,如文字音韵学大师王念孙则在《读书杂志》中指出:"干越夷貉四者皆国名,不得改'干越'为'于越',古书言'干越'者多矣,凡改'干越'为'于越'者,皆所谓知有一说不知又有二说者也。"

对第二个问题,历代学者大多数主张"干越"为"吴越"说,如荀子《劝学篇》杨倞注:"干越犹言吴越";也有主张"干越"为南方古代越族之别名说,如《文

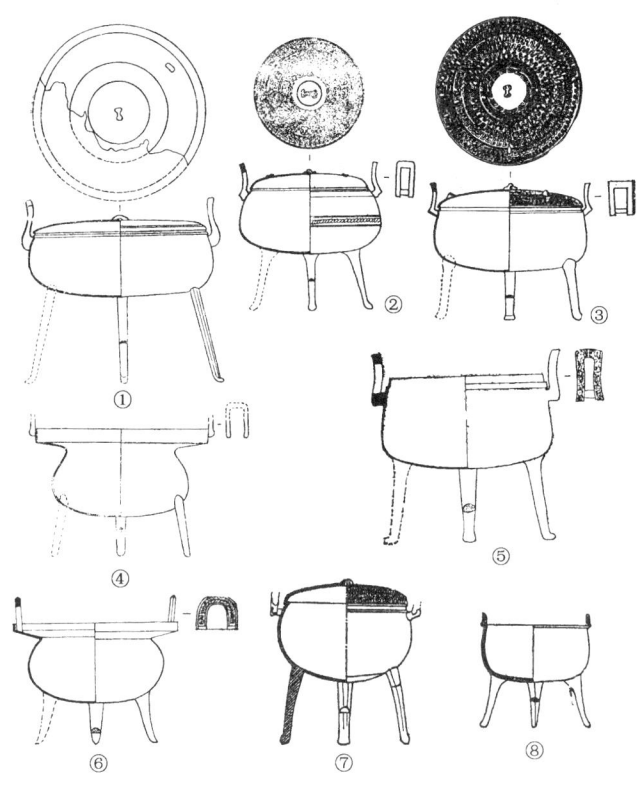

图 5 春秋"越式"铜器
①②③⑤⑦附耳细蹄足钵形鼎 ④⑥盂形鼎 ⑧竖耳外撇足鼎
(①②③④高安;⑤⑥瑞昌;⑦上高;⑧樟树)

选·吴都赋》李善注引《汉书音义》[①]云:"干,南方越名也",《汉书》颜师古注引孟康曰,"干越,南方越别名也",他们都认为"干"或"干越"为南方越之别名,到韦昭注《汉书》则更具体指出是"今余干县越之别名"。解放后,俞静安发表了《干越考》的长篇论文[②],较集中而系统地论述了干越族的源流及其有关问题,其中也特别考证了"干越"确系一个名词,是古越族的名称,古余汗县境是干越族的

[①] 服虔和应劭都有《汉书音义》,李善注引的《汉书音义》未注明是谁的,今据应劭《汉书音义》中有关于余汗得名的记载:"汗音干,汗干古通,干水旁故停水处,县在余水之旁,水所傍聚故号曰余干。"这似与"干越,南方越别名也"一语有矛盾,故推之系服虔的《汉书音义》可能性更大。

[②] 参见俞静安《"干越"考》,《山西师范学院学报》1957年第3期。

第九章
东周时期"吴头楚尾"的江西(上)

活动范围。他除了引证《汉书》孟康注和韦昭注作为确切的证据外,还列举了三条有关余干县以干越命名的古迹材料作为佐证,如"干越渡""干越亭"等。童书业经过一番考证,也认为"干"当是一个大族之名,似是"百越"中的一种,其支族大概分布于大江南北①。

笔者是很同意俞、童诸先生观点的。近年来,何光岳也对干越的源流提出不少创见,但其中有关迁徙的意见是值得商榷的。他说:"干国被吴灭亡后,除一部分遗民仍留居于临淮、邗等故地外,其余的分两支南迁,一支或因被吴王征调,迁到吴都姑苏一带,如干将在干山铸剑便是。……一支则南迁江西余干。"②实际上,在吴灭干前,也即整个西周,不论吴都姑苏抑或彭蠡以东的余汗地带,都有越人,而且是干越人活动的足迹,这可从此一广阔地域的考古学遗存和发现得到启示和证实。

那么,干越的活动中心在哪里?答案无疑应在苏南的宁镇地区,此后很自然也就在这中心区建立起方国曰邗国。刘美崧提出"干越族最初建立方国的地方当在余干一带"③,这是对韦昭《汉书注》"干越,今余干县越之别名"一语的引申和发展,似无更多的资料证实,可以说,既无文献可征,又无地下出土物作证;相反,说宁镇地区是干越族的活动中心,是干越立国之所在,其材料较为充分。

《说文》释:"邗,国名,今属临淮。"一曰:"邗本属吴。"《说文通训定声》注释:"邗,今江苏扬州废江都县,古邗城也。"古邗国立于何时?或系从淮汝南迁而至?尚有待进一步研究和考古发掘证实。据史籍记载,当商末周初之际,曾有大王之子太伯、仲雍奔荆蛮立勾吴之事,荆蛮是商周时期中原人对南方蛮类的泛称,那么,太伯、仲雍出奔荆蛮的地界当在今苏南地区,他们从中原来到南方,同样只能栖身于土著文化之中。《左传》哀公七年载及子贡的一段话说:"……太伯端委以治周礼;仲雍嗣立,断发文身,赢以为饰",这说明太伯、仲雍之所奔乃是"断发文身,赢以为饰"的越族之地,而这支越族似应是干越而非于越④,这样,到西周时期,在干越族范围内建立的方国除原有的干国外,还有一个"勾吴",它们互为邻邦,故常展开争战,所谓"昔者吴干战,未龀不能入军门,

---

① 童书业:《中国古代地理考证论文集》,中华书局1962年版,第113、114页。
② 何光岳:《干越的来源及迁徙》,《百越源流史》,江西教育出版社1989年版,第67页。
③ 参见刘美崧《试论江西古代越族的几个问题》,见《百越民族史论集》,中国社科出版社1981年版。
④ 参见俞静安《"干越"考》,《山西师范学院学报》1957年第3期。

国子摘其齿,遂入为干国多"①(《管子·小问篇》)。也许就在这场大决战中,干被吴所灭,其灭亡时间,郭沫若推定"在春秋以前,至迟亦当在春秋初年"②是有道理的。"干为吴灭,而吴亦称干,犹郑为韩灭,而韩亦称郑"(王先谦《荀子集解》一),正因吴灭干后也称干,故吴王又称邗王。到吴王夫差时,为了争霸中原,竟把邗作为陪都,在古邗国地方筑城名叫"邗城",又为沟通长江和淮河而掘了一条"邗江",即《左传》所载,哀公九年"吴城邗,沟通江淮"。《水经注》:"邗水南流迳邗城西北,故邗国也。"

不仅如此,至今还发现有三种自铭为干国的青铜器,两件壶系1935年在辉县出土③,壶上铭曰:"禺邗王于黄沱(池),为赵孟庎邗王之惕(锡)金,台(以)为祠器",那是指哀公十三年夏,吴王夫差与晋国代表赵鞅相会于黄池争长的事。"禺",唐兰、郭沫若读为"遇";童书业、李平心释为吴,这里的邗王自然是指吴王夫差了。另一件是戈头,自铭曰:"邗王是埜(野)乍为元用",据郭沫若考证,此邗王就是吴王寿梦。诸件邗国铜器的出土,证明了干为吴灭,而吴确曾称干,其有此称呼的时间至迟在寿梦时,甚或更早。至于为什么吴灭"干"后反称"干"呢?除有"犹郑为韩灭,而韩亦称郑"那样的通例外,更主要是因吴国的被统治者和邗国的人民同属于一个老祖宗,既然同是干越人,那灭了干国后,当然王可以称邗王,城可以称邗城,江可称邗江了。

正因西周到春秋时期干越族的活动中心在宁镇地区,其范围包括古余汗县境的赣东北和赣北部分地区,因此,处于春秋晚期特别是战国时期的贵溪悬棺葬主人无疑应是古干越的后裔。那么,自(于)越灭(干)吴后,即整个战国时期,那些古干越人的后裔究竟怎样演变,有否专有名称?这又得联系这一时期的历史斗争形势和所属地望进行考察了。

春秋时期,整个赣北地区,有所谓"楚尾吴头"之称,实际上后来是吴、楚、越的相互角逐之地,大概鄱阳湖以西属楚,以东属吴,但情况也并非完全如此。《史记·吴太伯世家》载,阖闾十一年(前504年)"吴王使太子夫差伐楚,取番",也即《左传》定公六年所载,"吴太子终累败楚舟师,获潘子臣、小惟子及大夫七人"。《史记》索隐:"番,音潘,楚邑名,子臣即其邑之大夫也。"按:番,秦为九江郡

---

① 郭沫若认为"为干国多"句中的"多"应是"死"之误,见《管子集校》。
② 参见郭沫若《吴王寿梦之戈》,见《奴隶制时代》,人民出版社1954年版,第32页。
③ 参见陈梦家《禺邗王壶考释》,《燕京学报》1937年第21期;唐兰:《赵孟庎壶跋》,考古社刊第6期,1937年;郭沫若:《奴隶制时代》,人民出版社1954年版。

第九章
东周时期"吴头楚尾"的江西(上)

之番县,今之鄱阳县,滨于鄱阳湖东岸,"取番"当然是取之于楚的手中,说明在此之前,楚的势力曾伸到鄱阳湖以东地区,余汗在番之南面不远,当然也有可能一度为楚兼并,但自吴"取番"后,吴必乘楚大败退之机,尽占江南之楚地,赣西北甚至包括赣中部分地区也可能就在这时一度被吴所占,顾栋高《春秋列国地形犬牙相错表》中引《皇舆表》和《通考》中指出的清江、高安、新干等均为吴地,似该指这个时候的事,至于这时古余汗县境的赣东北地区则更应属吴的管辖范围了。

自吴"取番"之后,仅仅30来年,到公元前473年,越国就把吴灭了,越灭吴后,尽取吴地,越可能乘机占领过赣西北甚至赣中部分地区,但同样时间可能不会太长,因楚乘吴越激烈争战之隙,复又强盛起来,逐渐收复了过去被吴夺去的土地,今武宁、新建、上高、高安等地战国早期特别是中期墓中出土有楚文化遗物就是有力证据。①

赣东北地区,自越灭吴到楚灭越,始终为越之属地,这为一般史籍和志书所公认,正因地属越地,所以这一带有关越国的传说也较多,如信江流经弋阳县城南至河沄三十五里入贵溪县界的地方,相传越国著名冶铸工匠欧冶子就曾"居侧,以此水淬剑"②,这虽是传说,但联系到战国初期的形势,也不能说没有一点儿史影。

自越灭吴后,本来就同属一个"百越"系统的"于越"和"干越",现在则更加速了它们之间的融合过程,如果说春秋时期,吴、越两国之间的文化特征基本相同,但尚有一定差异的话,到战国以后,这种差异已逐渐消失,几乎变得完全一致了,这样,我们就不难理解,为什么龙虎山悬棺葬和绍兴凤凰山木椁墓③之所以在棺木形制以及随葬器物的组合、造型等各方面竟都表现出如此惊人的相似。

三、楚人与徐人

东周时期,赣境地区的民族分布主要是百越民族,大体赣江以西即赣西、赣西北和今之鄱阳湖以西的赣北地区为扬越;赣东北、赣东和部分赣南地区则为干越或于越。春秋中期以后,随着楚的势力不断东扩,特别是战国以降,随着越灭吴,继而楚灭越后,江西全境更全为楚国所控制,在这一争战和东扩过程中,自然有一部分楚人相继进入赣境各地,他们在各地建立起统治据点,也带来西楚民族的一些先进文化因素,与当地古越民族相互交流、融合,共同推进

---

① 参见石凡《江西出土部分楚文物介绍》,《江西历史文物》1985年第2期。
② 参见《弋阳县志》卷一,同治十年刊本。
③ 参见绍兴县文物管理委员会《绍兴凤凰山木椁墓》,《考古》1976年第6期。

东周时期江西地区经济文化的发展。

郭沫若早年根据清光绪十四年(1888年)江西高安曾出土徐仪楚耑、徐王义楚觯、徐王耑等12件徐国铜器,因而推论徐人是在周人压迫情况下,逐渐移入赣省西北部的。不仅如此,他还据江浙出土有带铭文的姑冯、其□和徐醓尹三件徐器进而推定:"……又徐人乃由山东、江苏、安徽接境处被周人压迫而南下,且入于江西北部者,则春秋初年之江浙殆犹徐土者,亦未可知也。"[①]赣西北甚至江浙地区徐国铜器的出土,是不是就如郭氏所推定的春秋时期这些地区已经一度是徐土的范围呢?这一直是历史、考古学者所深为关注的问题。1979年,江西西北部的靖安又出土三件徐器[②],即"徐义楚盥盘"、"徐令尹者旨荆炉盘"[③]

(图6)和炭箕,这无疑又为探讨古徐国的历史增添了新的、有意义的实物资料。

图6 徐器炉盘及铭文拓本

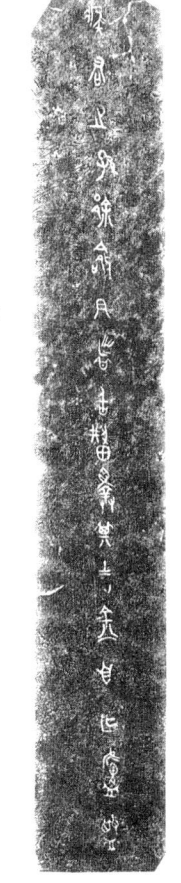

有的学者认为这进一步证实了郭沫若先生的推论,并进而推定"至少可以这样说,徐人入赣大概是在'徐人取舒'之后。"赣西北地区两次出土徐器,这的确是很可注意的事实,但还不足以证明赣西北就已是徐人的势力范围。

徐,嬴姓,商民族的嫡系,是东夷集团中的大国,其早年政治统治中心是在淮北泗县一带。春秋前期,徐人的国力依然颇强,所以到前七世纪中叶时,就基本把淮南的群舒统一起来,即所谓"徐人取舒"(《春秋经》)。从有关文献记载来看,当时的徐

---

① 郭沫若:《殷周青铜器铭文研究》,人民出版社1959年版。
② 参见《江西靖安出土春秋徐国铜器》,《文物》1980年第8期。
③ 该炉盘的内底铭文共十八字:"疾君之孙徐令尹者旨荆择其吉金自作卢(炉)盘。"第一个"疾"字,《简报》认为是"雁",即偃王之偃,笔者考为"疾",见《徐令尹者旨荆炉盘考》,《江西先秦考古》,江西高校出版社1992年版。香港中文大学王人聪也隶定为"疾"。李学勤释为"瘫"(应),见《从新出土青铜器看长江下游文化的发展》,《文物》1980年第8期。

第九章
东周时期"吴头楚尾"的江西(上)

国并没有乘胜挥兵南下进入赣境或江浙,相反,"徐人取舒"标志徐国之国威已达其高峰,此后,就开始逐渐跌落下来了。整个公元前六世纪,江淮一带的争战,主要角色是楚与吴,辗转拉锯,非常激烈,而这时的徐国已是个区区小国,虽然也曾参与了伐吴的诸侯联军,但远非昔日的徐国。这时,它要作为一支独立的政治、军事力量南下入赣更是不可能了。

既然徐人的势力不可能到达江西,那为什么赣西北竟两次出土徐器呢?我们知道,徐、楚同为商殷直系,关系一直很密切,虽有过战争,也有过亲善,很长时期徐是楚的属国或盟国。公元前513年,吴大兴讨伐灭徐时,楚还派出左司马沈尹戌"帅师救徐,弗及,遂城夷,使徐子处之",救徐不及,只好把徐子章羽安顿在楚邑(今安徽亳县境)。因此,这些徐国铜器有可能是徐人南逃时或作为给楚人的馈赠品而带入楚境的,这是一种可能。此外,有个很可注意的情况,就是赣西北出土的两批徐器中,每批铜器都非一个徐王时代的。以清代高安出土的12件徐器为例①,除有"徐王仪楚耑"、"义楚觯"外,还有"徐王丮又觯"②;第二次靖安出土的3件徐器,同样是"疾君之孙徐令尹者旨荆"和"徐王义楚"两个时代的。这就告示我们,更大可能是当吴最后把徐完全吞并后,楚曾帮助徐的王侯子孙分散到楚境各地,以防变异③。也许就有这么一个徐君的贵族后裔,满载着徐国先君的青铜礼器而被安置在一直属南楚之地的赣西北地带。"国破家亡,宝器分散,便是一度称雄江淮的徐国的最后结局。"④所以说,不仅赣省地区出土徐器可以理解,就是在古属吴、越的江、浙一带出土的一些徐器同样可以理解。

东周时期,是一个列国纷争异常激烈的年代,但同时又是一个以华夏民族为核心的各民族的大融合时期。赣境地区的主体居民虽然以古越民族为主,但也不断有中原华夏民族以及楚民族等的迁入,他们带来中原华夏民族的先进文化与礼乐制度,并与古越居民交流、融合,在经济、文化上逐渐走上一条共同发展的道路。到了战国末期,秦始皇统一中国后,赣境地区的古越民族除极少部分后来演变为两汉、三国时期的所谓"山越"外,绝大部分都相继融合到华夏民族的大文化圈中,成了华夏汉民族的一个不可分割的组成部分。

---

① 郭沫若:《两周金文辞大系图录考释》(八)。
② "徐王丮又",陈直释为"徐王戈",见《读金日札》(选录),参见《社会科学战线》1980年第1期。李学勤释为"徐王丮又",见《从新出土青铜器看长江下游文化的发展》,参见《文物》1980年第8期。
③ 参见彭适凡《春秋徐国南疆析疑》,见《江西先秦考古》,江西高校出版社1992年版,第257—267页。
④ 参见李学勤《从新出土青铜器看长江下游文化的发展》,《文物》1980年第8期。

第十章
东周时期"吴头楚尾"的江西(下)

春秋战国时期,是社会大变革时期,而变革的动力无疑是科学与技术生产力的发展。恩格斯曾经指出:"科学的发生和发展一开始就是由生产决定的。"[①]而这一时期,生产力发展的重要标志就是冶铁技术的发明。江西地区的情况同样如此。其生产工具的进步和发展,也集中表现在青铜工具的更多使用特别是铁农具的开始出现。随着铁工具的开始使用和牛耕的逐步推广,加速了江西地区农业、畜牧业和各类手工业等的全面发展,与此同时,作为其上层建筑的民族习俗、葬制、宗教信仰与崇拜以及文化艺术、音乐等则强烈地表现出古越民族特征。

第一节 农业

赣鄱地区,新中国建立以来,由于文物考古事业的发展,相继发现了不少属春秋战国时期的遗址和墓葬,也出土了一批早期铁农具和手工工具标本,这些实物资料与考古发现,无疑对探索江西地区春秋至战国时期的历史文化面貌有着极为重要的意义。

---

① 恩格斯:《自然辩证法》,人民出版社1971年版,第162页。

一、铁农具的使用和推广

据现有的考古资料,我国发现的最早铁器是春秋中期以后,到战国时期,则更广泛地被使用和推广,赣鄱地区目前发现的最早铁器标本,是属春秋晚期到战国早期,主要有:

九江县沙河街磨盘墩遗址上层,出土铁器残片两件,时代为春秋晚期①。

1956年上高县塔下村出土44枚铁镞,伴出的有3件外撇足铜鼎,铁镞全置于一铜鼎内,其形制多为三棱形。从其外撇足的典型越式铜鼎和铁镞形制分析,当是春秋晚期到战国早期遗物②。

九江县沙河街大王岭遗址出土残铁器5件,可辨明的器形有臿,器虽残损,但仍可看出平面呈凹字形③,时代为战国早期。

武宁县石门乡毕家坪战国墓出土铁斧一件,长方形,方銎,平刃,锈蚀较重④,时代为战国早期。

这些早期铁器标本的发现,说明春秋晚期到战国早期,至少赣江下游一些地区也已开始使用铁器,只是这时铁器的数量还很少,器类只有凹字形臿等小型农具和斧、锛一类手工工具。

到战国中、晚期,如同全国其他地区一样,赣鄱地区发现的铁器不仅数量增多,而且分布地域更广,表明这时的铁器使用日趋普遍。

临川县罗家寨遗址出土铁斧20件、铁口锄4件以及铁质蹄形鼎腿、铁釜和铁剑等残片。⑤

新干界埠粮仓遗址的纵沟中出土完整铁斧2件,⑥经有关专家进行金相检测结果,还是属于锻打"百炼成钢"的钢制品。

九江县马迴岭乡磨盘山遗址出土铁斧、铁镰各1件以及铁铤铜镞数枚,伴出的还有印纹硬陶罐、高足陶灯和石矛、砺石等,发现时,这批器物被一饰米字

---

① 参见江西省博物馆等《江西九江县沙河街遗址发掘简报》,《考古学集刊》第2辑,1982年。
② 参见薛尧《江西出土的几件青铜器》,《考古》1963年第8期。
③ 参见《江西九江县沙河街遗址发掘简报》,《考古学集刊》第2辑,1982年。
④ 参见彭适凡《武宁战国墓葬的清理》,《文物工作资料》(内部)1976年第4期。
⑤ 参见徐润科等《临川县罗家寨战国遗址复查》,《文物工作资料》(内部)1975年第5期;《江西临川县古文化遗址调查简报》,《江西文物》1989年第3期。
⑥ 参见陈文华等《新干县发现战国粮仓遗址》,《文物工作资料》(内部)1976年第2期。

第十章
东周时期"吴头楚尾"的江西(下)

纹陶盆所覆盖。①

高安郭家山战国墓地的三十二号墓,出土一件铁矛,与泥锈合,已断为三节,从截面看,长叶中脊隆起,圆銎,长32厘米。②

上述出土的这些铁工具和兵器,虽多未经金相学的科学考察,但据有关从事冶金史研究的同志观察,多数为生铁铸造,锻件较少,尤其是那些斧、臿、锄、镰之类。此外,这些铁工具的形制和中原以及两湖、江浙等地出土的完全相同,诸如大王岭遗址出土的铁臿与河南辉县固围村出土的类同③;临川罗家寨遗址出土的弧刃铁口锄与广东始兴县白石坪山遗址④以及辉县固围村出土的凹字形侈口锄相同;上高塔下村出土的铁镞也与辉县琉璃阁战国墓出土的铜镞相近;临川罗家寨、新干界埠粮仓出土的铁斧与河南辉县固围村及湖南长沙楚墓中出土的相一致。这都清楚表明,到战国中、晚期,南北各地经济文化水平日趋一致,赣鄱地区也不例外。

就全国范围目前发现的铁器标本来看,春秋晚期主要发现于吴、楚两国即今湖南、江苏两省区;战国早期则逐渐扩展到赵、燕、韩、洛邑等地;到战国中、晚期,全国各地较为广泛使用,而南方的楚国则是当时冶铁术最为发达的地区之一。⑤联系到江西境内至今发现的一些早期铁器标本,诸如赣江下游的九江、赣西北的武宁等地,在春秋晚期,恰恰都属"南楚"之地,至于新干、南昌、临川等地发现的铁器标本,时代已为战国中、晚期之后,这些地区当时也已属楚的范围,所以,即或从江西境内已发现的早期铁器标本来看,也可证明春秋战国时期,楚国确已具有较发达的冶铁技术。

在中原地区,伴随铁农具的出现,使用牛(或马)犁耕得以更快推广。《国语·晋语九》曾载:"夫范中行氏不恤庶难,欲擅晋国,令其子孙将耕于齐。宗庙之牺,为畎亩之勤,人之化也,何日之有?"到了战国中、晚期,这种犁耕更得到加速发展,河北辉县固围村二号墓等地出土的铁口犁就是确凿的文物证据。赣江下游地区,这一时期虽然目前尚未发现铁口犁之类的铁农具,但从新干商代

---

① 笔者参加1980年文物普查试点调查得知。
② 参见程应林等《高安县郭家山墓葬》(待刊稿)。
③ 中国社科院考古研究所:《辉县发掘报告》,科学出版社1956年版。
④ 参见莫稚《广东始兴白石坪山战国遗址》,《考古》1963年第4期。
⑤ 参见黄展岳《关于中国开始冶铁和使用铁器的问题》,《文物》1976年第8期;何堂坤:《关于春秋战国时期的钢铁冶金技术》,《科技史文集》第9辑,1982年。

大墓中出土有青铜犁铧来看,至战国中、晚期,赣鄱地区已能制造铁犁铧应是无可置疑的。

由于铁农具的使用以及牛耕的推广,大大促进了农业生产的提高,主要表现在这时的垦地面积进一步扩大,深耕细作,水利灌溉更大规模的发展以及中耕技术的出现等等方面,其中很重要因素就是新出现的铁镬、铁臿等铁农具,比之原来的铜镬、铜臿以及耒、耜大大提高了开垦荒地和翻土耕作的工效,使深耕细作有了技术上的保证。农业技术的提高,促进了农业经济的发展,以至赣境地区成了南方吴、楚等国重要的粮食产区。恩格斯说:"铁使更大面积的农田耕作,开垦广阔的森林地域成为可能;它给手工业工人提供了一种其坚固和锐利非石头或当时所知道的其他金属所能抵挡的工具。"①

随着耕地面积的扩大,农业生产的发展以及粮食产量的提高,牲畜的饲养尤其是家猪的饲养较为发达。临川县营门里(又称河西二号遗址)战国遗址出土的一件陶猪②,体长11.3厘米、高6.5厘米(图1),粗腿肥胖,鼻子微翘,双耳竖起,形态生动逼真,通身刻画有流畅的曲折勾连纹,犹如印纹硬陶器上的纹饰一样。又如

图1 陶猪(临川营门里)

在樟树观上牛头山战国中期墓葬中③,出土一件铜质的牛首形器耳,铸工精细,形象生动,这不仅证明当时养牛业已有一定发展,而且为探讨赣江流域牛耕的广为推行提供了有力证据。牛首形装饰远在新干大洋洲商代青铜器上就多有出现,湖口下石钟山西周遗址也曾出土原始瓷质牛塑艺术品,到春秋战国时期,牛这种动物与人们的关系应更为密切,也自然更成为人们喜爱和崇敬的对象。

东周时期赣鄱地区的古代居民,不仅有着发达的稻作文化,还能种植多种经济作物,如麻、苎麻和蚕桑等。赣东北龙虎山悬棺葬发掘的一个重要收获,就是发现了一批精美的纺织品和成套的纺织工具。④出土的纺织品,经上海纺织

---

① 恩格斯:《家庭、私有制和国家的起源》,《马克思恩格斯选集》,第4卷,人民出版社1976年版,第149页。
② 参见临川县文管所《江西临川县古文化遗址调查简报》,《江西文物》1989年第3期。
③ 参见江西省博物馆《江西清江战国墓清理简报》,《考古》1977年第5期。
④ 参见江西省历史博物馆等《江西贵溪崖墓发掘简报》,《文物》1980年第11期。

第十章
东周时期"吴头楚尾"的江西(下)

科学研究院鉴定,分别为麻布、苎麻布和绢以及印花织物数类。这些纺织品和纺织工具的发现,从一个侧面再现了赣境地区古越人的男耕女织的生活场景。

正由于铁器的出现和较普遍地推广,推动了整个社会生产力的提高和发展,伴之而来的是社会的进步。赣境地区首先是赣江中、下游地区,也同中原一样,逐渐由奴隶社会过渡到封建社会。正如马克思所说:"划分经济时期的事情,不是生产了什么,而是怎样生产,用什么劳动手段生产。劳动手段不仅是人类劳动力发展的分度尺,而且也是劳动所在的社会关系的指示器。"[1]所以说,铁器的出现,不仅标志着社会生产力已发展到一个新阶段,而且还表明整个社会的阶级关系也进入了一个新的历史时期。

二、粮库的出现

新干县界埠战国粮仓遗址是1975年发现的。遗址位于赣江西岸袁家村的山丘上。

1976年初,考古工作者对粮食仓库遗址进行了试掘,初步查明了其中两座大型粮仓的结构和规模[2]。粮仓平面呈长方形,长61.5米,宽11米,坐东朝西。从大量的瓦片和柱洞判断,是一座土木结构的房子,屋顶铺绳纹板瓦。仓内地面挖了4条平行的纵沟,宽深约0.5米,长61米,各沟相距1.4米左右,两把完整的铁斧就出于纵沟中。在五条纵沟之间又挖了很多小横沟,宽、深均为0.2米,长1.4米,横沟间距1米左右。粮仓地面纵横开沟的目的,显然是为了加强室内地下空气的流通,防止稻谷受潮发霉变质,很符合科学原理,这是两千三四百年前赣地民族在保管贮藏粮食方面的一项重要创造发明。仓内到处堆积被烧成炭末的米粒,其堆积厚度为0.3米~1.2米不等,其中有一部分保存较完整的颗粒,经农学家鉴定,都系粳米。

这座粮库早在四五百年前就曾引起人们注意。《新干县志》卷二记载:"监军庙在治西,祀杨行密……庙傍土垒周遭,相传逐盗时所筑。天雨辄淘出廪米、箭镞,米可愈痢,明饶逢恩有监军庙记。"现据探掘得知,未见有任何唐末五代时期的遗物,因此,县志所载,粮仓为五代杨行密所筑仅是传说而已。根据粮仓及附近出土的绳纹板瓦、变形云纹圆瓦当、铁斧以及大量的饰有方格纹、米字

---

[1] 马克思:《资本论》,《马克思恩格斯全集》,第23卷,人民出版社1965年版,第174页。
[2] 参见陈文华、胡义慈《新干县发现战国粮仓遗址》,《文物工作资料》(内部)1976年第2期。

纹、蕉叶纹和方格十字交叉纹等印纹硬陶片来看,都应是战国时期的遗物,纵沟中出土的两把长方梯形铁斧、方銎、平刃,其形制和广东始兴白石坪战国遗址出土的铁斧①以及河南辉县固围村二号墓出土的铁斧、钁头十分相似,因此,粮仓遗址的时代约当战国中期或稍晚。

像新干这样早期粮库储藏遗址的发现,不仅在赣省是首次,就是在全国来说,也是不多见的。它足以说明,战国中、晚期以后,随着铁农具的广泛使用,赣江流域,特别是中、下游地区的以水稻种植业为主体的农业生产得以迅速发展,粮食的增多有必要建置较大规模的粮库,同时,大量粳米如此集中存储于仓库之内,且库址又紧临赣江之滨,这就使人有理由推测,这一粮库遗址,似不太可能是个体小农经济或单个封建地主的私人粮库,而应该是封建政权在这里设置的属国家性质的粮库,它将从附近农民手中搜括来的粮食集储于此,然后通过赣江顺流而下,转运到政治中心去。这些粮食当是属于商品粮的范畴。

第二节
手工业

东周时期,赣境地区的手工业生产在商、西周时期基础上有进一步发展,并取得了诸多方面的杰出成就。这里,主要介绍青铜冶铸业、纺织业、竹木制造业和陶器、原始瓷器烧造业等。

一、青铜冶铸业

东周时期,赣境地区的青铜冶铸工艺得到进一步发展和提高,愈益表现出与中原青铜铸造工艺的一致性。

1.采矿技术

据前面第六章所述,赣北的瑞昌铜岭矿冶遗址从商代前期开始就已开采,是至今国内发现的最早的一处采铜矿山,而且其采冶水平处于全国领先地位。从多次的考古发掘资料看,该矿山始采于商代,历经西周,一直延续到春秋战国,前后开采近1300余年。

春秋战国时期的采矿方法,以坑采为主,露采为辅,有的在露采坑的底部

---

① 参见莫稚《广东始兴白石坪山战国遗址》,《考古》1963年第4期。

第十章
东周时期"吴头楚尾"的江西（下）

继续下掘竖井,还有的挖掘更深、更宽大的槽坑。坑采的方法,如同商、西周时期一样,仍是采用井巷联合开拓法。但这时不仅有底部平巷,而且还出现了中段平巷,即竖井开挖到一定深度后,若碰到有富矿,则从中段转入平巷,待中段平巷采掘完后,继续下掘竖井,再转入底部平巷。木支护工艺仍沿用早期传统支撑方法,无论竖井或平巷均用碗口接框架,所不同的是竖井的内撑方向由早期的同向撑,改为交替异向撑,即所谓交替碗口接内撑式支护竖井(图2)。平巷支护结构基本上与早期的碗口接架厢式相同,所不同的是巷道顶棚及两帮均用木板封闭,普遍都有地栿,增大了抗压强度和采矿安全系数(图3)。这时的提升工具比之商、西周更为齐备,不但有用于矿井提升的木滑轮,还有用于巷道运输的木滑车,特别多用于巷道的转弯处,以改变牵引绳的方向。这件木滑车,系用整木刳成,虽已残半,但能复原全貌。轮面横长21.6厘米,高16.8厘米,中心轴中空处大小不一,一侧径8.4厘米,另一侧经6.5厘米,中央经6.3厘米。中空处一端大,一端小,中束腰形。从侧面外形看似今日之齿轮,从复原来看,轮轴面有18道齿叶,每道上部相距3.3厘米,下部倒三角相连,齿高3.6厘米。轮轴一侧磨接痕明显,擦痕呈数道重圈纹,中心轴处擦痕也明显(图4)。

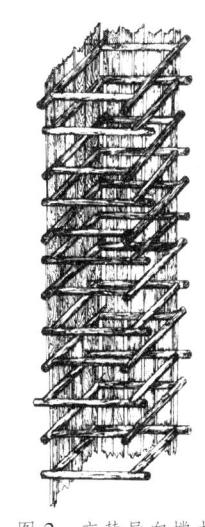

图2 交替异向撑式竖井结构示意图

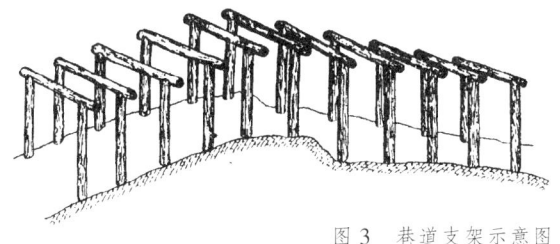

图3 巷道支架示意图

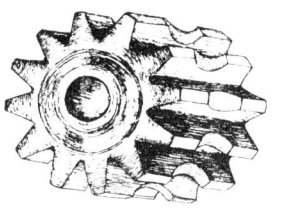

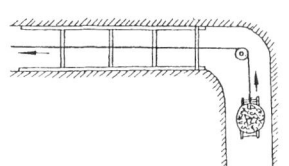

图4 齿状木滑车及其巷道内使用示意图(春秋)

由于提升工具和木支护工艺的改进,加上采矿经验的长期积累,东周时期的采挖深度比前大大延长,采矿量也大为增多。这一点从试掘的冶炼区主要分布点邹家、戴家铜石坡等地残留着大量炼渣可以得到佐证。

2.青铜铸造

东周时期,随着中原与江南经济文化交流的日趋频繁,在青铜器特征上也表现出与中原的一致性。这一历史时期,由于赣境地区分属楚、吴、越管辖,故从出土的青铜器来看,也大体分属两类:

第一类,楚式青铜器。如萍乡芦溪出土的一件铜鼎,子母口,但缺盖,腹深,双附耳,马蹄足,器腹满饰蟠螭纹,是典型楚式鼎。

第二类,吴、越式青铜器。如樟树临江镇出土的一件铜盥盘,直口,宽平沿,平底带三乳钉小足,双衔环兽面耳。器身外壁满饰规整花纹,上部为阴刻纤细的云雷纹,腹部主题纹饰为细密的蟠螭纹,近底部为三层重叠的三角形垂叶纹。其形制和龙虎山悬棺葬中出土的仿铜泥灰陶盥盘以及广东罗定一号墓出土的蟠螭纹铜盥盘①相同,联系到清乾隆年间临江出土春秋中期的吴国"工𠭯王"钟11件,据此,今临江出土的蟠螭纹盥盘,也应是春秋中、晚期器。又如樟树观上郭堆垴春秋墓②出土的二件铜鼎,均竖耳,三兽足,敞口,圜底,腹部饰凸弦纹两道,其间为蟠螭纹带。再如樟树农校出土的一件铜鼎,体为扁圆,竖方耳,平底,足细长外撇,断面呈半圆形。此类鼎在江苏六合县和仁、程桥东周墓中③都有发现。

当然,在上述两类青铜器中,更大量出土的是兵器,如剑、戈、矛(镦)、镞、匕首等。尤以青铜剑最多,铸造也最精。众所周知,吴、越人的铸剑技术可以说达到了炉火纯青的程度。《战国策·赵策》在评价吴越之剑时说:"夫吴干(越)之剑,肉试则断牛马,金试则截盘匜。"《庄子·刻意》也载:"夫有干(吴)越之剑者,柙而藏之,不敢用也,宝之至也。"吴越还出现了一些杰出的铸剑名师如干将、莫邪夫妇及欧冶子等,他们铸造的各种名剑,就受到当时人的倍加赞誉。如《荀子·性恶》载:"桓公之葱,太公之阙,文王之录,庄君之曶,阖闾之干将、莫邪、巨阙、辟闾,此皆古之良剑也。"当时著名的相剑家薛烛称赞欧冶子铸造的"鱼肠"、"巨阙"等名剑时说"观其锸,烂如列星之行;观其光,浑浑如水之溢于塘"。因此,"虽复倾城量金,珠玉竭河,犹不能得"越王之一剑④。赣境地区虽非吴、越

---

① 参见《罗定县发现一批珍贵的战国青铜器》,见《南方日报》1977年12月25日。
② 参见樟树市博物馆《江西樟树观上春秋墓》,《南方文物》1997年第2期。
③ 参见吴山菁《江苏六合县和仁东周墓》,《考古》1977年第5期;《江苏六合程桥东周墓》,《考古》1965年第3期。
④ 袁康:《越绝书》卷一一。

第十章
东周时期"吴头楚尾"的江西(下)

的中心腹地,没有出土像湖北江陵望山、藤店等地出土的那样极为精美绝伦的越王勾践剑、越王州句剑等,但从现已出土的部分青铜剑(图5)来看,有的剑格上铸有云雷纹或镶嵌有绿松石,有的在凸箍表面布满棘刺纹,更有的在腊部也铸有暗格纹等等,这些都从一个侧面证明了吴越民族青铜铸造特别是青铜剑的铸造技术水平已达到高峰。

东周时期,赣境地区青铜铸造方面,还有如下几个方面值得特别提出:

第一,据《考工记》的记载,古代中原地区华夏民族能依照青铜器的不同功能配备不同的合金比例,即"金有六齐,六分其金而锡居一,谓之钟鼎之齐;五分其金而锡居一,谓之斧斤之齐;四分其金而锡居一,谓之戈戟之齐;三分其金而锡居一,谓之大刃之齐;五分其金而锡居二,谓之削杀矢之齐;金、锡半谓之鉴燧之

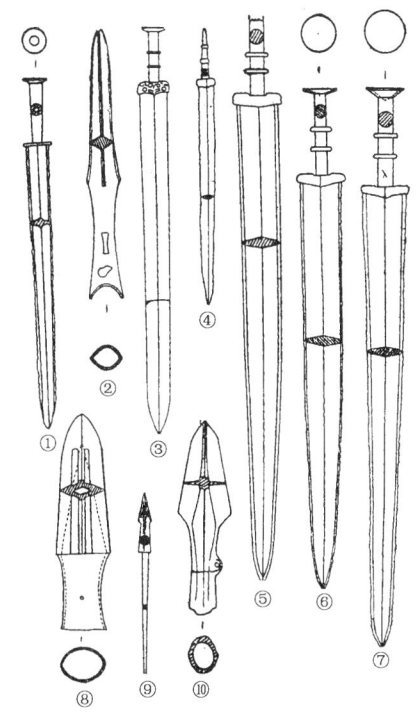

图 5 东周铜兵器举例
①③④⑥⑦剑 ②⑧⑩矛 ⑨镞

齐。"我们曾将江西出土的部分春秋、战国的青铜器标本请有关部门对其合金成分进行测试,结果发现,这时的不少青铜器已开始出现了接近中原"六齐"合金规范的趋势,即不仅较广泛推行了合金的应用,而且一般能对合金成分进行科学的配制。如樟树出土的一件铜鼎,其鼎腿含铜63.37%,含锡16.93%,其鼎腹含铜60.91%,含锡16.01%,说明其合金成分特别是锡的含量与"六齐"中的"钟鼎之齐"基本相符。

第二,春秋战国时期,出现一种剑的脊部和两侧刃部分铸结合的所谓复合剑,因合金成分不同故呈色也有别,所以又称双色剑。历年来,赣境地区的南昌、樟树、九江等地屡有复合剑的出土,如樟树农校出土铜剑和铜鼎各一件,铜剑通长72厘米,茎长10厘米,剑身有脊,脊部与刃部异色,圆首、圆茎双箍,宽格,上饰兽面纹。又如九江县大王岭遗址出土一件青铜剑,残长59厘米,剑身中

部起脊,脊、刃部异色,扁圆形实茎,上有双箍,窄格,首残。据华觉明等学者对南方七件复合剑的检测分析结果,表明复合剑的脊部和刃部的合金成分明显有异,即"刃部含锡量要比脊部分别高出5.48到11.44个百分点;而脊部铜、铅含量和铜、铅合量则比刃部要分别高出1.22~7.9、1.88~9.9和5.48~13.62个百分点"[①],也就是说,刃部是由典型高锡青铜铸成,而脊部则属铅锡青铜铸成,这种不同的合金材质,使剑体外锐内韧,刚柔兼备,再次体现了中国古代因需施材,材尽其用的技术思想。而脊和刃的双色正是由于材质成分的差异而引起的。

考察还得知,剑脊和格、茎、首都是一起铸就的,剑的两刃及锋刃则由另一次浇铸成形。具体程序应是先铸剑脊,再铸剑刃。正因为剑脊先铸,二次浇注前所必经的铸范预热及浇注时金属液的加热作用,使得脊部特别是被刃部包裹的榫端的金属组织长大变粗。剑刃后铸,被先铸的剑脊所激冷,使剑刃特别是紧包着榫端的卯部组织细化。同时,刃部凝固收缩对剑脊产生的紧固作用,也有助于刃和脊的联结。[②]经检测,南昌所出复合剑的脊部硬度只有33.5HRB,而刃部则为84HRB,两者的硬度明显不同,除刃部含锡量高于脊部外,可能和铸后加工硬化有关,目的都是为使刀刃坚固锋利。

从目前发现的资料来看,包括北京、上海、湖北、山西、广西、江苏、浙江、安徽和湖南等省市都有复合剑的发现,但以南方地区出土较多,看来这种复合剑应属于南方青铜文化系统,而且很可能最先是由吴越地区所创铸,江西地区出土复合剑较多也是一个有力佐证。

第三,春秋战国时期,赣境地区较普遍地以陶范作铸型,石范仅是偶尔用来铸造工具或武器,如萍乡出土的刮刀石范。到战国时期,随着中原铸造技术的发展,江西地区的铸铜工艺水平也得到相应的提高。这时在铸造方法上,除继续采用和发展浑铸铸接法之外,也较普遍实行分铸焊接法。其他诸如青铜器上"镶嵌红铜"、"错金银"等新兴工艺也已出现,这些都反映出此一时期赣江流域生产力的发展和南北经济文化的进一步融合。

3.铸铁技术

我们知道,战国中、晚期,我国冶铁技术得到了重大发展,这突出表现在发明了铸铁技术,而这种技术在欧洲是直到14世纪才开始的。证明这一时期我国

---

① 参见彭适凡、华觉明、王玉柱《江西出土的青铜复合剑及其检测研究》,《中原文物》1994年第3期。

② 参见何堂坤《我国古代金属锋刃器的几种复合材料技术》,第一届中国古代技术史学术讨论会论文,1983年。

第十章
东周时期"吴头楚尾"的江西(下)

已掌握了铸铁技术的材料很多,如长沙识字岭三一四号墓出土了铁口锄、洛阳水泥制品厂工地出土了铁铲以及河南新郑郑韩故城仓城村发现了镬、镈(空首布式)、刀等泥质内外范。泥范是铸器的模子,它们无疑是供铸铁器用的。又如河北兴隆发现一批铁质铸范,这是目前我国出土最早的一批铁范[1],反映出当时冶铁术已发展到很高的水平。

地下考古材料又证明,赣鄱地区,到战国中、后期,冶铁技术水平也已发展到铸铁阶段。清江观上战国墓出土的一件铜鼎,其三蹄形足系铁质,这是铸铁技术的明证,因它是通过浇铸法而制成的,特别是1976年新建县大塘赤岸山战国遗址出土有一扇铁质斧范,更是铸铁技术产生的有力证据。这件铁范,背面带环钮,便于握持,长12.3厘米,上端宽12.6厘米,下端宽12.3厘米。据有关专家观察后认为,结构比较紧密,胎壁厚度较为均匀,范上设有环钮作把手,基本符合于均匀散热和抵抗冷热变形的强度要求。铁范本身是在高温下用铁水浇出的,它自身就是个铸件,而且又是制造铁器的模具。铁范的出现显然是为了满足社会对铁器的不断增长的需要而产生的。用金属范来制造铁器,其优点是经久耐用,可以连续使用数十次乃至数百次不等,从而大大提高了成型效率,同时可使铸件形状稳定,易于得到定型的规格产品;此外,铁范冷却速度快,易于得到白口铁组织,便于柔化处理。

以上这些都充分说明,春秋战国时期的江西地区,不仅青铜采冶和铸造技术已达到全国先进水平,有的甚至还处于全国领先地位,而且冶铸铁的技术也进入全国先进行列,这是赣境古代民族对中华科学技术的又一卓越贡献。

二、纺织业

赣境地区古代先民的纺织业渊源甚古,远在一万多年前的万年仙人洞、吊桶环的原始先民就懂得用骨针缝制兽皮、树皮遮体避寒;到五六千年前的新石器时代晚期遗址中,已普遍发现简单的工具陶纺轮用来捻纱,从而真正揭开了赣境古代先民纺织生产的序幕;到三千多年前的商代吴城方国时期,麻织业、蚕丝业都有相当发展,如在新干商代大墓中就发现有不少青铜器是用蚕丝平纹绢和麻之类织物包裹着,到东周时期,其养蚕、缫丝和织绸技术等更得到快速发展,尤其在赣东北的干越民族地区。龙虎山悬棺葬中出土的纺织品和纺织器材就是最具体最集中的反映。

---

[1] 参见《热河兴隆发现的战国生产工具铸范》,《考古通讯》1956年第1期。

1.纺织原料

春秋战国时期,赣境地区越人的纺织品原材料明显比以前增多,主要有以下几种:

第一,蚕丝,是主要纺织原料之一。吴越地区的越人蚕桑业尤为发达,任昉《述异记》载:"勾践得范蠡之谋,乃示民以耕桑。"在龙虎山悬棺葬发掘的墓葬中,几乎在已发现的尸骨上,都见有破损程度不一的绢质衣服片,说明死后都是穿上这种绢质丧服入殓的。经上海纺织科学研究专家鉴定都是家蚕丝[1]。

第二,苎、麻。古代的东南地区,天气温热,雨量充沛,宜于麻、苎、桑、棉的生长。《唐六典》记载唐代时的泉州、建州、闽州、洪州、饶州、江州、袁州都是出产苎、麻的著名产地。这虽是唐时的情况,但也说明其苎、麻种植历史由来已久。在龙虎山悬棺葬发现的大麻布和土黄苎麻布,经有关专家鉴定就是当时江西盛产的大麻和苎麻。苎是一种亚灌木植物,纤维细长坚韧,平滑而有丝光,质轻拉力强,吸湿、散热比其他纤维都好,染色易退色难,织之夏布洁白清爽,清凉离汗,其品质在麻类中应是最好的。麻又称大麻,是一年生草本植物,对土壤和气候的适应性很强,种植和加工都较简便,故产量也高。

第三,葛。是东周时各地越人常用的纺织原料之一。《尚书·禹贡》载:"淮、海惟扬州:……岛夷卉服,厥篚织贝……"颜师古注:"卉服,絺葛之属。"《淮南子·原道训》载:"干越生葛絺。"《说文》析葛:"絺绤草也。"即粗葛称绤,细葛称絺,一般葛絺连称。葛为蔓生植物,纤维比麻纤维细长,能织成较细薄的织物,吸湿、散热与苎麻同,也有去汗离体之功效,故自然成为古越人常用纺织原料。

第四,木棉。木棉即棉花,为锦葵科一年生草木(简称草棉)或多年生灌木(简称木棉)。棉花在古代称作吉贝或白叠。长期以来,农史学界都认为棉花是从国外引进来的,直到1978年福建崇安武夷山船棺中出土一块青灰色棉布[2]后才终于解开这一历史之谜。该船棺的年代,据有关碳十四测年数据分别为3620 ± 130年、3445 ± 150年和4198年。[3]但从崇安武夷山和龙虎山两地悬棺葬的葬制、葬俗特别是出土遗物所反映出的社会生产力水平看,崇安悬棺葬的年代可能要比龙虎山的要早,却又不可能相距太远,不可能像测试的那样到商代,大体可早到西周中、晚期前后。[4]据有关专家的检测,该块灰棉布织物组织是平

---

[1] 参见江西省博物馆等《江西贵溪崖墓发掘简报》,《文物》1980年第11期。
[2] 参见高汉玉《崇安武夷山船棺出土的纺织品》,《福建文博》1980年第2期。
[3] 参见福建省博物馆等《福建崇安武夷山白岩崖洞墓清理简报》《关于武夷山船棺葬的调查和初步研究》,均见《文物》1980年第6期;
[4] 参见彭适凡、李放《有关赣闽两省悬棺葬的几个问题》,《民族研究》第四辑。

第十章
东周时期"吴头楚尾"的江西(下)

纹,经纬纱投影宽度均为0.5毫米,经纬向密度为14根/厘米。经纱抬度为67抬/10厘米,纬纱抬度为53抬/10厘米,经纬纱的抬向均为S抬。从这些参数来看,其织造技术显然都较原始,但它是目前我国年代最早的棉布。据此,我们有理由推断,武夷山地区是棉花原产地之一,也是棉纺织业最早发源地之一。古代南方地区,种植木棉历史很早。《尚书·禹贡》载:"淮、海惟扬州:……岛夷卉服,厥篚织贝。"此所谓的贝,就有解释为吉贝即木棉的,如三国时,东吴人万震《南州异物志》中载:"五色斑布似丝布,吉贝木所作,此木熟时,状如鹅毛,中有核,如珠绚,细过丝锦。人将用之,则治出其核,但纺不绩,任意小轴牵引,无有断绝,欲为斑布,则染之五色,织以为布,弱软厚致。"既然武夷山东南侧的崇安地区,早在西周时期就已能栽培木棉并织成棉布,那么武夷山地区西北侧的赣东北地区,虽然龙虎山悬棺葬中至今尚未发现有棉布一类纺织品,但东周时期已能栽培木棉应是无可置疑的。

2.纺织品种类

由于纺织原料的增多,东周时期赣境地区的纺织品种类也较多样,从龙虎山悬棺葬出土的资料看,大致有麻布、苎麻布(通称夏布)、绢、印花织物和麻绳等。

第一,麻布。是用大麻织就的一种较普通布料,历史上所称"布衣",就是指用大麻织成的粗布衣服,只能御寒,不务其美,为一般平民百姓所穿,它不能登大雅之堂,即所谓"非采列(锦绣的丝绸衣服)不入公门"。实际麻布在古代一般有两种用途,一是作常服,即"深衣"。《诗·国风·曹风·蜉蝣》:"蜉蝣掘阅,麻衣如雪。"郑玄注:"麻衣深衣,诸侯之朝,朝服朝,夕则深衣也。"二是作丧服。《礼记·闲传》卷三十七载:"又期而大祥,素缟麻衣。"郑玄注:"谓之麻者,纯用布,无采饰也。"龙虎山悬棺葬中几乎每座棺木内底均发现有这种粗麻布,用以垫尸。

龙虎山出土的麻布,其颜色有黄褐、深棕和浅棕色三种,虽已严重退色,现有色彩也可能非原先之本色,但它们有深浅不同,应是原本染色的结果。据检测,这种粗麻布均为平纹组织,但三种颜色的麻布经纬密度不尽相同,那种黄褐色麻布经纬密度每平方厘米经纱12根,纬纱8根,经纱宽0.8毫米~1.2毫米,纬纱宽0.7毫米~1.4毫米;深棕色麻布,每平方厘米经纱8根,纬纱12~14根,经纱宽0.3毫米~0.5毫米,纬纱宽0.6毫米~0.8毫米;浅棕色麻布,每平方厘米经纱10根,纬纱14根(双根),经纱宽0.3毫米~0.4毫米,纬纱宽0.4毫米~0.5毫米。看来黄褐色麻布经纱比纬纱密,而深棕色和浅棕色麻布的纬纱又比经纱更密。对深棕色麻布的麻纤维切片检测结果,其截面呈钝角多边形,纤维的中腔较小,未成熟的纤维呈带状,说明它是一种普通的布料。

第二,苎麻布,即夏布。龙虎山悬棺葬中发现的苎麻布,经纬密度每平方厘米的经纱14根,纬纱12根,经纱宽0.6厘米~0.8厘米,纬纱宽0.6厘米~0.9厘米。纤维截面呈长椭圆形和腰子形,不规则的多角形截面很多,纤维的中腰大而长,且弯曲,中腔内壁清晰,纤维层的细胞松散。显然,苎麻布的经纬密度要比同批墓中出土的麻布要细密,所以,其质量是麻布类中质量最好的。用它来做衣服,吸温和散热都比其他纤维快。当暑天人们热得汗流浃背时,穿上夏布衣服,汗液散发得快,确有"去汗离体"之功效。

第三,绢。是丝织品的一种。龙虎山悬棺葬发现的绢织物,经有关部门鉴定为家蚕丝。这种绢类为单层平纹织物,多数经纬密度大致相同,也有的经多于纬,但织物组织简单均等。如二号墓四号棺内的男性完整骨架,除头、颈外均见有经年久风化的绢片紧贴在尸骨上,绢片多达十余层。绢片颜色有深黄色和棕色两种,平纹组织,经纬密度一般是经纱60根每厘米,纬纱26根每厘米,经纬宽度为经线0.12毫米~0.15毫米,纬线0.18毫米~0.20毫米。显然,其经纬密度比之苎麻布又更高、更细密,虽在悬崖洞穴中封存了两千三四百年,出土时这些织物大多尚有弹性,说明这些纺织品质地优良。

第四,印花织物。更有意义的是,龙虎山悬棺中还出土了数块印有银白色花纹的深棕色苎麻布,这应是中国目前所见最早的印花织物(图6)。从印花原料分析,当时使用的是一种矿物质作染料。据《周礼》记载,我国中原地区,早在西周时代就有"染人""掌染草"的官职,专管染料和印染等工作,只是,当时的染织物只能供王侯贵族享用,当然,那时的印染织物也比较少。到春秋战国时期,龙虎山悬棺葬中印染织物的发现,说明此时的古代干越人也已掌握了印染技术。其时印花的程序,大致是先将织物经过煮练、染色之后,进行整理熨平,然后铺在平整略有弹性的垫板上,即可着手印花。这种传统的印染技艺一直影响到今天居住在西南地区古越民族后裔的一些少数民族。

3.纺织器材

龙虎山悬棺葬中不仅出土了多种纺织品,而且特别有价值的是出土了一批十分珍贵的纺织器材,基本包含了纺织过程中所需要的全套机件,这是研究东周时期织造技术极为重要的实物资料。这批纺织器材共计36件[1],主要可分

---

[1] 参见刘诗中、程应林《江西贵溪崖墓发现一批纺织品和纺织工具》,北京纺织科学研究所主编《中国纺织科学技术史资料》1981年第3辑;李科友:《贵溪崖墓》,文物出版社1990年版,第52—62页。刘诗中:《龙虎山千年悬棺之谜》,香港天马图书有限公司2003年版,第128—140页。

第十章
东周时期"吴头楚尾"的江西(下)

图 6 印花织物

为两大类：

第一类，属于一般的拈线工具类，包括刮麻具、刮浆板、纺缚、绕线框、绕线板、结纱钉杆、整纱齿耙和理经梳等。

刮麻具，6件。一般长18.4厘米~28.4厘米、宽1.6厘米，木质柄，呈弧形，特征是下端有斜刃，平面一道凹槽，槽内嵌进一锋利的骨片，以用来将麻的老皮刮取下来，让其现出麻的又白又长的纤维。

刮浆板，2件。麻布刮下后留有浆汗，这对于分丝有困难，这就需要用刮浆板将粘浆刮净，刮浆板上端厚，下端薄，体呈凸字形，凸起处是为了便于手握。现长25厘米、宽20厘米。

纺缚，4件。要将麻丝、蚕丝绢等纤维原料织成纺织品，第一步都必须先拈成纱线，这就需要较原始传统的纺缚。新石器时代以来的遗址中都出土有陶纺轮，但插在纺轮中央孔中的缚杆因系竹木质均已腐朽故至今极少发现。由纺轮和缚杆组合而成的捻线工具称为纺缚,它是现代纺纱的鼻祖。龙虎山悬棺中出土的4件纺缚(图7),即既有纺轮,又有缚杆。纺轮为细泥质黑衣磨光陶的纺轮,形似算珠形,器形小巧精致,高1.2厘米~1.5厘米,重量仅5克~6.5克,十号墓出土的两件纺缚还保留有用细小山竹加工而成的缚杆,长18.4厘米,缚杆顶端有一小缺口,表面光滑,至今犹有光泽,说明使用时间较长。这种完整纺缚的出土,在中国纺织史上是空前的,可以说它是我国古代拈线工具的代表作。

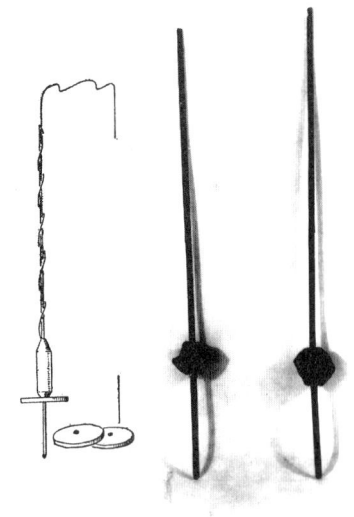

图7 纺缚及其使用示意图

绕线板,3件。拈好线后,需要用木卷板将线绕上。龙虎山出土的绕线板呈工字形,为一整板加工而成,表面也较光滑平整,这也是经过长期使用的结果。

理经梳,2件。象牙质地。一件把部还刻有云雷纹。梳长8~9厘米,齿长4~4.5厘米。出土时置于一编结精细的篾盘内,应是用来作为梳理经纱的工具,当然也有可能用来作梳头发的梳子。

经轴,1件。木质,又名滕子,与齿耙外形相近,亦可用作整经工具。轴面两侧各有一椭圆形孔洞,中间为长方形浅槽,现长80厘米。

结纱钉杆,1件。粗线绕好后,还需一根根挂在结纱钉杆上。龙虎山出土的结纱钉杆最长者2.35米,杆上密排竹钉,将纱一头安装在经轴上,一头绕在结纱钉杆的竹钉上,然后用理经梳把纱理净,将多余的散毛纤维剔去,以保证纱线上机织造的美观。按最长一根结纱钉杆上的竹钉计算,每次至少可理近百根纱线。

绕线框,1件。纱线理好后,再用绕线框将线回绕。龙虎山十号墓出土的绕线框是用四根小竹做成"⋈"形,中间交叉处用竹钉拴住,竹竿两头用榫头嵌入横竹竿内,框长36.7厘米(图8)。比绕线板体要宽,自然绕的线也更多。值得注意的是,这件绕线框出土时是放置在编结极为精细的一个大竹

图8 绕线竹框

第十章
东周时期"吴头楚尾"的江西(下)

盘中,竹盘直径达56厘米,显然这竹盘实际也是纺织的附属工具,用以盛放绕线框是为了让纱线保持干净,有利于在织机上织布时顺畅便捷。

第二类,属于织机上的构件和织造时使用的必备工具。这些器具包括打纬刀、挑经刀、引纬杆、夹布棍、绞纱棒、经纱导辊、撑杆、杼、梭、吊综杆、撑经杆等,上海纺织科学研究所专家认为,这类工具应属于早期脚踏斜织机的部件。

夹布棍,2副。木质,每副由2根断面呈半圆形木棍合成,每根棍两端削成鸭嘴形,两根合成后两头就呈八字形,织布时,上下各一,用以将布夹住,当然两头要用绳扎紧,这样可将织成的布慢慢卷起来。两幅长短不一,其中一幅长23.8厘米,另一幅长64.6厘米。夹布棍的长短,实际反映了织成的布的宽度。

吊综杆,2件。木质,杆中部较高,并有一穿孔以穿绳提起,两头稍拱,其中一件现长23.8厘米,高2.5厘米(图9)。作用是在织布时,经纱通过每根综,吊综杆一上一下,使纬纱织进经纱之中。

图9 吊综木杆

挑经刀,1件。木质,现长43.5厘米。也是整经和织布的两用工具,在整纱时,用刀清理,使纱一根一根地密而不乱。织布上纱时,纱乱了或断了,一是接好头,二是整理好经纱。

绞纱棒,1件。木质,中间部位更细圆,两端呈锥状。长84厘米。

其他,诸如梭、杼、引纬杆等,均为木制,都是用来穿纬纱之用,织布时用以引导纬纱与经纱交织的构件。当经纱由吊综杆提经后,梭、杼和引纬杆就把纬纱穿过去,如此不停地往返,就是织布了。

这批纺织工具的构件,据研究,应属于斜织机的构件。我们知道,我国纺织业的历史极为悠久,而且是最早发明养蚕,最早发明织造丝绢的民族。远在新石器时代,原始先民像编篮筐一样,用葛、藤、麻等韧皮纤维编造织物,后来有了纺缚,葛、麻纤维等的脱胶加工也逐渐完善,这时的先民,设法把一根根纱线依次结在同一根木棍上,另一端也依次结在另一根木棍上,并把两根木棍固定了的纱绷紧,这样就可以像编席子或竹筐一样有序地进行编结了。那绷紧的根根纵向的纱,就叫经纱;横向编入的纱叫纬纱,当整个经纱组成的经面被纬纱交织以后,织物也就编成了。在这基础上,后来我们的先民又发明了原始的踞织机,这种早期的踞织机的织布方法,特点是全靠两手反复交替操作,而且用这种机织布,人只能席地而坐,不仅织工劳累吃力,而且生产效率很低。在云南省晋宁石寨山出土的一件汉代铜贮贝器上就有这种踞织机织布的基本图形[①],这种原始的织布方法,新中国成立前的一些少数民族地区还在继续使用。

斜织机是在踞织机的基础上改革发展而成,因而相对更复杂,也更进步,首先,斜织机的经面与水平的机座成50度~60度倾斜角度,人可以坐在斜织机的板架上看到开口后经面是否平整,经线有无断头,这比之踞织机坐在地上织布要方便得多;其次,斜织机运用杠杆原理,用两块踏脚板分别带动两片综,当双脚踏动踏板时,被踏板牵动的绳索牵拉"马头"[②]前俯后仰,从而使得两片综上下提取落下,交替升降织布,这比踞织机用手提综杆省力得多了,它可以让织工腾出手来做好引纬、打纬的动作,把布织得更快更好。

那么,在我国古代,什么时间完成了从原始踞织机的改革过渡到斜织机呢?著名考古学家夏鼐曾根据商代麻、毛、棉特别是丝织品的发达情况推论,商代的丝织品花纹虽简单,但"已需要十几个不同的梭口和十几片综,这就需要有简单的提花装置的机织"。又说"殷代的文绮需要某种提花设备,当时织机已有平放式的或斜放式的"[③]。夏氏的这种推论是完全有可能的,但迄今在商周考古出土品中尚无任何有关斜织机部件的发现,目前发现的有关斜织机的最早资料是山东出土的汉代画像石的斜织机图[④],这使我们能大体了解古代斜织机的基本概貌(图10),但机架内部的构件如何还是模糊不清,因此龙虎山悬棺葬中斜织机构件的出土,正好填补了这方面的空白,如夹布棍,长达64.6厘米,实际反映出织物的幅宽,在踞织机上织出的布是较窄的,只有在斜织机上才能织出60厘米以上的宽幅布的。此外,导经辊、绞纱棒都在70厘米以上长度,经轴两

---

① 云南省博物馆:《云南省晋宁石寨山古墓群发掘报告》,文物出版社1959年版。
② "马头",指提综的摆动机构,形似马头。
③ 参见夏鼐《我国古代蚕、桑、丝、绸历史》,《考古》1972年第2期。
④ 山东省博物馆等编:《山东汉画像石选集》,齐鲁书社1982年版。

第十章
东周时期"吴头楚尾"的江西(下)

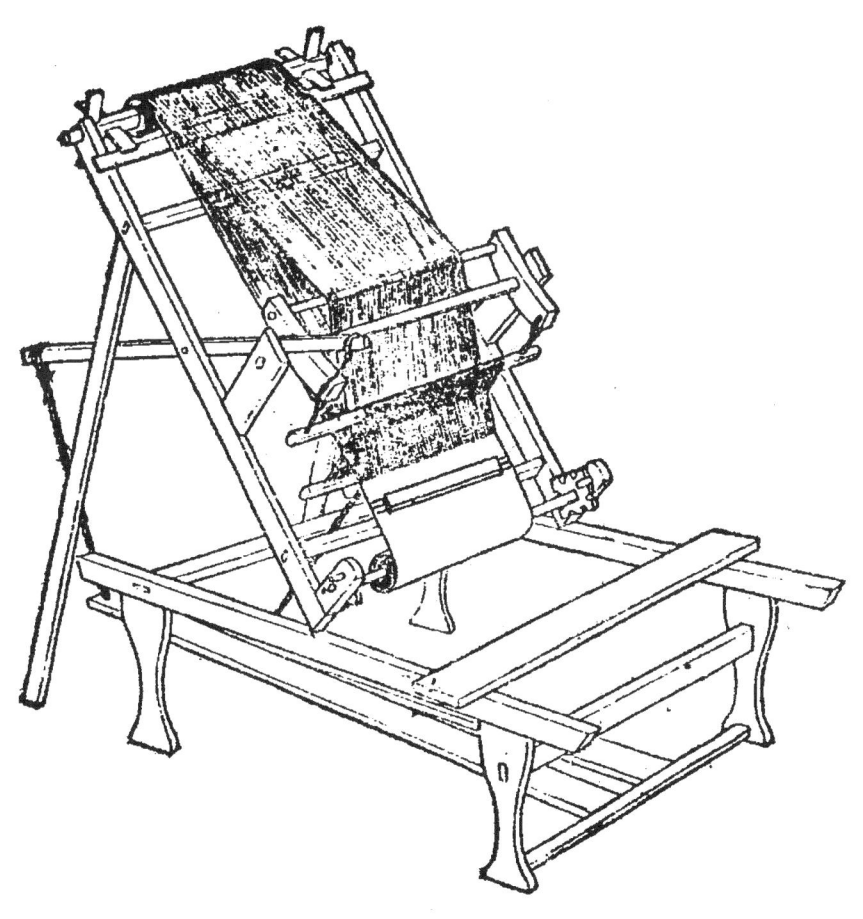

图 10　斜织机复原示意图

侧有孔,可以转动使用,吊综杆作上下提拉用,撑杆则直立起支撑用,等等。当然这些工具中尚未发现有斜织机的机架,未发现提综的摆动部件"马头",也未发现斜织机的踏板等,但上述这些纺织器材是斜织机的部件或必备器具却是无可置疑的,何况,这种机架虽在悬棺墓中未曾发现,但从古文献的记载中却可找到一些线索,如《舆地纪胜》卷一二九载:福建仙机岩"在武夷山,中有石室,有机杼存焉"。又如《大明一统志》载:"仙岩,在安仁县(今余江县)东南七十里,岩半有穴二十四,人不能到,下有溪流渔舟,人们仰视穴中,各有杵臼、织机、纺车、麻具、水桶、仓板之类。"说明当年随葬时是有斜织机机架和纺车一类的,只是经两千余年风化腐朽不存而已。

总之,龙虎山春秋战国时期悬棺墓中斜织机纺织器材的发现,不仅填补了西汉画像石上斜织机内部结构的一些空白,而且是至今国内发现的时代最早的有关斜织机的部件,虽然我国斜织机的最早发明有可能要远早于东周时代,但在未发现商、西周时期的有关斜织机的考古学物证前,它仍然是我国最早发明脚踏织机的实物例证。春秋战国时期,桑麻种植比以前更广泛,丝、麻产量也大大增加,对布帛的需求量也增多,因而古老的踞织机较快较广地被足踏斜织机所取代是必然的,不仅在中原地区,就是地处江南的干越民族中也已广为使用。后来,这种进步的织机通过丝绸之路传到中亚、西亚和欧洲等地,给世界人类文明作出重要贡献。欧洲是公元6世纪才开始出现,13世纪才被广泛使用。从这意义上说,龙虎山悬棺葬中这批纺织器材的发现,特别是足踏斜织机的确认,不仅在中国考古发现中是空前的,在世界纺织考古发现史上也是罕见的。

三、竹、木器制造业

赣境地区是竹、木的重要产区,因而竹、木制造业自商周以来就较为发达。东周时期,随着铁制工具的发明和推广,竹、木器制造业以更快的速度发展,龙虎山悬棺墓中就集中出土了59件既精致且工艺水平又高的竹木制品。

龙虎山出土的这批竹木器,如包括纺织器材总数达150余件,由于不少墓葬多已被盗而翻动,致使不少竹木制品残腐严重,难以计数和命名,想必当年随葬时总数更为可观。

1. 竹器

均为编织器,15件。器类有盘、盒、席、管、筒等,如:

竹盘,1件。是竹制品中最精美者,出土时,盘中放置着纺织工具。高6厘米、盘径56厘米(图11)。盘身分底、中、外三层交织而成,中夹层较粗,底、外两表层则精工细料,用两种篾丝上下交织,一种是主筋青篾,主筋篾皮宽仅0.2厘米,薄如纸;另一种是纬篾,又叫青丝篾,细如发丝,宽仅

图11 竹盘

第十章
东周时期"吴头楚尾"的江西（下）

0.01厘米。外层,有主筋青篾288根,从中心编起,分五圈向外成放射状上下交织;中心圈,全以主筋篾织成,内外各18根;第二圈,外露主筋篾18根,然后开始在主筋篾上绕上青丝篾;第三、四、五圈全绕以青丝篾,不露主筋篾。盘圈边为绳索状,用2根黄篾圈成。底层的主筋篾和青丝篾与外层相同,只是编法上稍有些区别,但也很精细。

竹席,6件。主要是用来垫尸之用,只有一件是用来垫棺的。垫尸的竹席,残长60厘米~80厘米,残宽38厘米~53厘米。篾皮削得较细,与竹盘的主筋篾一样,宽0.2厘米~0.4厘米,而且编织出各种如陶瓷器上的几何形图案,几乎可以与现代那些较高水平的篾席相媲美。

竹盒,1件。器体较小带折肩作风,高约2厘米,径13.5厘米。也用主筋篾24片和青丝篾两种篾丝上下交替编成。主筋篾和青丝篾的宽薄度也和竹盘一样,极为纤细。折肩处用绳索状圆边。盖紧套盒身,制法基本与盒身相同。

2.木器的制作

木器的制作可分大件器和细木器两类,大件木器主要是指棺木、垫尸板、地梁和封门板等;细木器主要是日常生活用器、生产工具和乐器等。不论大型或细小木作的材质都系当地所产的樟科闽楠、杉、檫等等。

大型木器中主要有棺木41具,形制多样,有圆筒形、长方形、干栏房形、扁圆形诸种,只是至今尚未发现有船形棺[①]。那具房屋形棺乃是群棺中最大者,全长3.94米,通高1.22米,棺壁厚8厘米~16厘米。它是用直径近1.5米的巨木锯成两半而后刳成。先将较矮的上半圆大木料劈凿成屋顶形棺盖,使之呈两面斜坡,中部隆起成屋脊状,两端脊角外扬上翘,以示鸱吻,盖两侧又弧斜向下成短檐。棺身系整木刳空,上宽下窄,上部宽95厘米。棺底部有桥形矮足三对,分置于两端及中部,使棺体不接触地面,足高8厘米。盖、身两侧外檐各有圆孔两对,孔壁光滑。显然,此种棺是模仿死者生前的干栏式住房而设计的,从棺头看去,似硬山式木房,从底层悬空,当是南方地区特有的干栏式建筑形制。目前,在赣东北和赣西的部分农村,仍保留有这种形状的棺木,但它是用木料拼合制作的,并非整木刳成,说明这种形制的棺木延续时间相当长。

---

① 据明徐学谟《游仙岩记》载:"又有壑而舟横者……其名曰仙船岩。"(清娄近垣纂修《龙虎山志》卷一四),说明早年龙虎山应有船棺,加以福建崇安武夷山白岩也曾发现过船形棺,故此龙虎山地区有船棺是完全可能的。

大件木器中有一种垫尸架,想来是让死者在棺内躺着更为安稳舒适,故有的制作得特别讲究和美观。如十三号墓的垫尸架(图12),架面由六条长2.09米,厚0.01米、宽度不一的雕花方条木等距纵向排列而成,两边缘花板较宽,为13厘米,一侧刻云雷纹带边,另一侧刻绳纹带边,其两端及中间刻云雷纹,间有细线条纹。中间四条窄板宽为3厘米,纹饰与边缘花板相同。板间有带榫方块花板相连,可惜大部脱落。架下尚有四根长方形木横向衬托。这些木板上的花纹雕刻得相当精细,疏密有致,从云雷纹的转角处圆滑流畅来看,当是用一种圆凿雕刻的,线条平而直,所使用的凿是相当锋利的。

细作木器主要有奁、盒、案、杯和仿铜的剑、削、铧、牌、勺等。

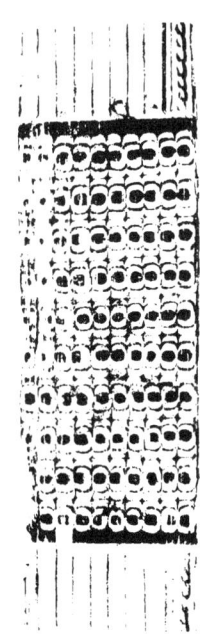

图12 垫尸雕花架

奁,1件。妇女用来装梳妆品的用具。系用整段木料作成。通高14厘米,口径27厘米。圆形,子母口,盖面呈圆拱形,中央一钮孔,钮不存,孔旁刻凸起弦纹两周,其内区刻云雷纹。奁腹壁较薄,外壁刻云雷纹,腹中部有等距钮孔三个,钮也失落。平底,下附蹄形矮三足。

盒,5件。有正方形和长方形多种。以十号墓出土的一件长方形盒最为精美,长27厘米,宽7.5厘,通高5厘米(图13)。该盒系用五块薄板胶合而成,接口处未发现榫卯,子母口,盒体素面,但乌黑发亮,盒盖面却精刻花纹,分三段,中间刻筒体云雷纹,两端刻对角斜线纹。线条细密流畅,堪称木器中之佳作。

木剑,2件。形制全为仿青铜剑,二号墓

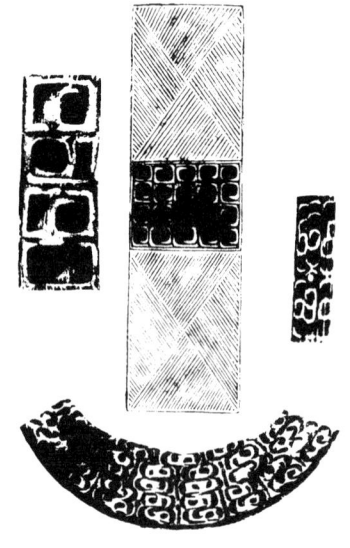

图13 木盒及其他木器纹样拓本

第十章
东周时期"吴头楚尾"的江西(下)

发现的一件,出土时还套于鞘中,鞘保存尚好,其表层还留有黑漆残片。剑用木条作成,全长48厘米,茎长8厘米,体宽4.5厘米。首呈圆饼状,茎部琢出一木箍,中空作圆筒形,无格,剑身扁薄有脊,横断面呈扁菱形,两侧刃呈内弧状,且线条极为流畅自然,由于制作精细,形态逼真,加以木剑长期插于剑鞘内,故而至今仍完整如新,且显透亮的黄褐色,一眼看去,犹以为是黄铜宝剑,不似木剑。

上述龙虎山悬棺墓中出土的一些竹、木器的代表性作品,充分反映出东周时赣境的干越族人竹木制作技艺的娴熟和高超水平,这一方面显现古越民族的聪敏智慧和创造才能,同时也反映出当时已具有使用铁器这一先进生产力的物质条件,试想,没有铁锯怎么可能将直径1.5米的巨树锯成两半?没有铁凿或铁斧怎么可能将巨树剖空成棺?没有铁刀或铁削又怎么可能将竹子破削出薄如纸、细如丝的竹篾?等等。这些都足以说明当时的铁质工具已被较广泛使用,甚至开始使用钢质工具。这里,有一值得注意的现象是,在龙虎山悬棺墓中未发现一件金属质的工具或用器,只见有仿铜的兵器和仿铜器造型的陶器或原始瓷器,哪怕是巨型棺木都用竹钉不用铜或铁钉,其原因当然不是因铜铁资源紧缺,相反,恰恰这一地区是铜铁资源的最丰富地带,距当时尚在大规模开采的瑞昌铜岭矿山并不很远,当今亚洲第一大铜矿就在鹰潭龙虎山附近的德兴县境,所以,目前唯一能解释得通的原因,很可能是与这支悬棺葬主人的葬俗有关,也就是说,这支古干越族人,有一种神圣不可违犯的葬俗,就是忌讳用金属制品放入墓中,但他们看来,另一世界里不能没有礼器和兵器,故只好用竹木或陶质制品代替,如木剑、木削以及仿铜泥质陶盉、陶鼎、陶盥盘等。

四、陶器和原始青瓷烧造业

东周时期,赣境地区的陶器和原始瓷的烧造,在商、西周时代的基础上又有发展和提高。至今在全省各地都发现有不少这一时期的遗址和墓葬,如属于春秋时代的有九江县磨盘墩遗址上层和樟树、宜春、高安等地的春秋墓葬等,属于春秋晚至战国早期的有九江县大王岭遗址和龙虎山悬棺葬等,属于战国中、晚期的遗址和墓葬则更多,代表性的有临川县罗家寨、永修县白槎甜水井、龚家坡、新干县界埠粮库、玉山县狗槽岗诸遗址和樟树、高安、武宁、新建昌邑等地墓葬。在这些春秋战国时期遗址和墓葬中,都出土了数量不等的陶器和原始瓷器,除新建昌邑那样的楚式墓,出土有明显具有楚式作风的如鼎、敦、壶之外,其他大部分的陶器和原始瓷的质地、造型、装饰作风都表现出完全一致,其中尤以赣东北龙虎山悬棺墓中出土的数量最多,品类最全,而且质量最高,它可以说是赣境地区春秋晚期至战国早期陶瓷烧造技艺的最集中体现。

20世纪70年代龙虎山地区清理的18座悬棺墓中,共出土陶瓷器137件,占出土遗物的57%。陶瓷器中,几何印纹硬陶66件,占陶瓷总数的48.1%,釉陶和原始青瓷(或称早期青瓷)49件,占陶瓷总数的35.8%,泥质黑衣陶22件,占陶瓷总数的16%。

1.泥质黑衣陶

龙虎山悬棺墓中的泥质陶有两个特点,一是磨光黑衣较为普遍;二是仿铜器造型。这批泥质陶,表面均呈黑色,打磨光亮,造型优美,其仿铜礼器造型,形态逼真,精工巧致。器形有鼎、盥盘、提梁盉等。鼎类中又有兽首鼎、拱盖鼎、盂形鼎等。类似这样成组的仿铜礼器,在浙江绍兴、湖南衡阳和安徽舒城等春秋战国时期的越人墓中也有出土。

兽首鼎,兽形嘴,无鼻,嘴角双眼,眼珠外凸,顶部横立火焰形冠,尾作犀棱状,长方形竖耳微外折,浅腹稍鼓,平底,兽蹄形三足。通体浅刻云雷纹,中腹部堆贴绚索纹一周。通高14.5厘米(图14)。

盥盘,盛水器。口径24厘米、通高10厘米。大口,鼓腹,两侧各有一兽面耳,腹部满刻云雷纹,腹中间贴塑绚纹一周,形成装饰的层次感。此种器形过去多称为鉴,但铜鉴体较

图14 兽首黑衣陶鼎

大,形似大盆,多用盛水盛冰,巨大的还可作沐浴之用。《庄子·则阳》载:"灵公有妻三人,同鉴而浴。"此盥盘形同鉴,但体较小,之所以称盥盘,是因1979年江西靖安出土的一件徐国春秋铜鉴内的铭文中自铭为"盥盘"[①],该铜鉴体也较小,可知东周时,那种大型盛水器称鉴,体小者应称盥盘。

提梁盉,温酒器,带盖带提梁,整体完整精致。盖带子母口,盖中心有钮,盖面饰两周绚纹,绚纹区间刻有纤细的横S形纹。腹部也塑三周绚纹,中间刻变体

---

① 参见江西省历史博物馆等《江西靖安出土春秋徐国铜器》,《文物》1980年第8期。

第十章
东周时期"吴头楚尾"的江西(下)

S形纹。兽蹄形三足。弓形提梁有锯齿状背脊,背面刻漩涡纹,特别是提梁两端,一头塑出眼珠外凸的兽嘴,另一头则塑出一卷尾,前后呼应,像如此制作精致、形态逼真的仿铜泥质陶器实可谓是国内之孤品。

黑衣陶中的另一件绝品,是口径3厘米、高2.5厘米、胎厚仅0.2厘米的小罐,底部有三个小乳丁,由外底细密的同心圆可窥见当年陶轮车转动的速度。整器极小壁薄,工艺却极精,黑衣光泽度好,它的精美度完全可与山东龙山文化的蛋壳黑陶媲美,也类似景德镇的薄胎瓷。

烧制黑衣陶,尤其薄胎黑陶,泥料必须精心选取,且要对原料反复淘洗,拉坯成型又需要极为熟练的快轮技术,焙烧时对火候要求很严,中途还要停火闷烧,使其在窑炉内产生黑色还原气氛,而形成这种气氛的时间又要恰到好处,不长也不能短,这是土与火艺术的结晶。

2. 几何形印纹硬陶器

这时的印纹硬陶器,质地坚致,扣之有声,其胎质原料也非一般粘土,而是选用一种高铅低铁的岩性胎泥为原料,故胎质以紫黑色为多,灰色、泛红色的较少,其原因可能是由于粘土中含铁量的比例不同,经烧造后氧化铁产生不同程度变化的结果。经多方测试,烧成温度一般都在1100℃~1200℃,明显高于一般陶器。制陶技术均为轮制,因而器形都很规整,器形装饰除口颈部外大多通体拍印几何形纹饰。

器形多以平底器为主,类别有鼎、罐、坛、碗、钵、甑、杯等,鼎、坛、罐多成组出现,几乎每墓必有,又以大件的罐、坛最多,最富特色。这一方面反映出当时经济生产水平;另一方面也反映陶器制作向大件型发展。坛的主要特征多卷沿、短颈、长身或鼓腹,下腹收削成平底,器高多30~45厘米,因多是大件不轻易移动,故往往没有附耳和錾手,只是在器表装饰上,除饰几何印纹外,还在器表加附一蛇形贴耳等(图15)。罐类器,也以大件为多,小件较少,多敛口或直口,卷沿、弧肩、鼓腹、平底,因小件器物要经常移动,故往往多带双附耳。这时的印纹硬陶器上的耳饰以套环耳、联环耳居多,横"S"假耳也较盛行,还有贯耳、双贯耳、羊首贴耳、蛇形贴耳等。有的器肩或上腹部刻有多种符号。

根据东周时期全省各地出土的几何形印纹陶器来看,在春秋早期尚处于特别兴盛阶段。[1] 春秋中、晚期,印纹陶器虽仍以绳纹和间断绳纹为主,其他的

---

[1] 彭适凡:《中国南方古代印纹陶》,文物出版社1987年版,第68—235页。

几何形拍印纹饰品种依然不少,以九江磨盘墩遗址上层为例,尚有叶脉纹、曲折纹、圆圈纹、云雷纹、S形纹、网结纹、田字纹、菱形凸菱纹、漩涡纹以及曲折纹与方格、回字纹与水波纹、菱形凸菱与方格、方格凸块纹与曲折纹、漩涡与曲折纹、乳丁曲折纹与方格纹等组合纹饰(图16),即仍表现出丰富多彩,但是赣境地区如同南方其他地区一样,经过商、西周到春秋早期的鼎盛阶段后,到春秋中、晚期毕竟已开始走下坡路了。到战国中、晚期则开始日趋走向衰退。龙虎山悬棺葬的时代为春秋晚期至战国早期,故此,悬棺墓中出土的几何形印纹陶器,是正处于从兴盛走向衰退之际的过渡时期的一批代表性器物,很有典型意义。

图 15　蛇形贴耳硬陶坛

龙虎山悬棺墓中的印纹陶器的器表,除拍印有绳纹、篮纹外,属几何形的纹样尚有方格纹、米字纹、蕉叶纹、米筛纹、重回字对角交叉纹、梳齿纹、圆圈纹、S形纹、饱点纹、回字纹和菱形填线纹等,其中以方格纹、米字纹和蕉叶纹为多。两种以上组合纹样仍较盛行,诸如菱形填线纹与方格纹、米字纹与蕉叶纹、方格纹与蕉叶纹、米筛纹与方格纹等(图17)。S形纹和云雷纹主要拍印在仿铜器的泥质黑衣陶器或刻在木质器皿上,硬陶上一般不见。

从九江大王岭、临川县罗家

图 16　春秋陶器部分纹样

第十章
东周时期"吴头楚尾"的江西(下)

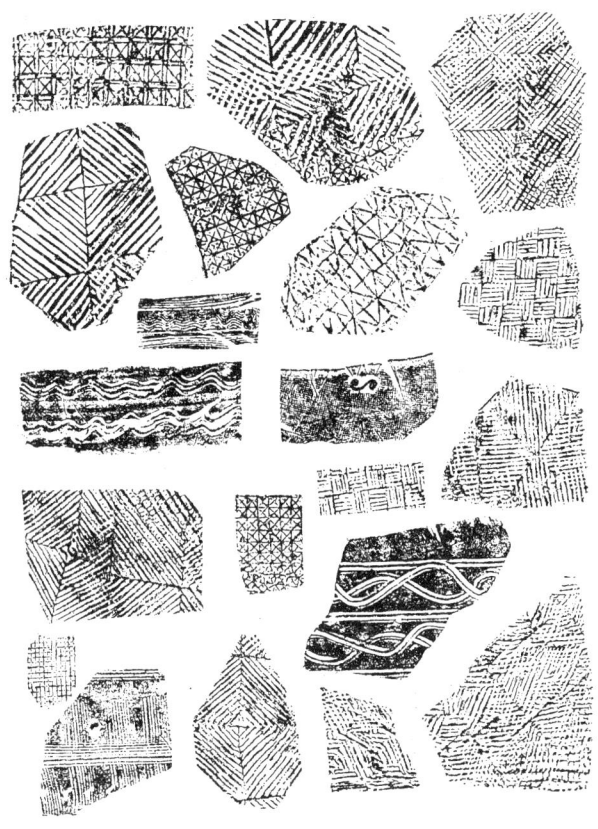

图 17 龙虎山悬棺墓中陶器纹样

寨、营门里和新干界埠粮库等战国中、晚期遗址出土的陶片观察,大部分都是几何形印纹硬陶,器形也较为单纯,以坛、罐为主,有的器物上还带有衔环铺首及龙形系等装饰。其几何形纹样种类也远比以往大大减少,较多见的只有米字纹、蕉叶纹、麻布纹、席纹、方格纹、S形纹和刻画的水波纹等,原来在西周甚或春秋时期遗址少见的米字纹和蕉叶纹,到战国时期已成为主要的纹饰。

3.原始青瓷器

春秋战国时期赣境地区原始青瓷的出土地几乎遍布赣北、赣中和赣南等地,仅龙虎山悬棺墓就出土49件之多。这些原始青瓷器,其胎料和几何形印纹硬陶不一样,非粘土而是瓷土,瓷土也称瓷石,是一种岩状矿石,其主要成分有石英、绢云母、高岭土和长石等,其氧化铁的含量一般在3%以下。由于我国地域辽阔,各地瓷土的品质不同,但其中最主要的成分应是高岭土。高岭土一名的由来,是由于这种原料出于景德镇的高岭,并用于制瓷而得名。它是长石完全风化后二次堆积而形成的矿物,主要成分是硅、铝和水,因此高岭土被用来泛指瓷土,成为国际上通用的名称。

经检测,这时原始青瓷烧成温度都在1200℃左右,而且都带有一层氧化钙含量较高和含有一定量的二氧化铁的青釉,釉色以米黄釉居多,青灰釉次之,釉层较薄但较均匀,釉色莹润,光洁度尚好,一般器身下部积釉稍厚。其胎、釉的显微结构和物理性能都接近于瓷器。

这时期原始青瓷器的器类,和几何形印纹硬陶器多坛、罐一类的大件贮藏器不同,都是较小件的诸如碗、杯、碟等,罐次之,只有少数的罐个体稍大,说明这时的冶陶匠师们很善于利用不同的原料烧造出两种不同功能的原始青瓷器。器表多素面,但也有的杯、碟等在施釉前饰麻布纹,有的罐在施釉前刻画梳齿纹(图18),还有的在其肩部贴塑横S形耳或安装套环耳。印纹硬陶质地坚硬,但胎质和表层均较粗,故只将其烧成容量较大的坛、罐一类盛贮器,而原始青瓷胎质细腻,外施青釉,利于口唇接触和洗涤,所以多用来烧制一些杯、碗、碟等饮食器。这些原始青瓷都是在轮盘上拉坯成型,因而不仅器形都十分规整,胎壁较薄较均匀,而且往往在内壁留下明显的轮旋纹痕。

从春秋战国时期赣境地区出土的原始青瓷来看,较之吴城和角山等地出土的商周原始瓷,胎土更细腻,质地更坚硬,器形更规整,胎壁更匀薄,施釉更均匀,釉的附着力更强,等等,说明这一时期窑工们在原料的选择、拉坯成型和烧窑等方面的工艺技术都有重大发展和进步。一般认为,瓷器应具备以下三个基本条件,才能认定是真正瓷器。第一,瓷器必须以瓷石、高岭土为制坯原料,胎料中氧化铁的含量一般在3%以下;第二,必须经过1200℃以上的高温焙烧,胎质要充分烧结,并产生玻璃相或结晶相,质地坚致,叩之发出清脆金属声,没有吸水性或吸水性弱;第三,坯体表面施有高温下烧成的玻璃

图18 饰梳齿纹原始瓷罐

第十章
东周时期"吴头楚尾"的江西（下）

质釉,胎釉结合较好不易剥落。以上三条,第一、第二条是最主要的,原料是瓷器的根本内因条件,烧成温度则是瓷器形成的不可少的外因条件,两者相辅相成,缺一不可。至于第三条却不是绝对的,当然绝大多数瓷器的表面应该施有高温下与瓷胎一次烧成的玻璃质釉,但不施釉经高温烧成的素胎瓷也应属于瓷器范畴。以上述三项基本条件对照春秋战国时期赣境地区龙虎山等地出土的原始青瓷器,其佳品完全可和汉晋时期的青瓷相媲美,故此我们认为实际它已基本具备了这些条件,因而可认为应属成熟型瓷器。

必须指出的是,赣鄱地区春秋战国时期出土的这样较成熟的原始青瓷,在整个长江下游的苏南、浙江地区分布甚广,它是吴越文化极其重要的物质文化内涵,其出土数量乃至质量都超过江西地区。2004年无锡鸿山战国早期贵族墓地的发现①,是江浙地区在战国时期越国考古史上的重大突破,也是当年全国十大重要考古发现之一,该批墓群中,出土的玉器和仿铜的原始青瓷礼器、乐器极为丰富,仅丘承墩一座特大型墓(墓主身份应为仅次于越王的越大夫级人物)出土的遗物达1100余件,包括仿铜器的青瓷乐器140余件,青瓷礼器200余件,其中日常生活用瓷如杯、盘、碗、碟、盂和罐等在龙虎山悬棺墓中也有出土,只是在龙虎山不曾出土青瓷乐器和礼器,这就是所谓"名位不同,礼亦异数"。从鸿山越国贵族墓地原始青瓷如此空前规模出土,不仅出土数量多,而且质量高,釉色美,更有力证明我国成熟瓷器的产生至迟应从汉晋时期提前至春秋战国之际。

第三节
悬棺葬俗

一、葬式名称

"悬棺"的说法,最早见于南朝梁陈时人顾野王记载武夷山"地仙之宅,半崖有悬棺数千"②。1948年芮逸夫在《僚为仡佬试证》一文中首次把"悬棺葬"作

---

① 参见锡山区文管会办公室《鸿山镇越国贵族墓地的考古发掘简报》,载《无锡文博》2005年第1期。
② 《太平御览》卷四七《武夷山》条,引肖子开《建安记》。

为专用名词提出,此后便为很多学者所采用。对于悬棺葬的命名,目前学术界意见很不统一,就以对龙虎山悬棺葬的命名来说,至今还有"崖墓"[①]、"崖洞墓"[②]、"崖棺墓"[③]诸说,这种种不同的说法,是各自根据置棺的位置及方法而提出的,但有一个共同点就是其葬俗都与山崖有关,从这点说诸种命名无疑都是有一定道理的。问题是古往今来与山崖有关的葬俗,不仅古越民族,还有南方其他少数民族甚至汉族都存在过,如果仅仅用"崖墓"来泛称或用"崖"字加上置棺的方式来命名都不足以反映古代百越民族这种特有的悬棺葬俗,势必造成悬棺葬制研究中的一定混乱。为此,早年我们曾提出:"既然大家都较一致认为在闽、浙、川、黔、桂等地广泛分布的这种葬式和葬俗,都属于越族系统(越、濮、僚等)的话,那就有必要给予这种葬式一个统一的名称","这个名称,既要能基本反映出各类同类墓葬的特点,又要注意到不致和古代其他民族的葬制名称相混同。而目前的诸种名称中,我们认为,以'悬棺葬'说更符合这个条件"[④]。反复学习和研究其他诸家说法,我们深感仍有统一名称的必要,而且仍然主张将古越民族那种特有的葬俗,即将殓尸棺木高置于临江面海的悬崖峭壁上的葬俗命名为"悬棺葬"为好。

二、分布

江西境内的悬棺葬,目前仅在鹰潭市贵溪、余江两地作过调查,仅贵溪鱼塘仙水岩地区发现就有百余座,其中先后清理了十八座(图19)。根据我们翻检一些地方志书的记载,除贵溪仙水岩多有所引不录之外,现选择几处辑录于此。

1. 余江县

清同治《安仁县志》卷四山川篇载,碣石峰,在县南七十里,与仙水岩相近,平地屹立,高逼层霄,山腰有岩窦,中有机车、杵臼之类;特可望而不可即云。

---

① 李科友:《贵溪崖墓》,文物出版社1990年版。
② 参见福建省博物馆等《福建崇安武夷山白岩崖洞墓清理简报》,载《文物》1980年第6期。
③ 参见林蔚文《赣川地区崖棺葬几个问题的比较研究》,载《考古与文物》1983年第2期。
④ 参见彭适凡、李放《有关赣闽两省悬棺葬的几个问题》,载《民族学研究》第四辑,民族出版社1982年版。

图 19　龙虎山仙水岩崖墓群

2.横峰县

清同治《兴安县志》卷三载,横峰,即岭山别号,在太平乡城北二里许,诸山环匝,山巅有洞、有岩、有泉、有古刹、有石渠,洞中有石狮、石象、石鲤、一滴泉、仙人墓。

3.广丰县

明嘉靖《永丰县志》卷二载有明代周鸿吟天柱岩的诗云:

　　苍翠层层接太空,天开岩穴仿崆峒。
　　雪藏阴谷三春白,日溜天高万丈红。
　　野鹤飞来成怪石,仙人升去有遗踪。
　　须知地逐名贤胜,莫负青山一度逢。

唐、宋以来,今之广丰县一直称为永丰县,属信州管辖,至清雍正10年(1732年),因与吉安府属之永丰县同名而改为广丰县。此诗言悬棺葬似乎不很明显,但只要对照读一读明童欲成吟贵溪仙岩诗就清楚了。诗云:"一叶扁舟入洞天,半空楼阁锁云烟。参差岩穴留仙迹,跨鹤归来曾有年。"该诗的后两句和前诗的五、六两句是何等相似乃尔,无疑都是写仙岩悬棺葬的。

4.上饶县

清同治《上饶县志》卷五·山川篇载,云洞,在县西三十里开化乡,天欲雨则兴云。仙山,在县西二十五里开化乡,山势绝,欲雨则云蒸。明崇祯间,守道贡修令建龙王殿于上,下有龙井、零坛,相传山巅有空棺,村民迎以祷雨辄应,祷毕舁至山中,翌日视之则上升,称之曰仙棺。

5.铅山县

清同治《铅山县志》卷二载,仙人墓,县六十里皮翼岩有仙墓,圹石天成,每遇寒食为人祭扫。卷二七又载有仙人桥清张瑞槎《舟中望仙人桥》诗云:

> 大江西下鸣兰桡，江头万山如可招。
> 一山未平一山起，上有千仞立虹桥。
> 舟中过客初来此，举首忽惊桥欲圮。
> 仙人掉臂去已久，纵有秦皇鞭不起。
> 移时断崖落余晖，一叶扁舟行似飞。
> 欲题桥柱不及上，水声激激风微微。

按：铅山位于崇安(今武夷山市)之西北，中隔武夷山与之紧相连，有诗描写铅山地理形势说："溪流七郡通闽海，江接三湖近楚军。"张瑞槎系铅山人，他所见到的虹桥板和崇安县境的虹桥板是完全一致的，是指用来架垫棺木的木板。

6.南丰县

民国《南丰县志》卷一·山川载，仙人岩，俱在紫霄观前(县西南八十里)，又名壶公岩，七十余丈。世传悬壶先生炼丹于此。凡三岩，中岩、下岩干尸，上岩蜕尸。下岩在山半，中有屋、有窦、有仙床，坚墨若沉香，又有石函、七星剑、木匙、五色锁子骨、小木船、桅杆，其灶犹存。

民国《南丰县志》卷三又载，紫霄观，宋南城人张自明《紫霄观记》曰：南丰县西南八十里有紫霄观。相传仙者壶公于此得道。壶公者，后汉费长房师事之者也。宋嘉定五年冬十月戊寅盱江张自明、始兴季第自来游紫霄。所谓三岩者，盖下岩、中岩皆干尸，而上岩蜕尸也。下岩在山半，屋三分之一在岩中，屋头石壁峻立。有窦横衺寻丈许，中有仙床、丹匣及蜕骨，或者壶公之遗耶？未可知也……逆游二三里许，两岸皆峭壁，岩寨峙列，上头露青天一线，下皆澄淖百尺，岩上仙棺棋局，历历可辨，四壁峻绝，梯磴缏梁，无所于施，人迹不可登到，大江以南一胜处也。元临川人吴澄《紫霄观记》曰：正殿之后，石窦中有蜕骨，色如黄金，长八尺许，又上岩中有仙床，又有一岩，形如瓮盎，名曰经洞。

南丰县位于武夷山脉之中段，东与闽省之泰宁县相接。仙人岩中发现有小木船，应是赣省有船棺的例证之一。

7.安远县

台湾凌纯声教授在《中研院历史语言研究所集刊》第23册中载，归美山，在县西南三百里，高一千四百丈(尺)，南康记云：四壁险峻，有石城高数十丈，周迴三百步，又有石峡，左右高五六十丈，如若双阙，其势入云，后有古石室，色如黄金，号曰金室……自绝山顶，有杉枋数百片，高危悬绝，非人力所及焉。

第十章
东周时期"吴头楚尾"的江西(下)

除上列7个县(市)外,尚有赣东北的弋阳、余干,赣东的南城、黎川、乐安,赣南的于都、赣县以及赣西的宜春等地都有悬棺葬的一些记载,这里恕不一一辑录。仅从前述一些记载就足以说明,如同在武夷山脉北段、中段的东南侧或东侧广泛分布悬棺葬一样,在武夷山脉北段、中段西北侧或西侧,也即赣东北和赣东以及赣东、赣南等10余个县(市)境内,古代都曾流行过这种悬棺葬的葬俗。

悬棺葬围绕着武夷山脉而分布的情况,无疑为我们探讨这种葬制的族属诸问题,提供了极有意义的资料。

三、葬俗特点

从对已发掘的龙虎山地区悬棺葬资料看[①],赣鄱地区悬棺葬的葬制、葬具、葬俗及其生活习俗等,大体有如下一些特点:

首先,盛行崖洞合葬和群葬。龙虎山悬棺葬较集中分布在水岩、仙岩、仙女岩、仙棺岩、谷子岩等处。每处都有十几座或数十座不等的崖洞墓。这些崖洞墓中,有单洞单葬、单洞群葬和联洞群葬等种。1979年清理的十四座墓中,有四座单洞单葬,八座为群葬(另两座不明)。这些合葬或群葬,似应表明这是一个大家族合葬的墓地(图20)。如8号墓的有关骨骼鉴定,死者中有中年男性、成年女性和不知性别的孩童,棺木有大、中、小型之别。12号墓洞宽50余米,墓室规模巨大,内置放十副棺木,无疑是大家族几代人的聚葬之所。

其次,崖洞葬内的结构和布局颇为讲究,普遍地采用封闭式的槽嵌墓门,墓门均由若干块木板及方形立柱,通过地梁的横槽相拼而成(图21)。其门闩有两种形式,最常见的是夹板式,也有少数是横串式。除墓门之外,在一些较为宽敞的洞穴内,采用封门板的方法,将洞内分隔成若干间,以区别出主室和陪室。

第三,棺具形制多样。从已发现的棺木看,其形制有扁圆形、圆筒形、长方形、盝顶盖形、房屋形以及圆筒形而锐首者,其中以扁圆和盝顶盖式居多。据1979年清理的37具棺木看,扁圆形15具,占40.5%,盝顶盖形计14具,占37.8%。目前龙虎山虽未发现有船形棺,但据有关文献记载,到明朝时,仙岩一带尚有船棺的存在。不论何种形制之棺,都系用巨木刳制挖空而成,棺盖与棺合口处,多不施钉,只有少数施竹钉或束腰子母榫,未发现有使用铁钉者,绝大多数棺具都不加髹漆,即所谓"白色材",仅个别涂有黑漆,只是有的木棺上发现刻有

---

① 参见江西历史博物馆等:《江西贵溪崖墓发掘简报》,载《文物》1980年第11期。

图20　二号墓棺木存置状况

图21　10号墓封门残存情况(左)及复原后全貌(右)

四方连续窗格纹和简体云雷纹。棺底均以圆木或方木衬托,有的运用特制的刳成涡形的方形木料垫棺。当然,更多的还有用粗竹席垫棺、细竹席垫尸的习俗。

第四,随葬品中以陶器最丰富,以1979年清理的14座墓为例,共出土遗物220件,其中陶器和原始瓷器就有122件,占整个随葬物的55%,陶瓷器中印纹硬陶占42%,原始瓷占41%,泥陶占17%;竹木器计93件,占整个随葬物的44%,其他只占1%。

人们也许要问,古人为什么要把死者安葬到高山悬崖绝壁上？有人认为,高险处能防止人和野兽的侵扰,可让死者在宁静的幽冥世界中永远安息;有的则认为:通风、向阳、干燥的墓地环境,有利于棺木、尸体及随葬品的长期保存。当然,除此种种之外,更重要的应与当时人们的观念、信仰有关。悬棺大多数是安置在临水的山崖上,这意味着亡灵对青山绿水的依恋和寄托之情。古籍上记载:"弥高者以为至孝","高葬者必有好报",这正是悬棺这一葬俗得以长久盛行的精神力量。宁都县石上乡连塘附近的仙人桥崖穴,历来被传为"风水宝地",过去就曾流传着这样的歌谣:"头戴乌纱帽,足踩仙人桥,谁人葬得到,子孙不离朝。"

在两千三四百年前,数百斤重的棺木又是怎样放到百丈悬崖之上去呢？贵溪崖墓中的棺材本身为人们的种种猜想提供了一定线索,即大多数棺材的两端四角,不是斫制出突出把手,就是凿有圆孔,这无疑是用来作捆绑或穿绳之

第十章
东周时期"吴头楚尾"的江西（下）

用，显然，古人先通过栈道将棺材运送到一定位置，然后凭借脚手架原始机械，将棺材吊运送进洞内。在遥远的古代，生产力水平低下，人们竟然创造出如此惊人的奇迹，足以显示出我们祖先的聪明智慧和创造才能！

四、年代

龙虎山悬棺葬的年代，报告编写者认为"当属春秋晚期至战国早期"。有的认为"年代的下限只能在春秋晚期"。过去，我们曾认为把龙虎山悬棺葬的年代断在春秋战国之际，现在看来，还是以断在春秋、战国之际甚或战国早期为好。这一年代推论和有关^{14}C测定数据也是基本接近的。据国家文物局文物保护技术研究所对龙虎山崖墓出土棺木的^{14}C测定，其年代为距今2595±75年。

龙虎山悬棺葬的断代，比之福建崇安有个很有利的条件，就是大部分都经科学清理，且出土了一批较丰富的遗物。据统计，共出土陶瓷器、竹木器、玉骨器、纺织品及纺织工具等220件，这些遗物特别是陶瓷器皿是推定年代的可靠依据。

根据龙虎山悬棺葬出土器物的初步排比，我们发现，10号墓集中出土了一批仿铜器的灰泥胎黑衣陶，也伴出几何印纹硬陶的坛、罐和青瓷碗等，但不出细麻布纹的罐和杯，也不出直口深腹内带螺旋纹的青瓷杯和带梳齿纹的青瓷罐；相反，凡出有细麻布纹罐、杯及青瓷杯、罐的1978年3号墓、4号墓和1979年2号墓、6号墓、14号墓，一般仿铜器的陶器较少，甚至没有。为此，我们曾试图将这18座墓葬进行分期，但进一步排比，又发现有些器物表现出交叉，特别是不少饰米字、蕉叶、米筛和方格等几何形印纹的陶器，几乎每座墓中都出。一些木器、纺织器材和仿铜的木质剑、削等也表现出一致。因此，我们认为，这批悬棺葬总的文化面貌基本是一致的，因而年代也应该大体相近。

既然它们的文化面貌基本一致，我们可以把保存较为完整、出土物又丰富的1979年10号墓作为断定年代的标尺；只要10号墓年代一经确定，这批悬棺葬的年代也就清楚了。

该墓出土文物计48件，其中仿铜器造型的灰泥胎黑皮陶就达15件，占

31%,器形有拱盖鼎、兽首鼎、提梁盉、盥盘、盂形鼎、三足鼎、甑等。仿铜器的陶器、瓷器,在吴、越地区时有所见,名曰仿铜器,一般情况下,是先有铜器后才有仿铜的陶瓷器,当然也有同时仿的,因此我们确定仿铜器的陶、瓷器的年代似不宜以最早的铜器造型为标准,而应该具体地进行分析。

盂形鼎,在湖南衡南春秋中期墓中发现①;在广东四会乌旦山都是在春秋晚期到战国早期墓发现②,而10号墓的直耳盂形鼎其造型更接近乌旦山。

提梁盉,实应名之为"䑖"。在长沙浏城桥属春秋末期的1号墓中发现有称陶䑖壶的③,在广东罗定1号墓④和河南固始侯古堆1号墓⑤出土的铜提梁盉,时代都定在春秋晚期到战国早期;陕西凤翔高王寺铜器窖藏出土的则属战国早期⑥;山西长治分水岭36号墓出土的又属战国中期⑦,说明此种铜器造型延续时间较长,从诸器排比分析,无论是造型还是纹饰,其演变规律似是从扁椭圆腹到圆腹,从简单质朴到复杂繁缛。将龙虎山出土的与诸器比较,和浏城桥及长治分水岭出土的都不尽相同,倒和固始侯古堆一号墓出土的几乎一模一样,只纹饰稍有不同。

盥盘,其体部及双兽面耳与靖安出土的徐王义楚青铜盥盘一样,但有一重要区别,后者平底无足,前者却有三短足,惜已残损,其完整造型很似绍兴凤凰山木椁墓出土的陶三足洗,此种仿铜三足洗的年代显然要比徐王义楚盥盘略晚。

颇有意义的是,像这样一座出土一整套仿铜器的墓葬,在越国的中心地区也曾发现,以绍兴凤凰山2号墓为例⑧,除出土有漆豆四件、麻布纹罐、木梳、木案、竹编各一件外,主要是一套计23件的仿铜泥质黑衣陶器,其中就有拱盖鼎、

---

① 参见湖南省博物馆等《湖南衡南、湘潭发现春秋墓葬》,《考古》1978年第5期。
② 参见广东省博物馆《广东四会乌旦山战国墓》,《考古》1975年第2期。原报告原定在战国,后何纪生改订在春秋晚期至战国早期,见《略论广东东周时期的青铜文化及其与印纹陶的关系》,载《江南地区印纹陶问题学术讨论会论文集》,《文物集刊》第3辑,文物出版社1981年版。
③ 参见湖南省博物馆《长沙浏城桥一号墓》,《考古学报》1972年第1期。
④ 参见何纪生《略论广东东周时期的青铜文化及其与几何印纹陶的关系》,《文物集刊》第3辑,文物出版社1981年版。
⑤ 参见固始侯古继一号墓发掘组《河南固始侯古堆一号墓发掘简报》,《文物》1981年第1期。
⑥ 参见韩伟等《陕西凤翔高王寺战国铜器窖藏》,《文物》1981年第1期。
⑦ 参见山西省文物管理委员会《山西长治分水岭战国墓第二次发掘》,《考古》1964年第4期。
⑧ 参见绍兴县文物管理委员会《绍兴凤凰山木椁墓》,《考古》1976年第6期。

第十章
东周时期"吴头楚尾"的江西(下)

兽面鼎、浅盘鼎、三足洗、弦纹罐(三乳足罐)、盆、甗等共计13件,和龙虎山10号墓出土的仿铜陶器类同。只是多出了仿铜的豆、壶、敦等一些楚文化因素。

还有,该墓出土的肩附双贯耳麻布纹罐与龙虎山14号墓出土的麻布纹罐雷同,木案、木梳的形制与龙虎山的同样无异。凤凰山虽是木椁葬制,但木棺系用整木刳成,带榫,不施钉及棺底垫竹席等葬俗也与龙虎山悬棺葬一样,这些都可表明龙虎山悬棺葬的年代和凤凰山木椁墓的年代大体是接近的。

至于凤凰山木椁墓的年代,报告编写者断在战国;黄宣佩根据上海地区几何形印纹陶遗存的分析排比,把它定在战国中、晚期①。根据前述一些仿铜器与其他出土文物的比较,我们认为,把凤凰山木椁墓的年代定在春秋、战国之际较为适宜。

龙虎山10号墓出土两件仿铜木削,一为环首弧背,一为直背。一般是直背削的年代较晚,在广东地区,环首直背削基本不见于春秋晚期到战国早期。此外,龙虎山悬棺葬中,还出土两件仿铜木剑,一件为圆首,无格;一件无首,无格,圆茎上带一凸箍。其锋端都是双刃内弧,明显具有吴越青铜剑作风,显示较早期的特点,其中一件和凤凰山出土的完全一样。所以,从仿铜的木质剑、木削等兵器来看,把龙虎山悬棺葬的时代提得过早或拉得太晚都似乎不妥。

第四节 其他习俗

一、断发文身

断发文身是古越族的重要的文化特征之一。《墨子·公孟》载:"越王勾践,剪发文身。"《淮南子·齐俗训》:"中国冠笄,越人短发文身,无用之。"《战国策·赵策》记:"被发文身,错臂左衽,瓯越之民也。"所谓断发,就是将发剪断,不像中原华夏民族的装束习俗,即束发带冠笄;所谓文身,或称纹身,古代文献亦称"刺染",即用针刺或用一种锋利的器具在人身的不同部位刻画出各种图案花纹,并填以锅烟、丹青等颜色粉末,时间一长,身上的花纹就永不褪色。接受文

---

① 参见黄宣佩、孙维昌《上海地区几何印纹陶的分期》,载《文物集刊》第3辑,文物出版社1981年版。

身的人要忍受极大痛苦,然而这一习俗在古代越人和其后裔中一直广为流行,直到今天,其古越族的后裔民族如海南黎族、云南傣族和台湾高山族等还继承其传统。为什么南方古越人会流行这种断发文身习俗,而与华夏不同呢?想来最主要的原因是由于各自生活的自然生态环境和经济形态不同所致。在我国古代,尤其是南方地区,气候异常炎热,普遍比现在气温要高出3℃~5℃,加以南方多是水乡泽国,又近海滨,常在水中捕捞作业,头发长了极为不便,不利于活动,更重要的是很易被江河中的鲨鱼、鳄鱼所抓住或障碍物所牵挂,人们出于对水中那些凶猛动物的恐惧,便在身上文上图案花纹,把自己打扮成蛟龙的形状,以避水中凶猛动物的伤害。而北方则不同。正如古文献中所分析的,如《韩诗外传》卷八:廉稽曰:"夫越亦周室之列封也,不得处于大国,而处于江海之陂,与鼋鳣、鱼鳖为伍,文身剪发而后处焉。"《酉阳杂俎》:"越人习水,必镂身以避蛟龙之意。"《淮南子·原道训》:"九嶷之南,陆事寡,而水事众,于是人民被发纹身,以像鳞虫。"《汉书·地理志》:越国"其君禹后,帝少康庶子云。封于会稽,文身断发,以避蛟龙之害。"应劭注释得更明白:"常在水中,故断其发,文其身,以象龙子,故不见伤害也。"颇有意义的是,这种"断发"的习俗恰在龙虎山悬棺葬中找到了例证。1979年2号墓第4号棺内,是一男性死者,骨架保存完整,骨架长1.68米,仰身直肢,其头骨右侧的一块长约8厘米的方形绢布上放置了一束长约5厘米的头发,两端齐整,棺内其他陪葬器物都未有被扰动的迹象,似可说明这束头发是墓主死后,为其整容将头发剪断,然后有意识放入棺内随葬,也即反映出死者生前应有断发的习俗,死后,还要把这种习俗带到另一世界去。

二、干栏式建筑

这是流行在南方地区的一种住宅形式。张华《博物志》载:"南越巢居,北朔穴居。"所谓"巢居"就是居住干栏,即以竹、木在山区树林间搭出高架,"结栅以居,上设茅屋,下豢牛豕"(《岭外代答》卷四)。《魏书·蛮僚传》也载:"依树积木,以居其上,名曰干栏。"这种干栏式建筑的主要特点是屋脊特别长,且长于屋檐,正脊的两头翘起,屋顶作两面坡式,"长脊短檐"式屋顶。龙虎山悬棺葬中发现的两副屋脊形棺很可说明问题,特别其中的一副大棺,是已发现的群棺中最大者:全长394厘米,通高122厘米,它的底部有三对即所谓的桥形矮足支撑使之悬空,棺盖作两面坡式,棺盖跳檐出外,棺脊长于跳檐,棺盖两端跷起,和"长

第十章
东周时期"吴头楚尾"的江西(下)

脊短檐"式的屋顶很是相近,故此,这种"长脊短檐"形屋脊形棺的发现,反映墓主生前住宅形制应是一种"干栏"式建筑。

三、信奉蛇图腾

许慎《说文》载:"闽,东南越,蛇种也。"《山海经·大荒南经》:"南海渚中,有神,人面,珥两青蛇,践两赤蛇。"所谓蛇种或珥饰青蛇的神人,就是指南方的古越民族早在原始氏族制社会发展阶段,是以蛇为图腾崇拜的民族。此后,这种图腾崇拜的观念意识较长期地延续到阶级社会以后,并反映到社会生活的各个方面。直到春秋战国时期,在吴、越以及其他地区的古越民族中仍然盛行,这为很多考古和民族学资料所证实。在龙虎山悬棺葬出土一件最大的印纹硬陶坛,通高56厘米、肩宽44厘米,通体拍印清晰的米筛纹,粗似南方地区流行的一种圆形竹筛纹,实似一种蛇皮斑纹,另又在其肩部贴塑一扁曲蛇状凸起泥条,一头大、一头小,大端塑出圆孔,似蛇眼,看似贴耳,但不起器耳之功能,无疑应是墓主人信仰蛇图腾的物证。

四、音乐艺术

龙虎山悬棺葬还出土了乐器扁鼓和筝,特别是两件木筝,更突出反映了古越民族丰富多彩的文化生活和礼乐发展水平。

扁鼓,体形很小,扁圆形,外鼓内凹,为一种打击乐器。出土时只剩半边。梓木质,用整木刳制而成。径29厘米、高6.7厘米,上下两端各有两排竹钉,以绷紧鼓皮。鼓皮已残失,上一排残存竹钉29枚,下一排残存24枚,腹部髹黑漆,施竹钉处髹红漆。这种小鼓,与河南信阳战国楚墓以及湖南德山出土的木鼓形制和大小都基本相同。龙虎山悬棺墓中出的小木鼓,制作精巧,看来已经定型,与今天南方一些农村中演奏的花鼓没有两样,可见,古越民族的音乐文化历史源远流长。

两件木筝,原多认为是琴,经有关音乐专家考证认为是十三弦筝[1]。我们查找有关音乐史资料并与出土琴、瑟等乐器进行比较,也认为此非琴非瑟,系古筝无疑[2]。

---

[1] 参见丁承运《筝史钩沉》(油印本),河南郑州大学音乐系,1986年10月;参见黄成元《公元前五百年的古筝——贵溪崖墓出土乐器考》,载中国音乐学院院刊《中国音乐》1987年第3期。

[2] 参见彭适凡《赣鄱地区音乐文物概述》,载《南方文物》2002年第2期。

两件古筝,出土时均置放在棺盖上。两件筝形制基本相同,也系一种拨弦乐器(图22)。3号墓出土的筝,筝尾已残断,残长174厘米,筝身中部有一种弧形缺口,口沿平滑,似为人工所为,缺口长34厘米,深6厘米。2号墓出土的古筝保存较好,现长166厘米,宽17.5厘米,尾宽15.5厘米。现存部分只有筝首至筝尾的底板、横梁和两侧板,面板已朽。筝首作鱼尾分叉状,向上翘起。在筝首起弯处起一道横梁,在横梁外侧有孔眼两行计13孔,前行7孔,后行6孔,行距3厘米,孔距2厘米,孔距相错;筝尾也有凸起的弧形横梁,在尾部横梁外侧,有弦孔眼一排13个,在两边侧板上沿口内侧一嵌口,嵌口底面与首尾两个横梁的肩平,加盖板(即面板)后,就形成一长方形音箱,内长134厘米,宽11厘米~12厘米。昔日每弦有一柱支撑,又称"码子",柱可以左右移动以调节音高,但该筝上的"柱"都已朽而不存。但有意思的是在另一墓中出土有一件筝的"码子"[①],也即"柱子",柱呈刀形,高3.3厘米,长7.5厘米,有四个不规正的筝眼,木质。唐朝诗人朱湾有《筝柱子》诗曰:"散木今何幸,良工不弃捐。力微惭一柱,材薄仰群弦。且喜声相应,宁辞迹屡迁。知音如见赏,雅调为君传。"道出了柱子的作用。这种支撑筝弦的柱子,有木质的,称为玫瑰柱,也有象牙质或牛角质的,称为玉柱。

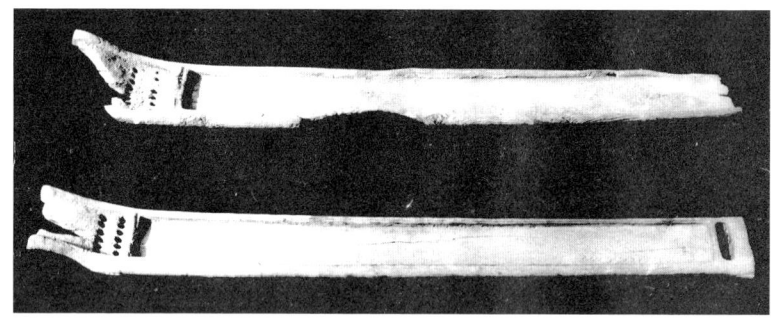

图 22 十三弦木筝

琴、瑟自西周以来就很流行,是我国最古老的两种拨弦乐器,《诗经·关雎》中称"窈窕淑女,琴瑟友之"。《诗经·小雅》云"琴瑟击鼓,以御田祖"。到春秋战国时期,琴瑟两种乐器在中原地区更为盛行,在东周礼乐中占有极为重要的地

---

① 参见李科友《贵溪崖墓出土的古代乐器》,《江西历史文物》1987年第1期。

第十章
东周时期"吴头楚尾"的江西(下)

位,而"筝"这种拨弦乐器在中原地区是在战国晚期才开始出现,而且主要流行于西方的秦国,故一般名之为"秦筝"。李斯在《谏逐客书》中言:"夫击瓮叩缶弹筝搏髀,而歌呼呜呜,快耳目者,真秦之声也。郑卫、桑间,《昭》《虞》《武》《象》者,异国之乐也。今弃击瓮叩缶而就郑、卫,退弹筝而取《昭》《虞》,若是者何乎?快意当前,适观而已矣。"(《史记·李斯列传》)这是中原地区有关"筝"的最早记载,以后历代文人学士都据此认为"筝"这种古乐器当起于秦。晋谢灵运《燕歌行》中吟有"对君不乐泪沾缨,辟窗开视弄秦筝"句[1];唐张九龄《听筝》中有"端居正无绪,那复发秦筝"句[2];宋晏几道《蝶恋花》中也有"绿柱频移弦易断。细为秦筝,正似人情断"句[3]。两千年来,音乐史家们对此也从未怀疑过。今龙虎山悬棺葬出土的两件古筝当为春秋战国之际,当比中原地区战国晚期才出现的秦筝要早200余年,是至今目前国内发现最早的古筝乐器,而且又是出土于南方古越民族的悬棺葬中,因此,它的出土,无疑对探讨筝的早期形态及这种古老拨弦乐器的起源诸问题都提供了极为珍贵的实物史料。

---

[1] 《汉魏六朝三百名家集·谢康乐集·燕歌行》,扫叶山房发行。
[2] 张九龄:《听筝》,《全唐诗》卷四八。
[3] 宋·晏几道:《小山词·蝶恋花》。

主要参考文献

马克思:《摩尔根〈古代社会〉一书摘要》,人民出版社,1978年。

恩格斯:《家庭、私有制和国家的起源》,《马克思恩格斯选集》第4卷,人民出版社,1966年。

摩尔根:《古代社会》,商务印书馆,1977年。

郭沫若主编:《中国史稿》,人民出版社,1962年。

郭沫若:《两周金文辞大系图录考释》,科学出版社,1957年。

陈梦家:《殷墟卜辞综述》,科学出版社,1956年。

范文澜:《中国通史简编》,修订本,第一编,人民出版社,1965年。

白寿彝总主编:《中国通史》第二卷"远古时代"(苏秉琦、张忠培、严文明撰稿),上海人民出版社,1994年。

白寿彝总主编:《中国通史》第三卷"上古时代"上、下册(徐喜辰、斯维至、杨钊主编),上海人民出版社,1994年。

杨宽:《战国史》,上海人民出版社,1980年。

方志钦等主编:《广东通史》,广东高等教育出版社,1996年。

郭琦等主编:《陕西通史》"原始社会卷"(石兴邦主编)、"西周卷"(斯维至著),陕西师范大学出版社,1997年。

章开沅等主编:《湖北通史》"先秦卷"(张正明、刘玉堂著),华中师范大学出版社,1999年。

许怀林:《江西史稿》,江西高校出版社,1998年。

主要参考文献

罗香林:《中夏系统中之百越》,独立出版社,1943年。
蒙文通:《越史丛考》,人民出版社,1983年。
陶维英:《越南古代史》,科学出版社,1959年中译本。
童书业:《中国古代地理考证论文集》,中华书局,1962年。
李学勤主编:《长江文化史》,江西教育出版社,1995年。
陈文华等主编:《江西通史》,江西人民出版社,1999年。
林惠祥:《中国民族史》,商务印书馆印行,1936年。
徐旭生:《中国古史的传说时代(增订本)》,文物出版社,1985年。
谭其骧:《长水集》(上、下),人民出版社,1987年。
张光直:《中国青铜时代》,生活、读书、新知三联出版社,1999年。
夏鼐:《夏鼐文集》,社会科学文献出版社,2000年。
夏鼐:《中国文明的起源》,文物出版社,1985年。
苏秉琦:《中国文明起源新探》,商务印书馆(香港)有限公司,1997年。
苏秉琦:《华人、龙的传人、中国人》,辽宁大学出版社,1994年。
郭宝钧:《商周青铜器群综合研究》,文物出版社,1982年。
马承源:《中国古代青铜器》,上海人民出版社,1982年。
马承源主编:《中国青铜器》,上海辞书出版社,1991年。
邹衡:《商周考古》,文物出版社,1979年。
邹衡:《夏商周考古学论文集》、《续集》,文物出版社,1979年与1998年。
俞伟超:《先秦两汉考古学论集》,文物出版社,1985年。
安金槐:《安金槐考古文集》,中州古籍出版社,1999年。
严文明:《史前考古论集》,科学出版社,1998年。
严文明、安田喜宪主编:《稻作、陶器和都市的起源》,文物出版社,2000年。
张忠培:《中国考古学:实践·理论·方法》,中州古籍出版社,1994年。
李学勤主编:《中国古代文明与国家形成研究》,云南人民出版社,1998年版。
李学勤:《新出青铜器研究》,文物出版社,1990年。
朱凤瀚:《古代中国青铜器》,南开大学出版社,1995年。
李伯谦:《中国青铜文化结构体系研究》,科学出版社,1998年。
任式楠:《任式楠文集》,上海辞书出版社,2005年。
何光岳:《百越源流史》,江西教育出版社,1989年。

张正明、刘玉堂:《楚史论丛·初集》,湖北人民出版社,1984年。
郑杰祥:《商代地理概论》,中州古籍出版社,1994年。
杨升南:《商代经济史》,贵州人民出版社,1992年。
宋镇豪:《夏商社会生活史》,中国社会科学出版社,1994年。
宋新潮:《殷商文化区域研究》,陕西人民出版社,1991年。
王晖:《商周文化比较研究》,人民出版社,2000年。
陈国强等:《百越民族史》,中国社会科学出版社,1988年。
蒋炳钊:《东南民族研究》,厦门大学出版社,2002年。
董楚平:《吴越文化新探》,浙江人民出版社,1988年。
石钟健:《悬棺葬研究》,中央民族学院研究部论文集编辑组编,1980年。
陈明芳:《中国悬棺葬》,重庆出版社,1992年。
林蔚文:《中国百越民族社会与文化》,中国社会科学出版社,2005年。
林华东:《良渚文化研究》,浙江教育出版社,1998年。
陈文华:《农业考古》,文物出版社,2002年。
苏荣誉、华觉明等:《中国上古金属技术》,山东科技出版社,1998年。
刘诗中:《中国先秦铜矿》,江西人民出版社,2003年。
商志䪽:《香港考古论集》,文物出版社,2000年。
蒋赞初:《长江中下游历史考古论文集》,科学出版社,2000年。
高至喜:《商周青铜器与楚文化研究》,岳麓书社,1999年。
何介钧:《湖南先秦考古学研究》,岳麓书社,1996年。
傅举有:《中国历史暨文物考古研究》,岳麓书社,1999年。
尹盛平:《西周史征》,陕西师范大学出版社,2004年。
彭明瀚:《吴城文化究》,文物出版社,2005年。
李科友:《江西古代文明的探索》,江西科技出版社,1998年。
刘诗中:《龙虎山千年悬棺之谜》,香港天马图书有限公司,2003年。
夏商周断代工程专家组:《夏商周断代工程1996—2000年阶段成果报告》,世界图书出版公司,2000年。
江西省文物考古研究所等:《吴城》,科学出版社,2005年。
江西省文物考古研究所等:《新干商代大墓》,文物出版社,1997年。
江西省文物考古研究所等:《铜岭古铜矿遗址发现与研究》,江西科技出版社,1999年。

主要参考文献

四川省文物考古研究所:《三星堆祭祀坑》,文物出版社,1999年。
湖北省文物考古研究所等:《盘龙城》,文物出版社,2003年。
徐湖平主编:《东方文明之光》,海南国际新闻出版中心,1996年。
国际良渚学中心编:《良渚学文集》,2001年,杭州。
浙江省文物考古研究所:《反山》(上、下),文物出版社,2005年。
孔颖达:《尚书正义》,《十三经注疏》,中华书局,1980年。
孔颖达:《周易正义》,《十三经注疏》,中华书局,1980年。
左丘明:《春秋·左传》,《十三经注疏》,中华书局,1980年。
左丘明:《国语》,上海师范学院古籍整理组点校本,上海古籍出版社,1982年。
司马迁:《史记》,中华书局,1982年。
班固:《汉书》,中华书局,1983年。
范晔:《后汉书》,中华书局,1982年。
吕不韦:《吕氏春秋》,《四部丛刊》影印本。
刘安等:《淮南子》,《四部丛刊》影印本。
刘向编:《战国策》,《四部丛刊》影印本。
赵晔:《吴越春秋》,张宗祥校补《说郛》本。
袁康:《越绝书》,张宗祥校注本,商务印书馆,1956年。
郭璞:《山海经注》,上海古籍出版社,1989年。
乐史:《太平寰宇记》。
闻人军译注:《考工记译注》,上海古籍出版社,1993年。
王谟:《江西考古录》。
钱穆:《古三苗疆域考》,载《燕京学报》,1932年(12)。
顾祖禹:《读史方舆纪要》。
顾栋高:《春秋大事表》,中华书局,1993年。
清光绪年间修撰的《江西通志》《武夷山志》《龙虎山志》及《广信府志》《贵溪县志》等相关府志、县志。

图书在版编目(CIP)数据

江西通史·先秦卷/彭适凡著.—南昌:江西人民出版社,2008.1(2017.8 重印)
(江西通史/钟起煌主编)
ISBN 978-7-210-03654-8

Ⅰ.江... Ⅱ.彭... Ⅲ.江西省-地方史-先秦 Ⅳ.K295.6

中国版本图书馆 CIP 数据核字(2007)第 128783 号

江西通史·先秦卷
彭适凡 著
责任编辑:林学勤
封面设计:同昇文化传媒
出版:江西人民出版社
发行:各地新华书店
地址:江西省南昌市三经路 47 号附 1 号
学术出版中心电话:0791-86898330
发行部电话:0791-86898815
邮编:330006
网址:www.jxpph.com
E-mail:swswpublic@sina.com web@jxpph.com
2008 年 1 月第 1 版   2017 年 8 月第 3 次印刷
开本:787 毫米×1092 毫米 1/16
印张:22.5 插页:4
字数:400 千字
ISBN 978-7-210-03654-8
版权所有   侵权必究
定价:80.00 元
承印厂:江西华奥印务有限责任公司印刷